Elmar Sabel

Leasingverträge in der kapitalmarktorientierten Rechnungslegung

GABLER EDITION WISSENSCHAFT

Rechnungswesen und Unternehmensüberwachung

Herausgegeben von
Professor Dr. Hans-Joachim Böcking und
Professor Dr. Michael Hommel

Die Schriftenreihe präsentiert Ergebnisse der betriebswirtschaftlichen Forschung zu den Themengebieten Financial Accounting, Business Reporting, Business Audit, Business Valuation und Corporate Governance. Die Beiträge dieser Reihe verfolgen das Ziel, Vorgaben der Gesetzgebung, der nationalen und internationalen Standardsetter sowie Empfehlungen der Wirtschaftspraxis mittels des Instrumentariums der betriebswirtschaftlichen Theorie zu beschreiben, zu analysieren und insbesondere vor dem Hintergrund der Anforderungen des Kapitalmarktes weiterzuentwickeln.

Elmar Sabel

Leasingverträge in der kapitalmarktorientierten Rechnungslegung

Mit einem Geleitwort von Prof. Dr. Winfried Mellwig

Deutscher Universitäts-Verlag

Bibliografische Information Der Deutschen Nationalbibliothek
Die Deutsche Nationalbibliothek verzeichnet diese Publikation in der Deutschen Nationalbibliografie; detaillierte bibliografische Daten sind im Internet über <http://dnb.d-nb.de> abrufbar.

Dissertation Universität Frankfurt am Main, 2006

1. Auflage September 2006

Lektorat: Brigitte Siegel / Sabine Schöller

Der Deutsche Universitäts-Verlag ist ein Unternehmen von Springer Science+Business Media.
www.duv.de

Umschlaggestaltung: Regine Zimmer, Dipl.-Designerin, Frankfurt/Main
Druck und Buchbinder: Rosch-Buch, Scheßlitz
Gedruckt auf säurefreiem und chlorfrei gebleichtem Papier
Printed in Germany

ISBN-10 3-8350-0521-9
ISBN-13 978-3-8350-0521-1

Geleitwort

Die Bilanzierung von Leasingverträgen betrifft ein komplexes Rechnungslegungsproblem von hoher praktischer Relevanz: Etwa 20% der Gesamtinvestitionen und 25% der beweglichen Investitionsgüter werden derzeit in Deutschland durch Leasing finanziert.

Leasing vereint Elemente von Miete und Ratenkauf. Wie bei der Miete wird ein Wirtschaftsgut durch den rechtlichen Eigentümer entgeltlich zur Nutzung überlassen, gleichwohl trägt der Leasingnehmer die Risiken eines Käufers. (In Deutschland gelten Besonderheiten beim Immobilienleasing.) Da Miet- und Ratenkaufverträge grundsätzlich anders bilanziert werden – das Objekt wird unterschiedlichen Vertragsparteien zugerechnet – besteht die Problematik der Leasingbilanzierung darin, für jeden einzelnen Vertrag festzulegen, ob Miet- oder Kaufmerkmale dominieren. Diese Beurteilung treffen deutsches Bilanzrecht und internationale Rechnungslegung bislang anhand der Verteilung von Chancen und Risiken. Gemäß Aufteilung von Chancen und Risiken aus dem Objekt wird entschieden, welche Vertragspartei wirtschaftlicher Eigentümer ist und das Objekt in der Bilanz auszuweisen hat.

Dieser „Alles-oder-nichts-Ansatz" wird kritisiert, da er eine bilanzneutrale Behandlung des Leasingvertrags beim Leasingnehmer auch dann ermöglicht, wenn dieser wirtschaftlich (nahezu) wie ein Ratenkäufer gestellt ist. Der „off-balance-sheet-Effekt" des Leasing – für die Praxis ein wesentliches Leasingargument – bewirkt, dass wichtige Informationen über das Unternehmen des Leasingnehmers verloren gehen. Dies ist insbesondere für eine kapitalmarktorientierte Rechnungslegung wie die der IAS/IFRS kritisch zu sehen.

Die Kritik an der Praxis der Leasingbilanzierung und an IAS 17 hat zu Alternativvorschlägen zur Leasingbilanzierung geführt und das IASB veranlasst, eine grundlegende Neuregelung in Form des sog. Komponentenansatzes anzukündigen bzw. in Angriff zu nehmen. Hier setzt die Arbeit von Herrn Sabel an. Alle unkündbaren Leasingverträge (mit Grundmietzeiten ab einem Jahr) sollen zum Ansatz eines Nutzungsrechtes in der Bilanz des Leasingnehmers führen. Der Leasinggeber wird dann den übertragenen Anteil am Nutzungspotential des Leasingobjekts ausbuchen, so dass in der Geberbilanz lediglich das nach der Grundmietzeit verbleibende Restnutzungspotential erscheint. Darüber hinaus sollen in den Bilanzen beider Vertragsseiten zusätzliche Rechte, insbesondere Optionsrechte, gesondert gezeigt werden. Der Vertrag wird in seine Elemente zerlegt; jede Vertragsseite bilanziert diejenigen Komponenten, über die sie verfügt. Die Trennung von finance und operating leases, die Zuordnung des Objektes nach Maßgabe des wirtschaftlichen Eigentums, entfällt. Der off-balance-sheet-Effekt ist beim Leasingnehmer nicht mehr vorhanden.

Die Arbeit hinterfragt sehr tiefschürfend die theoretischen Grundlagen der IAS/IFRS-Rechnungslegung, um den neuen Ansatz der Leasingbilanzierung überzeugend in das IASB-Rechnungslegungssystem zu integrieren. Nach der Ableitung eines mit den IAS/IFRS kompatiblen Grundkonzeptes folgen Details zur Ausgestaltung der neuen Leasingbilanzierung. Dabei wird auch auf komplex gestaltete Leasingverträge eingegangen, auf Verträge, die Vereinbarungen über bedingte Leasingraten, über Kauf- oder Mietverlängerungsoptionen oder Restwertvereinbarungen enthalten. Ergebnis ist ein umfassendes Konzept zur Neuregelung der Leasingbilanzierung in der kapitalmarktorientierten Rechnungslegung.

Herr Sabel leistet einen herausragenden Beitrag zur Darstellung von Leasingverträgen in der kapitalmarktorientierten Rechnungslegung. Es gibt keine Untersuchung, die sich vergleichbar umfassend, kenntnisreich und fundiert mit den neuesten Entwicklungen auf dem Gebiet der Leasingbilanzierung auseinandersetzt und zu derart präzisen Handlungsempfehlungen führt. Die Arbeit ist von theoretischer Brillianz und zugleich jedem mit der Leasingbilanzierung befassten Praktiker zur Lektüre zu empfehlen.

Prof. Dr. Winfried Mellwig

Vorwort

Die vorliegende Arbeit entstand während meiner Tätigkeit als Wissenschaftlicher Mitarbeiter an der Professur für Betriebswirtschaftslehre, insbesondere Betriebswirtschaftliche Steuerlehre der Johann Wolfgang Goethe-Universität Frankfurt am Main und wurde im Juli 2006 vom Fachbereich Wirtschaftswissenschaften als Dissertation angenommen.

Mein besonderer Dank gilt meinem akademischen Lehrer und Doktorvater Herrn Professor Dr. Winfried Mellwig. Er hat das Thema angeregt, stets mit Rat und Kritik begleitet und damit maßgeblich zum Gelingen dieser Arbeit beigetragen. Zu besonderem Dank bin ich auch Herrn Professor Dr. Hans-Joachim Böcking für die Übernahme des Zweitgutachtens verpflichtet. Ihm und Herrn Professor Dr. Michael Hommel – der freundlicherweise den Vorsitz des Prüfungsausschusses bei meiner Disputation übernommen hat – danke ich für die Aufnahme der Arbeit in die von Ihnen herausgegebene Schriftenreihe. Herrn Professor Dr. Dr. h. c. Roland Eisen danke ich für die Übernahme der Rolle des dritten Prüfers bei meiner Disputation.

Den Mitarbeiterinnen und Mitarbeitern an der Professur für Betriebswirtschaftliche Steuerlehre danke ich für die sehr angenehme und offene Arbeitsatmosphäre. Für die stets vorhandene Diskussionsbereitschaft bei wissenschaftlichen Problemen sowie das über die berufliche Zusammenarbeit hinausgehende hervorragende freundschaftliche Verhältnis danke ich insbesondere Herrn Dr. Christian Korn und Herrn Dipl.-Kfm. Michael Scheel-Deubel.

Für das äußerst fleißige Korrekturlesen meiner Dissertation, das wesentlich zur Entstehung der Arbeit in ihrer endgültigen Form beigetragen hat, danke ich Herrn Dipl.-Kfm. Martin Braatsch. Meinem Bruder Herrn Dipl.-Inf. David Sabel danke ich für seine Hilfsbereitschaft bei technischen Problemen. Nicht nur für das ebenfalls fleißige Korrekturlesen, sondern auch für die immerwährende Unterstützung – trotz der Belastung durch ihr eigenes Dissertationsprojekt – und den festen Zusammenhalt in unserer Beziehung bin ich meiner Lebensgefährtin Frau Dr. Simone Petri in ganz besonderem Maße dankbar.

Elmar Sabel

Inhaltsverzeichnis

Kapitel 4: Ableitung einer systemkompatiblen Leasingbilanzierung auf Grundlage der IAS/IFRS 135

Abkürzungsverzeichnis

A

a. A. .... anderer Ansicht
ABl. EG .... Amtsblatt der Europäischen Gemeinschaften
ABl. EU .... Amtsblatt der Europäischen Union
Abs. .... Absatz
Abschn. .... Abschnitt
Abt. .... Abteilung
AcP .... Archiv für die civilistische Praxis (Zeitschrift)
AfA .... Absetzung für Abnutzung
AG .... Application Guidance
AGB .... Allgemeine Geschäftsbedingungen
AGBG .... Gesetz zur Regelung des Rechts der Allgemeinen Geschäftsbedingungen
akt. .... aktualisierte
Alt. .... Alternative
Anm .... Anmerkung(en)
Anm. .... Anmerkung(en)
AO .... Abgabenordnung
Art. .... Artikel
ASB .... Accounting Standards Board
ASF .... Association Française des Sociétés Financiéres
Aufl. .... Auflage

B

BaFin .... Bundesanstalt für Finanzdienstleistungsaufsicht
BB .... Betriebs-Berater (Zeitschrift)
BBA .... British Bankers' Association
BC .... Basis for Conclusions
Bd. .... Band
BdF .... Bundesministerium der Finanzen
bearb. .... bearbeitet(e)
BeckBilKomm .... Beck`scher Bilanz-Kommentar
Begr. .... Begründer
BewG .... Bewertungsgesetz

BFH .... Bundesfinanzhof
BFH/NV .... Sammlung amtlich nicht veröffentlichter Entscheidungen des Bundesfinanzhofs
BFuP .... Betriebswirtschaftliche Forschung und Praxis (Zeitschrift)
BGB .... Bürgerliches Gesetzbuch
BGBl. .... Bundesgesetzblatt
BGH .... Bundesgerichtshof
BGHZ .... Entscheidungen des Bundesgerichtshofes in Zivilsachen
BilReG .... Gesetz zur Einführung internationaler Rechnungslegungsstandards und zur Sicherung der Qualität der Abschlussprüfung (Bilanzrechtsreformgesetz)
BKR .... Zeitschrift für Bank- und Kapitalmarktrecht
BMF .... Bundesministerium der Finanzen
BMWF .... Bundesministerium für Wirtschaft und Finanzen
BStBl. .... Bundessteuerblatt
BT-Drucks. .... Bundestags-Drucksache
bzw. .... beziehungsweise

C

CFLA .... Canadian Finance & Leasing Association
CGA-Canada .... Certified General Accountants Association of Canada
CL .... Comment Letter

D

DB .... Der Betrieb (Zeitschrift)
DIL .... DIL - Deutsche Immobilien Leasing GmbH
Diss. .... Dissertation
DRiZ .... Deutsche Richterzeitung
DRSC .... Deutsches Rechnungslegungs Standards Committee e. V.
DStR .... Deutsches Steuerrecht (Zeitschrift)

E

ed. .... edition
EFG .... Entscheidungen der Finanzgerichte
EG .... Europäische Gemeinschaft(en)
EGHGB .... Einführungsgesetz zum Handelsgesetzbuch
erg. .... ergänzte

Erg.-Lfg. .... Ergänzungs-Lieferung

ERS .... Entwurf einer Stellungnahme zur Rechnungslegung [des Instituts für Wirtschaftsprüfer in Deutschland e. V.]

erw. .... erweiterte

EU .... Europäische Union

e. V. .... eingetragener Verein

EWG .... Europäische Wirtschaftsgemeinschaft

F

f. .... folgende

F. .... Framework [-Paragraph]

FAR .... Föreningen Auktoriserade Revisorer FAR

FASB .... Financial Accounting Standards Board

FEE .... Fédération des Experts Comptables Européens

ff. .... fortfolgende

FG .... Finanzgericht

FLF .... Finanzierung Leasing Factoring (Zeitschrift)

Fn. .... Fußnote

FN-IDW .... IDW Fachnachrichten (Zeitschrift)

FR .... Finanz-Rundschau (Zeitschrift)

G

GEFIU .... Gesellschaft für Finanzwirtschaft in der Unternehmensführung e. V.

GoB .... Grundsätze ordnungsmäßiger Buchführung

GoR .... Grundsätze ordnungsgemäßer Rechnungslegung

GrS .... Großer Senat [des Bundesfinanzhofs]

GuV .... Gewinn- und Verlustrechnung

H

Habil.-Schr. .... Habilitations-Schrift

HFA .... Hauptfachausschuss [des Instituts der Wirtschaftsprüfer in Deutschland e. V.]

HGB .... Handelsgesetzbuch

hrsg. .... herausgegeben

Hrsg. .... Herausgeber

I

IAS .... International Accounting Standard(s)
IASB .... International Accounting Standards Board
IASC .... International Accounting Standards Committee
ICAA .... Institute of Chartered Accountants in Australia
i. d. F. .... in der Fassung
IDW .... Institut der Wirtschaftsprüfer in Deutschland e. V.
ifo .... Institut für Wirtschaftsforschung
IFRIC .... International Financial Reporting Interpretations Committee
IFRS .... International Financial Reporting Standard(s)
IGC .... Implementation Guidance Committee
InsO .... Insolvenzordnung
IStR .... Internationales Steuerrecht (Zeitschrift)
i. S. v. .... im Sinne von
i. V. m. .... in Verbindung mit

J

JICPA .... The Japanese Institut of Certified Public Accountants
Jur. Fak. .... Juristische Fakultät
JuS .... Juristische Schulung (Zeitschrift)

K

KoR .... Kapitalmarktorientierte Rechnungslegung (Zeitschrift)
KWG .... Gesetz über das Kreditwesen (Kreditwesengesetz)

L

Lfg. .... Lieferung
lit. .... litera
Losebl.-Ausg. .... Loseblatt-Ausgabe

N

NJW .... Neue Juristische Wochenschrift (Zeitschrift)
No. .... Number
Nr. .... Nummer
Nrn. .... Nummern

O

OLG .... Oberlandesgericht

P

Par. .... Paragraph

PiR .... Praxis der internationalen Rechnungslegung (Zeitschrift)

R

Rdnr .... Randnummer(n)

Rdnr. .... Randnummer(n)

RGBl. .... Reichsgesetzblatt

RIW .... Recht der Internationalen Wirtschaft (Zeitschrift)

Rn. .... Randnummer(n)

RS .... Stellungnahme zur Rechnungslegung [des Instituts für Wirtschaftsprüfer in Deutschland e. V.]

Rz .... Randziffer(n)

Rz. .... Randziffer(n)

S

S. .... Seite(n)

SAICA .... South African Institute of Chartered Accountants

SFAS .... Statement of Financial Accounting Standards

SIC .... Standing Interpretations Committee

sog. .... so genannte(s, r, n)

Sp. .... Spalte

StbJb .... Steuerberater-Jahrbuch

StBp .... Die steuerliche Betriebsprüfung (Zeitschrift)

StuB .... Steuern und Bilanzen (Zeitschrift)

StuW .... Steuer und Wirtschaft (Zeitschrift)

T

Teilbd. .... Teilband

Tz. .... Textziffer(n)

U

u. .... und

u. a. .... und andere

überarb. .... überarbeitete

Univ. .... Universität

US .... United States [of America]

USA .... United States of America

US-GAAP .... United States Generally Accepted Accounting Principles

V

v. .... von

VerbrKrG .... Verbraucherkreditgesetz

VerbrKr-RL .... Verbraucherkredit-Richtlinie

vgl. .... vergleiche

Vol. .... Volume

vollst. .... vollständig

W

WM .... Wertpapier-Mitteilungen (Zeitschrift)

WP-Handbuch .... Wirtschaftsprüfer-Handbuch

WPg .... Die Wirtschaftsprüfung (Zeitschrift)

Z

ZfB .... Zeitschrift für Betriebswirtschaft

ZfbF .... Zeitschrift für betriebswirtschaftliche Forschung

ZfgK .... Zeitschrift für das gesamte Kreditwesen

ZIP .... Zeitschrift für Wirtschaftsrecht (vormals: für Wirtschaftsrecht und Insolvenzpraxis)

zugl. .... zugleich

ZVG .... Gesetz über die Zwangsversteigerung und Zwangsverwaltung (Zwangsversteigerungsgesetz)

ZVglRWiss .... Zeitschrift für Vergleichende Rechtswissenschaft

Einleitung

I. Ausgangssituation

Leasing ist eine der bedeutendsten Finanzierungsformen in Deutschland.[1] Seit Beginn der sechziger Jahre erfährt die Leasingbranche eine ungebrochene Expansion. Der Anteil der Leasinginvestitionen an den Gesamtinvestitionen erreichte in Deutschland im Jahr 2005 einen neuen Höchststand von 19,3%.[2]

Für das Leasing gibt es keine allgemeingültige Definition, so dass sich zahlreiche voneinander abweichende Begriffsbestimmungen entwickelt haben. Im deutschen Sprachgebrauch wird zwischen Operating-Leasingverträgen, die sich grundsätzlich nicht von Mietverträgen unterscheiden,[3] und den in der Regel langfristig für beide Vertragsparteien unkündbaren Finanzierungsleasingverträgen differenziert.[4] Allgemein kann Leasing als zeitlich begrenzte Nutzungsüberlassung eines Wirtschaftsguts gegen Zahlung eines periodischen Entgelts, den Leasingraten, beschrieben werden.[5] Das zivilrechtliche Eigentum am Leasingobjekt verbleibt während der Leasingdauer beim Leasinggeber. Insoweit ähnelt der Leasingvertrag dem Mietvertrag. Abweichend von der Miete trägt der Leasingnehmer bei Finanzierungsleasingverträgen üblicherweise die dem Leasingobjekt anhaftenden Risiken, wodurch er in eine käuferähnliche Stellung versetzt werden kann.

Die bilanzielle Darstellung von Leasingverträgen stellt eines der komplexesten Rechnungslegungsprobleme dar. Dies ist darin begründet, dass das Leasing sowohl Elemente des Ratenkaufs als auch der Miete in sich vereint, Miet- respektive Ratenkaufverträge jedoch üblicherweise sehr unterschiedlich bilanziert werden. Während der Ratenkäufer das gekaufte Objekt aktiviert und auf der Passivseite seiner Bilanz die Verpflichtung zur Zahlung des Kaufpreises ausweist, bilanziert der Mieter grundsätzlich weder das Mietobjekt noch die Verpflichtung zur Mietzahlung. Die Mietzahlungen erscheinen nur in den Gewinn- und Verlustrechnungen von Mieter und Vermieter. Das Mietobjekt verbleibt in der Bilanz des Vermieters.

Die Diskussion um die bilanzielle Darstellung von Leasingverträgen wird zudem durch die Interessengegensätze der Leasingpraxis auf der einen Seite sowie den Standardsettern und Bilanzanalysten auf der anderen Seite erschwert.[6] Der Leasingnehmer strebt grundsätzlich an,

---

1 Vgl. *Hastedt/Mellwig* (Leasing, 1998): S. 13.

2 Bei den beweglichen Wirtschaftsgütern betrug die Leasingquote im Jahr 2005 sogar 24,6%. Diese Daten wurden vom ifo-Institut im Rahmen des jährlichen „Investitionstests Anlagenvermietung" erhoben. Der Wohnungsbau ist dabei nicht berücksichtigt. Vgl. *Städtler* (Leasingwachstum, 2005): S. 42.

3 Vgl. *Mellwig* (Leasing, 2002): Sp. 1478; *Coenenberg* (Jahresabschluss, 2003): S. 85.

4 Vgl. BFH-Urteil vom 26.01.1970 IV R 144/66, BStBl. II 1970, S. 264 (267). Regelmäßig wird jedoch in Deutschland mit dem Begriff des Leasing nur das Finanzierungsleasing gemeint.

5 Vgl. *Hastedt/Mellwig* (Leasing, 1998): S. 13 f.

6 Vgl. *Mellwig* (Leasing im Jahresabschluss, 2001): S. 303.

die von ihm abgeschlossenen Leasingverträge nicht in seiner Bilanz auszuweisen.[7] Der Leasingnehmer nutzt in diesem Fall ohne die Verwendung eigener Mittel einen Anlagegegenstand, muss aber keine Schulden in seiner Bilanz zeigen, wie es bei einer konventionellen Fremdfinanzierung der Fall wäre.[8] In dieser Weise ausgestaltetes Leasing stellt somit eine Form des sog. „*off-balance-sheet-financing*" dar.[9] Zwar erwirbt der Leasingnehmer nicht das Eigentum am Leasingobjekt, es entsteht ihm hieraus im Vergleich zum Raten- oder Kreditkauf jedoch kein Nachteil. Für den Leasingnehmer ist nur die Möglichkeit zur Nutzung des Objekts entscheidend, nicht jedoch das zivilrechtliche Eigentum.

Der Vorteil des *off-balance-sheet*-Effekts besteht grundsätzlich im Ausweis besserer Bilanzkennzahlen. Im Vergleich zum Kreditkäufer weist der Leasingnehmer bei bilanzneutraler Gestaltung unter anderem eine höhere Eigenkapitalquote und eine höhere Gesamtkapitalrendite aus.[10] Dadurch besteht die Möglichkeit, eine günstigere Bonitätsbeurteilung zu erreichen[11] und, damit verbunden, die Finanzierungskosten zu reduzieren.[12] Werden Kreditvergabeentscheidungen auf der Grundlage von Bilanzkennzahlen getroffen, haben Leasingverpflichtungen, im Gegensatz zu Zahlungsverpflichtungen aus Kreditverträgen, keinen Einfluss auf das verbleibende Verschuldungspotenzial.[13]

Gleichwohl hat der Leasingnehmer nach den meisten Rechnungslegungssystemen Verpflichtungen aus nichtbilanzierten Leasingverträgen im Anhang anzugeben, wodurch der Vorteil der Bilanzneutralität des Leasing zumindest teilweise zunichte gemacht wird.[14] Kreditinstitute, aber auch Ratingagenturen oder Eigenkapitalgeber können die im Anhang angegebenen Verpflichtungen aus Leasingverträgen bei der Beurteilung der Bonität des Unternehmens berücksichtigen[15] und die Leasingverpflichtungen wie bestehende Kreditverträge behandeln.[16] Häufig werden die Jahresabschlussadressaten die Informationen über Leasingverpflichtungen direkt in Verbindlichkeiten umrechnen und die Bilanzkennzahlen auf Basis dieser neu zusammengestellten Bilanz ermitteln.[17] Dabei besteht allerdings auch die Gefahr, dass die wenig

---

7 Vgl. *Köhlertz* (Bilanzierung von Leasing, 1989): S. 96 f.; *Stone/Elfrink* (Substance of Leases, 2001): S. 41.

8 Vgl. *Gabele/Kroll* (Leasingverträge, 2001): S. 142.

9 Vgl. *Reichertz/Frey* (Bilanzierung, 1997): S. 662.

10 Zum Einfluss des Leasing auf weitere Bilanzkennzahlen vgl. *Imhoff Jr./Lipe/Wright* (Operating Leases, 1991): S. 60; *Lipe* (Lease Accounting Research, 2001): S. 299-310.

11 Vgl. *Batzer/Lickteig* (Steuerliche Behandlung, 2000): S. 144.

12 Auch kann die Kopplung von Managemententlohnungssystemen an Bilanzkennzahlen zu Anreizen für den verstärken Einsatz bilanzneutraler Finanzierungsinstrumente führen.

13 Vgl. *Mellwig* (Vorteilhafte Leasingverträge, 1983): S. 2261.

14 Vgl. *Feinen* (Mehr Mut, 1999): S. 2.

15 Vgl. *Mellwig* (Leasing, 1993): Sp. 1353. Information über abgeschlossene Leasingverträge können die bonitätsbeurteilenden Institutionen auch dadurch erhalten, indem sie im Rahmen von Kreditverhandlungen die Angabe sämtlicher Leasingverpflichtungen verlangen.

16 Vgl. *Schäfer* (Wirtschaftlichkeitsanalyse, 1981): S. 68.

17 Vgl. dazu *Imhoff Jr./Lipe/Wright* (Operating Leases, 1991): S. 51-63, die eine solche Umrechnung für die *Fastfood*-Kette *McDonald's* vornehmen.

detaillierten Informationen aus dem Anhang zum Nachteil des Unternehmens in die Bilanzkennzahlen einfließen.[18]

Der Vorteil von *off-balance-sheet*-Finanzierungen dürfte vornehmlich auf einer Informationsasymmetrie beruhen. Tatsächlich kann der Effekt gegenüber der Mehrzahl der bonitätsbeurteilenden Institutionen nicht erreicht werden, da diese die Anhangangaben oder andere Unternehmensinformationen in Bilanzpositionen transformieren.[19] Es wird jedoch auch Bilanzleser geben, die diese Transformation nicht durchführen und die Bilanzkennzahlen alleine anhand der originären Bilanzdaten erstellen und das Unternehmen danach beurteilen. Von diesen Bilanzlesern wird der Leasingnehmer für kreditwürdiger beurteilt als der Kreditkäufer.[20] Im Massengeschäft der Banken dürfte es vorkommen, dass nur standardisierte Bonitätsprüfungen vorgenommen werden, wobei bestehende Leasingverträge lediglich mündlich abgefragt werden und die Kreditvergabeentscheidung nicht in dem Ausmaß beeinflussen wie bestehende Kredite.[21]

II. Problemstellung

Für deutsche Unternehmen sind zurzeit insbesondere zwei Rechnungslegungssysteme von Bedeutung: Die Regelungen des deutschen HGB sowie die der IAS/IFRS.[22] Die Relevanz nationaler Rechnungslegungsregelungen wird durch die Globalisierung der Finanzmärkte und dem damit verbundenen Erfordernis nach international anerkannten Bilanzierungsregelungen stark reduziert.[23] Daher gewinnen die kapitalmarktorientierten Rechnungslegungsvorschriften der IAS/IFRS zunehmend an Bedeutung. Nach Artikel 4 der sog. IAS-Verordnung[24] der Europäischen Union sind grundsätzlich sämtliche dem Recht eines EU-Mitgliedsstaates unterliegenden Mutterunternehmen, deren Wertpapiere zum Handel in einem geregelten Markt zugelassen sind, verpflichtet, ihren Konzernabschluss ab dem Jahre 2005 nach den Vorschriften der IAS/IFRS aufzustellen. Nicht kapitalmarktorientierte deutsche Mutterunternehmen dürfen ihren Konzernabschluss nach den Vorschriften der IAS/IFRS aufstellen.[25] Für den

18 Dies kann der Fall sein, wenn Kapitalmarktteilnehmer die nichtbilanzierten Leasingverpflichtungen aus den Anhangangaben unter Verwendung eines pauschalen Fremdfinanzierungszinssatzes in Verbindlichkeiten umrechnen, das Unternehmen jedoch Leasingverträge zu abweichenden Konditionen abgeschlossen hat. Vgl. dazu *AAA Financial Accounting Standards Committee* (Evaluation, 2001): S. 291. Zudem wird innerhalb der im Anhang anzugebenden finanziellen Verpflichtungen regelmäßig nicht spezifiziert, ob die Verpflichtungen tatsächlich einen verbindlichkeitsähnlichen Charakter aufweisen.

19 Vgl. *AAA Financial Accounting Standards Committee* (Evaluation, 2001): S. 291.

20 Diese Annahme impliziert, dass der Kapitalmarkt nicht mittelstreng informationseffizient ist, da nicht alle öffentlich verfügbaren Informationen, unabhängig von der Form ihrer Publikation, gleichermaßen in die Marktpreise Eingang finden. Vgl. dazu *Wagenhofer/Ewert* (Externe Unternehmensrechnung, 2003): S. 108-112.

21 Vgl. *Gabele/Kroll* (Leasingverträge, 2001): S. 143.

22 Mit IAS/IFRS ist das gesamte Normensystem der vom *IASB*, vormals *IASC*, veröffentlichten Rechnungslegungsvorschriften gemeint.

23 Vgl. *Böcking* (IAS, 2001): S. 1433; *Alexander/Archer* (Miller IAS/IFRS, 2004): S. 1.06.

24 Verordnung (EG) Nr. 1606/2002 vom 19.07.2002, ABl. EG Nr. L 243, S. 1.

25 Siehe § 315a HGB.

Einzelabschluss von Unternehmen lässt das deutsche Handelsrecht die Aufstellung eines IAS/IFRS-Abschlusses zu Informationszwecken zu. Neben einem Jahresabschluss nach den Vorschriften des HGB – der für die gesellschaftsrechtliche Ausschüttungsbemessung relevant ist und über das Maßgeblichkeitsprinzip als Grundlage für die Ermittlung des steuerlichen Gewinns dient – kann zusätzlich ein IAS/IFRS-Abschluss erstellt werden.[26] Die kapitalmarktorientierte Rechnungslegung besteht für deutsche Unternehmen somit nahezu ausschließlich aus den Rechnungslegungsgrundsätzen der IAS/IFRS.[27]

Die Bilanzneutralität des Leasingvertrags beim Leasingnehmer entspricht nicht dem wirtschaftlichen Gehalt der Vereinbarung, wenn der Leasingnehmer durch die auf ihn übertragenen Risiken in eine eigentümerähnliche Stellung versetzt wird.[28] Die geltenden Bilanzierungsvorschriften für Leasingverträge ziehen daher eine Grenze, ab welcher der Leasingnehmer wie der Eigentümer des Leasingobjekts zu behandeln ist. Sowohl nach den geltenden Regelungen zur Leasingbilanzierung im deutschen Handelsrecht als auch in der internationalen Rechnungslegung werden Leasingverträge in kauf- und mietähnliche Verträge unterschieden. Bei mietähnlichen Leasingverträgen bilanziert der Leasinggeber das Leasingobjekt; kaufähnliche Leasingverträge führen hingegen zur Bilanzierung des Objekts beim Leasingnehmer.

Ob ein Leasingvertrag in der Bilanz des Leasingnehmers erscheint, ist für die deutsche Handelsbilanz, deren primärer Zweck die Ausschüttungsbemessung ist, nicht von entscheidender Relevanz.[29] Der ausschüttbare Gewinn ist auch anhand der in der Erfolgsrechnung erscheinenden Leasingzahlungen ermittelbar, ohne dass das Leasingobjekt und die korrespondierende Verbindlichkeit in der Bilanz des Leasingnehmers ausgewiesen werden. Gemäß der Abkopplungsthese von *Moxter*[30] fällt die Informationsfunktion im deutschen Handelsrecht vornehmlich dem Anhang zu. Nach dieser Sichtweise ist es nicht problematisch, wenn Informationen über Leasingverträge nicht in der Bilanz erscheinen, sondern nur dem Anhang entnommen werden können.

Für eine kapitalmarktorientierte Rechnungslegung wie die der IAS/IFRS, bei welcher der Bilanz primär eine Informationsfunktion zukommt, kann dies jedoch nicht gelten. Soll die Bi-

26 Große Kapitalgesellschaften i. S. v. § 267 Abs. 3 HGB können statt des Jahresabschlusses nach HGB einen Einzelabschluss nach den IAS/IFRS im Bundesanzeiger bekannt machen, siehe § 325 Abs. 2a HGB.

27 Für eine Börsenzulassung in den USA verlangt die Börsenaufsichtsbehörde (*Securities and Exchange Commission*, *SEC*) zwingend einen Abschluss nach den US-GAAP. Deutsche Unternehmen, die aus diesem Grund einen US-GAAP-Abschluss aufstellen, sind erst ab dem Jahre 2007 dazu verpflichtet, einen Konzernabschluss nach den Vorschriften der IAS/IFRS aufzustellen (siehe Artikel 57 Satz 1 Nr. 2 EGHGB). Bis dahin könnte der IAS/IFRS-Abschluss gegebenenfalls für eine Börsenzulassung in den USA akzeptiert werden.

28 Vgl. *Mellwig* (Leasing im Jahresabschluss, 2001): S. 303.

29 Vgl. ebenda.

30 Vgl. *Moxter* (Bilanzlehre, 1986): S. 67 f.

lanz den Bilanzleser umfassend informieren, ist es entscheidend, in der Bilanz das „richtige" Vermögen auszuweisen. So sind auch die Nutzenpotenziale und Verpflichtungen aus Leasingverträgen in der Bilanz auszuweisen, wenn sie die Bilanzierungskriterien für Vermögenswerte oder Schulden erfüllen.

In der Literatur wird die Leasingbilanzierung nach den geltenden Vorschriften der IAS/IFRS häufig als unbefriedigend beurteilt.[31] Kritisiert wird vornehmlich, dass die Regelungen eine bilanzneutrale Behandlung des Leasingvertrags ermöglichen, obwohl der Leasingnehmer wirtschaftlich einem Käufer, der den Anlagegegenstand konventionell fremdfinanziert, sehr ähnlich gestellt sein könne. Der *off-balance-sheet*-Effekt sei somit durch geschickte Ausgestaltung des Leasingvertrags erreichbar. Dadurch gingen den Kapitalmarktteilnehmern wichtige Informationen über das Unternehmen verloren. Diese Kritik richtet sich vornehmlich gegen die in den Rechnungslegungsvorschriften angewandten Kriterien für eine bilanzielle Einordnung des Leasingvertrags als Kauf- oder Mietvertrag. Allerdings ist auch zu prüfen, ob es für eine kapitalmarktorientierte Rechnungslegung sachgerecht ist, Nutzenpotenziale aus Mietverträgen nicht zu bilanzieren. Zudem ist in Frage zu stellen, ob die bilanzielle Abbildung entweder als Miet- oder als Ratenkaufvertrag dem Gehalt von Leasingverträgen gerecht wird. Leasingverträge enthalten oftmals Vereinbarungen über Optionen oder Restwertgarantien, die durch eine pauschale Einordnung in Miet- oder Kaufgeschäfte nicht explizit abgebildet werden können.

Ziel dieser Arbeit ist es, die geltenden Regelungen zur Leasingbilanzierung im Detail zu untersuchen, deren Schwächen aufzuzeigen und einen alternativen Ansatz zur Darstellung von Leasingverträgen in der kapitalmarktorientierten Rechnungslegung der IAS/IFRS zu entwickeln. Anschließend muss untersucht werden, wie dieser in konkrete Bilanzierungsregelungen, insbesondere bei durch Garantien oder Optionen komplex ausgestalteten Leasingverträgen, umzusetzen ist.[32]

Eine mit den IAS/IFRS kompatible Leasingbilanzierung könnte aufgrund der internationalen Harmonisierungsbestrebungen in der Rechnungslegung[33] gegebenenfalls als Basis für eine weltweit einheitliche kapitalmarktorientierte Leasingbilanzierung geeignet sein. Da sich die Ziele und Rechnungslegungsgrundsätze der IAS/IFRS mit denen der US-GAAP in weiten Teilen decken,[34] dürfte ein mit den Grundprinzipien der IAS/IFRS kompatibler Leasingstandard grundsätzlich auch mit den Regelungen der US-GAAP vereinbar sein.

31 Vgl. *Wagenhofer* (IAS/IFRS, 2005): S. 281 f.

32 Auf die Problematik der Konsolidierung von Leasingobjektgesellschaften und der Bilanzierung von *sale-and-leaseback*-Transaktionen wird in dieser Arbeit nicht eingegangen.

33 So führt das *IASB* zurzeit sog. Konvergenz-Projekte (*convergence projects*) mit nationalen Standardsettern, insbesondere mit dem US-amerikanischen *FASB*, durch, um eine Angleichung wesentlicher noch nicht übereinstimmender Regelungen zu erreichen.

34 Vgl. *Wagenhofer* (IAS/IFRS, 2005): S. 42 f.

Nicht notwendig ist die Kompatibilität eines Neuvorschlags für eine kapitalmarktorientierte Leasingbilanzierung mit den Vorschriften des deutschen Bilanzrechts. Die Rechnungslegung nach HGB dient auch zukünftig im Wesentlichen der Ermittlung des ausschüttungsfähigen Gewinns und über das Maßgeblichkeitsprinzip der Ermittlung der Besteuerungsgrundlage. Aufgrund der durch das Bilanzrechtsreformgesetz[35] und der IAS-Verordnung ab dem Jahre 2005 in Deutschland geltenden Regelungen zur Anwendung der IAS/IFRS wird der HGB-Abschluss in Bezug auf die Kapitalmarktinformation auch weiterhin nur eine untergeordnete Rolle spielen.

III. Gang der Untersuchung

Die vorliegende Arbeit ist in vier Hauptkapitel untergliedert. In *Kapitel 1* soll zunächst die rechtliche Struktur von Leasingverträgen in Deutschland herausgearbeitet werden. Obwohl es Ziel dieser Arbeit ist, einen neuen Ansatz für die Leasingbilanzierung in der kapitalmarktorientierten Rechnungslegung zu erarbeiten, wird anschließend die bilanzielle Behandlung des Leasing nach den Regelungen des deutschen Bilanzrechts, die nicht als kapitalmarktorientiert anzusehen sind, dargestellt. Dadurch soll zum einen verdeutlicht werden, wie der Leasingvertrag, auch unter Bezugnahme auf seine rechtliche Beurteilung, in Deutschland bilanziell eingeordnet wird. Zum anderen können Abweichungen zu den Bilanzierungsregelungen der kapitalmarktorientierten Rechnungslegung aufgezeigt werden, um diese unter Beachtung der unterschiedlichen Zwecke der Bilanzen nach HGB und IAS/IFRS zu würdigen.

Gegenstand von *Kapitel 2* ist die Darstellung und umfassende kritische Würdigung der geltenden Regelungen zur Bilanzierung von Leasingverträgen nach den IAS/IFRS. Insbesondere wird auf die Kriterien für die Zurechnung des Leasingobjekts nach IAS 17 eingegangen, wobei auch ein Vergleich mit den Regelungen zur Leasingbilanzierung der US-GAAP erfolgt. Es wird herausgearbeitet, worin die Schwächen der geltenden Regelungen unter den IAS/IFRS bestehen und weshalb die Entwicklung eines neuen Ansatzes zur Leasingbilanzierung notwendig ist.

Inhalt von *Kapitel 3* ist der Vorschlag zur Leasingbilanzierung einer internationalen Arbeitsgruppe, der *G4+1-Working Group*, aus den neunziger Jahren. Dieser Vorschlag ergibt sich aus zwei veröffentlichten Arbeitspapieren, die unter den Namen *McGregor*-Papier und *Tweedie*-Papier bekannt sind. Im Anschluss an eine detaillierte Darstellung der Vorschläge zur Neuregelung der Leasingbilanzierung wird auf die Reaktion der interessierten Öffentlichkeit und der Standardsetter auf die Arbeitspapiere der *G4+1-Working Group* eingegangen.

35 Gesetz zur Einführung internationaler Rechnungslegungsstandards und zur Sicherung der Qualität der Abschlussprüfung (Bilanzrechtsreformgesetz – BilReG).

Hauptteil der vorliegenden Arbeit ist der in *Kapitel 4* entwickelte eigene Neuvorschlag zur Leasingbilanzierung in der kapitalmarktorientierten Rechnungslegung der IAS/IFRS. Dazu muss zunächst ein Grundkonzept zur Neuregelung der Leasingbilanzierung aus den Grundprinzipien des *Framework* und den Regelungen der einzelnen Rechnungslegungsstandards der IAS/IFRS abgeleitet werden. Darauf aufbauend wird die Ausgestaltung des abgeleiteten Grundkonzepts detailliert dargestellt. Hierbei finden auch Leasingverträge mit komplexen Gestaltungen wie vereinbarten Optionen, bedingten Leasingraten und Restwertvereinbarungen angemessene Berücksichtigung. Die eigenen Vorschläge werden mit den Vorschlägen der *G4+1-Working Group* verglichen. Ergebnis des vierten Kapitels ist ein umfassendes Konzept zur Neuregelung der Leasingbilanzierung unter den IAS/IFRS.

Die Arbeit endet mit einer thesenförmigen Zusammenfassung der erarbeiteten Ergebnisse.

Kapitel 1: Leasing im deutschen Zivil- und Bilanzrecht

I. Rechtliche Einordnung des Leasingvertrags

A. Bedeutung der rechtlichen Einordnung

Die zivilrechtliche Einordnung des Leasingvertrags ist für dessen bilanzielle Behandlung von erheblicher Relevanz. Wenngleich die bilanzielle Abbildung der Geschäftsvorfälle und Sachverhalte anhand einer wirtschaftlichen Betrachtungsweise zu erfolgen hat,[36] ist das deutsche Handelsrecht sehr durch das Zivilrecht geprägt.[37] Grundsätzlich stellt die zivilrechtliche Ausgestaltung eines Rechtsverhältnisses den Ausgangspunkt für die bilanzielle Behandlung dar.[38] Die im Handelsrecht verwendeten Begriffe für bestimmte Vertragstypen, wie zum Beispiel den Darlehensvertrag,[39] sind so in ihrem Mindestinhalt zu verstehen, wie sie im BGB definiert sind.[40] Den Begriff des Leasing kennt das Zivilrecht außer im Bereich der verbraucherkreditrechtlichen Regelungen[41] allerdings nicht.[42] Könnte der Leasingvertrag dennoch einem bekannten im BGB definierten Vertragstypus zugeordnet werden, für den es eindeutige Bilanzierungsregelungen im Handelsrecht gibt, würden diese die Basis für die bilanzielle Behandlung des Leasingvertrags bilden.

Insbesondere für die bilanzielle Zurechnung des Leasingobjekts ist die rechtliche Einordnung des Leasingvertrags und die Bestimmung des rechtlichen Eigentümers des Leasingobjekts von erheblicher Bedeutung. Im deutschen Bilanzrecht gilt die Grundvermutung, dass ein Wirtschaftsgut dem rechtlichen Eigentümer zuzuordnen ist.[43] Eine abweichende Zurechnung des Leasingobjekts zum wirtschaftlichen Eigentümer ist nur unter restriktiven Kriterien möglich. Die rechtliche Einordnung des Leasing hat somit maßgeblichen Einfluss darauf, ob das Leasingobjekt in der Bilanz des Leasinggebers oder in der des Leasingnehmers auszuweisen ist.[44]

Bedeutsam ist die rechtliche Einordnung des Leasingvertrags außerdem in weiteren rechtlichen Fragen, insbesondere in Bezug auf das Insolvenzrecht, die Anwendbarkeit kreditrechtlicher Regelungen oder die Inhaltskontrolle von im Leasingvertrag verwendeten Allgemeinen Geschäftsbedingungen (AGB).[45] Ist das Leasing einem bestimmten im BGB geregelten Ver-

36 Vgl. *Hastedt/Mellwig* (Leasing, 1998): S. 31.
37 Vgl. *Born* (Rechnungslegung international, 2002): S. 37.
38 Vgl. *Plathe* (Rechtliche Beurteilung, 1970): S. 602, *Gelhausen/Weiblen* (Leasingverträge, 2003): Rn. 29.
39 Beispielsweise in § 354 Abs. 2 HGB.
40 Vgl. *Lenz* (Mobilien-Leasingverträge, 1997): S. 16.
41 Siehe § 500 BGB. Vgl. dazu die Ausführungen in Gliederungspunkt I.D. in diesem Kapitel.
42 Vgl. *Habersack* (Verbraucherleasing, 2003): S. 2; *Löbbe* (Finanzierungsleasingvertrag, 2003): S. 7.
43 Vgl. *Adler/Düring/Schmaltz* (Rechnungslegung, 1998): § 246 HGB, Tz. 260 sowie Gliederungspunkt II.B.1. in diesem Kapitel. Siehe auch § 39 Abs. 1 AO.
44 Vgl. *von Westphalen* (Leasingvertrag, 1998): Rz. 28 f., Niedersächsisches FG, Urteil vom 19.06.2002 2 K 457/99, EFG 2003, S. 146.
45 Vgl. *Papapostolou* (Risikoverteilung, 1987): S. 33. Vgl. dazu auch die Ausführungen in den Gliederungspunkten I.C. bis I.E. in diesem Kapitel.

tragstyp zuordenbar, können für diesen Vertragstyp geltende Normen auch auf den Leasingvertrag angewendet werden. Auf Rechtsfragen, beispielsweise bei Leistungsstörungen, die in einem Leasingvertrag selbst nicht explizit geregelt sind, würden die Normen des gesetzlich geregelten Vertragstyps in Ergänzung zu den vertraglichen Regelungen Anwendung finden.[46]

B. Einordnung durch Literatur und Rechtsprechung

I. Vorgehensweise bei der Rechtsfindung

Da der Leasingvertrag im BGB nicht als eigenständige Vertragsform genannt wird, muss seine rechtliche Einordnung durch Vergleich mit den bekannten Vertragstypen erfolgen. Ein nach dem Grundsatz der Vertragsfreiheit gültiger Vertrag kann sich als einem der im Gesetz geregelten Vertragstypen zugehörig erweisen. Er kann aber auch als gemischt-typischer Vertrag oder eine Kombination mehrerer geregelter Typen eingeordnet werden. Zudem ist es möglich, dass der Vertrag unter keinen der gesetzlich geregelten Typen subsumiert werden kann.[47]

Die rechtliche Einordnung eines Vertrags hat anhand seines Gesamtbilds zu erfolgen.[48] Daher ist der Vertrag mitsamt seinen Rechtsfolgen daraufhin zu untersuchen, ob er Merkmale der gesetzlich geregelten Vertragstypen enthält. Dabei soll auch der Willen der Vertragsparteien berücksichtigt werden.[49] Verstößt ein Vertrag gegen zwingende Normen eines gesetzlich geregelten Vertragstyps, kann er diesem Typus nicht zugeordnet werden.[50] Bei der Überprüfung auf Übereinstimmung sind indessen alle Normen des gesetzlich geregelten Vertrags, auch die nicht zwingenden, zu berücksichtigen, die jedoch für eine Zuordenbarkeit zu diesem Vertragstypus nicht alle vorliegen müssen. Anhand der Merkmale des Vertrags ist ein Abwägungsprozess vorzunehmen, der im Rahmen einer „wirtschaftlichen Betrachtungsweise" erfolgen soll.[51]

---

46 Vgl. *Flume* (Das Rechtsverhältnis, 1972): S. 2.

47 Vgl. *Papapostolou* (Risikoverteilung, 1987): S. 33.

48 Vgl. *Plathe* (Rechtliche Beurteilung, 1970): S. 603, *Papapostolou* (Risikoverteilung, 1987): S. 34.

49 Vgl. *Papapostolou* (Risikoverteilung, 1987): S. 34; BGH-Urteil vom 08.10.1975 VIII ZR 81/74, BB 1976, S. 157 (158). Die Bezeichnung des Vertrags durch die Vertragsparteien kann jedoch für die rechtliche Einordnung nicht entscheidend sein, vgl. *Weidenkaff* (BGB, 2004): S. 719, Tz. 38. *von Westphalen* ist jedoch offenbar der Ansicht, dass sich die zivilrechtliche Einordnung alleine an der von den Vertragsparteien gewollten bilanziellen Behandlung auszurichten hat, da er schreibt, dass „die zivilrechtliche Einordnung des Finanzierungs-Leasing nicht dazu führen [darf], die von den Parteien des Leasingvertrags stets gewollten Prärogativen des Steuerrechts und der handelsrechtlichen Zuordnung des Leasingguts zum Anlagevermögen des Leasinggebers auszuschalten oder in Frage zu stellen", *von Westphalen* (Leasingvertrag, 1998): Rz. 90.

50 Vgl. *Ebenroth* (Rechtsgeschäft, 1978): S. 590.

51 Vgl. *Papapostolou* (Risikoverteilung, 1987): S. 34, *Lenz* (Mobilien-Leasingverträge, 1997): S. 15. Mit der im Bilanzrecht vorherrschenden „wirtschaftlichen Betrachtungsweise" kann dieser juristische Abwägungsprozess nicht gleichgesetzt werden.

2. *Einordnung als (atypischer) Mietvertrag durch den BGH*

Der BGH ordnet den Finanzierungsleasingvertrag in ständiger Rechtsprechung „in erster Linie“ den Mietverträgen im Sinne der §§ 535 ff. BGB zu.[52] Der Leasingvertrag stelle einen atypischen Mietvertrag[53], also ein Dauerschuldverhältnis, dar. Diese Einordnung durch den BGH wird vornehmlich damit begründet, dass es sich beim Leasingvertrag, genauso wie beim Mietvertrag, um eine Nutzungsüberlassung einer Sache auf Zeit handele, wobei der Nutzungsüberlassende rechtlicher Eigentümer der Sache bleibe. Der Rechtszustand sei dadurch im Wesentlichen durch die Gebrauchsüberlassung gekennzeichnet; die Hauptpflicht des Leasinggebers bestehe darin, dem Leasingnehmer für die Dauer des Leasingvertrags den Gebrauch eines mangelfreien Leasinggegenstandes zu verschaffen und auf Zeit zu belassen.[54]

Auch wenn der Leasingvertrag eine Kaufoption beinhaltet, sieht der BGH hierin grundsätzlich keinen Anlass für eine andere rechtliche Einordnung. Von Anfang an um einen Kauf soll es sich nur handeln, „wenn sich die Zahlungen des Leasingnehmers vor Ausübung der Option nicht nur als Entgelt für die Zeit der Gebrauchsüberlassung, sondern als Vorauszahlung auf den Kaufpreis darstellen“[55]. In diesem Fall wird der Optionspreis im Vergleich zum dann herrschenden Marktwert des Leasinggegenstandes um den bereits vorausbezahlten Kaufpreis niedriger sein. Man kann daher unterstellen, dass der Leasingnehmer die Option ausüben wird. Eine rechtliche Einordnung derartiger Leasingverträge als Kaufverträge erscheint aufgrund der gebotenen wirtschaftlichen Betrachtungsweise[56] sachgerecht. Ist die Ausübung der Kaufoption nicht hinreichend wahrscheinlich, hat sie keinen Einfluss auf die rechtliche Qualifikation des Leasing. Dazu führt der BGH aus: „Da sich Kauf und Miete in ihrer Grundregelung nur durch die für den Kauf notwendige Eigentumsverschaffungspflicht unterscheiden, kann die bloße Befugnis, in Zukunft ein Kaufrecht ausüben zu können, einer schon vereinbarten Eigentumsverschaffung nicht gleichgesetzt werden. Denn diese Befugnis ändert (noch) nichts an dem durch Gebrauchsüberlassung gekennzeichneten bestehenden Rechtszustand.“[57]

Der Finanzierungsleasingvertrag enthält üblicherweise Regelungen, die von einem Mietvertrag abweichen. Deshalb wird er vom BGH als „atypischer“ Mietvertrag eingeordnet. Regelmäßig werden die Sach- und Preisgefahr[58] abweichend von der gesetzlichen Regelung des

52 Vgl. BGH-Urteil vom 23.02.1977 VIII ZR 124/75, BGHZ 68, 118 (123); BGH-Urteil vom 05.04.1978 VIII ZR 42/77, BGHZ 71, 189 (193 f.); BGH-Urteil vom 16.09.1981 VIII ZR 265/80, BGHZ 81, 298 (302 f.); BGH-Urteil vom 09.10.1985 VIII ZR 217/84, BGHZ 96, 103 (106).

53 Vgl. BGH-Urteil vom 11.01.1995 VIII ZR 82/94, BGHZ 128, 255 (259).

54 Vgl. BGH-Urteil vom 16.09.1981 VIII ZR 265/80, BGHZ 81, 298 (303); BGH-Urteil vom 19.02.1986 VIII ZR 91/85, BGHZ 97, 135 (139 f.).

55 BGH-Urteil vom 05.04.1978 VIII ZR 42/77, BGHZ 71, 189 (193).

56 Vgl. Gliederungspunkt I.B.1. in diesem Kapitel.

57 BGH-Urteil vom 05.04.1978 VIII ZR 42/77, BGHZ 71, 189 (194).

58 Unter der Sachgefahr wird die Gefahr des zufälligen Untergangs des Objekts verstanden. Die Preis- oder auch Gegenleistungsgefahr stellt das Risiko einer Partei dar, ihre Leistung erbringen zu müssen, obwohl sie die Gegenleistung nicht erhält, vgl. *Medicus* (Bürgerliches Recht, 2002): § 13, Rdnr. 271 f.

Mietvertrags ausdrücklich auf den Leasingnehmer überwälzt.[59] Nach § 535 Abs. 1 Satz 2 BGB hat der Vermieter die Mietsache während der Mietzeit in einem zum vertragsgemäßen Gebrauch geeigneten Zustand zu erhalten. Diese Instandhaltungspflicht durch den Nutzungsüberlasser wird bei Leasingverträgen grundsätzlich ausgeschlossen.[60] Ebenso haftet der Leasinggeber in der Regel nicht für die Lieferung des Leasinggegenstandes. Kommt es zu einer verspäteten Lieferung, hat der Leasingnehmer den gegebenenfalls notwendigen Rechtsstreit gegen den Lieferanten zu führen. Dafür tritt der Leasinggeber seine kaufrechtlichen Ansprüche gegenüber dem Lieferanten des Leasingguts an den Leasingnehmer ab (sog. Abtretungskonstruktion).[61]

Wenngleich der Finanzierungsleasingvertrag trotz dieser Ausgestaltung formal nicht gegen Mietrecht verstößt, weil die Regelung in § 535 Abs. 1 Satz 2 BGB dispositives Recht darstellt und somit von den Vertragsparteien abbedungen werden kann,[62] erscheint dadurch die Einordnung als Mietvertrag fraglich. Die Gefahrtragung durch den Vermieter ist für das Wesen des Mietvertrags von kardinaler Bedeutung.[63] Der Leasingnehmer aber hat die Leasingraten auch dann weiter zu entrichten, wenn das Leasingobjekt untergegangen ist. Oft ist in solchen Fällen sogar die Fälligkeit aller noch ausstehenden Leasingraten vorgesehen.[64]

Ein bedeutender Unterschied zwischen Finanzierungsleasing und Miete besteht auch in der Intention der Vertragsparteien. Der Vermieter ergreift die Initiative und schafft den zu vermietenden Gegenstand für sich und auf seine Rechnung an.[65] Die eigentliche Vermietung stellt erst einen zweiten Schritt nach dem Erwerb der Sache dar. Beim Leasing trifft jedoch in der Regel der Leasingnehmer die Investitionsentscheidung.[66] Er sucht das gewünschte Objekt beim Verkäufer aus und wendet sich dann zum Zweck der Finanzierung an den Leasinggeber.[67] Die unternehmerische Investitionsentscheidung wird bei Miete und Finanzierungsleasing also von unterschiedlichen Parteien getroffen. Dem Leasinggeber fehlt grundsätzlich das für den Vermieter kennzeichnende Interesse, die Sache in ihrer Grundbeschaffenheit nach

59 Vgl. *Feinen* (Leasinggeschäft, 2002): S. 26; *Tacke* (Leasing, 1999): S. 11. Dies gilt nicht für sog. erlasskonforme Teilamortisationsverträge mit Kauf- oder Mietverlängerungsoption über Immobilien. Vgl. dazu Gliederungspunkt II.B.3.c. in diesem Kapitel sowie Fn. 73.

60 Vgl. *Feinen* (Leasinggeschäft, 2002): S. 22; *Glasel* (Leasing, 2004): Rz 7.

61 Vgl. dazu auch die Ausführungen in Gliederungspunkt I.C.3. in diesem Kapitel.

62 Einzelne Regelungen, wie zum Beispiel das Recht auf Mietminderung bei Sach- und Rechtsmängeln gemäß § 536 Abs. 1 BGB, können bei Mietverhältnissen über Wohnraum jedoch nicht abbedungen werden. Eine von der genannten Regelung zum Nachteil des Mieters abweichende Vereinbarung würde zur Unwirksamkeit des Vertrages führen (§ 536 Abs. 4 BGB). Folglich wäre bei Anwendung des Mietrechts ein Leasingvertrag über Wohnraum, in dem vorgesehen ist, dass der Leasingnehmer bei auftretenden Mängeln der Leasingsache weiterhin zur Zahlung der Leasingraten verpflichtet ist, nicht zulässig.

63 Vgl. *Flume* (Das Rechtsverhältnis, 1972): S. 56.

64 Der Leasingnehmer kann dann jedoch gegebenenfalls die noch ausstehenden Leasingraten um den Gewinnanteil kürzen. Vgl. dazu Gliederungspunkt I.C.3. in diesem Kapitel.

65 Vgl. *Lenz* (Mobilien-Leasingverträge, 1997): S. 26.

66 Das gilt nicht für das Herstellerleasing, bei dem das Leasing als absatzförderndes Instrument eingesetzt wird.

67 Vgl. *Feinen* (Leasinggeschäft, 2002): S. 23.

Beendigung der Gebrauchsüberlassung zum eigenen Gebrauch oder zur weiteren Gebrauchsüberlassung an neue Mieter zurückzunehmen.[68] *Lenz* ist der Ansicht, dass das Finanzierungsleasing in seiner typischen Erscheinungsform „kaum einer einzigen mietrechtlichen Regelung [entspricht]“[69].

Die Zuordnung des Finanzierungsleasing nur „in erster Linie“ zu den Mietverträgen impliziert, dass davon auch abgewichen werden kann. Galt es, den Besonderheiten des Leasingvertragsrechts Rechnung zu tragen, schenkte der BGH den mietrechtlichen Regelungen nur geringe Beachtung.[70] In der Entwicklung eines selbständigen Vertragstyps für das Finanzierungsleasing sah er aber keine Notwendigkeit.[71]

Unstreitig dürfte gleichwohl die Einordnung des Operating-Leasing sein. Da jederzeit eine Kündigung unter Einhaltung der vertraglichen Fristen möglich ist und der Leasinggeber die Sach- und Preisgefahr trägt, kann an dem mietvertraglichen Charakter des Operating-Leasing nicht gezweifelt werden.[72] Auch die in Deutschland regelmäßig abgeschlossenen Immobilien-Leasingverträge sehen vor, dass der Leasinggeber die Objektrisiken, also die Sach- und Preisgefahr, trägt.[73] Derartige Verträge dürften daher auch weitgehend dem Vertragstypus der Miete entsprechen.[74]

3. *Einordnung durch die Literatur*

Die Literatur hat sich der Meinung des BGH hinsichtlich der Einordnung des Finanzierungsleasingvertrags als (atypischer) Mietvertrag in weiten Teilen angeschlossen.[75] Zugleich besteht jedoch eine bedeutende Gegenmeinung, nach welcher der Leasingvertrag unter den (Raten-)Kaufverträgen einzuordnen sei.[76] Dabei unterscheidet sich letztere Literaturmeinung

---

68 Vgl. *Fikentscher* (Schuldrecht, 1997): Tz. 831. Zudem könnte in Frage gestellt werden, ob die Leasingraten überhaupt wie Mietzahlungen als Nutzungsentgelt interpretiert werden können, da der Leasingnehmer das Abnutzungs- und Entwertungsrisiko selbst trägt, vgl. *Teichmann* (BGB, 2004): S. 645, Rn. 7.

69 *Lenz* (Mobilien-Leasingverträge, 1997): S. 30.

70 Vgl. *Matz* (Leasingtransaktionen, 2002): S. 33, BGH-Urteil vom 30.09.1987 VIII ZR 226/86, NJW 1988, S. 198 (200). Im BGH-Urteil vom 12.06.1985 VIII ZR 148/84, BGHZ 95, 39 (49) wird ausgeführt, dass „die strikte Anwendung mietrechtlicher Grundsätze der Interessenlage beim Leasing nicht gerecht wird“. Vgl. dazu auch Gliederungspunkt I.C.3. in diesem Kapitel.

71 Vgl. *Kügel* (Rechtsnatur, 1998): Rdnr. 15.

72 Vgl. *Ebenroth* (Rechtsgeschäft, 1978): S. 590.

73 Dies ist darin begründet, dass der Teilamortisations-Erlass der Finanzverwaltung (BMF-Schreiben vom 23.12.1991 – IV B 2 – S 2170 – 115/91, BStBl. I 1992, S. 13) nur dann eine bilanzielle Zurechnung des Leasingobjekts zum Leasinggeber erlaubt und dies regelmäßig von den Vertragsparteien gewollt ist. Vgl. dazu Gliederungspunkt II.B.3.c. in diesem Kapitel.

74 Vgl. *Fikentscher* (Schuldrecht, 1997): Tz. 833; *Hastedt/Mellwig* (Leasing, 1998): S. 24.

75 Vgl. *Meilicke* (Leasing, 1964): S. 691; *Döllerer* (Wirtschaftliches Eigentum, 1971): S. 539; *Flume* (Das Rechtsverhältnis, 1972): S. 5; *Leffson* (Darstellung im Jahresabschluß, 1976): S. 690; *von Westphalen* (Rechtliche Qualifizierung, 1988): S. 1832; *Wolf/Eckert* (Handbuch Leasingrecht, 1995): S. 412, Tz. 1795; *Wolf* (Rechtsnatur, 2002): S. 336; *Tiedtke/Möllmann* (Auswirkungen, 2004): S. 587 f.; *Weidenkaff* (BGB, 2004): S. 719, Tz. 38.

76 Vgl. *Plathe* (Rechtliche Beurteilung, 1970): S. 605; *Ebenroth* (Rechtsgeschäft, 1978): S. 593; *Fikentscher* (Schuldrecht, 1997): Tz. 830; *Lenz* (Mobilien-Leasingverträge, 1997): S. 32.

nochmals zwischen einer Einordnung unter den Sachkaufverträgen[77] und den Rechtskaufverträgen[78]. Außerdem wird teilweise davon ausgegangen, dass es sich um einen Vertrag sui generis handele, also um eine eigenständige Vertragsform,[79] oder dass der Finanzierungsleasingvertrag eine Kombination mehrerer Vertragstypen darstelle.[80] *Canaris* hält den Finanzierungsleasingvertrag für einen gemischt-typischen Vertrag, der sich aus Elementen des Kredit- und des Geschäftsbesorgungsrechts zusammensetzt.[81]

Trotz der Gemeinsamkeiten von Finanzierungsleasing und Kauf bezüglich der Risikenverteilung können Finanzierungsleasingverträge nicht als Kaufverträge über das Leasingobjekt qualifiziert werden, da dem Leasingnehmer nicht das rechtliche Eigentum verschafft wird.[82] Er muss das Leasingobjekt nach Ende der Leasingdauer grundsätzlich wieder an den Leasinggeber herausgeben und kann daher nicht rechtlicher Eigentümer sein. Am fehlenden Eigentumsübergang würde auch eine Einordnung als Sachdarlehen scheitern.[83]

Eine Einordnung als Rechtskauf auf Kredit kommt dem wirtschaftlichen Gehalt eines Finanzierungsleasingvertrags sehr nahe. Allerdings kann es sich nicht um den Verkauf eines dinglichen Nutzungsrechts handeln. Da dingliche Rechte gegenüber jedermann wirken, dürfen nur die gesetzlich vorgesehenen Typen, wie zum Beispiel der Nießbrauch[84], vereinbart werden.[85] Im Leasingvertrag fehlen jedoch Anzeichen dafür, dass der Leasingnehmer eine dingliche Position erhalten soll.[86] Beim Finanzierungsleasing könnte es sich daher nur um den Kauf eines obligatorischen Nutzungsrechts handeln.[87] Dagegen wird von *Flume* das Argument vorgebracht, dass dann auch die Miete als Kauf eines Nutzungsrechts ausgelegt werden könnte, wodurch die Miete als gesonderter Vertragstyp aufgegeben würde.[88] Dem kann entgegengehalten werden, dass der Leasingnehmer in Abgrenzung zum Mieter sämtliche Risiken aus dem Nutzungsrecht, die normalerweise der rechtliche Eigentümer trägt, übernimmt. Bei einer Vertragsstörung, wie zum Beispiel dem zufälligen Untergang des Leasingobjekts, obliegen dem Leasingnehmer eher die Leistungspflichten eines Käufers als die eines Mieters.[89] Der

---

77 Vgl. *Ebenroth* (Rechtsgeschäft, 1978): S. 593.

78 Vgl. *Plathe* (Rechtliche Beurteilung, 1970): S. 605; *Lenz* (Mobilien-Leasingverträge, 1997): S. 32 f. *Fikentscher* (Schuldrecht, 1997): Tz. 831 ist diesbezüglich unentschieden.

79 Vgl. *Lieb* (Leitbild, 1988): S. 951; *Hastedt* (Gewinnrealisation, 1992): S. 96.

80 Vgl. *Papapostolou* (Risikoverteilung, 1987): S. 60. Er nennt den Leasingvertrag einen „Typenkombinationsvertrag ... mit dominierenden kauf- und darlehensrechtlichen Zügen".

81 Vgl. *Canaris* (Finanzierungsleasing, 1982): S. 306 f.; *Canaris* (Interessenlage, 1990): S. 452.

82 Vgl. *Papapostolou* (Risikenverteilung, 1987): S. 53; *Hastedt/Mellwig* (Leasing, 1998): S. 21.

83 Vgl. *Ebenroth* (Rechtsgeschäft, 1978): S. 591. Zudem muss stets dasselbe Leasingobjekt nach Ende der Leasingdauer an den Leasinggeber zurückübertragen werden, beim Sachdarlehen ist lediglich die Rückerstattung einer Sache von gleicher Art und Güte vorgesehen, siehe § 607 Abs. 1 BGB.

84 Siehe §§ 1030-1089 BGB.

85 Vgl. *Bassenge* (BGB, 2004): S. 1328, Tz. 2 f.

86 Vgl. *Papapostolou* (Risikoverteilung, 1987): S. 54; *Hastedt* (Gewinnrealisation, 1992): S. 93.

87 Vgl. *Plathe* (Rechtliche Beurteilung, 1970): S. 605.

88 Vgl. *Flume* (Das Rechtsverhältnis, 1972): S. 3 f.; *Hastedt* (Gewinnrealisierung, 1992): S. 93.

89 Vgl. *Plathe* (Rechtliche Beurteilung, 1970): S. 605.

Erwerb eines Nutzungsrechts wird in wesentlichen Punkten dem Wesen des Leasingvertrags gerecht.[90] Der Leasinggeber bleibt rechtlicher Eigentümer, während der Leasingnehmer die Sache nutzt, aber nicht frei über sie verfügen kann. Anders als ein Käufer kann der Leasingnehmer jedoch in der Regel das Recht nicht an einen Dritten weiterverkaufen. Vielmehr erlischt es mit Ablauf der Leasingdauer. Deshalb mangelt es auch in Bezug auf das Nutzungsrecht an der für eine kaufrechtliche Einordnung notwendigen Eigentumsverschaffung.[91]

Nach § 453 Abs. 1 BGB finden die Vorschriften für den Sachkauf auf den Rechtskauf entsprechende Anwendung. Somit geht das Risiko des zufälligen Untergangs oder der Verschlechterung des Rechts auf den Käufer über.[92] Auch beim typischen Finanzierungsleasingvertrag trägt der Leasingnehmer das Risiko des Untergangs oder der Verschlechterung, jedoch der Sache selbst und nicht nur des Nutzungsrechts an ihr. Geht das Leasingobjekt zufällig unter, hat der Leasingnehmer häufig ein Ersatz-Leasinggut zu beschaffen und weiterhin die Leasingraten zu entrichten.[93] Bei einem Rechtskauf hingegen hätte bei zufälligem Untergang der genutzten Sache der Käufer zwar den Kaufpreis zu entrichten, zur Beschaffung eines Ersatzgutes wäre er aber nicht verpflichtet.

Die Nähe des Finanzierungsleasingvertrags zum Geschäftsbesorgungsvertrag sieht *Canaris* darin, dass der Leasinggeber kein eigenes Interesse an dem Leasinggut habe, sondern für Rechnung des Leasingnehmers handele.[94] Aus der Geschäftsbesorgung ergebe sich der Anspruch des Leasinggebers auf Ersatz seiner Aufwendungen nach den §§ 675, 670 BGB, die in eine Darlehensschuld im Sinne des § 607 Abs. 2 BGB umgewandelt werde.[95] Aus Sicherungsgründen bleibe das Eigentum am Leasingobjekt beim Leasinggeber. Bei einem Geschäftsbesorgungsvertrag hat der Beauftragte jedoch die Pflicht, das aus der Geschäftsbesorgung Erlangte an den Auftraggeber herauszugeben.[96] Der Leasinggeber erlangt das Eigentum am Leasingobjekt; an den Leasingnehmer werden jedoch nur der Besitz sowie die Gewährleistungsansprüche übertragen.[97] Ebenfalls ist die Pflicht des Leasingnehmers, das Leasingobjekt am Ende der Vertragszeit an den Leasinggeber auszuhändigen, nicht mit dem Zweck einer Geschäftsbesorgung vereinbar, der auf dauernde Überlassung des Gutes abzielt.[98]

---

90 Vgl. *Lenz* (Mobilien-Leasingverträge, 1997): S. 34.
91 Vgl. *Schirduan* (Finanzierungs-Leasing, 1993): S. 45 f.
92 Siehe § 446 BGB.
93 Vgl. *Martinek* (Leasing und Factoring, 1991): S. 147.
94 *Canaris* bezeichnet den Leasingvertrag als gemischt-typischen Vertrag mit geschäftsbesorgungs- und darlehensrechtlichen Zügen, *Canaris* (Finanzierungsleasing, 1982): S. 305-307.
95 Vgl. *Canaris* (Finanzierungsleasing, 1982): S. 306.
96 Siehe § 667 BGB.
97 Vgl. *Wagner* (Geschäftsbesorgung, 1969): S. 109; *Koch* (Finanzierungsleasing, 1981): S. 92 f.
98 Vgl. *Wagner* (Geschäftsbesorgung, 1969): S. 109.

Insgesamt ist daher festzustellen, dass der Finanzierungsleasingvertrag keinem der gesetzlich geregelten Vertragstypen eindeutig zugeordnet werden kann.[99] Es handelt sich um einen eigenständigen Vertragstypus,[100] also einen Vertrag sui generis, der sowohl kauf- und darlehensrechtliche als auch mietähnliche Züge aufweist.

C. Inhaltskontrolle der Leasing-AGB

I. Grundlagen der Inhaltskontrolle

Finanzierungsleasingverträge werden in der Regel mithilfe von AGB im Sinne von § 305 Abs. 1 BGB durch den Leasinggeber ausgestaltet.[101] AGB sind in einer Vielzahl von Verträgen verwendete vorformulierte und standardisierte Vertragsbedingungen, die eine Partei der anderen bei Abschluss eines Vertrags stellt.[102] Ist der Vertragspartner ein Verbraucher im Sinne von § 13 BGB, reicht die einmalige Benutzung aus.[103] Da der Verwender seine AGB dem anderen Vertragspartner mit Vertragsabschluss diktiert, ohne dass diese im Einzelnen ausgehandelt werden,[104] besteht die Gefahr einer einseitigen Benachteiligung. Zum Schutz des Vertragspartners sieht das Zivilrecht deshalb eine Inhaltskontrolle der AGB vor.[105] Unabhängig davon, ob der Vertragspartner Kaufmann ist, sind in einem Vertrag verwendete AGB unwirksam, wenn sie den Vertragspartner entgegen dem Gebot von Treu und Glauben unangemessen benachteiligen.[106]

Eine unangemessene Benachteiligung im Sinne von § 307 BGB kann sich zum einen bei Bestimmungen ergeben, die nicht klar und verständlich sind.[107] Zum anderen wird von einer unangemessenen Benachteiligung ausgegangen, wenn eine Bestimmung

- mit wesentlichen Grundgedanken der gesetzlichen Regelung, von der abgewichen wird, nicht zu vereinbaren ist (§ 307 Abs. 2 Nr. 1 BGB) oder
- wesentliche Rechte oder Pflichten, die sich aus der Natur des Vertrags ergeben, so einschränkt, dass die Erreichung des Vertragszwecks gefährdet ist (§ 307 Abs. 2 Nr. 2 BGB).

Für die Inhaltskontrolle von Leasing-AGB ist es somit von Bedeutung, ob Finanzierungsleasing einem bestimmten Vertragstypus zugeordnet werden kann oder ob es sich um einen nicht

---

99 Vgl. *Papapostolou* (Risikoverteilung, 1987): S. 57 f.

100 So auch *Lieb* (Leitbild, 1988): S. 949; *Martinek* (Leasing und Factoring, 1991): S. 115; *Hastedt* (Gewinnrealisation, 1992): S. 96.

101 Vgl. *Feinen* (Leasinggeschäft, 2002): S. 30 f.

102 Siehe § 305 Abs. 1 Satz 1 BGB. Das Gesetz zur Regelung des Rechts der Allgemeinen Geschäftsbedingungen (AGBG) wurde im Rahmen der Schuldrechtsreform zum 01.01.2002 aufgehoben und in das BGB eingegliedert. Siehe Gesetz zur Modernisierung des Schuldrechts (Schuldrechtsmodernisierungsgesetz).

103 Siehe § 310 Abs. 3 Nr. 2 BGB.

104 Siehe § 305 Abs. 1 Satz 3 BGB.

105 Siehe § 307 BGB.

106 Siehe § 307 Abs. 1 Satz 1 BGB. Die Inhaltskontrolle anhand der §§ 308, 309 BGB, die spezielle Klauseln untersagen, greift hingegen nur, wenn der Vertragspartner kein Kaufmann ist, siehe § 310 Abs. 1 BGB.

107 Siehe § 307 Abs. 1 Satz 2 BGB.

zuordenbaren Vertrag handelt. Kann eine Zuordnung erfolgen, ist die Inhaltskontrolle nach § 307 Abs. 2 Nr. 1 BGB vorzunehmen. Demgemäß ist der Grad der Abweichung der AGB-Klauseln und ihre eventuelle Unwirksamkeit anhand der Normen des gesetzlichen Leitbilds zu beurteilen. Ist eine AGB-Klausel unwirksam, so tritt an ihre Stelle die Vorschrift des im Gesetz beschriebenen Leitbilds.[108] Geht man jedoch davon aus, dass der Finanzierungsleasingvertrag keinem gesetzlich geregelten Vertragstypus zuordenbar ist,[109] müssen für die Überprüfung der verwendeten AGB der Zweck des Vertrags und die sich aus seiner Natur ergebenden Rechte und Pflichten ermittelt werden, damit eine Vertragskontrolle gemäß § 307 Abs. 2 Nr. 2 BGB erfolgen kann.

2. *Inhaltskontrolle anhand des Vertragszwecks*

Betrachtet man die in Leasing-AGB übliche Abwälzung der Sach- und Preisgefahr verbunden mit der Abtretung der Ansprüche gegen den Lieferanten, dürfte die Inhaltskontrolle anhand des Vertragszwecks (nach § 307 Abs. 2 Nr. 2 BGB) zu keinen Beanstandungen führen.[110] Der Zweck des Finanzierungsleasingvertrags besteht grundsätzlich nur in der Finanzierung des Leasingguts durch den Leasinggeber. Die Leasingraten sind anders als Mietzahlungen kein Entgelt für eine garantierte Gebrauchstauglichkeit während der Nutzungsdauer, sondern nur für die Bereitstellung des Leasingobjekts, inklusive der Einräumung der ungestörten Nutzungsmöglichkeit, und die Finanzierungsleistung durch den Leasinggeber.[111] Dass dem Leasingnehmer während der Zeit der Nutzung die Objektrisiken zufallen, steht mit diesem Vertragszweck in Einklang. Durch die Abwälzung der Objektrisiken trägt der Leasinggeber im Wesentlichen nur noch die Finanzierungsrisiken.

3. *Inhaltskontrolle anhand des Leitbilds der Miete*

Der BGH nimmt, korrespondierend mit seiner rechtlichen Einordnung des Finanzierungsleasingvertrags als atypischer Mietvertrag, regelmäßig eine Inhaltskontrolle der Leasing-AGB gemäß § 307 Abs. 2 Nr. 1 BGB vor, wobei der Mietvertrag als gesetzliches Leitbild betrachtet wird. Der BGH hat dazu jedoch ausgeführt, dass, auch wenn auf Leasingverträge in erster Linie Mietrecht anzuwenden ist, bei der Inhaltskontrolle „jeweils das Eigengepräge des Leasingvertrags unter sachgerechter Bewertung der von den Parteien typischerweise verfolgten Interessen berücksichtigt werden [muss]“[112]. Deshalb ist nach Auffassung des BGH zunächst zu prüfen, „ob der typische Gehalt des Leasingvertrages in der betreffenden Frage mit demje-

---

108 Vgl. *Papapostolou* (Risikoverteilung, 1987): S. 33.

109 Vgl. Gliederungspunkt I.B.3. in diesem Kapitel.

110 Die Inhaltskontrolle nach § 307 Abs. 2 Nr. 2 BGB wird regelmäßig nicht als sonderlich streng erachtet. *Lieb* stellt die seiner Ansicht nach gewagte These auf, dass die Inhaltskontrolle anhand des Vertragszwecks (damals noch § 9 Abs. 2 Nr. 2 AGBG) „nur die innere Stimmigkeit des für sich kontrollfrei vorgegebenen Vertrags gewährleisten will“, *Lieb* (Leitbild, 1988): S. 954.

111 Vgl. *Martinek* (Leasing und Factoring, 1991): S. 145.

112 BGH-Urteil vom 04.07.1990 VIII ZR 288/89, BGHZ 112, 65 (71).

nigen eines normalen Mietvertrages übereinstimmt. Ist das nicht der Fall, so kommt eine [nicht zulässige] Abweichung von einem wesentlichen Grundgedanken des Mietrechts nicht in Betracht."[113] Nur wenn die Interessen der Vertragsparteien in der betreffenden Frage als mietähnlich eingestuft werden, habe somit eine Inhaltskontrolle anhand des Leitbilds des Mietvertrags zu erfolgen. Daher erlaubt auch die durch den BGH vorgenommene Inhaltskontrolle gemäß § 307 Abs. 2 Nr. 1 BGB eine Berücksichtigung des Zwecks des Leasingvertrags.

Die leasingtypische Abwälzung der Sach- und Preisgefahr vom Leasinggeber auf den Leasingnehmer, die häufig mit Hilfe von AGB erfolgt, ist mit dem Grundgedanken der Miete nicht vereinbar. Dennoch wird die Verpflichtung des Leasingnehmers, auch bei einer von ihm nicht zu vertretenden Wertminderung, Verschlechterung oder Vernichtung der Sache, die Leasingraten an den Leasinggeber zu zahlen, von der herrschenden Meinung und vom BGH als zulässig angesehen, wenn der Leasingnehmer dafür die Ansprüche und Rechte des Leasinggebers gegenüber dem Lieferanten erhält.[114] Der Ausschluss der Instandhaltungspflicht und der Mängelhaftung durch die AGB des Leasinggebers stellt somit keine unangemessene Benachteiligung gemäß § 307 BGB dar, wenn diese durch Abtretung sämtlicher Erstattungsansprüche des Leasinggebers gegenüber dem Lieferanten ersetzt werden.[115] Der Leasinggeber hat gegenüber dem Lieferanten jedoch nur die Ansprüche eines Käufers, deshalb kann er auch nur diese abtreten. Die Instandhaltungspflicht, der ein Vermieter unterliegt, wird also auf keinen Fall ersetzt.

Zu beachten ist, dass im Rahmen der zum 01.01.2002[116] in Kraft getretenen Schuldrechtsreform die Rechte des Käufers gestärkt worden sind. Zum einen wurden die Gewährleistungs-

113 BGH-Urteil vom 04.07.1990 VIII ZR 288/89, BGHZ 112, 65 (71).

114 Vgl. BGH-Urteil vom 15.10.1986 VIII ZR 319/85, BB 1987, S. 150 (151); BGH-Urteil vom 30.09.1987 VIII ZR 226/86, NJW 1988, S. 198 (199 f.) sowie *Weidenkaff* (BGB, 2004): S. 721 Tz. 59, mit Verweis auf BGH-Urteil vom 15.07.1998 VIII ZR 348/97, NJW 1998, S. 3270; OLG Düsseldorf, Urteil vom 22.06.1983 – 15 U 168/82, ZIP 1983, S. 1092. Allerdings spricht der BGH in diesen Fällen dem Leasingnehmer das Recht zu, die noch ausstehenden Leasingraten um den darin enthaltenen Gewinnanteil zu kürzen, so dass die Preisgefahr nicht vollständig abgewälzt werden kann, vgl. *Hommel* (Dauerschuldverhältnisse, 1992): S. 129-131; BGH-Urteil vom 19.03.1986, VIII ZR 81/85, BB 1986, S. 1112 (1114); BGH-Urteil vom 15.10.1986 VIII ZR 319/85 BB 1987, S. 150 (151); anders noch BGH-Urteil vom 12.06.1985 VIII ZR 148/84, BGHZ 95, 39 (54 f.).

115 Vgl. BGH-Urteil vom 16.09.1981 VIII ZR 265/80, BGHZ 81, 298 (303); *Weidenkaff* (BGB, 2004): S. 720, Tz. 53. Eine Drittverweisungsklausel in dieser Form wird nicht als Verstoß gegen § 309 Nr. 8b) aa) BGB gesehen, wonach es gegenüber Nicht-Kaufleuten unzulässig ist, die Ansprüche wegen eines Mangels hinsichtlich neu hergestellter Sachen und Leistungen auf Ansprüche gegen Dritte zu beschränken. Diese Norm ist nach Rechtsprechung des BGH nicht anwendbar, weil Leasingverträge im Wesentlichen nur auf die Finanzierung der Nutzung der Sache gerichtet seien und deshalb keine Leistungen im Sinne dieser Vorschrift beinhalteten, vgl. BGH-Urteil vom 24.04.1985 VIII ZR 65/84, BGHZ 94, 180 (damals in Bezug auf § 11 Nr. 10a AGBG).

116 Für Dauerschuldverhältnisse, wie zum Beispiel Leasingverträge, war eine Übergangsfrist bis zum 01.01.2003 vorgesehen, in der bestehende Verträge angepasst werden konnten. Siehe Art. 2, § 5 des Schuldrechtsmodernisierungsgesetzes.

fristen verlängert,[117] zum anderen erhält der Leasingnehmer nun einen Nacherfüllungsanspruch, wenn die gelieferte Sache nicht frei von Mängeln ist.[118] Während nach altem Recht bei Lieferung einer mangelhaften Sache das Gewährleistungsrecht griff, hat der Käufer nun im Rahmen des Kaufvertrags einen gesetzlichen Anspruch auf Erhalt der mangelfreien Kaufsache.[119] Die Lieferung einer mit Mängeln behafteten Sache stellt nun eine Leistungsstörung innerhalb des Kaufvertrags dar.[120] Diesen Erfüllungsanspruch tritt der Leasinggeber als Käufer an den Leasingnehmer ab. Wird eine neue mangelfreie Sache nachgeliefert, wird der Leasinggeber wiederum rechtlicher Eigentümer.[121] Der Nacherfüllungsanspruch ist vom Leasingnehmer wahrzunehmen; die weiterreichenden Rechtsbehelfe wie Rücktritt, Minderung und Schadensersatz können erst nachrangig in Anspruch genommen werden. Ein Leistungsverweigerungsrecht steht dem Leasingnehmer bei Mangelhaftigkeit des Leasingobjekts nicht zu.[122] Eine Lösung vom Vertrag ist daher nicht mehr so leicht möglich wie nach altem Recht, das ihm im Gewährleistungsfall das Recht auf Wandelung zugestand. Seine Position hat sich insoweit im Vergleich zur vorher geltenden Rechtslage unwesentlich verschlechtert.

Bei Mangelhaftigkeit des Leasingobjekts und misslungener Nacherfüllung kann der Leasingnehmer gemäß den §§ 437 Nr. 2, 440, 323, 326 BGB allerdings vom Kaufvertrag zurücktreten. Als Gestaltungsrecht[123] entfaltet der Rücktritt Rechtswirkung, ohne dass der Erklärungsempfänger, also der Lieferant des Leasingguts, sein Einverständnis geben muss.[124] Mit Erklärung des Rücktritts vom Kaufvertrag durch den Leasingnehmer entfällt die Geschäftsgrundlage für den Leasingvertrag.[125] Dieser wird dann in ein Rückgewährschuldverhältnis umgewandelt. Der Leasingnehmer wird somit von seiner Leistungspflicht frei und kann die Zahlung der

117 Von bisher sechs Monaten auf regelmäßig zwei Jahre (§ 438 Abs. 1 Nr. 3 BGB), vgl. *Assies* (Schuldrechtsreform, 2002): S. 317; *Löbbe* (Finanzierungsleasingvertrag, 2003): S. 8.

118 Siehe §§ 437 u. 439 BGB.

119 Vgl. *von Westphalen* (Schuldrechtsreform, 2001): S. 2258.

120 Vgl. *Westermann* (Kaufrecht, 2002): S. 243.

121 Dies sollte gegebenenfalls durch den Leasinggeber in seinen AGB sichergestellt werden, da diese Rechtsfolge aufgrund der Abtretung der kaufrechtlichen Ansprüche nicht zwingend erscheint, vgl. *Matz* (Leasingtransaktionen, 2002): S. 203.

122 Vgl. *Matz* (Leasingtransaktionen, 2002): S. 108; *Assies* (Schuldrechtsreform, 2002): S. 317.

123 *von Westphalen* ist der Ansicht, dass Gestaltungsrechte nicht abgetreten werden könnten, weshalb durch die Schuldrechtsreform die leasingtypische Abtretungskonstruktion gefährdet sei, *von Westphalen* (Schuldrechtsreform, 2001): S. 2263. In diesem Fall könnte jedoch statt der „Abtretung" eine „Ermächtigung" erfolgen, die zum gleichen Ergebnis führen würde, vgl. *Tiedtke/Möllmann* (Auswirkungen, 2004): S. 583.

124 Vgl. *Matz* (Leasingtransaktionen, 2002): S. 164 f. Im Falle der Wandelung nach altem Schuldrecht war dies anders. Der Leasingnehmer ist somit besser gestellt worden.

125 Zum gleichen Ergebnis kam man nach altem Recht im Falle der erfolgreichen Wandelung, vgl. BGH-Urteil vom 23.02.1977 VIII ZR 124/75, BGHZ 68, 118 (126); BGH-Urteil vom 27.02.1985 VIII ZR 328/83, BGHZ 94, 44 (Leitsatz); *Matz* (Leasingtransaktionen, 2002): S. 155 f. u. 165; *Teichmann* (BGB, 2004): S. 645, Rn. 8.

Leasingraten einstellen, auch wenn der Lieferant dem Rücktritt nicht zustimmt.[126] Unabhängig von der Anerkennung des Rücktritts trägt der Leasinggeber in diesem Fall das Risiko der Zahlungsunfähigkeit des Lieferanten.[127] Aufgrund der Abtretung seiner Rechte an den Leasingnehmer könnte der Leasinggeber zudem Schwierigkeiten haben, seine Ansprüche gegenüber dem Lieferanten geltend zu machen.[128] Durch die Stärkung der gesetzlichen Käuferrechte, die der Leasingnehmer im Rahmen der Abtretungskonstruktion erhält, hat sich somit das zu tragende Risiko des Leasinggebers erhöht.[129]

Dass der Leasinggeber für die Fehlerhaftigkeit des Leasingobjekts einstehen muss, wird der Interessenlage beim Finanzierungsleasing nicht gerecht.[130] Zwar ist es zulässig, dass der Leasinggeber seine Gewährleistung ausschließt und durch die Abtretung seiner Ansprüche gegen den Lieferanten ersetzt. Erreicht jedoch der Leasingnehmer aufgrund der ihm abgetretenen Ansprüche gegen den Lieferanten nach misslungener Nacherfüllung den Rücktritt, muss im Ergebnis doch der Leasinggeber für die Gewährleistung einstehen, wenn der Lieferant zahlungsunfähig ist.[131] Somit wird letztendlich der Gewährleistungsausschluss des Leasinggebers durch den BGH nicht anerkannt. Der Leasingnehmer trägt daher ein geringeres Risiko bezüglich der Fehlerhaftigkeit des Leasinggegenstandes als ein Kreditkäufer. Die Darlehensraten sind vom Käufer auch dann an den Kreditgeber zu zahlen, wenn die Ansprüche gegenüber dem zahlungsunfähigen Verkäufer nicht durchgreifen.[132] Da normalerweise der Leasingnehmer die Auswahl des Lieferanten bestimmt, von dem der Leasinggeber das Objekt kaufen soll, erscheint es nicht sachgerecht, dass der Leasinggeber das Bonitätsrisiko des Lieferanten trägt.[133]

Unabhängig von diesem Widerspruch bei der Anerkennung der Abtretungskonstruktion ist insgesamt festzustellen, dass der BGH bei der Inhaltskontrolle der Leasing-AGB nicht eng an der mietvertraglichen Einordnung des Finanzierungsleasing festhält. Es wird erkannt, dass ein Finanzierungsleasingvertrag in der Regel kaufähnlich ausgestaltet ist und die Finanzierungs-

---

126 A. A.: *Beckmann* (Auswirkungen, 2002): S. 48 f. Er vertritt die Auffassung, dass eine solche Gesetzesauslegung „das Ende der Leasing-Branche“ wäre. Deshalb sei unter Berücksichtigung der Interessen der Beteiligten und des Vertragszwecks ein gegebenenfalls vorliegender Streit über die Rechtmäßigkeit des Rücktritts zunächst zu klären, bevor die Rückabwicklung tatsächlich vollzogen wird. Ein Leistungsverweigerungsrecht gegenüber dem Leasinggeber bestehe für den Leasingnehmer grundsätzlich nicht.

127 Vgl. *Brzuska* (Gewährleistung, 1989): S. 27; *Ammann/Hucke* (Rechtliche Grundlagen, 2000): S. 89; *Teichmann* (BGB, 2004): S. 645, Rn. 8.

128 Vgl. *Matz* (Leasingtransaktionen, 2002): S. 166.

129 Vgl. *Reiner/Kaune* (Gestaltung, 2002): S. 2318; *Habersack* (Verbraucherleasing, 2003): S. 2; *Löbbe* (Finanzierungsleasingvertrag, 2003): S. 13 f.

130 Vgl. *Matz* (Leasingtransaktionen, 2002): S. 150 f.

131 Dies galt auch schon vor der Schuldrechtsreform bei erfolgreicher Wandelung durch den Leasingnehmer, vgl. *Lieb* (Gewährleistung, 1988): S. 2496; BGH-Urteil vom 19.02.1986 VIII ZR 91/85, BGHZ 97, 135 (Leitsatz).

132 Vgl. *Lieb* (Gewährleistung, 1988): S. 2496.

133 Vgl. *Lieb* (Gewährleistung, 1988): S. 2500; so auch noch BGH-Urteil vom 23.02.1977 VIII ZR 124/75, BGHZ 68, 118 (125).

funktion im Vordergrund steht. Deshalb sei es ausreichend, wenn der Leasingnehmer über die Abtretungskonstruktion die Rechte eines Käufers erhält. Die Abtretung der Ansprüche gegen den Lieferanten durch den Leasinggeber wird bei Finanzierungsleasingverträgen inzwischen als leasingtypische Gewährleistungsregelung gesehen. Beim Fehlen einer ausdrücklichen Regelung wird von einer entsprechenden stillschweigenden Vereinbarung ausgegangen.[134]

Die durch den BGH vorgenommene Inhaltskontrolle anhand des Leitbilds der Miete scheint daher nicht sinnvoll. Will man an der Zuordnung des Finanzierungsleasing zum Leitbild der Miete festhalten, sind AGB, welche die Überwälzung der Risiken vorsehen, grundsätzlich als unzulässig zu beurteilen. Geht man jedoch davon aus, dass die Finanzierungsfunktion des Leasing im Vordergrund steht und deshalb keine Zuordnung zur Miete erfolgen kann, erscheint die Überwälzung der Risiken zulässig. Der BGH ordnet den Finanzierungsleasingvertrag als Mietvertrag ein, nimmt aber bei der Inhaltskontrolle der Leasing-AGB auf die Finanzierungsfunktion Rücksicht, wodurch die meisten nicht-mietrechtlichen Regelungen als zulässig erachtet werden. Dies liegt vor allem daran, dass das gesetzliche Leitbild des Mietvertrags für die Inhaltskontrolle von Finanzierungsleasingverträgen ungeeignet ist.[135] *Canaris* ist der Ansicht, dass der BGH, auch wenn er das nicht ausdrücklich darlegt, für die Inhaltskontrolle nach § 307 Abs. 2 Nr. 1 BGB für den Finanzierungsleasingvertrag ein eigenständiges Leitbild entwickelt hat.[136] Es wäre wünschenswert, dass dieses Leitbild im Gesetz kodifiziert wird. Solange dies nicht geschehen ist, kann der Finanzierungsleasingvertrag keinem Leitbild eindeutig zugeordnet werden. Deshalb ist eigentlich nur eine Inhaltskontrolle nach § 307 Abs. 2 Nr. 2 BGB sinnvoll.[137] Diese dürfte jedoch nicht zu anderen Ergebnissen führen als die zurzeit vorgenommene. Das Festhalten am Leitbild der Miete für die rechtliche Einordnung des Finanzierungsleasing durch den BGH bietet den Vertragsparteien allerdings keine Rechtssicherheit, da unklar ist, ob bei Streitigkeiten Mietrecht anzuwenden ist oder ob aufgrund des Vertragszwecks eine Abweichung hiervon geboten ist.[138]

Bei einem Operating-Leasingvertrag, bei dem die Gebrauchsüberlassung und nicht die Finanzierung im Vordergrund steht, würde die Überwälzung der Sach- und Preisgefahr auf den Leasingnehmer einen Verstoß gegen § 307 Abs. 2 Nr. 1 BGB darstellen, da vom Leitbild der Miete zu stark abgewichen würde.[139] Zu beachten ist dabei aber, dass das Überwälzen der Sach- und Preisgefahr selbst ein Indiz dafür ist, dass die Finanzierungs- und nicht die

---

134 Vgl. OLG Düsseldorf, Urteil vom 05.05.1988 – 10 U 186/87, DB 1988, S. 1695.

135 *Klamroth* begründet dies damit, dass die auf die zweite Hälfte des 19. Jahrhunderts zurückgehenden Regelungen der §§ 535 ff. BGB in erster Linie die Wohnungsmiete im Auge hatten und das Rechtsverhältnis zwischen dem kapitalistischen Vermieter und dem sozial schutzwürdigen Mieter regeln wollten. An die Vermietung von Maschinen zum Beispiel, sei damals noch nicht gedacht worden, *Klamroth* (Inhaltskontrolle, 1982): S. 1951.

136 Vgl. *Canaris* (Interessenlage, 1990): S. 448.

137 Vgl. *Klamroth* (Inhaltskontrolle, 1982): S. 1957.

138 Vgl. *Knebel* (Typologische Einordnung, 1993): S. 1028.

139 Vgl. *Ebenroth* (Inhaltliche Schranken, 1978): S. 2111.

Gebrauchsüberlassungsfunktion im Vordergrund steht und daher kein Operating- sondern ein Finanzierungsleasingvertrag vorliegt.

D. Kreditrechtliche Vorschriften

I. Anwendung des Kreditwesengesetzes

Banken und Finanzdienstleistungsunternehmen unterliegen in Deutschland einer besonderen staatlichen Aufsicht. Der grundlegende Ordnungsrahmen dafür wird durch das Gesetz über das Kreditwesen (Kreditwesengesetz, KWG) bestimmt. Dieses regelt unter anderem die Voraussetzungen für die Zulassung zum Geschäftsbetrieb sowie die Anforderungen an das laufende Bankgeschäft, insbesondere in Bezug auf die Absicherung der Einlagen.[140] Für die Zulassungen und die Wahrnehmung der Überwachungsaufgaben ist die Bundesanstalt für Finanzdienstleistungsaufsicht (BaFin) zuständig.[141]

Leasing gehört nicht zu den erlaubnispflichtigen Bankgeschäften im Sinne des KWG.[142] Leasinggesellschaften sind daher keine aufsichtspflichtigen Institute, das heißt Kredit- oder Finanzdienstleistungsinstitute, nach § 1 Abs. 1 oder 1a KWG. Allerdings gehören Leasinggesellschaften zu den Finanzunternehmen im Sinne des § 1 Abs. 3 KWG, wenn sie das Abschließen von Leasingverträgen als Haupttätigkeit betreiben und nicht zugleich aufsichtspflichtige Institute im Sinne des KWG sind.[143] Leasinggeschäfte werden dann im Rahmen des KWG als banknahe Geschäfte eingeordnet.[144] Dies hat allerdings keine direkten aufsichtsrechtlichen Konsequenzen. Betreibt jedoch ein aufsichtspflichtiges Institut, also keine reine Leasinggesellschaft, das Leasinggeschäft, zählen Leasinggegenstände zu den Risikoaktiva, für welche die Eigenkapitalbestimmungen und Kreditaufsichtsregeln gelten.[145] Wird das Leasinggeschäft nicht durch das Institut selbst, sondern durch eine Leasinggesellschaft, die als Finanzunternehmen zu qualifizieren ist, betrieben, die mit dem Institut zu einer Instituts- oder Finanzholding-Gruppe im Sinne des § 10a KWG gehört, so haben die Unternehmen dieser Gruppe auf konsolidierter Basis insgesamt den Vorschriften des KWG Rechnung zu tragen.[146] Die Qualifizierung der Leasinggesellschaften als Finanzunternehmen durch das KWG hat somit nur zur Folge, dass sie gegebenenfalls in die konsolidierte Aufsicht mit einzubeziehen sind.

---

140 Vgl. *Breitfeld* (Aufsicht, 2001): S. 292 f.
141 Siehe § 6 Abs. 1 KWG.
142 Vgl. *Canaris* (Interessenlage, 1990): S. 468 f.; *Breitfeld* (Aufsicht, 2001): S. 296.
143 Siehe § 1 Abs. 3 Nr. 3 KWG.
144 Vgl. *Ullrich* (Bankenaufsichtsrechtliche Einordnung, 1998): Rdnr. 5.
145 Siehe §§ 19 Abs. 1 Satz 2 Nr. 9 u. 21 Abs. 1 Satz 1 Nr. 7 KWG. Voraussetzung für die Klassifizierung von Leasinggegenständen als Risikoaktiva ist, dass der Leasinggeber diese in seiner Bilanz auszuweisen hat. Der Zusatz in § 19 Abs. 1 Satz 2 Nr. 9 KWG, dass Leasinggegenstände „unabhängig von ihrem Bilanzausweis" als Bilanzaktiva zu berücksichtigen sind, kann sich nur auf den Ort des Ausweises in der Bilanz (Anlage- oder Umlaufvermögen bzw. gesonderte Position) beziehen, vgl. *Ullrich* (Bankenaufsichtsrecht, 1998): Rdnr. 9.
146 Vgl. *Breitfeld* (Aufsicht, 2001): S. 301.

Eine allgemeine Einbeziehung von Leasinggesellschaften in die Bankenaufsicht hat der Gesetzgeber bewusst vermieden.[147] Dies dürfte auch in der rechtlichen Einordnung des Leasing durch den BGH als atypischer Mietvertrag begründet sein. Gegen eine Einbeziehung spricht darüber hinaus, dass Leasinggesellschaften kein Einlagengeschäft betreiben. Der sich im Zusammenhang mit Leasing ergebende erhebliche Aufsichtsaufwand würde sich folglich auf die allgemeinen kreditwirtschaftlichen Ordnungs-, Missbrauchsbekämpfungs- und Präventionsaufgaben beschränken.[148]

Einfache Mietverträge gehören nicht zu den banknahen Geschäften im Sinne des KWG. Leasing muss daher auch für die Anwendung der genannten KWG-Regelungen von der Miete abgrenzt werden. Dabei erscheint es sinnvoll, die bei Finanzierungsleasingverträgen in besonderem Maße vorhandene Finanzierungsfunktion, die auch von Seiten des BGH erkannt wurde,[149] als Abgrenzungskriterium zu verwenden.[150] Die Einordnung des Leasing als atypischer Mietvertrag ist daher für Zwecke des KWG nicht zu gebrauchen. Operating-Leasingverträge sind im Rahmen des Bankenaufsichtsrechts nicht als Leasingverträge anzusehen, da es hier an der im Vordergrund stehenden Finanzierungsfunktion mangelt.[151]

2. *Anwendung der verbraucherkreditrechtlichen Schutzvorschriften*

Bei Kreditverträgen werden im Zivilrecht Verbrauchern im Sinne von § 13 BGB besondere Schutzrechte gegenüber den institutionellen Kreditgebern eingeräumt.[152] Unter den Verträgen, bei denen der Verbraucher gesonderten Schutz genießen soll, wird auch der Finanzierungslea-

147 Darüber wurde jedoch im Gesetzgebungsverfahren zur Dritten KWG-Novelle (1984) nachgedacht, siehe BT-Drucks. 10/1441 vom 14.05.1984, S. 44 f. Vgl. dazu auch *Ullrich* (Bankenaufsichtsrechtliche Einordnung, 1998): Rdnr. 23; *Breitfeld* (Aufsicht, 2001): S. 292.

148 Vgl. *Breitfeld* (Aufsicht, 2001): S. 302.

149 Vgl. BGH-Urteil vom 16.09.1981 VIII ZR 265/80, BGHZ 81, 298 (302 f.).

150 Vgl. *Breitfeld* (Aufsicht, 2001): S. 296.

151 Vgl. *Ullrich* (Bankenaufsichtsrechtliche Einordnung, 1998): Rdnr. 31.

152 Diese Schutzvorschriften gelten auch für Existenzgründer im Sinne von § 507 BGB, vgl. *Tiedtke/ Möllmann* (Auswirkungen, 2004): S. 585.

singvertrag als „sonstige Finanzierungshilfe“ aufgeführt.[153] Auf ihn finden aber nur bestimmte, nicht alle für Kreditverträge geltenden Schutzvorschriften Anwendung.[154]

Jenseits der genauen Schutzvorschriften für Verbraucherleasingverträge ist von größerer Wichtigkeit, dass Finanzierungsleasingverträge überhaupt als Finanzierungshilfe eingeordnet werden und damit in den Anwendungsbereich der verbraucherkreditrechtlichen Regelungen fallen. Der Rechtsausschuss des Bundestages hat in einer Beschlussempfehlung zum Entwurf des Verbraucherkreditgesetzes der Bundesregierung den Begriff des Finanzierungsleasing eindeutig definiert. Darunter fallen „alle Leasingverträge, bei denen der Leasingnehmer für die Amortisation der vom Leasinggeber für die Anschaffung der Leasingsache gemachten Aufwendungen und Kosten einzustehen hat“[155]. Einbezogen werden also ausdrücklich alle Finanzierungsleasingverträge und nicht nur, wie noch im Gesetzentwurf der Bundesregierung vorgesehen,[156] Leasingverträge, bei denen die Leasingsache ihrer Substanz nach endgültig auf den Verbraucher übertragen werden soll und die nach Art. 2 Abs. 1 lit. b) Verbraucherkredit-Richtlinie (VerbrKr-RL)[157] im Grundsatz wie Teilzahlungskäufe zu behandeln sind.[158] Der Amortisationsanspruch des Leasinggebers ist somit begriffskonstituierendes Merkmal eines Finanzierungsleasingvertrags im Sinne der verbraucherkreditrechtlichen Regelungen.[159]

Durch die Nennung im Rahmen der verbraucherkreditrechtlichen Regelungen ist Finanzierungsleasing zu einem Terminus der Gesetzessprache geworden. Rechtswissenschaft und Rechtsprechung sind somit bei Benutzung dieses Begriffs grundsätzlich an die Vorgaben des

153 Siehe § 500 BGB. Die früher im Verbraucherkreditgesetz (VerbrKrG) zu findenden Regelungen sind im Rahmen der Schuldrechtsreform durch das Schuldrechtsmodernisierungsgesetz mit Wirkung vom 01.01.2002 in das BGB übernommen worden.

154 Zur Anwendung kommende Schutzvorschriften (siehe § 500 BGB) sind, dass der Leasingvertrag in Schriftform zu erfolgen hat und dem Leasingnehmer alle relevanten Vertragsunterlagen vorliegen müssen. Zudem hat der Vertrag gewisse Mindestangaben (siehe § 492 Abs. 1 Nrn. 1-4 BGB) zu enthalten. Dem Leasingnehmer steht außerdem ein Widerrufsrecht von zwei Wochen zu, über das er vom Leasinggeber belehrt worden sein muss (siehe § 495 Abs. 1 BGB i. V. m. § 355 BGB). Außerdem besteht eine Kündigungserschwernis wegen Zahlungsverzugs für den Leasinggeber (siehe § 498 BGB). Zur Anwendung kommen sollen auch die Regelungen der §§ 358 f. BGB für verbundene Verträge. Nach diesen reicht bei der Verbindung eines Lieferungs- oder Leistungsvertrages mit einem Darlehensvertrag der Widerruf durch den Verbraucher für einen der beiden Verträge aus, um ihn auch von seiner Leistungspflicht für den anderen Vertrag zu entbinden. Der Leasingnehmer schließt jedoch nur einen einzigen Vertrag mit dem Leasinggeber, weshalb der Verweis in § 500 BGB in der Literatur teilweise als Redaktionsversehen beurteilt wird, vgl. *Habersack* (Verbraucherleasing, 2003): S. 2-7; *Tiedtke/Möllmann* (Auswirkungen, 2004): S. 585. Für ein Redaktionsversehen spricht die Intention des Gesetzgebers, mit § 500 BGB keine Änderung der Rechtslage herbeiführen zu wollen, vgl. BT-Drucks. 14/6040 vom 14.05.2001, S. 256. Entgegen dieser Auffassung könnte eine sinngemäße Anwendung der Vorschriften jedoch derart erfolgen, dass der Leasingnehmer nach Scheitern des Kaufgeschäfts nicht mehr auf die bisherige Rechtsprechung zum Wegfall der Geschäftsgrundlage zurückgreifen muss, vgl. *Reiner/Kaune* (Gestaltung, 2002): S. 2322; *Medicus* (Bürgerliches Recht, 2002): § 31, Rdnr. 776b.

155 BT-Drucks. 11/8274 vom 25.10.1990, S. 21.

156 Vgl. BT-Drucks. 11/8274 vom 25.10.1990, S. 4 u. 20 i. V. m. BT-Drucks. 11/5462 vom 25.10.1989, S. 4.

157 Richtlinie 87/102/EWG des Rates vom 22.12.1986 zur Angleichung der Rechts- und Verwaltungsvorschriften der Mitgliedstaaten über den Verbraucherkredit, ABl. EG Nr. L 42 vom 12.02.1987, S. 48-53.

158 Vgl. *Zahn* (Stellung, 1994): S. 618; *Habersack* (Verbraucherleasing, 2003): S. 2.

159 Vgl. *Canaris* (Grundprobleme, 1993): S. 401.

Verbraucherkreditgesetzes gebunden.[160] Finanzierungsleasingverträge werden genauso wie Darlehen oder Zahlungsaufschübe als Finanzierungshilfen behandelt.[161] Sie werden also den Kreditgeschäften zugerechnet. Mietverträge sind hingegen keine Finanzierungshilfen im Sinne der verbraucherkreditrechtlichen Regelungen. Auch die verbraucherkreditrechtlichen Regelungen unterstellen folglich, dass die Kreditelemente eines Finanzierungsleasingvertrags erheblich über diejenigen eines Mietvertrages hinausgehen müssen.[162] Dem Argument für eine Qualifizierung von Leasingverträgen als Mietverträge, dass Kreditelemente in Bezug auf die Anschaffungskosten des Leasingguts sowohl in Leasing- als auch in Mietverträgen in ähnlichem Maße vorhanden seien,[163] stehen die verbraucherkreditrechtlichen Regelungen folglich entgegen. Die Tatsache, dass Finanzierungsleasingverträge an der einzigen Stelle, an der sie im Zivilrecht begrifflich genannt werden, wie Kreditgeschäfte behandelt werden, lässt die mietrechtliche Einordnung durch die BGH-Rechtsprechung umso fraglicher erscheinen.

E. Insolvenzrechtliche Behandlung

I. Insolvenz des Leasingnehmers

Die insolvenzrechtliche Behandlung des Leasingvertrags stützt sich vornehmlich auf die Einordnung „in erster Linie" als Mietvertrag.[164] Deshalb gilt für den Fall der Insolvenz des Leasingnehmers, dass der Leasinggeber als rechtlicher Eigentümer des Leasinggegenstandes grundsätzlich ein Aussonderungsrecht gemäß § 47 InsO[165] und nicht nur ein Absonderungsrecht besitzt, wie es beispielsweise die kreditgebende Bank eines Käufers des Anlageguts hat.[166] Das Aussonderungsrecht gestattet dem Gläubiger, den Gegenstand der Gesellschaft im Konkurs entschädigungslos wegzunehmen, weil er nicht in das Vermögen der Gesellschaft übergegangen ist.[167] Das Absonderungsrecht räumt hingegen dem Gläubiger nur ein Recht auf abgesonderte Befriedigung seines Anspruchs gegen die Gesellschaft aus dem Gegenstand ein. Ein eventueller Mehrerlös bei Verwertung des Gegenstands ist an die Gesellschaft abzuführen, ein Mindererlös wird als Restforderung im Rahmen des allgemeinen Konkursverfahrens geltend gemacht. Da der Leasinggeber ein Aussonderungsrecht erhält, ist beim Leasing somit in Abweichung zum Teilzahlungskauf keine Sicherungsübereignung notwendig, wenn das Gut als Sicherheit für das Bonitätsrisiko dienen soll.

160 Vgl. *Canaris* (Grundprobleme, 1993): S. 401.
161 Vgl. BT-Drucks. 11/8274 vom 25.10.1990, S. 21.
162 Vgl. *Canaris* (Grundprobleme, 1993): S. 404.
163 Vgl. *Brunotte* (Finanzierungsleasingvertrag, 1990): S. 399.
164 Vgl. BGH-Urteil vom 05.04.1978 VIII ZR 42/77, BGHZ 71, 189 (193 f.).
165 Insolvenzordnung.
166 Vgl. *Hess* (Insolvenzrecht, 1999): S. 152, Rz. 768. Unter die Ausnahmevorschrift des § 51 Nr. 1 InsO, die dem Sicherungseigentümer anstelle des Aussonderungsrechts nur ein Absonderungsrecht zubilligt, ist das Leasing nicht zu subsumieren, vgl. ebenda Rz. 769.
167 Vgl. *Reithmeier* (Nach Aktienrecht, 1979): S. 60.

Voraussetzung für die Aussonderung des Leasinggegenstandes ist allerdings die Beendigung des Leasingverhältnisses.[168] Stellt der Leasingnehmer den Insolvenzantrag, ist der Leasinggeber jedoch nicht zu einer außerordentlichen Kündigung des Leasingvertrags berechtigt; es besteht sogar eine Kündigungssperre.[169] Der Insolvenzverwalter hat nach § 103 Abs. 1 InsO ein Wahlrecht, ob er den Leasingvertrag erfüllen will oder nicht. Wählt der Insolvenzverwalter die Erfüllung, stellen die Leasingforderungen des Leasinggebers Masseforderungen gemäß § 55 Abs. 1 Nr. 2 InsO dar, das heißt, sie sind vorrangig vor den gewöhnlichen Insolvenzforderungen aus der Insolvenzmasse zu erfüllen.[170] Lehnt der Verwalter die Erfüllung ab, ist der Leasinggeber wegen des Schadenersatzanspruchs aufgrund Nichterfüllung gemäß § 103 Abs. 2 InsO auf eine gewöhnliche Insolvenzforderung verwiesen.[171] Der Verwalter ist dann verpflichtet, das Leasinggut dem Leasinggeber zurückzugeben.[172]

Bei Leasingverträgen über unbewegliche Gegenstände hat der Insolvenzverwalter durch die Einordnung als Mietvertrag zusätzlich nach § 109 Abs. 1 Satz 1 InsO das Recht, ohne Rücksicht auf die vereinbarte Vertragsdauer unter Einhaltung der gesetzlichen Frist den Leasingvertrag zu kündigen. Der Leasinggeber hat dann ein Aussonderungsrecht und kann auch in diesem Fall aufgrund der vorzeitigen Vertragsbeendigung Schadensersatz nach § 103 Abs. 2 InsO, also nur als Insolvenzgläubiger, verlangen.[173]

2. *Insolvenz des Leasinggebers*

Im Falle der Insolvenz des Leasinggebers besteht der Leasingvertrag entsprechend der rechtlichen Einordnung als Mietvertrag gemäß § 108 Abs. 1 InsO mit Wirkung für die Insolvenzmasse fort.[174] Der Insolvenzverwalter ist jedoch nach § 103 Abs. 1 InsO berechtigt, die weitere Erfüllung des Leasingvertrages abzulehnen. Die Schadenersatzforderung des Leasingnehmers stellt dann eine gewöhnliche Insolvenzforderung gemäß § 103 Abs. 2 InsO dar.[175] Der Leasingnehmer ist insoweit anders gestellt als ein Käufer. Beim Immobilien-Leasing ist zu beachten, dass im Falle der Insolvenz des Leasinggebers die Immobilie zwangsversteigert wird. Der neue Eigentümer hat nach § 57a ZVG[176] ein außerordentliches Kündigungsrecht, so dass der Leasingnehmer seinen Nutzungsanspruch verlieren kann.[177]

---

168 Vgl. *Seeger* (Konkursrechtliche Behandlung, 1974): S. 10.
169 Siehe § 112 Nr. 2 InsO.
170 Dazu kritisch: *von Westphalen* (Leasingvertrag, 1998): Rz. 1545-1559.
171 Vgl. *Obermüller/Livonius* (Insolvenzrechtsreform, 1995): S. 28; *Hess* (Insolvenzrecht, 1999): S. 153, Rz. 773.
172 Vgl. *von Westphalen* (Leasingvertrag, 1998): Rz. 1532.
173 Vgl. *Bordewin/Tonner* (Leasing im Steuerrecht, 2003): Rz. 9.
174 Vgl. *Bordewin/Tonner* (Leasing im Steuerrecht, 2003): Rz. 10.
175 Vgl. *von Westphalen* (Leasingvertrag, 1998): Rz. 1543.
176 Gesetz über die Zwangsversteigerung und Zwangsverwaltung (Zwangsversteigerungsgesetz).
177 Vgl. *Gabele/Kroll* (Leasingverträge, 2001): S. 135.

Falls der Leasingvertrag Vereinbarungen enthält, die im Voraus die Anwendung der §§ 103 bis 118 InsO ausschließt oder beschränkt, sind diese gemäß § 119 InsO unwirksam.

F. Zusammenfassung

Der Finanzierungsleasingvertrag wird in Literatur und Rechtsprechung nicht einheitlich qualifiziert. Der BGH und weite Teile der Literatur ordnen ihn als (atypischen) Mietvertrag ein, so dass diese Ansicht als vorherrschend angesehen werden kann. Aufgrund der Abweichungen vom Mietvertrag und auch von den anderen gesetzlich geregelten Vertragstypen scheint jedoch eine Einordnung als Vertrag sui generis sachgerechter. Dies gilt nicht für den Operating-Leasingvertrag. Dieser ist aufgrund seiner Ausgestaltung eindeutig als Mietvertrag einzuordnen. Der BGH verfolgt die mietvertragliche Einordnung des Finanzierungsleasingvertrags in den verschiedenen Rechtsfragen nicht konsequent. So wird bei der Inhaltskontrolle von Leasing-AGB den kaufrechtlichen Zügen des Finanzierungsleasing ein hohes Gewicht beigemessen. Deshalb werden AGB für zulässig gehalten, die mit Mietrecht grundsätzlich nicht zu vereinbaren sind. Bei verbraucherkreditrechtlichen Fragen wird Finanzierungsleasing durch die Nennung unter den sonstigen Finanzierungshilfen nicht wie Miete, sondern eher wie ein Teilzahlungskauf behandelt. Im KWG wird das Leasinggeschäft, anders als die Miete, als banknahe Tätigkeit eingestuft. Im Insolvenzrecht werden Leasingverträge jedoch genauso behandelt wie Mietverträge. Der Leasinggeber erhält als rechtlicher Eigentümer im Falle der Insolvenz des Leasingnehmers ein Recht auf Aussonderung des Leasingobjekts.

Bei der uneinheitlichen Einordnung des Finanzierungsleasing in den verschiedenen Rechtsfragen fällt auf, dass die jeweilige Einordnung grundsätzlich dem Gewollten der Vertragsparteien entsprechen dürfte. Die mit Mietrecht schwer in Einklang zu bringende Zulässigkeit der Abwälzung von Sach- und Preisgefahr auf den Leasingnehmer durch Leasing-AGB ist notwendig, damit sich ein Leasinggeber überhaupt bereit erklärt, die Finanzierung des Leasingobjekts zu übernehmen. Die mietrechtliche Einordnung des Finanzierungsleasing dürfte als ein Argument dafür genutzt werden, dass Leasinggesellschaften nicht der allgemeinen Aufsichtspflicht für Kreditinstitute des KWG unterworfen werden. Die verbraucherkreditrechtlichen Regelungen, die ebenfalls von der mietrechtlichen Einordnung abweichen, dürften in wesentlichem Maße darin begründet sein, dass ein Verbraucher als Leasingnehmer den gleichen Schutz erhalten soll wie als Kreditkäufer. Die uneingeschränkt mietrechtliche Einordnung des Leasing im Insolvenzrecht, durch die der Leasinggeber ein Aussonderungsrecht erhält, dient dazu, dass er ein geringeres Bonitätsrisiko bezüglich des Leasingnehmers trägt als es bei einem Teilzahlungskauf der Fall wäre.

Die rechtliche Einordnung des Leasing ist zudem für dessen bilanzielle Behandlung bedeutsam. Die vorherrschend mietrechtliche Einordnung hat maßgeblichen Einfluss darauf, dass die meisten Leasingverträge wie Mietverträge bilanziert werden.[178] Dies wird vom Leasingnehmer häufig als großer Vorteil im Vergleich zum fremdfinanzierten Kauf gesehen und stellt daher einen der wesentlichen Erfolgsfaktoren des Leasing dar.[179] In Bezug auf die bilanzielle Behandlung ist daher eine mietrechtliche Qualifikation leasingfördernd. Die herrschende rechtliche Beurteilung des Leasing hat deshalb in erheblichem Maße dazu beigetragen, dass Leasing für die Vertragsparteien attraktiv ist und sich als Finanzierungsform in Deutschland durchgesetzt hat.

II. Bilanzierung von Leasingverträgen nach deutschem Handelsrecht

A. Entwicklung der handelsrechtlichen Bilanzierungsregelungen

Für die Bilanzierung von Finanzierungsleasingverträgen[180] gibt es keine speziellen Regelungen im deutschen Handelsrecht.[181] Der Hauptfachausschuss des *IDW* hat hierzu zwar im Jahre 1973 eine Stellungnahme veröffentlicht;[182] diese stieß jedoch in den einschlägigen Fachkreisen auf erhebliche Kritik und wurde daraufhin 1981 modifiziert und schließlich 1990 aufgehoben.[183] Auch in der Literatur wurden keine eigenständigen handelsrechtlichen Bilanzierungsregelungen für Leasingverträge entwickelt. Vielmehr folgt die handelsrechtliche Bilanzierung, insbesondere bei der Zurechnung des Leasingobjekts, weitgehend den Regelungen, die in der Rechtsprechung des BFH[184] und durch die Finanzverwaltung herausgearbeitet worden sind.[185] Dies dürfte im Wesentlichen darin begründet sein, dass die meisten in der Praxis abgeschlossenen Leasingverträge den in den Leasingerlassen behandelten Vertragsmodellen entsprechen, damit eine steuerliche Zurechnung des Leasingobjekts zum Leasinggeber sicher-

---

178 Vgl. dazu Gliederungspunkt II.B.1. in diesem Kapitel.

179 Durch die Bilanzierung als Mietvertrag ermöglicht das Leasing eine *Off-Balance-Sheet*-Finanzierung beim Leasingnehmer, das heißt, er braucht die Verbindlichkeit (und das Leasingobjekt) in seiner Bilanz nicht zu zeigen und kann somit seine Bilanzkennzahlen verbessern. Vgl. dazu Gliederungspunkt II.C.1.c. in diesem Kapitel. Durch die steuerbilanzielle Behandlung als Mietvertrag können sich zudem steuerliche Vorteile ergeben. Diese können beispielsweise im Bereich gewerbesteuerlicher Optimierungen oder durch Steuerstundungseffekte entstehen. Vgl. dazu *Hastedt/Mellwig* (Leasing, 1998): S. 75-83 u. 98-106; *Bordewin/Tonner* (Leasing im Steuerrecht, 2003): Rz. 39, 129-133 u. 152-163. *von Westphalen* bezeichnet es als „steuerschädlich“, wenn man Leasing rechtlich als Darlehen qualifizieren würde, *von Westphalen* (Leasingvertrag, 1998): Rz. 91.

180 Auf Operating-Leasingverträge wird im Folgenden nicht explizit eingegangen. Aufgrund ihrer Nähe zum Mietvertrag werden diese nach herrschender Meinung bilanziell identisch behandelt. Die Bilanzierung entspricht somit der von Leasingverträgen, bei denen das Leasingobjekt dem Leasinggeber zugerechnet wird, vgl. dazu Gliederungspunkt II.C.1. in diesem Kapitel.

181 Vgl. *Adler/Düring/Schmaltz* (Rechnungslegung, 1998): § 246 HGB, Tz. 387.

182 Vgl. *IDW* (Stellungnahme HFA 1/1973, 1973): S. 101. Siehe dazu auch *Isele* (Leasingverhältnisse, 1995): Rn. 472-475.

183 Vgl. *IDW* (Sitzung des HFA, 1981): S. 225; *IDW* (Überarbeitung, 1990): S. 66.

184 Grundlegendes Urteil ist das BFH-Urteil vom 26.01.1970 IV R 144/66, BStBl. II 1970, S. 264.

185 Vgl. *Adler/Düring/Schmaltz* (Rechnungslegung, 1998): § 246 HGB, Tz. 389; *Coenenberg* (Jahresabschluss, 2003): S. 85; *Förschle/Kroner* (BeckBilKomm, 2003): § 246 HGB, Anm 29; *Gelhausen/Weiblen* (Leasingverträge, 2003): Rn. 30.

gestellt ist (sog. erlasskonforme Leasingverträge).[186] Dennoch muss grundsätzlich, insbesondere für nicht in den Leasingerlassen geregelte Vertragsgestaltungen, aus den allgemeinen handelsrechtlichen Grundsätzen abgeleitet werden, wie diese Vereinbarungen in der Handelsbilanz abzubilden sind.

B. Bilanzielle Zurechnung des Leasingobjekts

I. Maßgeblichkeit des wirtschaftlichen Eigentums

Nach den §§ 238 Abs. 1 Satz 1, 240 Abs. 1, 242 Abs. 1 Satz 1 HGB hat der Kaufmann nur „seine" Vermögensgegenstände in der Bilanz auszuweisen, das heißt alle bilanzierungsfähigen Vermögensgegenstände, die ihm persönlich zuzurechnen sind.[187] Da die Bilanz die tatsächliche Vermögenslage des Kaufmanns darstellen soll, muss sich die Zugehörigkeit von Vermögensgegenständen nach wirtschaftlichen Kriterien bestimmen.[188] Regelungen über die subjektive Zurechnung von Vermögensgegenständen finden sich im HGB nur für die Sonderfälle des Eigentumsvorbehalts und der Sicherungsübereignung (§ 246 Abs. 1 Satz 2 u. 3 HGB) sowie im Rahmen der Sondervorschriften für Kreditinstitute für Pensionsgeschäfte (§ 340b Abs. 4 u. 5 HGB).[189] Aus diesen Vorschriften geht hervor, dass das zivilrechtliche Eigentum weder eine notwendige noch eine hinreichende Aktivierungsvoraussetzung bildet, sondern bilanzrechtlich nur die wirtschaftliche Vermögenszugehörigkeit maßgeblich ist.[190]

Für den Begriff des wirtschaftlichen Eigentums existiert keine eindeutige Definition.[191] Nach herrschender Meinung kann von einer Übereinstimmung des wirtschaftlichen Eigentums in Handels- und Steuerrecht ausgegangen werden.[192] Für die handelsrechtliche Zuordnung von Vermögensgegenständen wird deshalb auch auf die steuerrechtliche Regelung in § 39 AO zurückgegriffen. Nach § 39 Abs. 1 AO werden Wirtschaftsgüter grundsätzlich dem zivilrechtlichen Eigentümer zugerechnet. Übt jedoch ein anderer als der zivilrechtliche Eigentümer die tatsächliche Herrschaft über das Wirtschaftsgut aus, ist es ihm zuzurechnen.[193] Die

186 Damit wurde auch die Entbehrlichkeit der Bilanzierungsvorschläge des Hauptfachausschusses des *IDW* begründet, vgl. *IDW* (Überarbeitung, 1990): S. 66. Insbesondere beim Kraftfahrzeug-Leasing existieren jedoch auch Vertragsgestaltungen, die nicht in den Erlassen behandelt werden, wie zum Beispiel der sog. Kilometervertrag, bei dem der Leasingnehmer nur die leistungsbezogene Nutzung des Fahrzeugs amortisiert. Die Zurechnung des Leasingobjekts bei derartigen Vertragsgestaltungen zum Leasinggeber ist in der Regel unstrittig.

187 Vgl. *Förschle/Kroner* (BeckBilKomm, 2003): § 246 HGB, Anm 2.

188 Vgl. *Adler/Düring/Schmaltz* (Rechnungslegung, 1998): § 246 HGB, Tz. 262.

189 Vgl. *Moxter* (GoR, 2003): S. 69.

190 Vgl. *Moxter* (Bilanzrechtsprechung, 1999): S. 39, so auch BFH-Urteil vom 03.08.1988 I R 157/84, BStBl. II 1989, S. 21 (23). *Reithmeier* ist hingegen der Ansicht, dass die insolvenzrechtliche Behandlung entscheidend ist, wenn dem rechtlichen Eigentümer ein Aussonderungsrecht zusteht. Der Vermögensgegenstand könne dann bei keinem anderen Unternehmen bilanziert werden, da er bei diesem kein Schuldendeckungspotenzial besitzt, *Reithmeier* (Nach Aktienrecht, 1979): S. 60. Zum Aussonderungsrecht des Leasinggebers vgl. Gliederungspunkt I.E.1. in diesem Kapitel.

191 Vgl. *Mellwig/Weinstock* (Zurechnung, 1996): S. 2346.

192 Vgl. *Mellwig/Weinstock* (Zurechnung, 1996): S. 2345; *Moxter* (Bilanzrechtsprechung, 1999): S. 39.

193 Siehe § 39 Abs. 2 Satz 1 AO.

Zugehörigkeit zum rechtlichen Eigentümer stellt mithin eine widerlegbare Vermutung dar. Fallen rechtliches und wirtschaftliches Eigentum auseinander, ist das wirtschaftliche Eigentum maßgeblich.

2. *Kriterien des wirtschaftlichen Eigentums*

a. Einwirkungsausschluss des rechtlichen Eigentümers

Nach § 39 Abs. 2 Nr. 1 AO ist derjenige wirtschaftlicher Eigentümer, der nicht rechtlicher Eigentümer ist[194] und die tatsächliche Herrschaft über ein Wirtschaftsgut in der Weise ausübt, dass er den rechtlichen Eigentümer im Regelfall für die gewöhnliche Nutzungsdauer von der Einwirkung auf das Wirtschaftsgut wirtschaftlich ausschließen kann. Dies ist dann der Fall, wenn der Herausgabeanspruch des rechtlichen Eigentümers keine wirtschaftliche Bedeutung hat.[195] Entscheidend ist hierbei das Gesamtbild der Verhältnisse.[196]

Die Definition des wirtschaftlichen Eigentums anhand der Fähigkeit, den rechtlichen Eigentümer auf Dauer von der Einwirkung auf das Wirtschaftsgut ausschließen zu können, stammt ursprünglich von *Seeliger*[197] (sog. *Seeliger*-Formel) und wurde durch die Rechtsprechung des BFH[198] im Zusammenhang mit der Zurechnung von Leasingobjekten aufgegriffen und später in § 39 AO übernommen.[199] Die *Seeliger*-Formel enthält jedoch eine Kausalitätslücke, da das Ausschließen des rechtlichen Eigentümers von seinen Rechten nicht ohne weiteres bedeutet, dass man selbst eigentümerähnliche Rechte hat.[200] Es ist daher notwendig, das wirtschaftliche Eigentum positiv zu formulieren, das heißt festzulegen, „was der wirtschaftliche Eigentümer haben muß"[201]. Außerdem wird mit der *Seeliger*-Formel nur über die wenig konkrete Zeitangabe „auf Dauer", für die der rechtliche Eigentümer von der Einwirkung auf das Wirtschaftsgut ausgeschlossen sein muss, eine Abgrenzung zu reinen Fremdbesitzverhältnissen erreicht, da auch der Mieter oder Pächter für die Zeit des Rechtsverhältnisses berechtigt ist, den Eigentümer von der Einwirkung auf das Vertragsobjekt auszuschließen.[202] Der Begriff „auf Dauer" wird von *Seeliger* mit „an sich unbegrenzt" oder „einem im Vorwege nicht bestimmbaren Zeitraum" umschrieben.[203] In § 39 AO wird die gewöhnliche Nutzungsdauer des Wirtschaftsguts als Zeitraum genannt, wobei auf den normalen Verlauf der Dinge abzustellen

194 Als wirtschaftlicher Eigentümer wird im Folgenden abweichend vom Gesetzeswortlaut des § 39 AO stets derjenige bezeichnet, dem der Vermögensgegenstand bilanziell zuzurechnen ist, auch wenn er zugleich rechtlicher Eigentümer ist.

195 Vgl. BFH-Urteil vom 08.08.1990 X R 149/88, BStBl. II 1991, S. 70 (71).

196 Vgl. *Förschle/Kroner* (BeckBilKomm, 2003): § 246 HGB, Anm 6.

197 *Seeliger* (Wirtschaftliches Eigentum, 1962): S. 89.

198 Vgl. BFH-Urteil vom 26.01.1970 IV R 144/66, BStBl. II 1970, S. 264.

199 Vgl. *Mellwig/Weinstock* (Zurechnung, 1996): S. 2347.

200 Vgl. *Knapp* (Leasing, 1972): S. 545; *Raack* (Bilanzierung von Leasing-Geschäften, 1974): S. 70 f.

201 *Döllerer* (Wirtschaftliches Eigentum, 1971): S. 536.

202 Vgl. *Werndl* (Wirtschaftliches Eigentum, 1983): S. 96.

203 Vgl. *Seeliger* (Wirtschaftliches Eigentum, 1962): S. 45-47.

sei.[204] Die Aktivierung von Vermögensgegenständen scheint aber auch dann geboten, wenn der Kaufmann die Herrschaft nicht über die gesamte gewöhnliche Nutzungsdauer ausübt, dafür aber der Herausgabeanspruch des rechtlichen Eigentümers wertlos ist, weil er sich beispielsweise zu einer Zeitwerterstattung verpflichtet hat.[205] Für eine wirtschaftliche Zurechnung scheint es deshalb notwendig, andere Kriterien als das Ausschlusskriterium über die Nutzungsdauer anzuwenden.

b. Positive Definition des wirtschaftlichen Eigentums

Das wirtschaftliche Eigentum wird regelmäßig in Anlehnung an den BFH[206] positiv definiert. Demnach stehen dem wirtschaftlichen Eigentümer dauerhaft Besitz, Gefahr, Nutzungen und Lasten an dem Vermögensgegenstand zu.[207] Diesen Kriterien mangelt es allerdings an einer hinreichenden Bestimmbarkeit, weshalb sie den bilanzrechtlichen Objektivierungserfordernissen nicht genügen.[208]

Döllerer ist der Ansicht, dass eine rein an wirtschaftlichen Gesichtspunkten orientierte Zuordnung geboten ist, „wenn jemandem tatsächlich das gehört, was den wirtschaftlichen Gehalt des bürgerlich-rechtlichen Eigentums ausmacht“[209]. Da der wirtschaftliche Gehalt des Eigentums aus Substanz und Ertrag bestehe, sei derjenige wirtschaftlicher Eigentümer, der die Substanz und den Ertrag auf Dauer habe, wobei zum Haben der Substanz die Chance der Wertsteigerung sowie das Risiko der Wertminderung und des Verlustes der Sache gehöre. *Mellwig/Weinstock* weisen zu Recht darauf hin, dass es für eine wirtschaftliche Betrachtungsweise nicht entscheidend ist, ob Ertrag und Substanz tatsächlich übergehen. Vielmehr muss der wirtschaftliche Eigentümer die Entscheidungsbefugnis über Ertrag und Substanz haben.[210] Aus der Entscheidungsbefugnis über Ertrag und Substanz besteht für den Kaufmann die Möglichkeit, wirtschaftliche Vorteile aus dem Vermögensgegenstand zu erzielen. Er verfügt somit über die mit Ertrag und Substanz verbundenen Chancen. Damit sind jedoch grundsätzlich auch Risiken verbunden, die auf den Inhaber der Entscheidungsbefugnis zurückfallen können.

---

204 Vgl. *Fischer* (Hübschmann/Hepp/Spitaler, 2002): § 39 AO, Anm. 52. In der Regel wird hierbei vermutlich auf die betriebsgewöhnliche Nutzungsdauer zurückgegriffen, die sich aus den amtlichen AfA-Tabellen ergibt.

205 Vgl. *Moxter* (GoR, 2003): S. 66.

206 Vgl. BFH-Urteil vom 22.08.1984 I R 198/80, BStBl. II 1985, S. 126 (127); BFH-Urteil vom 07.11.1991 III R 43/90, BStBl. II 1992, S. 398.

207 Vgl. *Adler/Düring/Schmaltz* (Rechnungslegung, 1998): § 246 HGB, Tz. 170 u. 263, *Förschle/Kroner* (BeckBilKomm, 2003): § 246 HGB, Anm 6, *Fischer* (Hübschmann/Hepp/Spitaler, 2002): § 39 AO, Anm. 47; *IDW* (ERS HFA 13, 2004): Tz. 6.

208 Vgl. *Mellwig/Weinstock* (Zurechnung, 1996): S. 2347.

209 *Döllerer* (Wirtschaftliches Eigentum, 1971): S. 536.

210 *Mellwig/Weinstock* (Zurechnung, 1996): S. 2347.

Eine vom rechtlichen Eigentum abweichende Zurechnung zum wirtschaftlich Verfügenden wird daher als handelsbilanzzweck- und GoB-konforme Auslegung des Vollständigkeitsgebotes angesehen, wenn dieser neben der Nutzungs- oder Verwertungsmöglichkeit über nahezu die gesamten anhaftenden Risiken und Chancen des Ertrags und der Substanz verfügt.[211] Der Ertrag besteht aus den mit dem Objekt erzielbaren Überschüssen, die Substanz bezieht sich insbesondere auf einen zum Abstoßungszeitpunkt erwarteten Veräußerungserlös. Liegen Nutzungsmöglichkeit und rechtliches Eigentum an einem Vermögensgegenstand bei unterschiedlichen Wirtschaftssubjekten, kann die Frage der Zurechnung des wirtschaftlichen Eigentums somit handelsrechtlich durch einen Abwägungsprozess im Rahmen eines Risiken-Chancen-Ansatzes bestimmt werden.

3. *Zurechnung des Leasingobjekts anhand der Leasingerlasse*

a. Anwendung der Zurechnungskriterien der Finanzverwaltung

In den Leasingerlassen der Finanzverwaltung wird für die dort behandelten Finanzierungsleasingverträge konkretisiert, unter welchen Umständen das wirtschaftliche Eigentum am Leasingobjekt dem Leasingnehmer zuzurechnen ist. Wenngleich man aufgrund des handelsrechtlich gebotenen Abwägungsprozesses unter Beachtung der Verteilung der mit dem Ertrag und der Substanz verbundenen Risiken und Chancen in Einzelfällen zu einem anderen Zurechnungsergebnis kommen könnte, wird grundsätzlich davon ausgegangen, dass die steuerrechtlichen Zurechnungskriterien auch zu einer zweckkonformen handelsrechtlichen Zurechnung des wirtschaftlichen Eigentums führen.[212] In den Leasingerlassen werden für das Kriterium des Übergangs der wesentlichen Risiken und Chancen quantitative Grenzen in Form von festen Prozentwerten festgelegt. Dadurch wird dem Bilanzierenden ein hohes Maß an Rechtssicherheit geboten.[213]

Die quantitativen Kriterien der Leasingerlasse ermöglichen eine gezielte Gestaltung von Leasingverträgen. Durch knappes Unterschreiten der quantitativen Grenzen kann eine Zurechnung des Leasingobjekts zum Leasinggeber sichergestellt werden.[214] Darin ist indessen kein Missbrauch der Zurechnungsregelungen zu sehen. Quantitative Kriterien dürften zwar zwangsläufig einer gewissen Willkür unterliegen. Dennoch leisten sie eine objektivierbare Zurechnung von Leasinggegenständen, die bei einer Abwägung im Einzelfall anhand qualitativer Kriterien nur schwer möglich sein dürfte.[215]

---

211 Vgl. *Adler/Düring/Schmaltz* (Rechnungslegung, 1998): § 246 HGB, Tz. 263; *Turwitt* (Asset-backed Finanzierungen, 1999): S. 80 u. 94; *Moxter* (GoR, 2003): S. 64 f.; *IDW* (ERS HFA 13, 2004): Tz. 6. Siehe auch BFH-Urteil vom 30.05.1984 I R 146/81, BStBl. II 1984, S. 825 (827).

212 Vgl. *Hastedt/Mellwig* (Leasing, 1998): S. 35; *Glasel* (Leasing, 2004): Rz 61.

213 Vgl. *Mellwig* (Bilanzielle Darstellung, 1998): S. 16.

214 Vgl. *Isele* (Leasingverhältnisse, 1995): Rn. 477.

215 Vgl. *Küting/Hellen/Brakensiek* (Nationale und internationale Bilanzierung, 1998): S. 1468.

Die Risiken und Chancen aus dem Ertrag des Leasinggegenstandes fallen demjenigen zu, der das Leasingobjekt für seine Zwecke nutzen kann. Während der unkündbaren Grundmietzeit ist dies der Leasingnehmer. Gibt der Leasingnehmer das Objekt am Ende der Grundmietzeit an den Leasinggeber zurück, wird dieser es nicht selbst nutzen, sondern entweder erneut verleasen oder, was bei einem Finanzierungsleasingvertrag der Regelfall sein dürfte, an einen Dritten verkaufen. Dann ist die Verteilung der Risiken und Chancen aus der Substanz, also aus der Wertentwicklung des Leasingobjekts bis zum Ablauf der Leasingdauer, von Bedeutung. Relevant ist somit, wem der Gewinn oder Verlust aus der Differenz zwischen dem Wert des Leasingobjekts am Ende der Grundmietzeit und dem bei Vertragsbeginn der Kalkulation der Leasingraten zugrunde gelegten erwarteten Restwert zufällt. Insbesondere darauf stellen auch die Kriterien der Finanzverwaltung ab.

Die Zurechnungskriterien der Finanzverwaltung sind in vier Erlassen zusammengefasst. Differenziert wird dabei zwischen Mobilien und Immobilien als Leasingobjekte sowie zwischen Voll- und Teilamortisationsleasingverträgen.[216] Unter Vollamortisation versteht man die vollständige Abgeltung der Anschaffungs- oder Herstellungskosten sowie aller weiteren Kosten, insbesondere der Finanzierungskosten, des Leasinggebers innerhalb der unkündbaren Grundmietzeit durch die Leasingraten.[217] Eine solche Ausgestaltung des Vertrags hat zur Folge, dass der Leasingnehmer das Leasingobjekt am Ende der Grundmietzeit ohne Leistung einer Abschlusszahlung zurückgeben kann; häufig hat er ein Recht auf Kauf oder Mietverlängerung.[218] Bei einem Teilamortisationsvertrag decken hingegen die Leasingraten während der Grundmietzeit nicht sämtliche Kosten des Leasinggebers, wenngleich durch zusätzliche Vereinbarungen, wie zum Beispiel einer Restwertgarantie durch den Leasingnehmer, eine vollständige Amortisation sichergestellt wird.[219] In den Leasingerlassen werden Beispielgestaltungen für Vollamortisations- und Teilamortisationsleasingverträge genannt, bei denen eine Zurechnung zum Leasinggeber erfolgt. Auf Leasingverträge, die von den Erlassen nicht unmittelbar erfasst werden, sind für die bilanzielle Zuordnung des Leasingobjekts die allgemeinen Grundsätze des wirtschaftlichen Eigentums anzuwenden, wobei die in den Erlassen herausgearbeiteten Kriterien nicht außer Acht gelassen werden können.

---

216 Vollamortisationserlass für Mobilien: BdF-Schreiben vom 19.04.1971 – IV B/2 – S 2170 – 31/71, BStBl. I 1971, S. 264; Vollamortisationserlass für Immobilien: BMWF-Schreiben vom 21.03.1972 – F/IV B 2 – S 2170 – 11/72, BStBl. I 1972, S. 188; Teilamortisationserlass für Mobilien: BMF-Schreiben vom 22.12.1975 – IV B 2 – S 2170 – 161/75, DB 1976, S. 172; Teilamortisationserlass für Immobilien: BMF-Schreiben vom 23.12.1991 – IV B 2 – S 2170 – 115/91, BStBl. I 1992, S. 13.

217 Vgl. *Förschle/Kroner* (BeckBilKomm, 2003): § 246 HGB, Anm 33.

218 Vgl. *Hastedt/Mellwig* (Leasing, 1998): S. 17 f.

219 Vgl. *Mellwig* (Leasing, 1993): Sp. 1348.

b. Leasingverträge mit Vollamortisation

Nach dem Vollamortisationserlass für Mobilien[220] ist der Leasinggegenstand grundsätzlich dem rechtlichen Eigentümer, also dem Leasinggeber, zuzurechnen. Abweichend hiervon ist eine Zurechnung zum Leasingnehmer vorzunehmen, wenn dieser durch die Ausgestaltung des Leasingvertrags wie ein Eigentümer über den Leasinggegenstand verfügen kann. Dies ist gemäß dem Erlass der Fall, wenn die Grundmietzeit des Leasingvertrags weniger als 40% oder mehr als 90% der betriebsgewöhnlichen Nutzungsdauer des Leasinggegenstandes beträgt.[221] Die Grenze von 90% ist eine Konkretisierung der im BFH-Urteil vom 26.01.1970[222] genannten Schranke, ab der sich Grundmietzeit und betriebsgewöhnliche Nutzungsdauer annähernd decken.[223] Liegt die Grundmietzeit über der 90%-Grenze wird unterstellt, dass der Restwert des Leasingobjekts bedeutungslos und der Leasinggeber damit nachhaltig von Substanz und Ertrag ausgeschlossen ist.[224] Bei Unterschreiten der Grenze von 40% wird unterstellt, dass Nebenabsprachen bezüglich der Übernahme des Objekts zu günstigen Konditionen durch den Leasingnehmer bestehen, da er ansonsten nicht bereit wäre, über eine derart kurze Dauer dem Leasinggeber das Objekt voll zu amortisieren.[225] Durch die Übernahme wäre der Leasinggeber für die gesamte Nutzungsdauer von der Einwirkung auf das Objekt ausgeschlossen und nicht wirtschaftlicher Eigentümer.

Bei Vollamortisationsverträgen über Mobilien trägt der Leasingnehmer grundsätzlich die gesamten Risiken, da dem Leasinggeber durch die Leasingraten in der Grundmietzeit sämtliche Kosten zuzüglich einer Verzinsung seines eingesetzten Kapitals erstattet werden. Die Zurechnung des Leasingobjekts kann daher prinzipiell nur von der Verteilung der Chancen abhängen.[226] Fallen diese ebenfalls dem Leasingnehmer zu, ist eine Zurechnung zu ihm zwingend. Liegt die Grundmietzeit innerhalb der 40%/90%-Grenzen, kommt es nach dem Mobilien-Vollamortisationserlass daher zu einer Zurechnung zum Leasingnehmer, wenn im Leasingvertrag eine günstige Kaufoption für den Leasingnehmer vorgesehen ist. Als „günstig“ wird eine Kaufoption eingestuft, wenn der vereinbarte Kaufpreis niedriger ist als der unter Anwendung der linearen AfA ermittelte Buchwert oder der niedrigere gemeine Wert[227] im Zeitpunkt der Veräußerung. Es wird unterstellt, dass der Leasingnehmer eine günstige Kaufoption aufgrund eines wirtschaftlichen Zwangs ausüben wird. Diese Vorgehensweise erscheint sachgerecht. Selbst wenn der Leasingnehmer das Objekt nach Ablauf der Grundmietzeit nicht weiter nutzen möchte, kann er die Option ausüben und das Objekt am Markt verwerten. Er verfügt

220 BdF-Schreiben vom 19.04.1971 – IV B/2 – S 2170 – 31/71, BStBl. I 1971, S. 264.

221 Falls die betriebsgewöhnliche Nutzungsdauer des Leasingobjekts nachweislich von der in den AfA-Tabellen vorgegebenen Nutzungsdauer abweicht, erscheint es sachgerecht diese zugrunde zulegen.

222 Vgl. BFH-Urteil vom 26.01.1970, IV R 144/66, BStBl. II 1970, S. 264 (Leitsatz).

223 Vgl. *Isele* (Leasingverhältnisse, 1995): Rn. 456.

224 Vgl. *Hastedt/Mellwig* (Leasing, 1998): S. 39.

225 Vgl. *Isele* (Leasingverhältnisse, 1995): Rn. 456; *Hastedt/Mellwig* (Leasing, 1998): S. 39 f.

226 Vgl. *Hastedt/Mellwig* (Leasing, 1998): S. 40.

227 Der gemeine Wert wird durch den Preis bestimmt, der bei einer Veräußerung zu erzielen wäre, siehe § 9 Abs. 2 BewG. Er kann daher mit dem Marktwert gleichgesetzt werden.

mithin über die Wertsteigerungschancen. Eine Zurechnung des Leasingobjekts zu ihm ist folglich zwingend. Zudem erfolgt nach dem Erlass eine Zurechnung zum Leasingnehmer, wenn diesem eine Mietverlängerungsoption eingeräumt wird, und die Anschlussmiete so bemessen ist, dass sie den Wertverzehr des Leasingobjekts nicht deckt. Dieser bemisst sich anhand des nach der AfA-Tabelle ermittelten Buchwerts oder des niedrigeren gemeinen Werts und der verbleibenden Restnutzungsdauer.[228]

Bei Einräumung einer nicht „günstigen" Kauf- oder Mietverlängerungsoption hat der Leasingnehmer auch Wertsteigerungschancen. Liegt der tatsächliche Restwert über dem der Option zugrunde gelegten Restwert, wird er die Option ausüben. Dennoch erfolgt eine Zurechnung zum Leasinggeber, da dieser Risiken und Chancen hinsichtlich der Höhe seines Gewinns innehat. Durch die Leasingraten erhält der Leasinggeber bereits die volle Amortisation seiner Kosten. Die Höhe des darüber hinaus entstehenden Gewinns hängt vom tatsächlichen Restwert des Leasingobjekts ab. Die Gewinnchancen sind jedoch begrenzt, weil der Leasingnehmer seine Kauf- oder Mietverlängerungsoption ausüben wird, wenn der tatsächliche Restwert den der Option zugrunde gelegten übersteigt. Der Leasinggeber erhält dann den vereinbarten Optionspreis.

Außerdem erfolgt eine Zurechnung des Leasinggegenstandes zum Leasingnehmer, wenn es sich um Spezialleasing handelt, das Leasingobjekt also speziell auf die Bedürfnisse des Leasingnehmers zugeschnitten ist und nicht anderweitig wirtschaftlich sinnvoll genutzt werden kann.[229] Dann liegt es nahe, dass der Leasingvertrag so ausgestaltet ist, dass allein dem Leasingnehmer die gesamten Risiken und Chancen aus Ertrag und Substanz des Leasingobjekts zufallen.

Der Vollamortisationserlass für Immobilien[230] folgt für die Zurechnung von Gebäuden weitgehend dem Mobilienerlass. Eine Zurechnung zum Leasingnehmer erfolgt nur, wenn die Grundmietzeit außerhalb der 40%/90%-Grenzen liegt, es sich um Spezialleasing handelt oder wenn eine günstige Kauf- oder Mietverlängerungsoption vereinbart wurde. Von einer günstigen Mietverlängerungsoption wird im Immobilienerlass ausgegangen, wenn die Anschlussmiete nicht mehr als 75% der für ein vergleichbares Mietobjekt aufzuwendenden Miete beträgt.[231] Der Grund und Boden wird hingegen wegen der grundsätzlich unbegrenzten Nutzungsdauer regelmäßig dem Leasinggeber zugerechnet; nur bei Vorliegen einer Kaufoption folgt die Zurechnung derjenigen des Gebäudes.

---

228 Vgl. BdF-Schreiben vom 19.04.1971 – IV B/2 – S 2170 – 31/71, BStBl. I 1971, S. 264 (265).

229 Vgl. ebenda.

230 BMWF-Schreiben vom 21.03.1972 – F/IV B 2 – S 2170 – 11/72, BStBl. I 1972 S. 188.

231 Da grundsätzlich eine marktübliche Vergleichsmiete ermittelbar sein dürfte, wird in Abweichung zum Mobilien-Leasingerlass nicht auf den Restbuchwert verteilt auf die Restnutzungsdauer als Vergleichswert abgestellt. Vgl. BMWF-Schreiben vom 21.03.1972 – F/IV B 2 – S 2170 – 11/72, BStBl. I 1972 S. 188 (189).

c. Leasingverträge mit Teilamortisation

Im Teilamortisationserlass zum Mobilienleasing[232] nimmt die Finanzverwaltung zu drei Vertragsgestaltungen Stellung, durch die dem Leasinggeber am Ende der Grundmietzeit die volle Amortisation seiner Kosten gesichert wird.[233] Ohne Beachtung der Gestaltung zum Ende der Grundmietzeit ist zunächst eine Zurechnung des wirtschaftlichen Eigentums am Leasingobjekt nach den allgemeinen Grundsätzen zu entscheiden.[234] Dabei können die Kriterien für Vollamortisationsverträge nicht außer Acht gelassen werden. Daher ist eine Zurechnung zum Leasingnehmer geboten, wenn die Grundmietzeit 90% der betriebsgewöhnlichen Nutzungsdauer überschreitet, da der Leasinggeber dann über annähernd die gesamte Nutzungsdauer von der Einwirkung auf das Leasingobjekt wirtschaftlich ausgeschlossen wird und der Restwert unwesentlich sein dürfte. Ein Unterschreiten der 40%-Grenze müsste bei einem Teilamortisationsvertrag nicht zwingend zu einer Zurechnung zum Leasingnehmer führen.[235] Dennoch ist auch in diesem Fall eine Zurechnung zum Leasingnehmer geboten, weil davon ausgegangen werden kann, dass auch bei derart kurzen Teilamortisationsverträgen Nebenabreden über die spätere Objektübernahme durch den Leasingnehmer bestehen, da er angesichts des sehr hohen Wertverfalls zu Nutzungsbeginn und damit verbundenen hohen Leasingraten anderenfalls nicht zum Abschluss eines solchen Vertrags bereit sein dürfte.[236]

Liegt die vereinbarte Grundmietzeit innerhalb der 40%/90%-Grenzen, ist zu überprüfen, ob dem Leasingnehmer die wesentlichen mit der Wertentwicklung des Leasingobjekts verbundenen Risiken und Chancen zufallen. Denn nur dann kann eine bilanzielle Zurechnung abweichend vom rechtlichen Eigentum zu ihm erfolgen. Besteht keine gesonderte Vereinbarung bezüglich des Leasingobjekts am Ende der Grundmietzeit, trägt der Leasinggeber das Restwertrisiko. Deshalb ist das Leasingobjekt ihm zuzurechnen.[237]

Im ersten im Teilamortisationserlass für Mobilienleasing behandelten Vertragsmodell ist zur Sicherstellung der vollen Amortisation der Kosten des Leasinggebers ein Andienungsrecht des Leasinggebers ohne Optionsrecht des Leasingnehmers vorgesehen. Da der Leasingnehmer in diesem Fall verpflichtet ist, auf Verlangen des Leasinggebers das Leasingobjekt zu einem Preis zu kaufen, der bereits zu Beginn des Leasingvertrags vereinbart wurde, trägt der Leasingnehmer das Restwertrisiko. Der Leasinggeber hat eine Wertsteigerungschance, da er sein

232 BMF-Schreiben vom 22.12.1975 – IV B 2 – S 2170 – 161/75, DB 1976, S. 172.

233 Die drei Vertragsmodelle stammen aus einem Schreiben des Deutschen Leasing-Verbandes.

234 Vgl. BMF-Schreiben vom 22.12.1975 – IV B 2 – S 2170 – 161/75, DB 1976, S. 172 (173).

235 Das BMF-Schreiben lässt diese Frage offen, da die vom Deutschen Leasing-Verband vorgegebenen Vertragsmodelle allesamt eine Grundmietzeit von mehr als 40% der betriebsgewöhnlichen Nutzungsdauer vorsehen. Vgl. BMF-Schreiben vom 22.12.1975 – IV B 2 – S 2170 – 161/75, DB 1976, S. 172 (173).

236 Vgl. *Mellwig* (Bilanzielle Darstellung, 1998): S. 8; a. A.: *Gelhausen/Weiblen* (Leasingverträge, 2003): Rn. 35.

237 Vgl. *Gelhausen/Weiblen* (Leasingverträge, 2003): Rn. 35.

Andienungsrecht nicht ausüben muss, sondern das Leasingobjekt am Markt verkaufen kann, wenn der tatsächliche Restwert über dem vereinbarten Andienungspreis liegt. Die Chance der Wertsteigerung wird als wesentliche Komponente des wirtschaftlichen Eigentums angesehen. Deshalb ist bei diesem Vertragsmodell eine Zurechnung des wirtschaftlichen Eigentums zum Leasingnehmer nicht möglich.[238]

Im zweiten im Teilamortisationserlass behandelten Vertragsmodell ist eine Restwertgarantie des Leasingnehmers sowie Aufteilung des Mehrerlöses vorgesehen. Der Leasingnehmer muss nach Ablauf der Grundmietzeit das Leasingobjekt an den Leasinggeber zurückgeben. Dieser veräußert daraufhin den Leasinggegenstand an einen Dritten. Liegt der Veräußerungserlös unter der anhand der Gesamtkosten des Leasinggebers und den entrichteten Leasingraten ermittelten Restamortisation, muss der Leasingnehmer für die Differenz einstehen. Wird ein höherer Veräußerungserlös als die ausstehende Restamortisation erzielt, erfolgt eine Aufteilung des Mehrerlöses zwischen Leasinggeber und -nehmer. Im Leasingerlass wird festgelegt, dass eine Beteiligung des Leasinggebers am Mehrerlös von mindestens 25% ausreicht, damit er „in einem wirtschaftlich ins Gewicht fallenden Umfang“[239] an Wertsteigerungen des Leasinggegenstandes beteiligt ist und deshalb eine Zurechnung zu ihm zu erfolgen hat. Durch die Restwertgarantie trägt der Leasingnehmer die Risiken des Wertverlusts des Leasingobjekts. Wenn er maximal zu 75% an den Wertsteigerungschancen beteiligt ist, hat dies nach Ansicht der Finanzverwaltung zur Folge, dass er nicht über die wesentlichen Risiken und Chancen verfügt und somit nicht wirtschaftlicher Eigentümer wird.

Das dritte im Teilamortisationserlass behandelte Modell ist der kündbare Vertrag mit Anrechnung des Veräußerungserlöses auf eine vom Leasingnehmer zu zahlende Schlusszahlung. Aufgrund der auch für Teilamortisationsverträge zu beachtenden Laufzeituntergrenze darf für eine Zurechnung des Leasinggegenstandes zum Leasinggeber eine Kündigung des Leasingnehmers frühestens nach Ablauf einer Grundmietzeit, die 40% der betriebsgewöhnlichen Nutzungsdauer beträgt, möglich sein.[240] Bei Kündigung muss der Leasingnehmer eine Abschlusszahlung in Höhe der durch die Leasingraten nicht gedeckten Gesamtkosten des Leasinggebers entrichten. Der Leasinggegenstand wird vom Leasinggeber veräußert. Der erzielte Verkaufserlös wird nach dem im Erlass behandelten Modell auf die Abschlusszahlung des Leasingnehmers zu 90% angerechnet. Der Leasingnehmer trägt folglich das gesamte Restwertrisiko, da er für eine gegebenenfalls entstehende Differenz zwischen Restamortisation und anzurechnendem Teil des Veräußerungserlöses einstehen muss. Die Chancen der Wertsteigerung des Leasinggegenstandes liegen in vollem Umfang beim Leasinggeber, da er einen Mehrerlös voll vereinnahmt. Dadurch wird der Leasingnehmer nicht wirtschaftlicher Eigen-

238 Vgl. BMF-Schreiben vom 22.12.1975 – IV B 2 – S 2170 – 161/75, DB 1976, S. 172 (173).
239 BMF-Schreiben vom 22.12.1975 – IV B 2 – S 2170 – 161/75, DB 1976, S. 172 (173).
240 Vgl. *Hastedt/Mellwig* (Leasing, 1998): S. 46.

tümer des Leasinggegenstandes, weshalb dieser dem Leasinggeber bilanziell zuzurechnen ist.[241]

Für die bilanzielle Zurechnung des Leasingobjekts bei anderen als den im Erlass behandelten Teilamortisationsverträgen kann aus den Zurechnungsvorschriften für die drei beschriebenen Vertragsmodelle abgeleitet werden, dass eine Zurechnung zum Leasingnehmer nur dann zu erfolgen hat, wenn diesem nahezu die gesamten Risiken und Chancen aus der Wertsteigerung des Leasinggegenstandes zufallen. Hierfür kann als quantitativer Richtwert aus dem beschriebenen (zweiten) Vertragsmodell mit Aufteilung des Mehrerlöses abgeleitet werden, dass ein vollständiges Tragen der Risiken sowie ein Innehaben von mehr als 75% der Chancen für eine Zurechnung zum Leasingnehmer notwendig ist.

Der Teilamortisationserlass für Immobilien[242] sieht vor, dass der Grund und Boden grundsätzlich demjenigen zuzurechnen ist, der wirtschaftlicher Eigentümer des Gebäudes ist. Das Gebäude ist regelmäßig dem Leasinggeber zuzurechnen. Dies gilt für alle Verträge ohne Kauf- oder Mietverlängerungsoption. Für eine Zurechnung zum Leasingnehmer ist notwendig, dass dieser die wesentlichen Risiken und Chancen innehat. Nach dem Teilamortisationserlass für Immobilien hat beim Spezialleasing stets eine Zurechnung zum Leasingnehmer zu erfolgen. Außerdem ist bei Verträgen mit Kauf- oder Mietverlängerungsoption der Leasinggegenstand dem Leasingnehmer zuzurechnen, wenn die Grundmietzeit mehr als 90% der betriebsgewöhnlichen Nutzungsdauer beträgt. Gleiches gilt, wenn der im Rahmen der Kaufoption vorgesehene Kaufpreis niedriger ist als der Restbuchwert des Leasinggegenstandes unter Berücksichtigung der AfA bzw. die Anschlussmiete weniger als 75% der verkehrsüblichen Miete für ein vergleichbares Grundstück beträgt.[243] In diesen Fällen wird unterstellt, dass aufgrund der langen Grundmietzeit, bzw. aufgrund eines wirtschaftlichen Zwangs zur Ausübung der günstigen Option, der Leasinggeber weitgehend von den Risiken und Chancen ausgeschlossen ist. Die untere Grenze von 40% spielt bei Immobilien-Teilamortisationsverträgen keine Rolle. Dies liegt vermutlich daran, dass sich dann unüberwindliche Probleme zur Abgrenzung von herkömmlichen Mietverhältnissen ergeben würden.[244]

Bei Teilamortisationsverträgen über Immobilien gilt eine Besonderheit, wenn dem Leasingnehmer eine nicht als günstig einzustufende Kauf- oder Mietverlängerungsoption eingeräumt wird, was in der Praxis häufig vorkommen dürfte. Grundsätzlich führt eine solche Gestaltung dazu, dass der Leasingnehmer über die Chancen der Wertsteigerung verfügt, während der Leasinggeber die Risiken des Wertverlusts trägt. Die Finanzverwaltung scheint jedoch zu unterstellen, dass Immobilien mit sehr hoher Wahrscheinlichkeit eine Wertsteigerung erfah-

241 Vgl. BMF-Schreiben vom 22.12.1975 – IV B 2 – S 2170 – 161/75, DB 1976, S. 172 (173).
242 BMF-Schreiben vom 23.12.1991 – IV B 2 – S 2170 – 115/91, BStBl. I 1992, S. 13.
243 Vgl. BMF-Schreiben vom 23.12.1991 – IV B 2 – S 2170 – 115/91, BStBl. I 1992, S. 13 (14).
244 Vgl. *Hastedt/Mellwig* (Leasing, 1998): S. 56.

ren.[245] Insofern trägt der Leasinggeber ein nur sehr geringes Restwertrisiko. Deshalb ist bei Vorliegen einer Kauf- oder Mietverlängerungsoption nach Ansicht der Finanzverwaltung eine Zurechnung zum Leasinggeber nur dann möglich, wenn dieser zusätzlich die objektbezogenen Risiken trägt. Der Leasingerlass nennt daher sechs Ausschlusskriterien für eine Zurechnung des Leasingobjekts zum Leasinggeber.[246] Die Kriterien beziehen sich im Wesentlichen darauf, dass der Leasingnehmer nicht die mit dem Leasingobjekt verbundene Preis- und Sachgefahr tragen darf.

Bei erlasskonformen Immobilien-Teilamortisationsverträgen mit Kauf- oder Mietverlängerungsoption kommt es somit, anders als bei den anderen erlasskonformen Vertragsformen, nicht zu einer Abwälzung der Sach- und Preisgefahr auf den Leasingnehmer. Grundsätzlich handelt es sich damit nicht mehr um Finanzierungsleasingverträge im Sinne der deutschen Terminologie. Die Verträge gleichen vielmehr Mietverträgen, jedoch mit der Besonderheit, dass die Wertsteigerungschancen aufgrund der eingeräumten Option nicht beim Vermieter (Leasinggeber), sondern beim Mieter (Leasingnehmer) liegen.[247] Dass der Leasingnehmer bei derartigen Verträgen nicht wirtschaftlicher Eigentümer wird, dürfte aufgrund der vom Leasinggeber getragenen Risiken unzweifelhaft sein.

C. Bilanzierung von Leasingverträgen

I. Zurechnung des Leasingobjekts zum Leasinggeber

a. Einordnung als schwebendes Dauerschuldverhältnis

Ist das Leasingobjekt dem Leasinggeber zuzurechnen, wird das Leasingverhältnis bilanziell wie ein Mietvertrag, also ein Dauerschuldverhältnis, behandelt.[248] Es wird damit angenommen, dass die Leistung des Leasinggebers nicht durch eine einmalige Handlung bewirkt wird, sondern durch ein dauerndes Verhalten. Der Leasingvertrag wird deshalb als schwebendes Geschäft eingeordnet.[249] Für das schwebende Geschäft existiert im deutschen Bilanzrecht keine Legaldefinition.[250] Gleichwohl hat sich in Rechtsprechung und Literatur eine Definition hierfür entwickelt. Danach wird unter einem schwebenden Geschäft ein zweiseitig verpflichtender Vertrag verstanden, bei dem die zur Sach- oder Dienstleistung verpflichtete Partei ihrer

245 Vgl. *Hastedt/Mellwig* (Leasing, 1998): S. 56.

246 Vgl. dazu BMF-Schreiben vom 23.12.1991 – IV B 2 – S 2170 – 115/91, BStBl. I 1992, S. 13 (14 f.).

247 Vgl. *Hastedt/Mellwig* (Leasing, 1998): S. 58 f.

248 Vgl. BFH-Urteil vom 30.05.1984 I R 146/81, BStBl. II 1984, S. 825 (826); *Isele* (Leasingverhältnisse, 1995): Rn. 480.

249 Vgl. *Moxter* (Bilanzrechtsprechung, 1999): S. 41.

250 Schwebende Geschäfte werden jedoch im HGB im Zusammenhang mit der Pflicht zur Bildung von Drohverlustrückstellungen genannt, siehe § 249 Abs. 1 Satz 1 2. Alt. HGB.

Hauptleistung noch nicht nachgekommen ist.[251] Dauerschuldverhältnisse sind nur insoweit schwebende Geschäfte, als sie noch nicht abgewickelt sind.[252] Die Leistungsverpflichtung wird kontinuierlich mit der Erbringung der Leistung abgebaut. Das Dauerschuldverhältnis, welches aufgrund nur eines Vertragsabschlusses zustande kommt, wird somit während seines Andauerns periodisiert.

Bei erlasskonformen Leasingverträgen wird folglich davon ausgegangen, dass der Leasinggeber seine Pflicht zur Nutzungsüberlassung nur im Zeitablauf ("pro rata temporis") erfüllen kann.[253] Er erbringt seine Hauptleistung daher nicht durch die Bereitstellung des Objekts zu Vertragsbeginn. Der mit dem Abschluss des Leasingvertrags eingeleitete Schwebezustand ist erst vollständig beendet, wenn der Leasinggeber seiner gesamten Überlassungsverpflichtung nachgekommen ist.

Im deutschen Bilanzrecht gilt der Grundsatz der Nichtbilanzierung schwebender Geschäfte, wenngleich dieser nicht immer unumstritten war.[254] Gemäß dem Grundsatz dürfen die durch den Vertragsabschluss rechtlich entstandenen Ansprüche und Verpflichtungen aus dem Leasingvertrag nicht bilanziert werden.[255] Erbringt der Leasingnehmer Vorleistungen in Form von Mietvorauszahlungen, hat dies keinen Einfluss auf den Schwebezustand. Die Zahlungsweise des Leasingnehmers hat keine Bedeutung für die Einordnung des Leasingvertrags als Dauerschuldverhältnis;[256] diesbezüglich ist nur die Art der Erbringung der Sach- oder Dienstleistung maßgeblich. Die Vorauszahlungen des Leasingnehmers sind jedoch als Rechnungsabgrenzungsposten in den Bilanzen der Vertragsparteien auszuweisen, um den Kassenzufluss bzw. -abfluss zu neutralisieren.[257] Rechnungsabgrenzungsposten stellen allerdings keine Ansprüche oder Verpflichtungen bezüglich der Sach- oder Dienstleistung dar. Gerät der Leasingnehmer in Zahlungsverzug, führt dies zum Ausweis einer Forderung beim Leasinggeber bzw. einer Verbindlichkeit beim Leasingnehmer. Diese beziehen sich auf die bereits erbrachte Nutzungsüberlassung, also auf den nicht mehr schwebenden Teil des Dauerschuldverhältnisses. Zeichnet sich beim Leasinggeber oder -nehmer ab, dass die zukünftige Leistungsverpflichtung nicht durch die zu erwartenden Erträge abgedeckt werden, verlangt das

---

251 Vgl. *Woerner* (Grundsatzfragen, 1984): S. 491; BFH-Beschluss vom 11.12.1985 I B 49/85, BFH/NV 1986, S. 595 (Leitsatz); Beschluss vom 23.06.1997 GrS 2/93, BStBl. II 1997, S. 735 (737); *Babel* (Saldierungsbereich, 1998): S. 828 f.; *Berger/M. Ring* (BeckBilKomm, 2003): § 249 HGB, Anm 52 f; *Mellwig/Sabel* (Nichtbilanzierung schwebender Geschäfte, 2005): S. 357.

252 Vgl. *Berger/M. Ring* (BeckBilKomm, 2003): § 249 HGB, Anm 76; *IDW* (RS HFA 4, 2000): Tz. 14.

253 Vgl. *Fabri* (Nutzungsverhältnisse, 1986): S. 118.

254 Vgl. *Martin* (Falsche Bilanzierung, 1966): S. 243-246; *Bodarwé* (Erfüllen, 1966): S. 670-672; *Woerner* (Grundsatzfragen, 1984): S. 489; *Woerner* (Passivierung, 1984): S. 180; *Woerner* (Der schwebende Vertrag, 1989): S. 38; *Förschle* (BeckBilKomm, 2003): § 243 HGB, Anm 14.

255 Vgl. *Gelhausen/Weiblen* (Leasingverträge, 2003): Rn. 48.

256 Vgl. *Fabri* (Nutzungsverhältnisse, 1986): S. 129 f. u. 162; *Böcking* (Bilanzrechtstheorie, 1988): S. 216-218.

257 Vgl. *Adler/Düring/Schmaltz* (Rechnungslegung, 1998): § 246 HGB, Tz. 184.

Imparitätsprinzip den Ansatz einer Drohverlustrückstellung.[258] Beim Leasinggeber ist in einem solchen Fall jedoch konkurrierend eine außerplanmäßige Abschreibung des Leasingobjekts auf den beizulegenden Wert zu überprüfen.[259]

Der Grundsatz der Nichtbilanzierung schwebender Geschäfte kann aus dem Wortlaut des Handelsgesetzbuchs abgeleitet werden.[260] Da in § 249 Abs. 1 Satz 1 2. Alt. HGB der Ansatz von Rückstellungen für drohende Verluste aus schwebenden Geschäften verlangt wird, impliziert dies, dass schwebende Geschäfte im Übrigen bilanziell nicht ausgewiesen werden, da dann ein drohender Verlust durch die Bewertung der bilanzierten Ansprüche und Verpflichtungen aus dem schwebenden Geschäft erfolgen könnte.

Gerechtfertigt wird der Nichtausweis schwebender Geschäfte im deutschen Bilanzrecht mit unterschiedlichen Begründungen. In Anlehnung an die Rechtsprechung des BFH[261] wird der Grundsatz der Nichtbilanzierung schwebender Geschäfte als Vereinfachungsregelung interpretiert.[262] Da sich Ansprüche und Verpflichtungen aus schwebenden Geschäften bis zur Erfüllung gleichwertig gegenüberstünden, sei eine bilanzielle Erfassung nicht notwendig. Diese würde nur zu einer unnötigen Bilanzverlängerung oder „Aufblähung der Bilanz" führen, die aus Gründen der Vereinfachung und Übersichtlichkeit unterbleiben könne.[263] Der Grundsatz der Nichtbilanzierung schwebender Geschäfte stelle daher eine Ausnahme zum Vollständigkeitsgebot des § 246 Abs. 1 HGB dar.[264] Dem wird oft entgegengehalten, dass man durch Zusammenfassung der einzelnen Sachverhalte unter wenige, aussagekräftige Bilanzpositionen die Übersichtlichkeit der Bilanz erhalten könne.[265] Eine unnötige Aufblähung der Bilanz wird jedoch schon darin gesehen, dass man Ansprüche und Verpflichtungen in gleicher Höhe ausweisen würde.[266]

Daneben wird die Meinung vertreten, Verbindlichkeiten für die aus dem schwebenden Geschäft resultierende Verpflichtung dürften nicht ausgewiesen werden, da keine wirtschaftliche Belastung bestehe, denn die aus dem Geschäft resultierende Verpflichtung werde durch die

258 Siehe § 249 Abs. 1 Satz 1 2. Alt. HGB.

259 Siehe § 253 Abs. 2 Satz 3 HGB. Vgl. dazu auch Gliederungspunkt II.C.1.b. in diesem Kapitel.

260 Vgl. *Fabri* (Nutzungsverhältnisse, 1986): S. 144 f.; *Kußmaul* (Nutzungsrechte, 1987): S. 103; *Kessler* (Rückstellungen, 1992): S. 126; *Brakensiek* (Finanzierungsinstrumente, 2001): S. 258 f.; a. A.: *Babel* (Ansatz und Bewertung, 1997): S. 64 f.

261 Vgl. BFH-Urteil vom 17.07.1974 I R 195/72, BStBl. II 1974, S. 684 (685).

262 Vgl. *Crezelius* (Schwebendes Geschäft, 1988): S. 85; *Woerner* (Der schwebende Vertrag, 1989): S. 39; *Janke* (Dauerschuldverträge, 1996): S. 36; *Mellwig/Sabel* (Nichtbilanzierung schwebender Geschäfte, 2005): S. 361.

263 Vgl. *Bauer* (Schwebende Geschäfte, 1981): S. 33; *Leffson* (GoB, 1987): S. 262.

264 Vgl. BFH-Urteil vom 20.01.1983 IV R 158/80, BStBl. II 1983, S. 413 (415). A. A.: *Babel* (Aktivierungsfähigkeit, 1997): S. 2268.

265 Eine solche Bilanzposition könnte zum Beispiel „Ansprüche aus Absatzgeschäften" lauten. Vgl. *Babel* (Ansatz und Bewertung, 1997): S. 64; *Bieg* (Schwebende Geschäfte, 1977): S. 291 f.

266 Vgl. *Woerner* (Grundsatzfragen, 1984): S. 491 f.

Ansprüche aus eben diesem kompensiert.[267] Die Ausgeglichenheit wird teilweise jedoch nur angenommen, weil ein Vergleich der Werte von Leistung und Gegenleistung nicht verlässlich erfolgen kann. So ist es schwer, das Verhältnis zwischen dem Wert der Arbeitsleistung eines Arbeitnehmers und seinem Gehalt zu beurteilen.[268] Zudem dürfte sich der zur Sach- oder Dienstleistung Verpflichtete, wenn er beispielsweise als Hersteller oder Händler ein Gut verkauft, aus dem schwebenden Geschäft einen positiven Erfolgsbeitrag versprechen, da er anderenfalls den Vertrag nicht abschließen würde, so dass die Forderung bereits zu Vertragsabschluss höherwertiger als die korrespondierende Verpflichtung sein wird.[269] Aus Vereinfachungsgründen wird jedoch davon ausgegangen, dass sich die Werte von Leistung und Gegenleistung entsprechen. Selbst wenn diese Ausgeglichenheit zu Beginn des Vertrags und bei Einmalgeschäften auch bis zur Erfüllung gilt, ist nicht gesichert, dass sich bei langfristigen Dauerschuldverhältnissen im Zeitablauf Ansprüche und Verpflichtungen nicht in ihrem Wert verschieben. Findet eine solche Wertverschiebung statt, ist jedoch nur im Falle eines drohenden Verlustes aus dem schwebenden Geschäft ein Ausweis im Form einer Rückstellung geboten.[270]

Das gewichtigste und in der Literatur auch mehrheitlich akzeptierte Argument für den Nichtausweis schwebender Geschäfte stellt im deutschen Bilanzrecht die Begründung anhand des Realisationsprinzips dar.[271] Dabei wird grundsätzlich nur auf die Forderung auf Seiten des zur Sach- oder Dienstleistung Verpflichteten abgestellt. Der Schwebezustand eines Geschäftes endet nach deutschem Bilanzverständnis mit Erfüllung durch den zur Lieferung oder Leistung Verpflichteten.[272] Die Hauptleistungspflicht, die durch den Vertragstyp charakterisiert wird, muss erfüllt sein. Bilanzrechtlich wird der Begriff der Erfüllung regelmäßig durch das Realisationsprinzip konkretisiert.[273] Der BFH hat dazu ausgeführt, dass „der zur Sach- oder Dienstleistung Verpflichtete alle von ihm geschuldeten Erfüllungshandlungen in einer Weise erbracht .. [haben muss], daß ihm die Forderung auf die Gegenleistung – von den mit jeder Forderung verbundenen Risiken abgesehen – so gut wie sicher ist."[274] Die Forderung darf beim zur Sach- oder Dienstleistung Verpflichteten nicht ausgewiesen werden, solange mangels eigener Leistung der Anspruch auf die Gegenleistung noch nicht besteht. Damit darf auch der gegebenenfalls entstehende Gewinn nicht gezeigt werden. Der Ausweis einer Forderung

---

267 Vgl. *Baetge/Kirsch/Thiele* (Bilanzen, 2003): S. 399; *Mellwig/Sabel* (Nichtbilanzierung schwebender Geschäfte, 2005): S. 361 f.

268 Vgl. *Friederich* (Schwebende Geschäfte, 1975): S. 40.

269 Vgl. *Bauer* (Schwebende Geschäfte, 1981): S. 34; *Woerner* (Grundsatzfragen, 1984): S. 492; *Hommel* (Dauerschuldverhältnisse, 1992): S. 36.

270 Siehe § 249 Abs. 1 Satz 1 2. Alt. HGB.

271 Vgl. *Crezelius* (Schwebendes Geschäft, 1988): S. 85; *Woerner* (Gewinnrealisierung, 1988): S. 772; *Hommel* (Dauerschuldverhältnisse, 1992): S. 36; *Babel* (Ansatz und Bewertung, 1997): S. 69; *Hastedt/Mellwig* (Leasing, 1998): S. 62 f.; *Baetge/Kirsch/Thiele* (Bilanzen, 2003): S. 399; *Mellwig/Sabel* (Nichtbilanzierung schwebender Geschäfte, 2005): S. 363.

272 Vgl. *Woerner* (Passivierung, 1984): S. 179; *Berger/M. Ring* (BeckBilKomm, 2003): § 249 Anm 55.

273 Vgl. *Friederich* (Schwebende Geschäfte, 1975): S. 24.

274 BFH-Beschluss vom 11.12.1985 I B 49/85, BFH/NV 1986, S. 595 f. (Leitsatz).

zeigt den Anspruch auf die Zahlung und dadurch implizit eine Umsatzrealisation an.[275] Der Forderungsausweis ist erst dann zulässig und geboten, wenn die Leistung tatsächlich erbracht wurde und der Schwebezustand beendet ist.

Das Realisationsprinzip wird im Bilanzrecht als Ausprägung des Vorsichtsprinzips betrachtet.[276] Das Vorsichtsprinzip verhindere den Ausweis einer Forderung beim zur Sach- oder Dienstleistung Verpflichteten, da ihr erhebliche zivilrechtliche Risiken anhaften.[277] Da der zur Sachleistung Verpflichtete bis zur Lieferung des Guts das Risiko des zufälligen Untergangs trage, dürfe der Anspruch auf den Kaufpreis noch nicht aktiviert werden, auch wenn er zivilrechtlich bereits mit Abschluss des gegenseitigen Vertrags entstanden ist.[278] Da der rechtliche Anspruch auf die Gegenleistung nur durchsetzbar ist, wenn die eigene Leistung erfüllt wurde (Erfüllung Zug um Zug), ist er mit dem Risiko der Unmöglichkeit der eigenen Leistung behaftet.[279] Die Ausgeglichenheitsvermutung bezüglich Leistung und Gegenleistung sei daher Folge des Vorsichtsgedankens.[280] Allerdings gelte diese Vermutung nur, solange kein Verlust droht. In diesem Fall ist aufgrund des Imparitätsprinzips eine Rückstellung auszuweisen.

Kann der zur Sach- oder Dienstleistung Verpflichtete mangels Umsatzrealisation keine Forderung ausweisen, weil er seine eigene Leistung noch nicht erbracht hat, so hat nach herrschender Meinung auch der zur Zahlung Verpflichtete keine Verbindlichkeit zu zeigen. Dies wird damit begründet, dass bei ihm eine durch den Anspruch auf die Gegenleistung „kompensierte Verpflichtung" bestehe.[281]

Im deutschen Handelsrecht obliegt gemäß der Abkopplungsthese von *Moxter* die Informationsfunktion im Wesentlichen den Anhangangaben,[282] während der Bilanz die Ausschüttungsbemessungsfunktion zukommt.[283] Deshalb erfolgt in der Handelsbilanz eine vorsichtsgeprägte Ermittlung des ausschüttungsfähigen Gewinns.[284] Der Nichtausweis schwebender Geschäfte ist diesem Bilanzzweck nicht schädlich. Dem Gläubigerschutz bzw. dem Vorsichtsprinzip wird gedient, indem eine Drohverlustrückstellung gebildet wird, falls die Verpflichtungen aus dem schwebenden Geschäft über den Ansprüchen liegen. Der bilanzielle Ausweis dieser Ge-

---

275 Vgl. *Babel* (Ansatz und Bewertung, 1997): S. 72; *Naumann/Breker* (Bewertungsprinzipien, 2003); Rn. 178.

276 Vgl. *Gelhausen* (Realisationsprinzip, 1985): S. 64 f.; *Moxter* (GoR, 2003): S. 41.

277 Vgl. *Woerner* (Grundsatzfragen, 1984): S. 492; *Woerner* (Der schwebende Vertrag, 1989): S. 40.

278 Vgl. *Woerner* (Gewinnrealisierung, 1988): S. 773; *Leffson* (GoB, 1987): S. 262.

279 Vgl. *Babel* (Ansatz und Bewertung, 1997): S. 69 f.

280 Vgl. *Woerner* (Grundsatzfragen, 1984): S. 492.

281 Vgl. *Clemm* (Nichtpassivierung entstandener Verbindlichkeiten, 1994): S. 173 f.

282 Zudem können der Lagebericht und weitere Publizitätsinstrumente der Informationsfunktion dienen. Vgl. *Böcking* (Verhältnis, 1998): S. 30.

283 *Moxter* (Bilanzlehre, 1986): S. 67 f.

284 Vgl. *Beisse* (Verhältnis, 1984): S. 4; *Moxter* (Bilanzlehre, 1986): S. 67 f.; *Böcking* (Umsatzbezogene Gewinnrealisierung, 1989): S. 509; *Moxter* (Wirtschaftliche Betrachtungsweise, 1989): S. 236; *Moxter* (Entziehbarer Gewinn, 1996): S. 231-239; *Moxter* (Ansatzkriterien, 2004): S. 1060 f.

schäfte würde in Bezug auf die Zahlungsbemessung und den Gläubigerschutz grundsätzlich nichts bewirken. Auch bei Bilanzierung eines Aktivums und einer Verbindlichkeit wird durch das Anschaffungskostenprinzip und das Höchstwertprinzip dem Vorsichtsprinzip Rechnung getragen.[285] In einer Ausschüttungsbemessungsbilanz kann der Grundsatz der Nichtbilanzierung schwebender Geschäfte daher akzeptiert werden.

Allerdings könnte entgegen der herrschenden Meinung[286] in Frage gestellt werden, dass es sich bei den in Deutschland üblicherweise abgeschlossenen erlasskonformen Leasingverträgen überhaupt um schwebende Dauerschuldverhältnisse handelt. Anders als bei der Miete sehen die Vertragsausgestaltungen in der Regel vor, dass der Leasinggeber nach Lieferung des Leasingobjekts nur noch die passive Duldung von Besitz und Nutzung des Leasingobjekts durch den Leasingnehmer schuldet.[287] Der Leasinggeber hat daher mit Lieferung des Leasingobjekts im Wesentlichen seine Hauptleistungspflicht erbracht, wodurch der Schwebezustand bereits in diesem Zeitpunkt als beendet betrachtet werden könnte. Die Sach- und Preisgefahr wird auf den Leasingnehmer abgewälzt. Der Leasinggeber unterliegt daher ab dem Zeitpunkt der Lieferung des Leasingobjekts grundsätzlich nicht mehr der Gefahr, infolge einer zufälligen Unmöglichkeit der eigenen Leistung den Anspruch auf die Gegenleistung zu verlieren.[288] Er trägt grundsätzlich die gleichen Risiken wie ein Verkäufer. Allerdings muss aufgrund der Rechtsprechung des BGH davon ausgegangen werden, dass die Abwälzung der Preisgefahr mittels Leasing-AGB für den Gewinnaufschlag des Leasinggebers nicht möglich ist.[289] Der Leasinggeber wird bei Störungen des Leasingvertrags, beispielsweise durch zufälligen Untergang des Leasingobjekts, regelmäßig nur den Gewinnanteil beanspruchen können, der auf die bis zum Störungszeitpunkt erbrachte Nutzungsüberlassung entfällt.[290] Die übliche Vorgehensweise, den Gewinn des Leasinggebers im Zeitablauf der Nutzungsüberlassung zu vereinnahmen, erscheint unter diesen Umständen sachgerecht.[291]

---

285 Zu beachten ist dabei jedoch, dass es bei Dauerschuldverhältnissen durch die Folgebewertung von Aktivum und Passivum zu einem anderen Periodenaufwand kommen könnte als bei deren Nichtbilanzierung. Insbesondere muss bedacht werden, dass für den Ansatz einer Drohverlustrückstellung andere Kriterien gelten als für eine außerplanmäßige Abschreibung eines bilanzierten Aktivums. Sinkt die marktübliche Leasingrate für das geleaste Objekt, darf der Leasingnehmer zunächst keine Drohverlustrückstellung ansetzen, solange er mit dem Leasingobjekt einen über den Aufwendungen liegenden Ertrag erzielt (Vgl. BFH-Urteil vom 27.07.1988 I R 133/84, BStBl. II 1988, S. 999 (1000), a. A.: *Adler/Düring/Schmaltz* (Rechnungslegung, 1998): § 249 HGB, Tz. 157). Würde der Leasingnehmer jedoch ein Aktivum bilanzieren, käme eine außerplanmäßige Abschreibung nach § 253 Abs. 2 Satz 3 HGB, die grundsätzlich absatzmarktorientiert zu erfolgen hat, aber sehr wohl in Frage.

286 Vgl. *Schirduan* (Finanzierungs-Leasing, 1993): S. 134; *Findeisen* (Bilanzierung, 1998): § 19, Tz. 33; *Barth* (Zurechnung von Leasingobjekten, 1999): S. 132 f.

287 Vgl. *Hastedt* (Gewinnrealisation, 1992): S. 121.

288 Vgl. *Larenz* (Schuldrecht, 1987): S. 310.

289 Vgl. dazu Fn. 114 in Gliederungspunkt I.C.3. in diesem Kapitel.

290 Vgl. BGH-Urteil vom 19.03.1986 VIII ZR 81/85, BB 1986, S. 1112 (1114).

291 Vgl. *Hommel* (Dauerschuldverhältnisse, 1992): S. 137 f.

Beim Leasinggeber könnte dennoch, entsprechend der Vorgehensweise bei Leasingverträgen, bei denen eine Zurechnung des Leasingobjekts zum Leasingnehmer erfolgt,[292] eine Forderung zum mit dem Kalkulationszinsfuß diskontierten Barwert der Leasingraten ausgewiesen werden, so dass es zunächst zu keiner Gewinnrealisierung kommt.[293] Durch die Abwälzung der – nicht den Gewinnaufschlag umfassenden – Preisgefahr hat der Leasinggeber mit der Lieferung des Leasingobjekts seine Hauptleistungspflicht erbracht, so dass ihm, genauso wie einem Verkäufer, der die Sache übergeben hat, der Erhalt der Leasingzahlungen – allerdings ohne den darin enthaltenen Gewinnaufschlag – sicher ist.[294] Die anschließende Nutzungsüberlassung dürfte als bloße Duldungsverpflichtung keinen Einfluss auf die Erbringung der Leistungspflicht haben.[295]

Nach herrschender Meinung wird allerdings der Forderungsausweis beim Leasinggeber nur bei Leasingverträgen für zulässig erachtet, die zum Übergang des wirtschaftlichen Eigentums am Leasingobjekt führen.[296] Das wirtschaftliche Eigentum am Leasingobjekt verliert der Leasinggeber nur dann,[297] wenn dieser nicht mehr über die wesentlichen Risiken und Chancen am Leasingobjekt verfügt.[298] Die Frage des Forderungsausweises, wie auch die der Realisierung des Gewinns beim Leasinggeber, hängt jedoch von der Erbringung der Leistungspflicht und insbesondere der Überwälzung der Risiken durch den Leasinggeber ab.[299] Verbleiben ausschließlich wesentliche Chancen aus dem Leasingobjekt beim Leasinggeber, so darf dieser gemäß dem Kriterium des wirtschaftlichen Eigentums das Leasingobjekt nicht ausbuchen. Der für den Forderungsausweis maßgebliche Umsatzakt kann dennoch als erbracht erachtet werden, wenn der Zahlungsanspruch „so gut wie sicher ist“[300]. Aus diesem Grund scheint die nach den herrschenden Bilanzierungsregelungen des HGB vorgenommene Gleichsetzung der Zeitpunkte des Übergangs des wirtschaftlichen Eigentums am Leasingobjekt und der Erbringung der Hauptleistungspflicht,[301] die aus der Nutzungsüberlassung besteht, nicht zufrieden

292 Vgl. dazu Gliederungspunkt II.C.2.b. in diesem Kapitel.

293 Als Gegenbuchung zum Forderungsausweis käme in Frage, das Leasingobjekt zu dem Anteil auszubuchen, zu dem es auf der Grundlage des Leasingvertrags zur Nutzung überlassen wird. Vgl. *Hastedt* (Gewinnrealisation, 1992): S. 129.

294 Vgl. *Lißmann* (Passive Rechnungsabgrenzung, 1991): S. 1480; *Forster* (Abgrenzung Leasingraten, 1988): S. 152; *Bähr/Weigell* (Auswirkungen, 1989): S. 1637.

295 Vgl. *Hastedt* (Gewinnrealisation, 1992): S. 125 f.; a. A.: *Schirduan* (Finanzierungs-Leasing, 1993): S. 136.

296 Auch in diesem Fall wird allerdings die Gewinnrealisierung nur im Zeitablauf für sachgerecht erachtet. Vgl. dazu Gliederungspunkt II.C.2.b. in diesem Kapitel.

297 Zum besseren Verständnis wird angenommen, dass der Leasinggeber vor Abschluss des Leasingvertrags das wirtschaftliche Eigentum am Leasingobjekt, zumindest für eine logische Sekunde besaß, es also nicht direkt vom Lieferanten an den Leasingnehmer überging.

298 Vgl. die Ausführungen in Gliederungspunkt II.B.2.b. in diesem Kapitel.

299 Vgl. *Gelhausen* (Realisationsprinzip, 1985): S. 166 f.; *Gelhausen/Weiblen* (Leasingverträge, 2003): Rn. 159.

300 BFH-Beschluss vom 11.12.1985 I B 49/85, BFH/NV 1986, S. 595 (Leitsatz).

301 Vgl. *Veigel/Lentschig* (Leasing, 1994): S. 112; *Barth* (Zurechnung von Leasingobjekten, 1999): S. 132.

stellend.[302] Der Zeitpunkt des Übergangs des wirtschaftlichen Eigentums am Leasingobjekt fällt nicht zwingend mit dem Zeitpunkt der Beendigung des Schwebezustands zusammen.[303]

Würde der Schwebezustand des Leasingvertrags bereits mit Lieferung des Leasingobjekts als beendet betrachtet werden, wäre beim Leasingnehmer die Verpflichtung zur Zahlung der Leasingraten zu passivieren. Als korrespondierende Aktivposition käme ein Nutzungsrecht in Frage.[304]

In der Praxis könnten allerdings Probleme bei der Abgrenzung von Miet- und Leasingverträgen bestehen. Insbesondere bei kurzfristigen Leasingverträgen oder beim Herstellerleasing fließen häufig mietvertragstypische Elemente in den Leasingvertrag mit ein.[305] Durch zusätzliche Vereinbarungen, wie zum Beispiel Sachversicherungen oder Wartungsverträge, können Leasingverträge zu einer ähnlichen Risikenverteilung wie Mietverträge führen. Die Trennung von als schwebend einzuordnenden Mietverträgen und Leasingverträgen, deren Schwebezustand mit Lieferung des Objekts beendet ist, weil der Leasinggeber mit Lieferung seine Hauptleistungspflicht erbracht hat, müsste durch einen Abwägungsprozess im Rahmen einer wirtschaftlichen Betrachtungsweise erfolgen. Dieser wäre wahrscheinlich ähnlich aufwendig wie der Risiken-Chancen-Ansatz zur Bestimmung des wirtschaftlichen Eigentümers des Leasingobjekts, der bei Leasingverträgen zusätzlich vorzunehmen wäre. Eine Gleichsetzung der Zeitpunkte des Übergangs des wirtschaftlichen Eigentums und der Erbringung der Hauptleistungspflicht, wie es nach den geltenden Regelungen der Fall ist, scheint daher aus Praktikabilitätsgründen vertretbar. Dennoch kann die Behandlung von erlasskonformen Leasingverträgen, bei denen der Leasinggeber nur über Restwertchancen verfügt und sämtliche Risiken auf den Leasingnehmer abwälzt, als nicht zu bilanzierende schwebende Dauerschuldverhältnisse kritisch beurteilt werden.

b. Bilanzierung beim Leasinggeber

Gemäß dem Grundsatz der Nichtbilanzierung schwebender Geschäfte weist der Leasinggeber die Ansprüche und Verpflichtungen aus dem Leasingvertrag nicht aus. Er bilanziert nur das Leasingobjekt, das grundsätzlich dem Sachanlagevermögen zuzuordnen ist.[306] Der erstmalige

---

302 Vgl. *Nieskens* (Schwebende Geschäfte, 1989): S. 541 f.

303 Vgl. *Hommel* (Dauerschuldverhältnisse, 1992): S. 60, der darauf hinweist, dass der Übergang des wirtschaftlichen Eigentums nicht dazu geeignet ist, den Leistungszeitpunkt bei Veräußerungsgeschäften hinreichend zu objektivieren.

304 Vgl. *Babel* (Ansatz und Bewertung, 1997): S. 112-130.

305 Vgl. *Lenz* (Mobilien-Leasingverträge, 1997): S. 36, Fn. 103; *Küting/Hellen/Brakensiek* (Nationale und internationale Bilanzierung, 1998): S. 1472; *Küting/Hellen/Brakensiek* (Nach IAS und US-GAAP, 1999): S. 44.

306 Vgl. *Adler/Düring/Schmaltz* (Rechnungslegung, 1998): § 247 HGB, Tz. 125; *Ellrott/Schmidt-Wendt* (BeckBilKomm, 2003): § 247 HGB, Anm 355. Dies gilt auch für das Herstellerleasing, bei dem mit Beginn des Leasing eine Umwidmung vom Umlauf- zum Anlagevermögen erfolgt. Vgl. BFH-Urteil vom 05.02.1987 IV R 195/84, BStBl. II 1987, S. 448 (450).

Ansatz des Leasingobjekts in der Bilanz des Leasinggebers erfolgt zu den Anschaffungs- oder Herstellungskosten gemäß § 255 HGB.[307] Das Leasingobjekt ist planmäßig über seine Nutzungsdauer abzuschreiben.[308] Im Falle einer dauernden Wertminderung ist eine außerplanmäßige Abschreibung auf den niedrigeren beizulegenden Wert vorzunehmen.[309] Falls es sich beim Leasinggeber nicht um eine Kapitalgesellschaft handelt, darf eine Abschreibung vorgenommen werden, wenn die Wertminderung nur vorübergehender Natur ist.[310] Bei einem typischen Finanzierungsleasingvertrag kann jedoch in der Regel keine Wertminderung des Leasingobjekts vorliegen, da der Leasingvertrag grundsätzlich eine volle Amortisation der Kosten des Leasinggebers sicherstellt. Ist die Amortisation aufgrund schlechter Bonität des Leasingnehmers gefährdet und gegebenenfalls eine anderweitige Verwertung des Leasinggegenstandes geboten, ist dies in Form einer Rückstellung für drohende Verluste aus schwebenden Geschäften zu berücksichtigen.[311] Eine außerplanmäßige Abschreibung auf den Leasinggegenstand wäre in diesem Fall auch zulässig,[312] da der Verlust sowohl am schwebenden Geschäft, also dem Leasingvertrag, als auch am Leasinggegenstand selbst haftet, wenn die anderweitige Verwertungsmöglichkeit die Anschaffungskosten nicht amortisiert.

Die Vereinnahmung der Leasingraten richtet sich grundsätzlich nach den vertraglichen Vereinbarungen, wenn diese zu einem sachgerechten Ausgleich von Leistung und Gegenleistung in den einzelnen Perioden führen.[313] Bei linearen Leasingraten dürfte einer Vereinnahmung gemäß der Vereinbarung nichts entgegenstehen. Dies gilt auch für degressive Leasingraten, die nach dem degressiven Verlauf des Zinsaufwands und dem gegebenenfalls ebenfalls degressiven Verlauf der Abschreibungen bemessen sind. Decken erhöhte Erstmieten die bereits angefallenen Aufwendungen des Leasinggebers, zum Beispiel Akquisitionskosten, ab, können auch diese bedenkenlos vereinnahmt werden. Bei vereinbarten Leasingraten, die nicht dem Nutzungs- oder Aufwandsverlauf entsprechen, ist im Falle zu degressiver Leasingraten eine passive Rechnungsabgrenzung unter Maßstab des tatsächlichen Aufwandsverlaufs und Berücksichtigung der kalkulierten Gewinne vorzunehmen bzw. im Falle progressiver Leasing-

---

307 Mit dem Leasinggut zusammenhängende Nebenkosten, wie zum Beispiel Kosten für den Transport vom Hersteller zum Leasingnehmer, die dem Leasingnehmer gesondert in Rechnung gestellt werden, gehören nicht zu den Anschaffungskosten, da sie beim Leasinggeber im Zusammenhang mit dem Abschluss des Leasingvertrags entstehen, vgl. *Schirduan* (Finanzierungs-Leasing, 1993): S. 146-149. Dies dürfte auch weiterhin der Auffassung der Finanzverwaltung entsprechen, vgl. BMF-Schreiben vom 05.05.1970, IV B/2 - S 2170 - 4/70, BB 1970, S. 652, inzwischen aufgehoben durch BMF-Schreiben vom 07.06.2005 - IV C 6 - O 1000 - 86/05, DB 2005, S. 1301.

308 Eine Abschreibung über die Grundmietzeit unter Berücksichtigung eines geschätzten Restwerts wird ebenfalls für zulässig erachtet, vgl. *Glasel* (Leasing, 2004): Rz 107.

309 Siehe § 253 Abs. 2 Satz 3 HGB.

310 Siehe § 253 Abs. 2 Satz 3 i. V. m. § 279 Abs. 1 Satz 2 HGB.

311 Vgl. *IDW* (Stellungnahme HFA 1/1989, 1989): S. 626; *Gelhausen/Weiblen* (Leasingverträge, 2003): Rn. 70.

312 Vgl. *Gelhausen/Weiblen* (Leasingverträge, 2003): Rn. 70.

313 Vgl. *IDW* (Stellungnahme HFA 1/1989, 1989): S. 626.

raten eine Forderung unter Maßstab einer gleich bleibenden Nutzungsüberlassung auszuweisen und der angemessene Ertrag zu realisieren.[314]

Der Leasinggeber ist nicht zu gesonderten Anhangangaben bezüglich bestehender Leasingverträge verpflichtet. Allerdings sind im Zusammenhang mit dem Leasingobjekt und anderen mit dem Leasingvertrag verbundenen Bilanzpositionen, zum Beispiel Rechnungsabgrenzungsposten, die angewandten Bilanzierungs- und Bewertungsmethoden gemäß § 284 Abs. 2 Nr. 1 HGB anzugeben.[315]

c. Bilanzierung beim Leasingnehmer

Durch die Behandlung als schwebendes Geschäft kommt es beim Leasingnehmer grundsätzlich zu keinem bilanziellen Ausweis von Ansprüchen oder Verpflichtungen aus dem Leasingvertrag. Beim Finanzierungsleasing handelt es sich in diesem Fall um eine bilanzneutrale Finanzierungsform (*off-balance-sheet-financing*), da der Leasingnehmer keine Schulden passiviert. Die während der Vertragslaufzeit anfallenden Leasingraten sind periodengerecht als Aufwand zu verrechnen. Gegebenenfalls sind bei nichtlinearen Leasingraten Abgrenzungen vorzunehmen. Ein drohender Verlust aus schwebenden Geschäften kann sich beim Leasingnehmer ergeben, wenn die Nutzung des Leasinggegenstands nicht oder nicht in normalem Umfang erfolgen kann, da der Leasingnehmer in der Regel auch dann zur Zahlung der Leasingraten verpflichtet ist. Außerdem kann sich die Notwendigkeit zur Bildung einer Drohverlustrückstellung ergeben, wenn der Leasinggeber ein Andienungsrecht hat oder der Leasingnehmer eine Restwertgarantie leistet und der erwartete Marktpreis des Leasingobjekts am Ende der Leasingdauer unter den Andienungs- oder Garantiepreis sinkt.[316]

Die Höhe der aus dem Leasingvertrag resultierenden Verpflichtung zur Zahlung der Leasingraten hat der Leasingnehmer im Anhang im Rahmen des „Gesamtbetrags der sonstigen finanziellen Verpflichtungen, die nicht in der Bilanz erscheinen" anzugeben, wenn es sich bei ihm um eine nicht kleine Kapitalgesellschaft handelt und „diese Angabe für die Beurteilung der Finanzlage von Bedeutung ist".[317] Bemerkenswert ist, dass eine Erleichterung bezüglich der Detailliertheit der Anhangangabepflichten für kleine Kapitalgesellschaften im Sinne von § 267 Abs. 1 HGB darin besteht, dass diese keine Angaben zu nichtbilanzierten sonstigen finanziellen Verpflichtungen, also auch nicht zu nichtbilanzierten Leasingverträgen, vornehmen müssen.[318] Zugleich hängt jedoch die Einordnung in die handelsrechtlichen Größenklas-

314 Vgl. *Hastedt/Mellwig* (Leasing, 1998): S. 80. An den Ausweis einer Forderung sind dabei jedoch zusätzliche strenge Anforderungen gestellt, vgl. *IDW* (Stellungnahme HFA 1/1989, 1989): S. 626.

315 Vgl. *Isele* (Leasingverhältnisse, 1995): Rn. 539.

316 Vgl. *Findeisen* (Bilanzierung, 1998): § 19, Tz. 87.

317 § 285 Nr. 3 i. V. m. § 288 HGB. Eine Abzinsung der Verpflichtungen ist dabei nicht zulässig, vgl. *Ellrott* (BeckBilKomm, 2003): § 285, Anm 30.

318 Siehe § 288 Satz 1 HGB.

sen unter anderem von der Bilanzsumme der Kapitalgesellschaft ab.[319] Ersetzt ein Unternehmen Fremdkapital durch nicht zu bilanzierende Leasingverträge, wird die Bilanzsumme verkürzt. Erreicht die Gesellschaft dadurch die Größenklasse einer kleinen Kapitalgesellschaft sind die Leasingverträge nicht nur bilanzneutral, sie sind auch im Anhang nicht anzugeben.[320]

2. *Zurechnung des Leasingobjekts zum Leasingnehmer*

a. Behandlung als Ratenkauf

Wird das wirtschaftliche Eigentum am Leasinggegenstand dem Leasingnehmer zugerechnet, erfolgt eine bilanzielle Behandlung des Leasingvertrags sowohl beim Leasinggeber als auch beim Leasingnehmer als Ratenkauf.[321] Ein Verkäufer hat in der Regel seine Hauptleistungspflicht erbracht, wenn er das verkaufte Sachgut geliefert und damit dem Käufer das Eigentum verschafft hat. Der Leasingvertrag wird somit ab dem Zeitpunkt der Lieferung des Leasingobjekts an den Leasingnehmer als nicht mehr schwebend betrachtet. Der Leasinggeber erbringt seine Hauptleistungspflicht mit der Lieferung des Objekts und nicht erst durch die Nutzungsüberlassung im Zeitablauf.

In der Praxis ist der Fall der Zurechnung des Leasingobjekts zum Leasingnehmer kaum von Bedeutung, da Leasingverträge in der Regel so ausgestaltet werden, dass eine Zurechnung zum Leasinggeber handels- und steuerrechtlich sichergestellt ist.[322] Bei missglückten Gestaltungen kann es jedoch zu einer Zurechnung des Leasingobjekts zum Leasingnehmer kommen.

b. Bilanzierung beim Leasinggeber

Der Leasinggeber bucht, entsprechend der üblichen Bilanzierung eines Verkaufs mit Kreditierung des Kaufpreises, den Leasinggegenstand mit Lieferung an den Leasingnehmer aus und aktiviert eine Forderung. Die Forderung ist nach Ansicht der Finanzverwaltung „in Höhe der den Leasing-Raten zugrunde gelegten Anschaffungs- oder Herstellungskosten“[323] zu bilanzieren. Dies müsste grundsätzlich zum gleichen Ergebnis führen wie der in der Literatur vorgeschlagene Ansatz der Forderung zum mit dem Kalkulationszinssatz des Leasinggebers berechneten Barwert der Leasingraten einschließlich eines gegebenenfalls vereinbarten Options-

319 Die beiden anderen Kriterien sind die Höhe der Umsatzerlöse sowie die Anzahl der Arbeitnehmer, siehe § 267 Abs. 1 u. 2 HGB.

320 Durch die Einordnung als kleine Kapitalgesellschaft kann das Unternehmen zudem durch geringere Offenlegungspflichten (siehe § 325 Abs. 2 HGB), Erleichterungen bei der Ausgestaltung des Jahresabschlusses (siehe § 264 Abs. 1 Satz 3 HGB) sowie verminderten Prüfungspflichten (siehe § 316 Abs. 1 Satz 1 HGB) Kostenvorteile erzielen.

321 Vgl. BFH-Urteil vom 30.05.1984 I R 146/81, BStBl. II 1984, S. 825 (826); *Moxter* (Bilanzrechtsprechung, 1999): S. 41.

322 Vgl. *Coenenberg* (Jahresabschluss, 2003): S. 189. Mietkaufverträge, bei denen der Übergang des rechtlichen Eigentums auf den Leasingnehmer von Beginn an geplant ist (vgl. *Gelhausen/Weiblen* (Leasingverträge, 2003): Rn. 45), sind keine Leasingverträge nach der hier verwendeten Terminologie.

323 BdF-Schreiben IV B/2 - S 2170 - 31/71, BStBl. I 1971, S. 264 (265 f.).

oder Andienungspreises.[324] Liegt der Kalkulationszinssatz unter dem Fremdkapitalzinssatz des Leasinggebers für entsprechende Laufzeiten, ist nach Meinung in der Literatur der höhere Zinssatz zur Diskontierung zu verwenden und die Forderung damit zum Zwecke einer verlustfreien Bewertung zu einem niedrigeren Wert als den Anschaffungs- oder Herstellungskosten des Leasingobjekts anzusetzen.[325]

Ein gegebenenfalls existierender Restwert wird in den Ansatz der Forderung einbezogen. Handelt es sich beispielsweise bei dem Leasingvertrag um einen Teilamortisationsvertrag, bei dem der Leasingnehmer den erwarteten Restwert garantiert und zugleich das Objekt zu diesem Restwert kaufen kann,[326] wird folglich für die bilanzielle Behandlung unterstellt, dass der Leasingnehmer den Restwert miterworben habe, weil er über die gesamten Risiken und Chancen der Wertentwicklung des Restwerts verfügt. Liegt der tatsächliche Restwert am Ende der Leasingdauer unter dem erwarteten Restwert, wird der Leasingnehmer jedoch seine Kaufoption nicht ausüben. Der Leasinggeber wird das Leasingobjekt an einen Dritten verkaufen müssen. Die Differenz zwischen dem Verkaufserlös und dem zu Beginn des Leasing vereinbarten Garantiepreis hat der Leasingnehmer an den Leasinggeber zu zahlen. Eine Forderung auf den Erhalt der Zahlung des Dritten dürfte erst aktiviert werden, wenn der Leasinggeber seine sich aus diesem Geschäft ergebende Leistungspflicht erbracht hat, das heißt, die Lieferung des Leasingobjekts an den Dritten vollzogen wurde. Innerhalb der Fiktion einer Veräußerung des gesamten Leasingobjekts wird somit ein garantierter Restwert wie eine Leasingzahlung behandelt. Die Garantie des Restwerts wird mit einer Umsatzrealisation des Restwerts gleichgesetzt. Diese Vorgehensweise ist vertretbar, da der erwartete Zahlungszufluss aus dem Restwert durch die Garantie quasisicher ist.

Durch die Bewertung der Forderung zu den Anschaffungs- oder Herstellungskosten des Leasingobjekts oder zum mit dem Kalkulationszinssatz des Leasingvertrags diskontierten Barwert der Leasingraten zuzüglich etwaiger Options- oder Andienungspreise wird nicht nur der Finanzierungszins, sondern auch der kalkulierte Gewinn des Leasinggebers aus seinen Zahlungsansprüchen eliminiert. Die Vereinnahmung des Gewinns aus dem Leasinggeschäft erfolgt durch Aufzinsung der Forderung mit dem Kalkulationszinsfuß im Zeitablauf, obwohl die Leistungspflicht mit Lieferung des Leasingobjekts bereits erfüllt ist. Dies steht im Widerspruch zu der bei einem Veräußerungsgeschäft üblichen Vorgehensweise, nach der eine Ge-

324 Vgl. *Findeisen* (Bilanzierung bei Eigentum des Leasingnehmers, 1998): Rdnr. 3; *Gelhausen/Weiblen* (Leasingverträge, 2003): Rn. 158. Sind in den Leasingraten Zahlungen für Leistungen des Leasinggebers enthalten, die sich nicht auf die reine Nutzungsüberlassung beziehen, sondern beispielsweise auf Wartungs- oder Instandhaltungsleistungen, sind diese aus den Leasingraten herauszurechnen, weil solche Leistungen mit Lieferung des Objekts noch nicht erbracht sind.

325 Vgl. *Gelhausen/Weiblen* (Leasingverträge, 2003): Rn. 158. Anderenfalls würde in den Folgeperioden ein Verlust beim Leasinggeber entstehen, wenn dieser das Objekt zu dem höheren Zins fremdfinanziert hat.

326 Durch die Restwertgarantie und die Kaufoption verfügt der Leasingnehmer sowohl über die Risiken als auch über die Chancen der Wertentwicklung des Restwerts. Der Leasinggegenstand ist daher ihm bilanziell zuzurechnen.

winnrealisierung zu erfolgen hat, wenn das wirtschaftliche Eigentum übertragen wurde.[327] Hat der Leasinggeber seine Hauptleistung durch Lieferung erbracht und ist deshalb sein Zahlungsanspruch durch Ausweis einer Forderung zu zeigen, ist grundsätzlich auch eine Gewinnrealisierung eingetreten. Die Kürzung der Forderung um den Gewinnanspruch kann allerdings damit begründet werden, dass nach Rechtsprechung des BGH bei der Verwendung von Leasing-AGB die Abwälzung der Preisgefahr bezüglich des Gewinnaufschlags nicht zulässig ist.[328]

Für die Gewinnrealisierung im Zeitablauf wird ein linearer oder degressiver Verlauf entsprechend der Barwertentwicklung der Forderung für zulässig gehalten.[329] Die Forderung vermindert sich somit während der Leasingdauer um die fälligen und gezahlten Leasingraten und erhöht sich andererseits durch die Aufzinsung.

Beim Hersteller- oder Händlerleasing legt der Leasinggeber der Kalkulation der Leasingraten den über seinen Anschaffungs- oder Herstellungskosten liegenden Verkaufspreis des Leasingobjekts zugrunde. Nach herrschender Meinung darf der Hersteller oder Händler wie bei einem normalen Verkaufsgeschäft bereits zu Beginn des Leasing seine übliche „Handelsspanne" als Gewinn realisieren.[330]

c. Bilanzierung beim Leasingnehmer

Ist der Leasingnehmer wirtschaftlicher Eigentümer, hat er den Gegenstand in seiner Bilanz als Anlagevermögen zu aktivieren und planmäßig bzw. außerplanmäßig abzuschreiben.[331] Da dem Leasingnehmer der zwischen Hersteller respektive Lieferant und Leasinggeber vereinbarte Kaufpreis möglicherweise nicht bekannt ist und sich seine Anschaffungskosten nicht aus diesem Rechtsgeschäft ableiten, hat er den Barwert der Leasingraten einschließlich eines gegebenenfalls vereinbarten Options- oder Andienungspreises als Anschaffungskosten zu aktivieren.[332] Nicht in den Leasingraten enthaltene Nebenkosten, wie zum Beispiel Kosten für den Transport des Leasingobjekts zum Leasingnehmer,[333] sind als aktivierungspflichtige Anschaffungsnebenkosten zu behandeln.

Es erscheint sachgerecht, den Marktzins für Investitionskredite mit gleicher Laufzeit als Diskontierungszinsfuß zu verwenden, da der Leasingnehmer den Kalkulationszinsfuß des Leasinggebers nicht kennen wird und es zudem nicht angemessen wäre, den Gewinnaufschlag

327 Vgl. *IDW* (ERS HFA 13, 2004): Tz. 5.
328 Vgl. dazu die Gliederungspunkte II.C.1.a. und I.C.3. in diesem Kapitel.
329 Vgl. *Gelhausen/Weiblen* (Leasingverträge, 2003): Rn. 159.
330 Vgl. *Isele* (Leasingverhältnisse, 1995): Rn. 484 f.
331 Vgl. *Isele* (Leasingverhältnisse, 1995): Rn. 481.
332 Vgl. *Findeisen* (Bilanzierung bei Eigentum des Leasingnehmers, 1998): Rdnr. 16.
333 Vgl. BMF-Schreiben vom 05.05.1970, IV B/2 - S 2170 - 4/70, BB 1970, S. 652.

des Leasinggebers in den Anschaffungskosten nicht zu berücksichtigen. Die auf der Passivseite auszuweisende Verbindlichkeit ist nach herrschender Meinung ebenfalls zum Barwert, also bis auf etwaige Anschaffungsnebenkosten in identischer Höhe wie das Leasingobjekt anzusetzen.[334] Ein garantierter Restwert wird somit in voller Höhe sowohl in die Anschaffungskosten des Leasingobjekts als auch in die Bewertung der Verbindlichkeit einbezogen, obwohl es gegebenenfalls zu keiner Zahlung durch den Leasingnehmer kommt, wenn der tatsächliche Restwert dem garantierten entspricht.[335] Die Folgebewertung der Leasingverbindlichkeit sollte nach der finanzmathematischen Barwertmethode erfolgen.[336] Die Zahlungen sind wie Annuitäten in einen Zins- und einen Tilgungsteil aufzuspalten.[337]

In den Leasingraten enthaltene Zahlungen für zusätzliche Dienstleistungen des Leasinggebers, die dieser noch erbringen muss, sind aus den Leasingraten herauszurechnen. Gleiches müsste für vom Leasinggeber in die Leasingraten eingerechnete Kosten, die nicht zu den Anschaffungskosten und Anschaffungsnebenkosten gehören, wie zum Beispiel allgemeine Verwaltungskosten, gelten. Würden diese zunächst mitaktiviert, wäre anschließend eine außerplanmäßige Abschreibung auf den niedrigeren beizulegenden Wert geboten.[338]

Die Finanzverwaltung sieht nicht die Ermittlungsprobleme, die auf Seiten des Leasingnehmers bezüglich der Kosten des Leasinggebers bestehen könnten. Die Leasingerlasse sehen vor, dass der Leasingnehmer die Anschaffungs- bzw. Herstellungskosten des Leasinggebers zuzüglich weiterer Nebenkosten, die nicht in den Leasingraten enthalten sind, als Anschaffungskosten ansetzt.[339] Die Verbindlichkeit des Leasingnehmers soll in Höhe der aktivierten Anschaffungs- bzw. Herstellungskosten des Leasinggebers, ohne die nicht in den Leasingraten berücksichtigten Nebenkosten, passiviert werden und grundsätzlich mit der entsprechenden Forderung des Leasinggebers identisch sein.[340]

Handelt es sich um einen Teilamortisationsvertrag, bei dem der Leasingnehmer den erwarteten Restwert garantiert und zugleich das Objekt zu diesem Restwert kaufen kann, wird die

334 Vgl. *Gelhausen/Weiblen* (Leasingverträge, 2003): Rn. 179; *Berger/M. Ring* (BeckBilKomm, 2003): § 253 HGB, Anm 66 f.

335 Zur Behandlung von Options- und Andienungspreisen als Gegenleistung des Leasingnehmers vgl. die Ausführungen zur Bewertung der Forderung beim Leasinggeber in Gliederungspunkt II.C.2.b. in diesem Kapitel.

336 Grundsätzlich dürften jedoch auch Vereinfachungsverfahren wie die Zinsstaffelmethode zulässig sein, vgl. *Isele* (Leasingverhältnisse, 1995): Rn. 483.

337 Teilweise wird die Meinung vertreten, dass ein Ansatz der Verbindlichkeit zum Rückzahlungsbetrag, also zum Nominalwert, gemäß § 253 Abs. 1 Satz 2 HGB erfolgen kann. Der Unterschiedsbetrag zum Barwert wäre in diesem Fall nach § 250 Abs. 3 HGB als Disagio aktivierbar. Vgl. *Adler/Düring/Schmaltz* (Rechnungslegung, 1995): § 253 HGB, Tz. 83 f.; *Berger/M. Ring* (BeckBilKomm, 2003): § 253 HGB, Anm 67; *Gelhausen/Weiblen* (Leasingverträge, 2003): Rn. 179.

338 Vgl. *Coenenberg* (Jahresabschluss, 2003): S. 189.

339 Vgl. BdF-Schreiben IV B/2 - S 2170 - 31/71, BStBl. I 1971, S. 264; BMWF-Schreiben vom 21.03.1972 – F/IV B 2 – S 2170 – 11/72, DB 1972, S. 651.

340 Vgl. BdF-Schreiben IV B/2 - S 2170 - 31/71, BStBl. I 1971, S. 264 (265 f.).

Verbindlichkeit am Ende der Grundmietzeit mit einem Wert in Höhe des garantierten Restwerts in der Bilanz des Leasingnehmers ausgewiesen. Das Leasingobjekt weist den sich aufgrund der planmäßigen Abschreibung ergebenden Restbuchwert auf. Kauft der Leasingnehmer das Leasingobjekt nicht, ist es gemeinsam mit der verbleibenden Verbindlichkeit auszubuchen. Sind Zahlungen des Leasingnehmers aufgrund der Restwertgarantie zu leisten, führen diese zu Aufwand.

D. Zusammenfassung

Die aus den handelsrechtlichen Grundsätzen ordnungsmäßiger Buchführung abgeleiteten Bilanzierungsregelungen für Leasingverträge sehen vor, dass abhängig von der Zurechnung des wirtschaftlichen Eigentums am Leasingobjekt entweder eine Bilanzierung als Mietvertrag oder als Ratenkauf erfolgt. Für die Zurechnung des wirtschaftlichen Eigentums werden im Wesentlichen die Kriterien der Leasingerlasse der Finanzverwaltung zugrunde gelegt. Diese stellen eine angemessene quantitative Konkretisierung des anzuwendenden Risiken-Chancen-Ansatzes dar und bieten dem Bilanzierenden Rechtssicherheit. Nach den Leasingerlassen ist das Leasingobjekt grundsätzlich dem Leasinggeber als rechtlichem Eigentümer zuzurechnen. Nur wenn der Leasingnehmer neben der Nutzungsmöglichkeit über im Wesentlichen alle mit der Wertentwicklung des Leasingobjekts verbundenen Risiken und Chancen verfügt, wird er wirtschaftlicher Eigentümer.

Wird das Leasingobjekt dem Leasinggeber zugerechnet und der Leasingvertrag als Mietvertrag bilanziert, kommt der Grundsatz der Nichtbilanzierung schwebender Geschäfte zur Anwendung, der vornehmlich mit der Vereinfachungsthese und dem Realisationsprinzip begründet werden kann. Die Ansprüche und Verpflichtungen aus dem Leasingvertrag werden nicht in den Bilanzen der Vertragsparteien ausgewiesen. Das Finanzierungsleasing ermöglicht somit ein sog. *off-balance-sheet-financing* beim Leasingnehmer. Die Einordnung von Finanzierungsleasingverträgen als schwebende Geschäfte kann jedoch kritisch beurteilt werden. Anders als bei der Miete hat der Leasinggeber nach Lieferung des Leasingobjekts keine weiteren Verpflichtungen als die bloße Duldung der Nutzung durch den Leasingnehmer zu erbringen. Da er zudem die wesentlichen Risiken auf den Leasingnehmer abwälzt, erscheint es fraglich, ob sich der Finanzierungsleasingvertrag nach der Lieferung des Leasingobjekts noch in der Schwebe befindet. Eine Trennung von als schwebend einzuordnenden Mietverträgen und ab dem Zeitpunkt der Lieferung nicht mehr schwebenden Finanzierungsleasingverträgen wäre jedoch aufgrund der häufig zu findenden Vermischungen der beiden Vertragstypen nur schwer durchführbar und würde zu erheblichem Aufwand führen.

Ist das wirtschaftliche Eigentum am Leasingobjekt dem Leasingnehmer zuzurechnen, wird der Leasingvertrag als Ratenkauf bilanziert. Der Leasinggeber weist statt des Leasingobjekts eine Forderung gegen den Leasingnehmer aus. Durch die Fiktion, dass das gesamte Leasingobjekt vom Leasingnehmer erworben wurde, werden garantierte Restwerte wie Leasingzahlungen behandelt, obwohl diesbezüglich kein Umsatz stattgefunden hat. Diese Vorgehensweise erscheint jedoch vertretbar, weil die erwarteten Zahlungsüberschüsse aus den Restwerten durch die Garantien quasisicher sind. Wenngleich der Leasinggeber mit Lieferung des Leasingobjekts seine Hauptleistungspflicht erbracht hat, erfolgt bei Leasingverträgen, bei denen das Objekt dem Leasingnehmer zuzurechnen ist – abweichend von der üblichen Vorgehensweise bei einem Verkauf – eine Gewinnrealisierung im Zeitablauf. Dies erscheint sachgerecht, wenn die Abwälzung der Preisgefahr mittels AGB erfolgt, da diese nach Rechtsprechung des BGH nicht den Gewinnaufschlag umfasst. Beim Leasingnehmer sind das Leasingobjekt und die korrespondierende Verbindlichkeit grundsätzlich zum Barwert aus Leasingraten und etwaigen Options- oder Andienungspreisen anzusetzen. Zur Diskontierung ist der marktübliche Zinssatz für vergleichbare Investitionskredite zu verwenden. Eine Diskontierung mit dem Kalkulationszinsfuß des Leasinggebers erscheint nicht sachgerecht, da hierdurch auch der Gewinnaufschlag des Leasinggebers eliminiert würde.

Die Regelungen zur Leasingbilanzierung im deutschen Bilanzrecht, insbesondere die Nichtbilanzierung von erlasskonformen Leasingverträgen, sind unter Informationsgesichtspunkten kritisch zu sehen. Da der Hauptzweck der Handelsbilanz jedoch in einer vorsichtsgeprägten Ausschüttungsbemessung liegt und die Bilanzierungsregelungen grundsätzlich eine Gewinnrealisierung im Zeitablauf vorsehen, können sie akzeptiert werden.

Kapitel 2: Bilanzierung von Leasingverträgen nach internationalen Rechnungslegungsvorschriften

I. Begriffliche Grundlagen

Die Bilanzierung von Leasingverträgen ist innerhalb der internationalen Rechnungslegungsvorschriften in IAS 17: Leases (Leasingverhältnisse) geregelt. In den Anwendungsbereich von IAS 17 fallen Vereinbarungen über die Übertragung eines Rechts auf Nutzung eines Vermögenswerts gegen eine Zahlung oder eine Reihe von Zahlungen über einen vereinbarten Zeitraum.[341] Unter den Begriff des „*lease*" sind somit grundsätzlich sämtliche Nutzungsüberlassungsverträge, das bedeutet gemäß den deutschen Begrifflichkeiten sowohl Leasingverträge als auch Miet- oder Pachtverträge, zu subsumieren.[342] Zu beachten ist, dass gemäß IFRIC 4: Determining whether an Arrangement contains a Lease (Feststellung, ob eine Vereinbarung ein Leasingverhältnis enthält) auch bestimmte Abnahmeverträge – beispielsweise über den mit einer Maschine erzeugten Output – als „verdeckte Leasingverhältnisse" eingeordnet werden können. Dies hat zur Folge, dass diese Verträge nach IAS 17 zu bilanzieren sind, obwohl zivilrechtlich kein Nutzungsrecht eingeräumt wird.[343]

IAS 17 unterscheidet zwischen zwei Formen von Leasingverträgen: *operating* und *finance leases*. Diese Begriffe sind nicht mit den in der deutschen Terminologie verwendeten Begriffen Operating- und Finanzierungsleasing deckungsgleich. Die Unterscheidung zwischen *operating* und *finance leases* geht in der internationalen Rechnungslegung mit der bilanziellen Zuordnung des Leasingobjekts einher.[344] Wird ein Leasingvertrag anhand der Kriterien in IAS 17 als *finance lease* klassifiziert, hat der Leasingnehmer das Leasingobjekt zu bilanzieren.[345] Bei *operating leases* ist das Objekt hingegen in der Bilanz des Leasinggebers auszuweisen.[346]

---

341 Siehe IAS 17.4 (*revised* 2003) zur Definition von „*lease*". Ausgeschlossen aus dem Anwendungsbereich von IAS 17 werden Leasingvereinbarungen in Bezug auf die Entdeckung und Verarbeitung von natürlichen Ressourcen sowie Lizenzvereinbarungen. Für Zwecke der Bewertung ist IAS 17 nicht auf als Finanzinvestitionen gehaltene Grundstücke und Bauten und auf biologische Vermögenswerte, die verleast werden, anzuwenden. Deren Bewertung richtet sich nach IAS 40: Investment Property (Als Finanzinstrumente gehaltene Immobilien) bzw. nach IAS 41: Agriculture (Landwirtschaft), siehe IAS 17.2 (*revised* 2003).

342 Vgl. *Küting/Hellen/Brakensiek* (Nationale und internationale Bilanzierung, 1998): S. 1465; *Küting/Hellen/Brakensiek* (Nach IAS und US-GAAP, 1999): S. 44; *Brakensiek* (Finanzierungsinstrumente, 2001): S. 173 f.; *PwC Deutsche Revision* (IAS für Banken, 2002): S. 333; *Adler/Düring/Schmaltz* (International, 2005): Abschn. 12, Tz. 11; *Brealy/Myers* (Corporate Finance, 2003): S. 729; *Wagenhofer* (IAS/IFRS, 2005): S. 281.

343 Vgl. *Esser* (Leasingverhältnisse, 2005): S. 429; Heuser/Theile (IAS/IFRS Handbuch, 2005): Rz. 620. IFRIC 4 wurde im Dezember 2004 veröffentlicht und ist erstmals verpflichtend auf Geschäftsjahre anzuwenden, die am oder nach dem 1. Januar 2006 beginnen, siehe IFRIC 4.16. Auf die Vorschriften des IFRIC 4 wird im Folgenden nicht weiter eingegangen.

344 Vgl. *Hastedt/Mellwig* (Leasing, 1998): S. 14.

345 Siehe IAS 17.20 (*revised* 2003). Unter den US-GAAP werden derartige Leasingverhältnisse als „*capital leases*" bezeichnet, siehe SFAS 13.10 i. d. F. SFAS 23.8.

346 Siehe IAS 17.49 (*revised* 2003).

II. Klassifizierung von Leasingverträgen

A. Zurechnung gemäß wirtschaftlichem Eigentum

Die Unterscheidung zwischen *operating* und *finance leases* erfolgt anhand einer wirtschaftlichen Betrachtungsweise.[347] Als Generalvorschrift für die Klassifizierung von Leasingverträgen gilt die Definition eines *finance lease* in IAS 17.4 (*revised* 2003).[348] Danach liegt ein *finance lease* vor, wenn im Wesentlichen alle mit dem Eigentum am Leasingobjekt verbundenen Risiken und Chancen übertragen werden. Dies hat zur Folge, dass der Leasinggeber eine Forderung auf Erhalt der Leasingzahlungen ausweist.[349] Werden die Risiken und Chancen auf den Leasingnehmer übertragen, wird er wirtschaftlich in die Stellung eines Teilzahlungskäufers versetzt. Folglich muss er das Leasingobjekt in seiner Bilanz ausweisen.[350] Der Übergang des rechtlichen Eigentums am Leasingobjekt ist für eine Zurechnung zum Leasingnehmer nicht erforderlich. IAS 17 stellt daher, wie das deutsche Bilanzrecht,[351] für die bilanzielle Zurechnung des Leasingobjekts auf das Kriterium des wirtschaftlichen Eigentums ab, bei dem ein Risiken-Chancen-Ansatz (*risks-and-rewards-approach*) zur Anwendung kommt.

Operating leases werden durch eine Negativabgrenzung definiert; Leasingvereinbarungen, die nicht die Definitionsmerkmale eines *finance lease* erfüllen, sind *operating leases*.[352] Da bei diesen kein Übergang der wesentlichen mit dem Eigentum am Leasingobjekt verbundenen Risiken und Chancen erfolgt, verbleibt das wirtschaftliche Eigentum beim Leasinggeber.[353] Die bilanzielle Behandlung entspricht somit grundsätzlich der eines Mietvertrags im deutschen Bilanzrecht.[354] Da typische Mietverträge regelmäßig als *operating leases* klassifiziert werden dürften,[355] führt der Einschluss von Mietverhältnissen in den Anwendungsbereich von IAS 17 zu keiner grundlegend anderen Bilanzierung als im deutschen Bilanzrecht.

Die Klassifizierung als *finance* oder *operating lease* erfolgt zu Beginn des Leasingverhältnisses (*inception of the lease*).[356] Dies ist der frühere der beiden Zeitpunkte Abschluss des Lea-

---

347 Siehe IAS 17.10 u. 21 (*revised* 2003); *Mellwig* (Leasing im Handelsrecht, 2000): S. 73; *Adler/Düring/Schmaltz* (International, 2005): Abschn. 12, Tz. 22. Das *finance lease* wird im Rahmenkonzept der IAS/IFRS (*Framework*) explizit als Beispiel für einen Sachverhalt angeführt, bei dem für die Definition von Vermögenswerten und Schulden der tatsächliche wirtschaftliche Gehalt und nicht die rechtliche Gestaltung maßgeblich ist, siehe *IASB Framework* (1989): F. 51.

348 Vgl. *Adler/Düring/Schmaltz* (International, 2005): Abschn. 12, Tz. 27. Siehe auch IAS 17.8 (*revised* 2003).

349 Siehe IAS 17.36 (*revised* 2003).

350 Siehe IAS 17.20 (*revised* 2003).

351 Vgl. dazu Gliederungspunkt II.B.1. in Kapitel 1.

352 Siehe IAS 17.4 (*revised* 2003) zur Definition von „*operating lease*".

353 Siehe IAS 17.49 (*revised* 2003).

354 Vgl. *Kirsch* (IAS 17, 2005): Tz. 59 sowie Gliederungspunkt III.B. und IV.B. in diesem Kapitel.

355 Vgl. dazu die Klassifizierungskriterien im folgenden Gliederungspunkt.

356 Siehe IAS 17.13 (*revised* 2003).

singvertrags oder der Tag, an dem sich die beiden Parteien über die wesentlichen Bestimmungen des Leasingvertrags geeinigt haben.[357]

Die Klassifizierung haben beide Vertragsparteien getrennt vorzunehmen. Somit ist eine unterschiedliche Einordnung des Leasingvertrags bei Leasinggeber und -nehmer möglich.[358] Dies kann zur Folge haben, dass das Leasingobjekt bei beiden Vertragsparteien oder aber auch bei keiner bilanziell auszuweisen ist.[359] Das wirtschaftliche Eigentum an einem Vermögenswert muss folglich nicht zwingend bei einer Vertragspartei liegen.

Verfügt weder der Leasinggeber noch der Leasingnehmer über die wesentlichen mit dem Eigentum verbundenen Risiken und Chancen, kann es als sachgerecht erachtet werden, dass keiner der beiden das Leasingobjekt bilanziert. Mit dem Risiken-Chancen-Ansatz ist grundsätzlich jedoch nicht vereinbar, dass gemäß den Regelungen des IAS 17 beide Vertragsparteien wirtschaftlicher Eigentümer des Leasingobjekts werden können.

Als relevante Risiken, die bei einem *finance lease* auf den Leasingnehmer übertragen werden, nennt IAS 17.7 (*revised* 2003) Verlustmöglichkeiten aufgrund von ungenutzten Kapazitäten oder technischer Überholung sowie Renditeabweichungen, die durch geänderte wirtschaftliche Rahmenbedingungen begründet sein können. Welche Vertragspartei das Risiko des zufälligen Untergangs der Sache trägt – ein wesentliches Kriterium für die Unterscheidung zwischen Finanzierungsleasing und Operating-Leasing bzw. Miete im deutschen Bilanzrecht[360] – ist nach IAS 17.7 (*revised* 2003) nicht maßgeblich. Trotz der fehlenden Nennung ist dennoch davon auszugehen, dass das Risiko des Untergangs wie das der Wertminderung des Leasingobjekts zu den für die Zurechnung relevanten Risiken gehört.[361] Die Übertragung dieses Risikos ist gemeinsam mit den anderen Risiken sowie den Chancen im Rahmen einer Gesamtbetrachtung zu würdigen.[362] Chancen können sowohl aus Gewinnerwartungen durch den produktiven Einsatz im Geschäftsbetrieb während der Nutzungsdauer als auch aus Wertsteigerungen des Restwerts des Leasingobjekts resultieren.[363] Die maßgeblichen Risiken und

---

357 Siehe IAS 17.4 (*revised* 2003) zur Definition von „*inception of the lease*".

358 Hierauf wird auch in IAS 17.9 (*revised* 2003) hingewiesen.

359 Eine abweichende Klassifizierung ist zum Beispiel durch die unterschiedliche Definition der Mindestleasingzahlungen bei Leasingeber und -nehmer möglich. So werden Restwertgarantien durch Dritte, beispielsweise in Form von Rücknahmeverpflichtungen des Herstellers, beim Leasinggeber als Mindestleasingzahlung behandelt, beim Leasingnehmer jedoch nicht. Siehe IAS 17.9 (*revised* 2003) i. V. m. IAS 17.4 (*revised* 2003) zur Definition von „*minimum lease payments*" sowie Gliederungspunkt II.B.4. in diesem Kapitel. Zur Möglichkeit unterschiedlicher Ergebnisse beim Barwerttest vgl. Beispiel 2.1 in Gliederungspunkt II.B.4. in diesem Kapitel.

360 Vgl. BFH-Urteil vom 26.01.1970, IV R 144/66, BStBl. II 1970, S. 264 (267).

361 Vgl. *Adler/Düring/Schmaltz* (International, 2005): Abschn. 12, Tz. 28.

362 Vgl. *Adler/Düring/Schmaltz* (International, 2005): Abschn. 12, Tz. 109.

363 Siehe IAS 17.7 (*revised* 2003).

Chancen beziehen sich damit auf die Nutzung des Leasingobjekts und auf den Restwert nach Ablauf der Leasingdauer.[364]

Als Interpretationshilfen für die Generalvorschrift werden zum einen Beispiele[365] und zum anderen Indikatoren[366] für Situationen, die zu einem *finance lease* führen können, genannt. Die ersten vier Beispiele in IAS 17[367] sind inhaltlich an die Kriterien zur Vertragsklassifizierung des Leasingstandards der US-GAAP, SFAS 13, angelehnt.[368] Während in SFAS 13, wie auch in den deutschen Leasingerlassen, quantitative Grenzwerte genannt werden, sind die Kriterien in IAS 17 qualitativ formuliert.[369]

IAS 17.10 (*revised* 2003) nennt fünf Beispiele für Situationen, die einzeln oder in Kombination „normalerweise zu einem Leasingverhältnis führen würden", das als *finance lease* zu klassifizieren ist:

a) Nach Ablauf der Grundmietzeit wird das Eigentum am Objekt auf den Leasingnehmer übertragen;
b) dem Leasingnehmer wird eine Kaufoption zu einem Preis eingeräumt, der mutmaßlich so weit unter dem *fair value* des Leasingobjekts zum Zeitpunkt der möglichen Optionsausübung liegt, dass bereits zu Vertragsbeginn von einer Ausübung der Option ausgegangen werden kann;
c) die Grundmietzeit umfasst den überwiegenden Teil der wirtschaftlichen Nutzungsdauer des Objekts;
d) der Barwert der Mindestleasingzahlungen entspricht zu Vertragsbeginn im Wesentlichen mindestens dem ganzen *fair value* des Objektes;
e) das Leasingobjekt ist derart spezialisiert, dass es, ohne dass wesentliche Veränderungen vorgenommen werden müssen, nur vom Leasingnehmer genutzt werden kann.

Zudem werden in IAS 17.11 (*revised* 2003) drei Indikatoren für Situationen genannt, die einzeln oder in Kombination "auch zu einem Leasingverhältnis führen könnten", das als *finance lease* einzuordnen ist:

a) Kann der Leasingnehmer den Vertrag kündigen, so muss er die dem Leasinggeber entstehenden Kosten der Kündigung übernehmen;
b) Gewinne oder Verluste, die aufgrund von Schwankungen des Restwertes entstehen, fallen dem Leasingnehmer zu;

364 Vgl. *Adler/Düring/Schmaltz* (International, 2005): Abschn. 12, Tz. 28.
365 Siehe IAS 17.10 (*revised* 2003).
366 Siehe IAS 17.11 (*revised* 2003).
367 Diese wurden bei der Überarbeitung des IAS 17 im Jahre 1997 um ein weiteres Beispiel und die drei Indikatoren ergänzt.
368 Siehe SFAS 13.7 (a) i. d. F. SFAS 98; SFAS 13.7 (b)-(d).
369 Vgl. *Hayn* (Internationale Rechnungslegung, 1997): S. 452 f.

c) der Leasingnehmer kann den Vertrag zu einer wesentlich unter der Marktmiete liegenden Leasingrate verlängern.

Die begriffliche Unterscheidung zwischen Beispielen und Indikatoren sowie die unterschiedlich strengen Formulierungen in IAS 17.10 u. 11 (*revised* 2003)[370] verdeutlichen, dass den Indikatoren im Vergleich zu den Beispielen eine geringere Indizwirkung zur Vertragsklassifizierung beigemessen wird.[371] Das Vorliegen einer der genannten Beispielsituationen dürfte somit eher zu einer Klassifizierung als *finance lease* führen als die Erfüllung eines Indikators.[372] Von einem Automatismus einer Vertragsklassifizierung als *finance lease* bei Vorliegen einer der Beispielsituationen kann jedoch – im Unterschied zu den Regelungen nach den US-GAAP[373] oder den deutschen Leasingerlassen – nicht ausgegangen werden.[374] Der Leasingvertrag ist stets in einer Gesamtbetrachtung zu würdigen. In IAS 17.12 wurde im Rahmen der Überarbeitung des Standards im Jahre 2003 klargestellt, dass die Erfüllung der Beispiele und Indikatoren nicht zu einer unwiderlegbaren Einordnung als *finance lease* führt.[375] Kann anhand anderer Eigenschaften des Leasingvertrags gezeigt werden, dass der Leasinggeber nicht im Wesentlichen alle Risiken und Chancen überträgt, wird der Leasingvertrag als *operating lease* klassifiziert. Dies kann allerdings auch bedeuten, dass ein Leasingvertrag als *finance lease* zu klassifizieren ist, obwohl keine der genannten Beispiel- oder Indikatorsituationen vorliegt.[376]

B. Klassifizierungskriterien: Beispiele

1. Vereinbarter Eigentumsübergang

Ist im Leasingvertrag oder in Nebenabreden vereinbart, dass das rechtliche Eigentum am Leasingobjekt nach der Grundmietzeit auf den Leasingnehmer übergeht, ist der Leasingvertrag grundsätzlich als *finance lease* zu klassifizieren.[377] Dabei ist ausschließlich ein automatischer

---

370 Die Beispielsituationen „würden normalerweise zu einem *finance lease* führen" („*would normally lead*"), während die Indikatorsituationen „auch zu einem *finance lease* führen könnten" („*could also lead*").

371 Vgl. *Mellwig* (Leasing im Handelsrecht, 2000): S. 75, Fn. 19; *PwC Deutsche Revision* (IAS für Banken, 2002): S. 340; *Schröer* (Bilanzierungsvorschriften, 2003): S. 5; *Doll* (IFRS-Handbuch, 2004): § 17, Rz. 11.

372 Vgl. *Mellwig* (Bilanzielle Darstellung, 1998): S. 6; *Adler/Düring/Schmaltz* (International, 2005): Abschn. 12, Tz. 304; *Kirsch* (IAS 17, 2005): Tz. 24.

373 Vgl. *Leippe* (Bilanzierung von Leasinggeschäften, 2001): S. 123 f.

374 Vgl. *Mellwig* (Bilanzielle Darstellung, 1998): S. 4; *Barth* (Zurechnung von Leasingobjekten, 1999): S. 229; *Conklin* (Comparison Project, 1999): S. 190; *Mellwig* (Leasing im Jahresabschluss, 2001): S. 304; *Mellwig* (Leasing, 2002): Sp. 1484. Offenbar a. A.: *Feinen* (Mehr Mut, 1999): S. 2; *Epstein/Mirza* (IAS, 2004): S. 564; *Kirsch* (IAS 17, 2005): Tz. 24; *Doll* (IFRS-Handbuch, 2004): § 17, Rz. 12.

375 Dass eine automatische Vertragsklassifizierung durch Erfüllung eines Kriteriums nicht mehr gewollt ist, wurde bei der Überarbeitung von IAS 17 im Jahre 1997 deutlich, als das im Anhang des Standards zu findende Flussdiagramm zur Klassifizierung von Leasingverträgen entfernt wurde, vgl. *Weinstock* (Leasingverträge, 2000): S. 99.

376 Vgl. *Fuchs* (Leasingverhältnisse nach den IAS, 1996): S. 1833; *Weinstock* (Leasingverträge, 2000): S. 98.

377 Vgl. *Adler/Düring/Schmaltz* (International, 2005): Abschn. 12, Tz. 34. Zu einer Ausnahme vgl. weiter unten in diesem Gliederungspunkt.

Eigentumsübergang zu prüfen, da die Gewährung einer Kaufoption gemäß IAS 17.10 (b) (*revised* 2003) gesondert zu würdigen ist.[378] Ein Vertrag, der den Eigentumsübergang bereits zu Beginn der Grundmietzeit festschreibt, wird in Deutschland als Mietkaufvertrag bezeichnet.[379] Grundsätzlich handelt es sich hierbei nicht um einen Leasingvertrag, sondern um einen Kaufvertrag, bei dem die „Leasingraten" als Kaufpreisraten aufgefasst werden müssen.[380]

Ist jedoch vereinbart, dass der Leasingnehmer das Leasingobjekt am Ende der Leasingdauer zum dann herrschenden *fair value* kauft, liegt kein *finance lease* vor.[381] Bei einer solchen Vereinbarung trägt der Leasinggeber trotz des von Beginn an festgelegten Eigentumsübergangs Risiken und Chancen einer Restwertschwankung. Die Leasingraten werden zu Beginn des Leasing unter Berücksichtigung des erwarteten Restwerts kalkuliert; weicht der tatsächliche Restwert, den der Leasingnehmer als Kaufpreis bezahlen muss, vom erwarteten Restwert ab, erzielt der Leasinggeber einen zusätzlichen Gewinn oder Verlust. Er ist damit so gestellt, als ob er das Leasingobjekt am Ende der Leasingdauer am Markt verkaufen würde. Dass der Leasingnehmer rechtlicher Eigentümer des Leasingobjekts wird, hat folglich für die Zurechnung des wirtschaftlichen Eigentums weniger Gewicht als die Tatsache, dass Risiken und Chancen aus Restwertschwankungen beim Leasinggeber verbleiben.

Wird vereinbart, dass der Eigentumsübergang zu einem zu Beginn des Leasing festgelegten Preis erfolgt, verfügt der Leasingnehmer über sämtliche Risiken und Chancen aus Schwankungen des Restwerts. Da ihm zudem normalerweise die Risiken und Chancen aus der Nutzung des Leasingobjekts während der Grundmietzeit zufallen, ist dann eine Klassifizierung als *finance lease* zwingend.[382] In diesem Fall dürfte daher, genauso wie im deutschen Handelsrecht und unter den US-GAAP,[383] ein Automatismus bezüglich der Vertragsklassifizierung als *finance lease* gelten.

2. *Günstige Kaufoption*

Wird dem Leasingnehmer eine „günstige" Option zum Kauf des Leasingobjekts eingeräumt, liegt ebenfalls eine Beispielsituation für ein *finance lease* vor. Eine korrespondierende Vorschrift existiert in den Leasingerlassen der deutschen Finanzverwaltung.[384] Von einer günstigen Kaufoption wird ausgegangen, wenn der Ausübungspreis der Option deutlich niedriger ist

---

378 Vgl. *Mellwig* (Leasing im Handelsrecht, 2000): S. 75.

379 Vgl. *IDW* (WP-Handbuch Bd. I, 2000): Abschn. E, Tz. 25.

380 Vgl. *Mellwig* (Leasing im Handelsrecht, 2000): S. 75. Derartige Verträge werden dennoch von der Definition eines *finance lease* in IAS 17.4 (*revised* 2003) erfasst.

381 Siehe IAS 17.12 (*revised* 2003).

382 Vgl. *Mellwig* (Bilanzielle Darstellung, 1998): S. 4; *Adler/Düring/Schmaltz* (International, 2005): Abschn. 12, Tz. 30.

383 Zur Regelung unter den US-GAAP siehe SFAS 13.7 (a) i. d. F. SFAS 98.

384 Vgl. zum Beispiel BdF-Schreiben vom 19.04.1971 – IV B/2 – S 2170 – 31/71, BStBl. I 1971, S. 264 (265) sowie Gliederungspunkt II.B.3.b. in Kapitel 1.

als der erwartete *fair value* des Leasingobjekts zum Ausübungszeitpunkt der Option, so dass zu Beginn des Leasing hinreichend sicher ist, dass der Leasingnehmer die Option ausüben wird.[385]

Bei einer günstigen Option wird folglich unterstellt, dass der Leasingnehmer aufgrund eines wirtschaftlichen Zwangs die Option ausüben wird.[386] Deshalb wird bereits zu Vertragsbeginn angenommen, dass der Leasingnehmer zum Ausübungszeitpunkt rechtlicher Eigentümer des Leasingobjekts wird und ihm die wesentlichen Risiken und Chancen am Objekt zufallen.

Unklar ist, was in IAS 17.10 (b) (*revised* 2003) unter einem „deutlich niedrigeren" („*sufficiently lower*") Ausübungspreis zu verstehen ist. Ein Grenzpreis, bis zu dem von einer Ausübung der Option ausgegangen werden muss, wird, anders als in den Leasingerlassen der deutschen Finanzverwaltung,[387] nicht angegeben.[388] Außerdem wird nicht konkretisiert, wann eine Ausübung der Option „hinreichend sicher" („*reasonably certain*") erscheint. Für diese Begriffe werden bewusst keine quantitativen Grenzwerte definiert,[389] da die Zurechnung des Leasingobjekts anhand einer Gesamtwürdigung des Vertrags erfolgen soll.[390] Für die Beurteilung der Ausübungswahrscheinlichkeit der Option ist eine Schätzung des *fair value* des Leasingobjekts zum Ausübungszeitpunkt erforderlich. Das Kriterium der günstigen Kaufoption räumt aufgrund der unbestimmten Begriffe und der erforderlichen Schätzung einen erheblichen Ermessens- und Auslegungsspielraum ein.

Ist die Kaufoption nicht als günstig zu beurteilen, weist das Kriterium in IAS 17.10 (b) (*revised* 2003) nicht auf eine Klassifizierung des Leasingvertrags als *finance lease* hin. In diesem Fall ist die Kaufoption dennoch im Zusammenhang mit dem Indikator in IAS 17.11 (b) (*revised* 2003), der auf die Zuordnung von Gewinnen und Verlusten aufgrund von Änderungen des Restwerts abstellt, zu berücksichtigen.[391]

3. Mietzeittest

Von einem *finance lease* ist ebenfalls auszugehen, wenn die Leasingdauer dem überwiegenden Teil der wirtschaftlichen Nutzungsdauer des Leasingobjekts entspricht. Der Übergang des

---

385 Siehe IAS 17.10 (b) (*revised* 2003).

386 Vgl. *Mellwig* (Bilanzielle Darstellung, 1998): S. 4.

387 Dort wird von einer günstigen Kaufoption ausgegangen, wenn der vereinbarte Kaufpreis niedriger ist als der unter Anwendung der linearen AfA ermittelte Buchwert oder der niedrigere gemeine Wert im Zeitpunkt der Veräußerung. Vgl. BdF-Schreiben vom 19.04.1971 – IV B/2 – S 2170 – 31/71, BStBl. I 1971, S. 264 (265) sowie Gliederungspunkt II.B.3.b. in Kapitel 1.

388 *Doll* ist der Ansicht, dass ein Unterschreiten des *fair value* von 10% oder mehr tendenziell auf eine günstige Option hindeute, vgl. *Doll* (IFRS-Handbuch, 2004): § 17, Rz. 19.

389 Vgl. *Küting/Hellen/Brakensiek* (Nationale und internationale Bilanzierung, 1998): S. 1468.

390 Vgl. *Adler/Düring/Schmaltz* (International, 2005): Abschn. 12, Tz. 31.

391 Vgl. *Adler/Düring/Schmaltz* (International, 2005): Abschn. 12, Tz. 45 sowie Gliederungspunkt II.C.2. in diesem Kapitel.

rechtlichen Eigentums ist nicht erforderlich. Der Mietzeittest nach IAS 17 ähnelt der 90%-Schranke der deutschen Leasingerlasse.[392] Während in den Leasingerlassen jedoch auf einen Vergleich der Laufzeit des Leasingverhältnisses mit der betriebsgewöhnlichen Nutzungsdauer abgestellt wird, muss nach IAS 17 die Laufzeit des Leasingverhältnisses mit der, in der Regel längeren,[393] wirtschaftlichen Nutzungsdauer des Leasingobjekts verglichen werden.[394]

Die Laufzeit des Leasingverhältnisses ist definiert als die unkündbare Leasingdauer, für die sich der Leasingnehmer verpflichtet hat, das Leasingobjekt zu leasen.[395] Hierbei sind auch Zeiträume zu berücksichtigen, in denen der Leasingnehmer das Leasingobjekt mit oder ohne weitere Zahlungen optional nutzen kann, wenn die Ausübung einer solchen Mietverlängerungsoption zu Beginn des Leasing wahrscheinlich ist.[396]

Die wirtschaftliche Nutzungsdauer des Leasingobjekts bestimmt sich entweder nach dem Zeitraum, in dem das Leasingobjekt voraussichtlich von einem oder mehreren Wirtschaftssubjekten nutzbar ist, oder anhand des voraussichtlichen Output, der von einem oder mehreren Nutzern mit dem Leasingobjekt produziert werden kann.[397] Die für den Mietzeittest relevante wirtschaftliche Nutzungsdauer des Leasingobjekts ist daher vom konkreten Einsatz beim bilanzierenden Unternehmen unabhängig.[398]

Unklar am Mietzeittest ist, was unter dem „überwiegenden Teil" („*major part*") der wirtschaftlichen Nutzungsdauer zu verstehen ist.[399] In der Literatur wird häufig die Auffassung vertreten, dass man die 75%-Grenze der korrespondierenden US-GAAP-Regelung[400] auch auf

---

392 Vgl. beispielsweise BdF-Schreiben vom 19.04.1971 – IV B/2 – S 2170 – 31/71, BStBl. I 1971, S. 264 (265) sowie Gliederungspunkt II.B.3.b. in Kapitel 1.

393 Vgl. *Mellwig* (Leasing im Handelsrecht, 2000): S. 80; *Adler/Düring/Schmaltz* (International, 2005): Abschn. 12, Tz. 39; *Heuser/Theile* (IAS/IFRS Handbuch, 2005): Rz. 628.

394 Auch nach den Regelungen der US-GAAP werden diese beiden Zeiträume verglichen, siehe SFAS 13.7 (c) i. V. m. 13.5 (g).

395 Als „unkündbar" wird ein Leasingvertrag eingestuft, wenn eine Auflösung des Leasingverhältnisses nur stattfinden kann, sofern ein sehr unwahrscheinliches Ereignis eintritt, der Leasinggeber der Auflösung zustimmt, der Leasingnehmer einen neuen Vertrag über den selben oder einen entsprechenden Vermögenswert eingeht oder der Leasingnehmer eine so hohe zusätzliche Zahlung zu leisten hat, dass bereits zu Beginn des Leasing die Fortführung des Leasingvertrags wahrscheinlich ist, siehe IAS 17.4 (*revised* 2003) zur Definition von „*non-cancellable lease*".

396 Günstige Mietverlängerungsoptionen werden zudem separat unter den Indikatoren für als *finance lease* einzustufende Leasingverhältnisse aufgeführt, siehe IAS 17.11 (c) (*revised* 2003) sowie Gliederungspunkt II.C.3. in diesem Kapitel.

397 Siehe IAS 17.4 (*revised* 2003) zur Definition von „*economic life*".

398 In einer früheren Version von IAS 17 wurde hingegen noch auf den Zeitraum abgestellt, in dem das Leasingobjekt in dem bilanzierenden Unternehmen genutzt werden kann, siehe IAS 17.3 (*reformatted* 1994). Vgl. *Barth* (Zurechnung von Leasingobjekten, 1999): S. 225.

399 In der deutschen Ausgabe der IAS/IFRS wird „*major part*" mit „überwiegender Teil" übersetzt, vgl. *IASB* (IFRS deutsch, 2005): IAS 17.10 (c) (überarbeitet 2003). Grundsätzlich käme jedoch auch eine Übersetzung mit „Hauptteil" in Frage.

400 Siehe SFAS 13.7 (c).

IAS 17 übertragen könne.[401] Teilweise werden jedoch auch Werte von „mehr als 50%"[402] bis zu 90%[403] vorgeschlagen.

Die Umrechnung in quantitative Grenzen ist jedoch sehr kritisch zu sehen.[404] Der Mietzeittest in IAS 17 wurde zwar inhaltlich aus SFAS 13 übernommen, die Angabe eines festen Prozentwerts als Grenze wurde allerdings bewusst unterlassen. Stattdessen wurde eine qualitative Regelung formuliert, die im Rahmen einer Einzelfallwürdigung nach dem Gesamtbild der Verhältnisse anzuwenden ist.[405] Zudem ist auch bei Angabe einer festen Prozentzahl der Interpretationsspielraum beim Mietzeittest nicht völlig beseitigt, da die Bestimmung der wirtschaftlichen Nutzungsdauer des Leasingobjekts ebenfalls einen Auslegungsspielraum eröffnet.[406]

Aufgrund der unscharfen Formulierungen der Zurechnungskriterien in IAS 17 erscheint eine Wortlautauslegung nicht zielführend. Unstreitig dürfte allerdings sein, dass die Grundmietzeit mehr als die Hälfte der wirtschaftlichen Nutzungsdauer betragen muss, damit eine Situation vorliegt, die der Beispielsituation in IAS 17.10 (c) (*revised* 2003) entspricht. Es erscheint sinnvoll, das Ergebnis des Mietzeittests im Rahmen der Gesamtwürdigung des Leasingvertrags umso höher zu gewichten, je weiter der berechnete Wert über der 50%-Marke liegt. Beträgt die Grundmietzeit jedoch weniger als die Hälfte der wirtschaftlichen Nutzungsdauer, sollte das Ergebnis des Mietzeittests als Argument für eine Klassifizierung als *operating lease* beachtet werden.

Der Mietzeittest stellt auf die Vermutung ab, dass bei entsprechend langer Grundmietzeit im Verhältnis zur wirtschaftlichen Nutzungsdauer der Restwert des Leasingobjekts unbedeutend ist. Dann fallen dem Leasingnehmer die wesentlichen Risiken und Chancen am Leasingobjekt aus der Nutzung zu. Ist der Restwert trotz hohem Verhältnis von Grundmietzeit zu Nutzungsdauer erheblich, könnte dies im Einzelfall ebenfalls durch eine geringere Gewichtung des Mietzeittests innerhalb der erforderlichen Gesamtbetrachtung beachtet werden. Da die Erfüllung eines Kriteriums nach IAS 17 nicht automatisch zu einer bestimmten Klassifizierung des Leasingvertrags führt, ist hierbei ein Abwägungsprozess erforderlich.[407]

---

401 Vgl. *McGregor* (Special Report, 1996): S. 10; *Adler/Düring/Schmaltz* (International, 2005): Abschn. 12, Tz. 59; *Kirsch* (IAS 17, 2005): Tz. 27.

402 Diesen Wert für „*major part*" leitet *Helmschrott* aus der üblichen Auslegung des Begriffs „*majority*" in SIC 12.10 ab. Er vertritt die Auffassung, dass beide Begriffe in gleiche quantitative Größen umzurechnen seien. Vgl. *Helmschrott* (Einfluss, 2000): S. 426-429.

403 Vgl. *Findeisen* (Nach IASC, 1997): S. 841, der die Übernahme der 75% aus SFAS 13.7 (c) ablehnt, sich aber – ohne Begründung – für eine Anwendung der 90%-Schranke der deutschen Leasingerlasse ausspricht. *Epstein/Mirza* deuten aus der Formulierung in IAS 17.10 (c) (*revised* 2003) einen Wert zwischen 80 und 90%, vgl. *Epstein/Mirza* (IAS, 2004): S. 560.

404 Vgl. dazu auch Gliederungspunkt V. in diesem Kapitel.

405 Vgl. *Adler/Düring/Schmaltz* (International, 2005): Abschn. 12, Tz. 60.

406 Vgl. *Barth* (Zurechnung von Leasingobjekten, 1999): S. 232.

407 Vgl. dazu Gliederungspunkt V. in diesem Kapitel.

4. Barwerttest

Der Barwerttest stellt auf das Verhältnis zwischen dem Barwert der Leasingraten und dem Marktwert des Leasingobjekts ab.[408] Das Vorliegen eines *finance lease* ist demnach zu vermuten, wenn zu Beginn des Leasing der Barwert der Mindestleasingraten *„at least substantially all*" des *fair value* des Leasingobjekts beträgt.[409] Die Übersetzung damit, dass der Barwert größer oder fast gleich dem gesamten *fair value* sein muss, scheint dieser sehr ungenauen Formulierung am nächsten zu kommen.[410] Aufgrund der angestrebten Gesamtwürdigung im Einzelfall kann es jedoch auch hier nicht zielführend sein, eine genaue Prozentzahl als Grenzwert festzulegen.[411]

Zu beachten ist, dass sowohl die Mindestleasingzahlungen als auch der anzuwendende Diskontierungszins für Leasinggeber und -nehmer nach IAS 17 unterschiedlich definiert werden, so dass der Barwerttest bei den beiden Vertragsparteien zu abweichenden Ergebnissen führen kann.[412] Aus Sicht des Leasingnehmers umfassen die Mindestleasingzahlungen alle Zahlungen, die der Leasinggeber von ihm oder von einer ihm nahe stehenden Partei[413] während der Vertragslaufzeit bzw. bei Vertragsbeendigung einfordern kann.[414] Dazu gehören neben den vereinbarten Leasingraten auch vom Leasingnehmer oder von einer ihm nahe stehenden Partei garantierte Restwerte bzw. der festgelegte Kaufpreis des Objekts, wenn der Leasingvertrag eine als günstig zu qualifizierende Kaufoption enthält. Nicht in die Mindestleasingzahlungen eingerechnet werden dagegen bedingte Leasingraten (*contingent rent*).[415] Aufwendungen für Dienstleistungen oder Steuern, die der Leasinggeber zu zahlen hat und die ihm vom Leasingnehmer erstattet werden, sind ebenfalls nicht zu berücksichtigen.[416] Sind Entgelte für Serviceleistungen des Leasinggebers, wie zum Beispiel Wartung, Instandhaltung oder Versiche-

---

408 Eine vergleichbare Vorschrift gibt es in den Leasingerlassen der deutschen Finanzverwaltung nicht.

409 Siehe IAS 17.8 (d) (*revised* 2003).

410 In der Literatur werden aus dieser Formulierung in der Regel größere Prozentzahlen als die 90% der vergleichbaren Regelung der US-GAAP in SFAS 13.7 (d) abgeleitet. *Mellwig* ist der Ansicht, dass man aus der Formulierung einen Wert unter 100% nicht ableiten könne, vgl. *Mellwig* (Bilanzielle Darstellung, 1998): S. 9. *Epstein/Mirza* leiten aus der Formulierung 95% „oder sogar 99%" ab, vgl. *Epstein/Mirza* (IAS, 2004): S. 560. *Findeisen* ist der Ansicht, dass die 90%-Grenze des SFAS 13.7 (d) als Barwert-Untergrenze angesehen werden könnte, eher seien jedoch 95% zugrunde zu legen, vgl. *Findeisen* (Nach IASC, 1997): S. 842; *Findeisen* (Leasing-Geschäft, 2002): S. 64. Für eine Anwendung der 90%-Grenze des SFAS 13.7 (d) vgl. *Förschle/Kroner* (BeckBilKomm, 2003): § 246, Anm 202.

411 Vgl. *Adler/Düring/Schmaltz* (International, 2005): Abschn. 12, Tz. 93.

412 Vgl. *Kirsch* (IAS 17, 2005): Tz. 29.

413 Die Definition einer nahe stehenden Partei (*„related party*") ist in IAS 24: Related Party Disclosures (Angaben über Beziehungen zu nahe stehenden Personen) zu finden, siehe IAS 24.5 (*revised* 2003). Allgemein sind unter nahe stehenden Parteien solche zu verstehen, die in einer solchen Beziehung stehen, dass eine Partei die andere beherrschen oder wesentlichen Einfluss auf deren Geschäfts- und Finanzpolitik nehmen kann, vgl. *Epstein/Mirza* (IAS, 2004): S. 558.

414 Vgl. *Mellwig* (Leasing im Handelsrecht, 2000): S. 77.

415 Diese werden als Leasingzahlungen definiert, die betragsmäßig nicht festgelegt sind, sondern von der zukünftigen Entwicklung eines anderen Faktors als alleine dem Zeitablauf, wie zum Beispiel dem Umsatzniveau, der Nutzungsintensität oder Preisindices abhängen, siehe IAS 17.4 (*revised* 2003) zur Definition von *„contingent rent*".

416 Siehe IAS 17.4 (*revised* 2003) zur Definition von *„minimum lease payments*".

rung des Leasingobjekts, nicht gesondert im Leasingvertrag ausgewiesen, müssen sie im Wege der Schätzung aus den Leasingraten herausgerechnet werden.[417] Wird dem Leasingnehmer eine Mietverlängerungsoption eingeräumt, sind die Leasingraten, die sich auf den optionalen Zeitraum beziehen, ebenfalls in die Mindestleasingraten einzubeziehen, wenn eine Ausübung der Option wahrscheinlich ist.[418]

Aus Sicht des Leasinggebers gehört zu den Mindestleasingzahlungen zusätzlich der Betrag, den eine dritte Partei, also nicht der Leasingnehmer oder eine dem Leasingnehmer nahe stehende Partei, für den Restwert garantiert. Voraussetzung dafür ist, dass sich die dritte Partei finanziell dazu in der Lage befindet. Wenn eine solche Garantie vorliegt, unterscheidet sich der Umfang der Mindestleasingzahlungen bei Leasinggeber und -nehmer.

Für die Berechnung des Barwerts der Mindestleasingzahlungen hat der Leasinggeber den internen Zinsfuß des Leasingvertrags zu verwenden (*interest rate implicit in the lease*).[419] Das ist der Zinssatz, bei dem der Barwert der Summe aus Mindestleasingzahlungen und erwartetem nicht garantiertem Restwert dem *fair value* des Leasingobjekts zuzüglich anfänglicher direkter Kosten des Leasinggebers entspricht.[420] Unter anfänglichen direkten Kosten (*initial direct costs*) sind Kosten zu verstehen, die direkt dem Vertragsabschluss zugerechnet werden können, die jedoch nicht bei Leasinggebern entstanden sind, die zugleich Händler oder Hersteller des Leasingobjekts sind.[421]

Der Leasingnehmer hat zur Ermittlung des Barwerts der Mindestleasingzahlungen ebenfalls den internen Zinsfuß des Leasingvertrags zu verwenden, sofern er ihn in praktikabler Weise

417 Vgl. *Mellwig* (Leasing im Handelsrecht, 2000): S. 77; *Adler/Düring/Schmaltz* (International, 2005): Abschn. 12, Tz. 79. Vgl. dazu auch Gliederungspunkt III.A.2. in Kapitel 4.

418 Vgl. *Adler/Düring/Schmaltz* (International, 2005): Abschn. 12, Tz. 63; *Heuser/Theile* (IAS/IFRS Handbuch, 2005): Rz. 629.

419 Dies ergibt sich nicht direkt aus der Vorschrift in IAS 17.10 (d) (*revised* 2003), sondern lässt sich aus den Regelungen zum Ansatz des Vermögenswertes beim Leasinggeber in IAS 17.36 (*revised* 2003) und der Definition des „*net investment in the lease*" in IAS 17.4 (*revised* 2003) ableiten. Vgl. *Adler/Düring/Schmaltz* (International, 2005): Abschn. 12, Tz. 81; *Gelhausen/Weiblen* (Leasingverträge, 2003): Rn. 238.

420 Siehe IAS 17.4 (*revised* 2003) zur Definition von „*interest rate implicit in the lease*". Die Behandlung von anfänglichen direkten Kosten wurde im Rahmen der Überarbeitung von IAS 17 im Jahre 2003 geändert.

421 Siehe IAS 17.4 (*revised* 2003) zur Definition von „*initial direct costs*".

ermitteln kann.[422] Dies dürfte dem Leasingnehmer in der Praxis regelmäßig schwer fallen,[423] da der Leasinggeber seine interne Vertragskalkulation nicht offen legen wird.[424] In diesem Fall soll der Leasingnehmer seinen Grenzfremdkapitalzinssatz (*lessee's incremental borrowing rate of interest*) verwenden.[425] Dieser ist definiert als derjenige Zinssatz, den der Leasingnehmer bei einem vergleichbaren Leasingvertrag zahlen müsste.[426] Lässt sich ein solcher nicht ermitteln, soll der Leasingnehmer auf den Zinssatz zurückgreifen, zu dem er zu Beginn des Leasing Fremdmittel für die gleiche Laufzeit und mit der gleichen Sicherheit aufnehmen könnte, um den Kauf des Gegenstands zu finanzieren.[427]

Der *fair value* des Leasingobjekts, mit dem der Barwert der Mindestleasingraten zu vergleichen ist, wird in IAS 17.4 (*revised* 2003) allgemein als Betrag definiert, den sachkundige, vertragswillige Parteien bei einer Transaktion unter fremden Dritten vereinbaren würden. Er dürfte regelmäßig dem Kaufpreis entsprechen, zu dem der Leasinggeber das Objekt vor Beginn des Leasing erworben hat.[428] Ist der Leasinggeber Hersteller oder Händler des Leasingobjekts, ist der übliche Verkaufspreis des Leasingobjekts zugrunde zu legen, der *fair value* enthält dann einen angemessenen Gewinnaufschlag des Leasinggebers.[429]

Der ökonomische Grundgedanke des Barwerttests besteht in der Untersuchung, ob Investitionsrisiko vom Leasinggeber auf den Leasingnehmer übertragen wird.[430] Deshalb wird mit dem Barwerttest beim Leasinggeber ermittelt, wie viel Prozent seiner Investitionssumme (des

---

422 Dies ergibt sich ebenfalls nicht aus der Vorschrift des IAS 17.10 (d) (*revised* 2003), sondern aus der Regelung zum Ansatz des Leasingobjekts beim Leasingnehmer im Rahmen von *finance leases* in IAS 17.20 (*revised* 2003), vgl. *Adler/Düring/Schmaltz* (International, 2005): Abschn. 12, Tz. 81. *Findeisen* ist hingegen der Ansicht, dass der interne Zinsfuß des Leasingvertrags im Rahmen des Barwerttests nicht herangezogen werden kann, vgl. *Findeisen* (Leasing-Geschäft, 2002): S. 65. Wenngleich dies konzeptionell richtig erscheint (vgl. dazu weiter unten in diesem Gliederungspunkt), ergibt sich diesbezüglich kein Hinweis in IAS 17.

423 Vor allem die anfänglichen direkten Kosten des Leasinggebers, die für die Ermittlung des internen Zinsfußes benötigt werden, dürften dem Leasingnehmer nicht bekannt sein, vgl. *Adler/Düring/Schmaltz* (International, 2005): Abschn. 12, Tz. 334.

424 Vgl. *Mellwig* (Leasing im Handelsrecht, 2000): S. 77; *Adler/Düring/Schmaltz* (International, 2005): Abschn. 12, Tz. 83.

425 Siehe IAS 17.20 (*revised* 2003), sowie *Adler/Düring/Schmaltz* (International, 2005): Abschn. 12, Tz. 81.

426 Siehe IAS 17.4 (*revised* 2003) zur Definition von „*lessee's incremental borrowing rate of interest*". Damit dürfte der interne Zinsfuß des vergleichbaren Leasingvertrags gemeint sein, vgl. *Adler/Düring/Schmaltz* (International, 2005): Abschn. 12, Tz. 86.

427 Siehe IAS 17.4 (*revised* 2003) zur Definition von „*lessee's incremental borrowing rate of interest*".

428 Dies gilt nicht, wenn der Zeitpunkt des Kaufs weit vor dem Zeitpunkt des Beginns des Leasing liegt, vgl. *Epstein/Mirza* (IAS, 2004): S. 556.

429 Vgl. *Adler/Düring/Schmaltz* (International, 2005): Abschn. 12, Tz. 90; *Epstein/Mirza* (IAS, 2004): S. 556.

430 Vgl. *Mellwig* (Bilanzielle Darstellung, 1998): S. 6; *Mellwig* (Leasing im Handelsrecht, 2000): S. 77; *Figge* (Internationale Diskussion, 2000): S. 165; *Adler/Düring/Schmaltz* (International, 2005): Abschn. 12, Tz. 94.

fair value des Leasingobjekts) er durch den Leasingvertrag garantiert zurückerhält,[431] das heißt, wie viel Prozent seiner Investitionssumme nur noch mit Bonitätsrisiko und nicht mehr mit Investitionsrisiko belastet sind. Je höher der Anteil des investitionsrisikofreien Betrags am *fair value* des Objekts ist, desto eher ist der Leasingvertrag als Kaufvertrag zu beurteilen und mithin als *finance lease* zu klassifizieren.[432]

Im Rahmen des Barwerttests wird nicht explizit überprüft, ob der Leasinggeber Chancen auf den Leasingnehmer überträgt; das Ergebnis des Barwerttests ist unabhängig davon, wem ein Mehrerlös aus der Restwertverwertung zusteht. Es wird somit unterstellt, dass mit dem Übergang von Investitionsrisiken auf den Leasingnehmer auch der Übergang von Investitionschancen verbunden ist.[433] Sind jedoch wesentliche Chancen aus der Restwertverwertung für den Leasinggeber vorhanden, erscheint eine Zurechnung des Leasingobjekts zum Leasingnehmer nicht sachgerecht, da die Generaldefinition eines *finance lease* die Übertragung im Wesentlichen aller Risiken und Chancen verlangt.[434] Somit kann die Ansicht vertreten werden, dass auch der Barwerttest nicht zwingend zu einem Automatismus bei der Vertragsklassifizierung führt, sondern gemeinsam mit den Ergebnissen der anderen Kriterien zu würdigen ist.[435] Teilweise dürften jedoch die Chancen aus der Verwertung des Leasingobjekts am Ende der Laufzeit schwer einschätzbar oder als eher gering zu beurteilen sein,[436] so dass sie vernachlässigt werden können. In diesem Fall dürfte das Vorliegen eines *finance lease* nicht widerlegbar sein, wenn das Ergebnis des Barwerttests eine nahezu vollständige Überwälzung der Investitionsrisiken auf den Leasingnehmer anzeigt.

Das Ergebnis des Barwerttests beim Leasinggeber ist bei einem Leasingvertrag ohne bedingte Leasingraten oder sonstige besondere Gestaltungen grundsätzlich vorhersagbar: Der Barwerttest führt stets zu einem Ergebnis von mindestens[437] 100%, welches auf ein *finance lease* hindeutet, wenn kein offener Restwert vorliegt, da der Leasinggeber dann das gesamte Investitionsrisiko überwälzt.[438]

---

431 Obwohl anfängliche direkte Kosten des Leasinggebers auch zu dessen Investitionssumme gehören, werden sie beim Vergleich innerhalb des Barwerttests nicht explizit berücksichtigt. Dies erscheint inkonsequent, da sie bei der Ermittlung des internen Zinsfußes des Leasingvertrags mit eingerechnet werden und diesen dadurch mindern (siehe IAS 17.4 (*revised* 2003) zur Definition von *„interest rate implicit in the lease“*). Dies hat zur Folge, dass das Ergebnis des Barwerttests beim Leasinggeber umso höher ausfällt, je höher seine anfänglichen direkten Kosten sind. Auch beim Ansatz des Leasingobjekts oder der Forderung beim Leasinggeber werden anfängliche direkte Kosten berücksichtigt, es sei denn, der Leasinggeber ist Hersteller oder Händler des Leasingobjekts, siehe IAS 17.20 u. 38 (*revised* 2003).

432 Vgl. *Mellwig* (Leasing im Handelsrecht, 2000): S. 77.

433 Vgl. *Mellwig* (Bilanzielle Darstellung, 1998): S. 6.

434 Siehe IAS 17.4 (*revised* 2003) zur Definition von *„finance lease“*.

435 Anscheinend a. A.: *Figge* (Internationale Diskussion, 2000): S. 167.

436 Vgl. *Findeisen* (Nach IASC, 1997): S. 842; *Adler/Düring/Schmaltz* (International, 2005): Abschn. 12, Tz. 94.

437 Ein Ergebnis von über 100% ist möglich, wenn anfängliche direkte Kosten vorliegen, da diese den internen Zinsfuß des Leasingvertrags mindern, aber nicht beim Vergleich zwischen Investitionssumme und garantierten Zahlungen aus dem Leasingvertrag berücksichtigt werden, vgl. Fn. 431.

438 Vgl. *Mellwig* (Leasing im Handelsrecht, 2000): S. 80 f.

Liegt ein offener Restwert vor, kann der Leasinggeber dennoch die volle Amortisation sowie die Übertragung des Investitionsrisikos auf den Leasingnehmer erreichen, indem er entsprechend hohe Leasingraten verlangt. Dies hat zur Folge, dass der Leasingvertrag einen hohen internen Zinsfuß aufweist, da in dessen Berechnung nicht nur die hohen Leasingraten, sondern auch der offene Restwert mit einfließt.[439] Für den Barwerttest sind die Mindestleasingraten mit dem internen Zinsfuß des Leasingvertrags zu diskontieren. Da sich die erhöhten Leasingzahlungen sowohl in den Mindestleasingraten als auch im Diskontierungsfaktor niederschlagen, wird das Ergebnis des Barwerttests durch die Erhöhung der Leasingzahlungen nicht beeinflusst. Der Barwert der Mindestleasingraten beträgt unabhängig von der Höhe der Leasingzahlungen bei Bestehen eines offenen Restwerts weniger als 100% des *fair value* des Leasingobjekts.[440] Obwohl der Leasinggeber durch eine Erhöhung der Leasingraten das gesamte Investitionsrisiko abwälzen kann, muss das Ergebnis des Barwerttests in diesem Fall nicht auf eine Klassifizierung als *finance lease* hindeuten.

Im Ergebnis bedeutet dies, dass nur offene Restwerte Einfluss auf das Resultat des Barwerttests haben, nicht jedoch die Höhe der Leasingraten. Der Barwerttest nach IAS 17 unterstellt somit, dass hohe Leasingraten – und damit auch ein hoher interner Zinsfuß des Leasingvertrags – nicht mit der Überwälzung von Investitionsrisiko zusammenhängen, sondern mit der geringen Bonität des Leasingnehmers.

Verwendet der Leasingnehmer als Diskontierungsfaktor ebenfalls den internen Zinsfuß des Leasingvertrags, signalisiert das Ergebnis des Barwerttests auch bei ihm nur dann ein *operating lease*, wenn ein offener Restwert vorliegt. Daher gilt auch für den Leasingnehmer, dass hohe Leasingraten nicht zu einem Ergebnis des Barwerttests führen müssen, das für eine Zurechnung des Leasingobjekts zu ihm spricht. Verwendet der Leasingnehmer seinen Grenzfremdkapitalzinssatz als Diskontierungsfaktor, weil der interne Zinsfuß des Leasingvertrags nicht ermittelt werden kann, hat die Höhe der Leasingraten jedoch einen entscheidenden Einfluss auf das Ergebnis des Barwerttests. Überwälzt der Leasinggeber mit den hohen Leasingraten Investitionsrisiko, führt der Barwerttest grundsätzlich zu einem Ergebnis, das auf ein *finance lease* hindeutet. Beruhen die hohen Leasingraten jedoch auf einer schlechten Bonität des Leasingnehmers, wird auch dessen Grenzfremdkapitalzinssatz hoch sein, so dass nicht zwingend ein hoher Barwert berechnet wird.[441] Dieses Ergebnis erscheint sachgerecht.

---

439 Siehe IAS 17.4 (*revised* 2003) zur Definition von „*interest rate implicit in the lease*".

440 Nur bei Vorliegen von hohen anfänglichen direkten Kosten könnte sich dennoch ein Barwert von über 100% ergeben. Dieser Fall soll hier vernachlässigt werden.

441 Grundsätzlich dürfte jedoch bei Vorliegen eines offenen Restwerts der Grenzfremdkapitalzinssatz unter dem internen Zinsfuß des Leasingvertrags liegen, da im internen Zinsfuß des Leasingvertrags neben dem Bonitätsrisiko des Leasingnehmers auch das Risiko möglicher Restwertschwankungen berücksichtigt sein dürfte.

Um eine Gestaltung zu vermeiden, bei welcher der Leasinggeber das durch einen offenen Restwert verbleibende Investitionsrisiko durch hohe Leasingraten ausgleicht, erscheint die Regelung innerhalb des Barwerttests nach SFAS 13 sinnvoll.[442] Danach hat der Leasingnehmer zur Barwertberechnung zwingend seinen Grenzfremdkapitalzinssatz zu verwenden, wenn der interne Zinsfuß des Leasingvertrags nicht niedriger ist und verlässlich ermittelt werden kann.[443] Dadurch führen hohe Leasingraten, die einen hohen internen Zinsfuß zur Folge haben, dazu, dass der Grenzfremdkapitalzinssatz zu verwenden ist und somit ein entsprechend hoher Barwert berechnet wird. Dies gilt nicht, wenn die hohen Leasingraten in einer schlechten Bonität des Leasingnehmers begründet sind, weil dann sein Grenzfremdkapitalzinssatz entsprechend hoch sein und über dem internen Zinsfuß des Leasingvertrags liegen wird.

Zudem hat die Vorgehensweise nach SFAS 13 zur Folge, dass ein Leasingvertrag mit garantiertem Restwert und deshalb niedrigen Leasingraten – also mit einem internen Zinsfuß, der unter dem Grenzfremdkapitalzinssatz des Leasingnehmers liegt – stets zu einem Ergebnis von 100% beim Barwerttest führt.[444] Beim Barwerttest nach IAS 17.10 (d) (*revised* 2003) kann eine solche Gestaltung hingegen zu einem Ergebnis von unter 100% beim Leasingnehmer führen, wenn dieser seinen Grenzfremdkapitalzins zur Diskontierung verwendet. Ein solches Ergebnis erscheint nicht sachgerecht, da der Leasinggeber bei einer derartigen Gestaltung kein Investitionsrisiko trägt und folglich der Barwerttest zwingend auf ein *finance lease* hindeuten sollte.

Die beschriebenen Unzulänglichkeiten des Barwerttests in IAS 17 soll folgendes Beispiel verdeutlichen:

Beispiel 2.1:[445]

Ein Leasingobjekt, das einen fair value von 10.000 aufweist, wird ab dem 01.01.01 für eine unkündbare Leasingdauer von vier Jahren zu nachschüssigen jährlichen Raten verleast. Der erwartete Restwert am 31.12.04 beträgt 3.000. Der risikolose Zinssatz für Anlagen mit identischer Laufzeit liegt bei 7%. Der Leasinggeber kalkuliert die Leasingraten unter Berücksichti-

---

442 Vgl. *Findeisen* (Leasing-Geschäft, 2002): S. 65 sowie Fn. 422.

443 Siehe SFAS 13.7 (d).

444 Dies hat nach SFAS 13.7 zwingend eine Zurechnung des Leasingobjekts zum Leasingnehmer zur Folge. Dass der Leasinggeber dem Vertrag einen Zinssatz zugrunde legt, der unter dem aus einem vergleichbaren Kredit ermittelten Grenzfremdkapitalzinssatz des Leasingnehmers liegt, dürfte bei Vorliegen eines garantierten Restwerts die Regel sein. Der Leasinggeber wird den garantierten Restwert nämlich mit einem niedrigeren Zins diskontieren als die Leasingraten, da dieser Wertsteigerungschancen beinhaltet. Ein im Vergleich zum Grenzfremdkapitalzinssatz des Leasingnehmers geringerer interner Zinsfuß des Leasingvertrags kann auch darin begründet sein, dass sich der Leasinggeber günstiger refinanzieren kann oder er als Hersteller oder Händler des Leasingobjekts auf einen Teil seines Verkaufsgewinns verzichtet.

445 Dieses Zahlenbeispiel wird im Laufe dieser Arbeit, teilweise in leicht abgewandelter Form, häufiger verwendet, so dass die Ergebnisse, die sich unter Zugrundelegung verschiedener Rechnungslegungsregelungen ergeben, miteinander verglichen werden können. Die Ausgangszahlen dieses Beispiels sind angelehnt an *ASB* (Implementation, 1999): Par. 10.7.

gung des Bonitätsrisikos mit einem Zinssatz von 9%. Der Leasinggeber möchte lediglich eine Finanzierungsfunktion übernehmen und daher das Investitionsrisiko abwälzen.

Fall a):
Der Vertrag sieht folgende Vereinbarung vor: Beträgt der tatsächliche Restwert am 31.12.04 weniger als 3.000, muss der Leasingnehmer die Differenz an den Leasinggeber zahlen. Der Leasingnehmer leistet somit eine Restwertgarantie.

Durch die Garantie erhält der Leasinggeber mindestens die erwarteten 3.000 für den Restwert. Zusätzlich hat er die Chance, dass der tatsächliche Restwert am Ende der Leasingdauer über dem erwarteten Restwert liegt. Zur Diskontierung des erwarteten Restwerts vermindert er daher den sicheren Fremdkapitalzins um einen Chancenabschlag von 2%, das heißt, er diskontiert den Restwert mit 5%.[446]

Der Leasinggeber kalkuliert damit die Leasingraten (x) wie folgt:

$$\frac{x}{1{,}09}+\frac{x}{1{,}09^2}+\frac{x}{1{,}09^3}+\frac{x}{1{,}09^4}+\frac{3.000}{1{,}05^4}=10.000\,.$$

Dadurch berechnet er eine jährliche Leasingrate von x = 2.325.[447]

Für die Durchführung des Barwerttests ist zunächst der interne Zinsfuß des Leasingvertrags zu bestimmen. Das ist der Zins, bei dem der Barwert der Leasingraten zuzüglich des garantierten Restwerts dem fair value entspricht. Er beträgt 7,63%.

Der Barwert der Mindestleasingzahlungen beträgt mithin beim Leasinggeber:

$$\frac{2.325}{1{,}0763}+\frac{2.325}{1{,}0763^2}+\frac{2.325}{1{,}0763^3}+\frac{2.325}{1{,}0763^4}+\frac{3.000}{1{,}0763^4}=10.000\,.$$

Das Ergebnis des Barwerttests beim Leasinggeber lautet somit:[448]

$$\frac{10.000}{10.000}=100\%\,.$$

Beim Leasingnehmer beträgt das Ergebnis ebenfalls 100%, wenn er den internen Zinsfuß des Leasingvertrags von 7,63% verwendet. Dieses Ergebnis würde bei beiden Vertragsparteien für eine Klassifizierung des Leasingvertrags als finance lease sprechen.

---

446 Vgl. dazu Fn. 444.
447 Die angegebenen Ergebnisse in den Beispielen sind stets auf volle Einheiten gerundet.
448 Wenn kein offener Restwert existiert und der Leasingvertrag keine sonstigen besonderen Gestaltungen enthält, führt der Barwerttest beim Leasinggeber stets zu diesem Ergebnis. Vgl. dazu die Ausführungen weiter oben in diesem Gliederungspunkt.

Kann der Leasingnehmer den internen Zinsfuß des Leasingvertrags jedoch nicht praktikabel ermitteln, muss er seinen Grenzfremdkapitalzinssatz verwenden. Da der Leasingnehmer den internen Zins eines vergleichbaren Leasingvertrags häufig ebenfalls nicht kennen wird, hat er den zu zahlenden Zins für einen vergleichbaren Kredit mit identischer Laufzeit zu ermitteln. Dieser müsste grundsätzlich mit dem Zinssatz identisch sein, mit dem der Leasinggeber, unter Berücksichtigung der Bonität des Leasingnehmers, die Leasingraten – nicht jedoch den Restwert – diskontiert und somit im Beispielfall 9% betragen.

Der Barwert der Mindestleasingzahlungen beträgt dann beim Leasingnehmer:

$$\frac{2.325}{1{,}09}+\frac{2.325}{1{,}09^2}+\frac{2.325}{1{,}09^3}+\frac{2.325}{1{,}09^4}+\frac{3.000}{1{,}09^4}=9.657\,.$$

Das Ergebnis des Barwerttest lautet: $\frac{9.657}{10.000}=96{,}57\%$.

Dieses Ergebnis würde, bei Auslegung des Barwerttests gemäß der herrschenden Meinung,[449] *ebenfalls eher für eine Klassifizierung als finance lease beim Leasingnehmer sprechen. Die Gewichtung innerhalb der Gesamtwürdigung des Leasingvertrags wäre jedoch geringer anzusetzen als bei einem Ergebnis von 100%.*

Fall b):
Der Leasingvertrag sieht vor, dass der Leasingnehmer am 31.12.04 das Leasingobjekt an den Leasinggeber zurückgibt. Der Restwert ist somit nicht garantiert; der Leasinggeber trägt das Restwertrisiko. Da der erwartete Restwert unsicher ist, der Leasinggeber jedoch kein Investitionsrisiko tragen möchte, setzt er den Restwert in seiner Kalkulation, statt mit den erwarteten 3.000, mit null an.[450]

Der Leasinggeber kalkuliert somit die Leasingraten (x) wie folgt:

$$\frac{x}{1{,}09}+\frac{x}{1{,}09^2}+\frac{x}{1{,}09^3}+\frac{x}{1{,}09^4}+0=10.000\,.$$

Dadurch berechnet er eine jährliche Leasingrate von x = 3.087.

Für die Durchführung des Barwerttests ist zunächst der interne Zins des Leasing zu bestimmen. Dieser beträgt jetzt 17,31%.

---

449 Vgl. dazu weiter oben in diesem Gliederungspunkt.

450 Dass es in der Praxis für den Leasinggeber schwierig sein dürfte, eine solche Kalkulation auf dem Markt durchzusetzen, soll hier nicht weiter beachtet werden.

Der Barwert der Mindestleasingzahlungen berechnet sich beim Leasinggeber damit zu:

$$\frac{3.087}{1,1731}+\frac{3.087}{1,1731^2}+\frac{3.087}{1,1731^3}+\frac{3.087}{1,1731^4}=8.416\,.$$

Das Ergebnis des Barwerttest lautet: $\frac{8.416}{10.000}=84,16\%$.

Das Ergebnis des Barwerttest spricht nun eher für eine Einordnung des Leasingvertrags als operating lease, obwohl der Leasinggeber das Investitionsrisiko abwälzt.

Dies gilt auch für den Leasingnehmer, wenn er den internen Zins des Leasingvertrags kennt. Verwendet der Leasingnehmer seinen Grenzfremdkapitalzinssatz, der annahmegemäß bei 9% liegt, kommt er jedoch auf ein Ergebnis von 100%, was bei ihm für eine Klassifizierung als finance lease sprechen würde.[451] *Das Ergebnis des Barwerttests hängt beim Leasingnehmer daher alleine davon ab, welchen Zinssatz er zur Diskontierung verwendet.*

Das Beispiel zeigt, dass die Regelungen zur Verwendung der Diskontierungsfaktoren beim Barwerttest nach IAS 17 nicht zweckgemäß sind. Die Vorschrift in SFAS 13 erscheint besser durchdacht. Geht man jedoch davon aus, dass der Leasinggeber keine erhöhten Leasingraten – wie in Fall b) von Beispiel 2.1 – bei seinen Kunden durchsetzen kann, ist es erforderlich, dass er durch einen offenen Restwert Investitionsrisiko zurückbehält, damit der Barwerttest nicht zu einem Ergebnis führt, das auf eine Klassifizierung als *finance lease* hindeutet. Da ein solcher Test in den Leasingerlassen der deutschen Finanzverwaltung nicht existiert und ein offener Restwert in der deutschen Leasingpraxis unüblich ist, könnte der Barwerttest eine der größten Hürden für bestehende Leasingverträge von Unternehmen sein, die ihre Rechnungslegung von den Vorschriften des HGB auf IAS/IFRS umstellen und eine Klassifizierung als *operating lease* erreichen möchten.[452]

Gestaltungsmöglichkeiten zur Umgehung eines Ergebnisses des Barwerttests, das ein *finance lease* signalisiert, können insbesondere in der Verwendung von bedingten Leasingraten beste-

451 Dies würde zu dem fragwürdigen Ergebnis führen, dass beide Vertragsparteien das Leasingobjekt in ihrer Bilanz ausweisen müssten, wenn man nur auf den Barwerttest als Zurechnungskriterium abstellen würde.

452 Trotz Erfüllung des Barwertkriteriums könnte jedoch eine Klassifizierung als *finance lease* vermieden werden, wenn beispielsweise bei einem Teilamortisationsvertrag mit Andienungsrecht des Leasinggebers auf die beim Leasinggeber verbleibenden Restwertchancen verwiesen wird, vgl. *Mellwig* (Leasing im Handelsrecht, 2000): S. 81.

hen.[453] Diese werden nicht in den Barwerttest mit einbezogen.[454] Bedingte Leasingraten können jedoch auch zur Folge haben, dass der Leasingnehmer nicht die dem Leasingobjekt anhaftenden wesentlichen Risiken und Chancen trägt. Ihre Nichtberücksichtigung beim Barwerttest kann dazu führen, dass dieser dennoch auf ein als *finance lease* zu klassifizierendes Leasingverhältnis hindeutet. Im Rahmen der Überarbeitung des IAS 17 im Jahr 2003 wurde klargestellt, dass in diesem Fall – dem Ergebnis des Barwerttests widersprechend – eine Klassifizierung als *operating lease* zu erfolgen hat.[455]

5. Spezialleasing

Ist der Leasinggegenstand von spezieller Beschaffenheit, so dass er nur vom Leasingnehmer ohne wesentliche Veränderungen („*major modifications*")[456] genutzt werden kann, stellt dies ebenfalls eine Situation dar, die in der Regel zu einem als *finance lease* zu klassifizierenden Leasingvertrag führt.[457]

Dahinter verbirgt sich die Überlegung, dass in einem solchen Fall eine anderweitige Verwertung des Leasingobjekts nicht sinnvoll erscheint und der Leasinggeber deshalb aus dem Leasingvertrag eine volle Amortisation des Leasingobjekts erreichen muss. Daher ist es nahe liegend, den Leasingvertrag so auszugestalten, dass der Leasinggeber garantiert seine gesamten Investitionskosten inklusive einer angemessenen Verzinsung erhält und von den Chancen ausgeschlossen ist.[458] Damit wäre die Definition eines *finance lease* erfüllt. Sieht der Vertrag jedoch tatsächlich keine Übertragung im Wesentlichen aller Risiken und Chancen vor, kann man ihn auch nicht als Spezialleasing einordnen.[459]

Handelt es sich um Spezialleasing, dürfte der Vertrag so ausgestaltet sein, dass auch andere der in IAS 17 genannten Beispielsituationen vorliegen.[460] Die Erfüllung der beschriebenen Situation in IAS 17.10 (e) (*revised* 2003) hat somit nur eine Indizwirkung dafür, dass nahezu

---

453 Vgl. *McGregor* (Accounting for Leases, 1996): S. 11.

454 Da bedingte Leasingraten weder in die Ermittlung des internen Zinsfußes des Leasingvertrags noch beim Vergleich des Barwerts der Mindestleasingzahlungen mit dem *fair value* des Objekts einbezogen einbezogen werden (siehe IAS 17.4 (*revised* 2003) zur Definition von „*minimum lease payments*" sowie „*interest rate implicit in the lease*"), kann sich der Effekt der Verwendung bedingter Leasingraten beim Barwerttest ausgleichen, wenn der interne Zinsfuß des Leasingvertrags zur Diskontierung verwendet wird. Diskontiert der Leasingnehmer die Leasingzahlungen mit seinem Grenzfremdkapitalzinssatz können bedingte Leasingraten jedoch große Auswirkungen auf das Ergebnis des Barwerttests haben. Ein hoher Anteil von bedingten Leasingraten kann zu dem fragwürdigen Ergebnis führen, dass für den Leasingvertrag ein negativer interner Zinsfuß ermittelt wird, vgl. *Mellwig* (Bilanzielle Darstellung, 1998): S. 6.

455 Siehe IAS 17.12 (*revised* 2003).

456 Was unter diesem Begriff zu verstehen ist, bleibt unklar. *Doll* schlägt – ohne weitere Begründung – vor, dass man von wesentlichen Veränderungen ausgehen könne, wenn Umbaukosten anfallen, die mehr als 10% der ursprünglichen Anschaffungskosten betragen, vgl. *Doll* (IFRS-Handbuch, 2004): § 17, Rz. 19.

457 Siehe IAS 17.10 (e) (*revised* 2003).

458 Vgl. *Adler/Düring/Schmaltz* (International, 2005): Abschn. 12, Tz. 95.

459 Vgl. *Adler/Düring/Schmaltz* (International, 2005): Abschn. 12, Tz. 95.

460 Vgl. *Mellwig* (Bilanzielle Darstellung, 1998): S. 7.

alle Risiken und Chancen übertragen wurden. Relevanz entwickelt die Regelung daher insbesondere bezüglich der Beurteilung der Wahrscheinlichkeit der Ausübung von Kauf- und Mietverlängerungsoptionen.[461] Einen Automatismus bezüglich der Vertragsqualifikation bewirkt das Kriterium keinesfalls.

C. Klassifizierungskriterien: Indikatoren

1. Verlustübernahme im Kündigungsfall

Kann der Leasingvertrag vom Leasingnehmer gekündigt werden, stellt dies einen Indikator für eine Klassifizierung als *finance lease* dar, wenn die durch die Kündigung entstehenden Verluste des Leasinggebers vom Leasingnehmer zu tragen sind.[462] Es ist davon auszugehen, dass nur Fälle gemeint sind, in denen der Leasingnehmer den gesamten entgangenen Gewinn des Leasinggebers zu ersetzen hat. Die Verpflichtung zur Zahlung einer Kündigungsentschädigung, die nicht die gesamte Amortisation der Investition des Leasinggebers sichert, dürfte nicht zur Erfüllung dieses Kriteriums führen.

Durch die Verlustübernahme trägt der Leasingnehmer das gesamte Investitionsrisiko. Ob der Leasingnehmer an den Chancen einer Wertsteigerung des Leasingobjekts partizipieren kann, hängt von der jeweiligen Vertragsgestaltung ab. Der Indikator stellt somit, wie auch der Barwerttest, nur auf die Risiken ab. Zu beachten ist darüber hinaus, dass eine Entschädigung als Bestandteil der Mindestleasingzahlungen in den Barwerttest mit einfließen dürfte, wenn die Wahrscheinlichkeit der Ausübung der Kündigungsmöglichkeit auf Seiten des Leasingnehmers ausreichend hoch ist.[463] Häufig müsste daher bei Erfüllung des Indikators der Verlustübernahme im Kündigungsfall auch der Barwerttest für eine Klassifizierung als *finance lease* sprechen. Dennoch könnte in einem solchen Fall mit Verweis auf beim Leasingnehmer verbleibende Chancen eine Klassifizierung als *operating lease* begründet werden.

Eine volle Verlustübernahme durch den Leasingnehmer im Kündigungsfall dürfte jedoch eher darauf hindeuten, dass eine Kündigung sehr unwahrscheinlich ist. Folglich ist der Vertrag als unkündbar für seine Gesamtlaufzeit zu beurteilen.[464] Ist die Gesamtlaufzeit entsprechend lang, kann das Kriterium des Mietzeittests, aber auch das des Barwerttests, auf eine Klassifizierung als *finance lease* hindeuten.

---

461 Vgl. *Adler/Düring/Schmaltz* (International, 2005): Abschn. 12, Tz. 95. Vgl. dazu auch die Ausführungen in den Gliederungspunkten II.B.2. u. II.C.3. in diesem Kapitel.

462 Siehe IAS 17.11 (a) (*revised* 2003).

463 Vgl. *Adler/Düring/Schmaltz* (International, 2005): Abschn. 12, Tz. 97.

464 Vgl. *Mellwig* (Bilanzielle Darstellung, 1998): S. 7.

2. *Gewinne oder Verluste aus Restwertschwankungen*

IAS 17.11 (b) (*revised* 2003) nennt als Indikator für eine Situation, die zu einem *finance lease* führen kann, die Vereinbarung, dass dem Leasingnehmer Gewinne oder Verluste aus Schwankungen des Restwerts zufallen. Dieses Kriterium stellt somit auf die Verteilung von Chancen und Risiken aus dem Restwert am Ende der Vertragslaufzeit ab.[465] Voraussetzung für die Anwendung dieses Kriteriums ist, dass wesentliche Restwertrisiken und -chancen vorhanden sind. Bei einem Vollamortisationsvertrag im Sinne der Leasingerlasse der deutschen Finanzverwaltung dürfte dies regelmäßig nicht der Fall sein.[466]

In der Literatur wird diskutiert, ob Gewinne *und* Verluste und damit Chancen *und* Risiken aus dem Restwert dem Leasingnehmer zufallen müssen oder ob es reicht, dass entweder die Gewinne *oder* die Verluste dem Leasingnehmer zufallen.[467] Nach dem Wortlaut der Regelung reicht die Zuweisung von Gewinnen *oder* Verlusten aus. Dies ist konsistent mit der Einordnung des Kriteriums als Indikator für ein *finance lease*, der alleine betrachtet keine zwingende Klassifizierung zur Folge hat. Fallen dem Leasingnehmer sowohl die Gewinne als auch die Verluste aus Restwertschwankungen zu, verfügt er grundsätzlich über sämtliche Risiken und Chancen aus dem Leasingobjekt, da er ohnehin die während der Vertragslaufzeit mit dem Leasingobjekt verbundenen Risiken und Chancen innehat.[468] Dann aber ist gemäß der Generalvorschrift eine Klassifizierung als *finance lease* zwingend. Der Indikator in IAS 17.11 (b) (*revised* 2003) kann somit nur auf die Zuordnung von Gewinnen *oder* Verlusten abstellen.[469]

Wird im Leasingvertrag vereinbart, dass der Leasingnehmer den gesamten über den erwarteten Restwert hinausgehenden Mehrerlös aus der Verwertung des Leasingobjekts am Ende der Leasingdauer erhält, deutet dies somit auf ein *finance lease* hin. Partizipiert der Leasingnehmer nur zu einem Teil am Mehrerlös des Restwerts, ist die Indizwirkung des Indikators für das Vorliegen eines *finance lease* entsprechend geringer zu gewichten. Die mit dem Indikator beschriebene Situation ist zudem bei jedem Leasingvertrag erfüllt, der eine Restwertgarantie des Leasingnehmers vorsieht, da dem Leasingnehmer hierdurch alle Verluste aus Restwertschwankungen zufallen.[470] Sämtliche erlasskonforme Teilamortisationsverträge in Deutsch-

---

465 Vgl. *Adler/Düring/Schmaltz* (International, 2005): Abschn. 12, Tz. 98.

466 Vgl. dazu BdF-Schreiben vom 19.04.1971 – IV B/2 – S 2170 – 31/71, BStBl. I 1971, S. 264; BMWF-Schreiben vom 21.03.1972 – F/IV B 2 – S 2170 – 11/72, BStBl. I 1972, S. 188 sowie Gliederungspunkt II.B.3. in Kapitel 1.

467 Vgl. *Adler/Düring/Schmaltz* (International, 2005): Abschn. 12, Tz. 99.

468 Vgl. *Adler/Düring/Schmaltz* (International, 2005): Abschn. 12, Tz. 98.

469 Vgl. *Findeisen* (Leasing-Geschäft, 2002): S. 66; a. A.: *Weinstock* (Leasingverträge, 2000): S. 119.

470 Vgl. *Förschle/Kroner* (BeckBilKomm, 2003): § 246, Anm 203. Eine Zuordnung von Restwertschwankungen zum Leasingnehmer könnte auch durch eine Leasingratenanpassung erfolgen, vgl. *Mellwig* (Bilanzielle Darstellung, 1998): S. 7.

land erfüllen dieses Kriterium, da bei diesen Verträgen die Restwertrisiken vollständig auf den Leasingnehmer überwälzt werden.[471]

Verpflichtet sich der Leasingnehmer zur Übernahme sämtlicher Verluste aus Restwertschwankungen durch Abgabe einer Restwertgarantie, ist diese auch in den Barwerttest einzubeziehen, so dass auch dieses Klassifizierungskriterium auf ein *finance lease* hindeuten wird.

3. Günstige Mietverlängerungsoption

Wird dem Leasingnehmer die Möglichkeit eingeräumt, den Leasingvertrag für einen weiteren Zeitraum zu Leasingraten, die wesentlich unter den marktüblichen Leasingraten liegen, zu verlängern, stellt dies ebenfalls einen Indikator für das Vorliegen eines *finance lease* dar.[472] Eine vergleichbare Regelung existiert in den Leasingerlassen der deutschen Finanzverwaltung.[473] Dieser Vorschrift liegt der Gedanke zugrunde, dass die für den weiteren Zeitraum vereinbarten günstigen Leasingraten eine Ausübung der Mietverlängerungsoption sehr wahrscheinlich machen. Aufgrund der fehlenden Interpretation der Formulierung „wesentlich unter den marktüblichen Leasingraten" („*substantially lower than market rent*") treten hier die gleichen Auslegungsspielräume auf wie bei der Wahrscheinlichkeitsbeurteilung der Ausübung von Kaufoptionen.[474]

Ist die Ausübung der Mietverlängerungsoption zu Beginn des Leasingverhältnisses als hinreichend sicher zu beurteilen, sind die betreffenden Zeiträume bei der Ermittlung der Laufzeit des Leasingverhältnisses zu berücksichtigen.[475] Zusätzlich sind die Anschluss-Leasingraten in die Mindestleasingzahlungen einzubeziehen.[476] Dies kann zur Folge haben, dass der Mietzeittest und/oder der Barwerttest erfüllt sind. Die günstige Mietverlängerungsoption alleine hat jedoch keine direkte Klassifizierung als *finance lease* zur Folge.[477] Dies ist konsistent mit der Einordnung dieses Kriteriums als Indikator innerhalb der Zurechnungskriterien des IAS 17. Die günstige Mietverlängerungsoption ist stets in Zusammenhang mit dem Mietzeittest und/oder dem Barwerttest zu sehen.

---

471 Vgl. BMF-Schreiben vom 22.12.1975 IV B 2 - S 2170 - 161/75, DB 1976, S. 172 (173) sowie Gliederungspunkt II.B.3.c. in Kapitel 1. Bei einer Kombination von Kaufoption und Restwertgarantie, deren Ausübungspreise jeweils dem erwarteten Restwert entsprechen, fallen dem Leasingnehmer sämtliche Gewinne und Verluste aus Restwertschwankungen zu. Eine Klassifizierung als *finance lease* ist in diesem Fall zwingend, vgl. *Adler/Düring/Schmaltz* (International, 2005): Abschn. 12, Tz. 101.

472 Siehe IAS 17.11 (c) (*revised* 2003).

473 Vgl. Gliederungspunkt II.B.3.b. in Kapitel 1.

474 Siehe IAS 17.10 (b) (*revised* 2003) sowie Gliederungspunkt II.B.2. in diesem Kapitel.

475 Siehe IAS 17.4 (*revised* 2003) zur Definition von „*lease term*".

476 Vgl. *Adler/Düring/Schmaltz* (International, 2005): Abschn. 12, Tz. 108.

477 Vgl. *Mellwig* (Bilanzielle Darstellung, 1998): S. 7; *PwC Deutsche Revision* (IAS für Banken, 2002): S. 339; *Adler/Düring/Schmaltz* (International, 2005): Abschn. 12, Tz. 108.

D. Gesonderte Vorschriften für Immobilienleasingverträge

Für Immobilienleasingverträge existieren unter den IAS/IFRS keine speziellen Vorschriften. Sie sind wie Leasingverträge über Mobilien anhand der gleichen Kriterien als *finance* oder *operating leases* zu klassifizieren.[478] Für unbebaute Grundstücke weist IAS 17.14 allerdings darauf hin, dass diese in der Regel eine unbegrenzte Nutzungsdauer aufweisen, weshalb eine Übertragung im Wesentlichen aller mit dem Eigentum verbundenen Risiken und Chancen nur dann erfolgt, wenn das Eigentum am Ende der Grundmietzeit auf den Leasingnehmer übergeht. Da nach Beendigung des Leasingvertrags erhebliche Chancen aus dem Grundstück verbleiben, ist die Übertragung des gesamten Investitionsrisikos mittels der Leasingraten durch den Leasinggeber für eine Klassifizierung als *finance lease* nicht ausreichend.[479] Für die Klassifizierung als *finance lease* muss deshalb entweder ein automatischer Eigentumsübergang vorgesehen sein oder eine als günstig zu beurteilende Kaufoption bzw. ein Andienungsrecht des Leasinggebers vorliegen. Zudem kann es aber auch zu einer nahezu vollständigen Übertragung der Chancen aus dem Grundstück kommen, wenn eine entsprechende Vereinbarung über die Aufteilung des Erlöses aus der vertraglich festgelegten Veräußerung des Grundstücks am Ende der Grundmietzeit existiert.[480]

Leasingverträge über Gebäude sind nach den allgemeinen Kriterien in *finance* und *operating leases* einzuordnen. Die in der Regel sehr lange, aber anders als bei unbebauten Grundstücken nicht unbegrenzte wirtschaftliche Nutzungsdauer ist entsprechend bei den Zurechnungskriterien zu berücksichtigen.

Leasingverträge über bebaute Grundstücke sind für die Klassifizierung in einen Grundstücks- und einen Gebäudeteil aufzuspalten, solange der Grundstücksanteil nicht unwesentlich ist. Dabei sind die Mindestleasingzahlungen im Verhältnis der Zeitwerte der Leistungen für die Nutzungsrechte zum Zeitpunkt des Abschlusses des Leasingvertrages aufzuteilen.[481] Der Vertrag über den Grund und Boden ist wegen der unbegrenzten Nutzungsdauer grundsätzlich als *operating lease* einzustufen, während für das Gebäude die allgemeinen Kriterien für die Klassifizierung als *finance* oder *operating lease* gelten. Eine Klassifizierung beider Verträge als *finance lease* ist jedoch zwingend, wenn der Eigentumsübergang für beide Elemente vorgesehen oder hinreichend wahrscheinlich ist. Falls der Anteil des Grundstücks unwesentlich ist, wird der Leasingvertrag einheitlich als *operating* oder *finance lease* beurteilt. In diesem Fall gilt die Nutzungsdauer des Gebäudes als Nutzungsdauer des gesamten Leasingobjekts.[482]

---

478 Siehe IAS 17.14 (*revised* 2003).
479 Vgl. *Adler/Düring/Schmaltz* (International, 2005): Abschn. 12, Tz. 112.
480 Vgl. *Adler/Düring/Schmaltz* (International, 2005): Abschn. 12, Tz. 114.
481 Siehe IAS 17.15 f. (*revised* 2003).
482 Siehe IAS 17.17 (*revised* 2003).

Wird eine im Rahmen eines *operating lease* genutzte Immobilie vom Leasingnehmer als Finanzinvestition gehalten,[483] ist eine Sonderregelung zu beachten. IAS 40: Investment Property (Als Finanzinstrumente gehaltene Immobilien) räumt dem Leasingnehmer ein Wahlrecht ein, die Immobilie trotz der Klassifikation des Leasingvertrags als *operating lease* in seiner Bilanz auszuweisen und den Vertrag somit wie ein *finance lease* behandeln.[484] Dazu muss das Grundstück zum einen die Bedingungen für ein *Investment Property* erfüllen, also zum Beispiel weiter vermietet werden. Zum anderen muss das Grundstück nach dem in IAS 40.33-55 (*revised* 2003) beschriebenen Modell erfolgswirksam zum *fair value* bewertet werden.[485] Diese Regelung führt dazu, dass eine Immobilie vom Leasingnehmer bilanziert werden darf, auch wenn der Leasinggeber sowohl über das rechtliche als auch über das wirtschaftliche Eigentum an der Immobilie verfügt. Damit wird die im *Framework* postulierte Maßgeblichkeit des wirtschaftlichen Eigentums[486] zugunsten einer umfassenden *fair value*-Bilanzierung durchbrochen.[487] Diese Regelung ist äußerst kritisch zu sehen. Es ist fraglich, ob bei Ausübung des Wahlrechts in IAS 40 die Bilanz des Leasingnehmers ein den tatsächlichen Verhältnissen entsprechendes Bild der Vermögenslage des Unternehmens vermittelt.

III. Bilanzierung beim Leasingnehmer

A. *Finance Leases*

1. Erstbewertung

Wird das Leasingverhältnis als *finance lease* klassifiziert, erfolgt die Bilanzierung des Vertrags, seinem wirtschaftlichen Gehalt entsprechend, als Ratenkauf des Leasingobjekts.[488] Der Leasingnehmer hat das Objekt im Anlagevermögen zu aktivieren und eine korrespondierende Verbindlichkeit auszuweisen.[489] Zeitpunkt des erstmaligen Ansatzes ist der Beginn der Lauf-

483 Eine Immobilie wird als Finanzinvestition gehalten, wenn sie zum Zwecke der Erzielung von Mieteinnahmen und/oder Wertsteigerungen gehalten werden, siehe IAS 40.5 (*revised* 2003) zur Definition von „*Investment Property*".

484 Siehe IAS 40.6 (*revised* 2003). Dieses Wahlrecht kann für jedes *operating lease*, das die Voraussetzungen erfüllt, einzeln ausgeübt werden.

485 Wird von dem Wahlrecht einmal Gebrauch gemacht, müssen alle anderen als Finanzinvestitionen gehaltenen Immobilien des Bilanzierenden ebenfalls zum *fair value* folgebewertet werden, siehe IAS 40.6 (*revised* 2003).

486 Siehe *IASB Framework* (1989): F. 51.

487 Vgl. *Engel-Ciric* (Haufe IFRS-Kommentar, 2005): § 15, Rz 8. Zu beachten ist, dass das Leasingverhältnis gemäß IAS 17.19 (*revised* 2003) auch dann weiterhin beim Leasingnehmer wie ein *finance lease* zu bilanzieren ist, wenn die Immobilie durch spätere Ereignisse nicht mehr als *Investment Property* zu beurteilen ist, siehe IAS 17.19 (a) u. (b) (*revised* 2003).

488 Siehe IAS 17.21 f. (*revised* 2003); *Adler/Düring/Schmaltz* (International, 2005): Abschn. 12, Tz. 162; *Kirsch* (IAS 17, 2005): Tz. 30 f.

489 Siehe IAS 17.20 (*revised* 2003); *Kirsch* (IAS 17, 2005): Tz. 30. In IAS 17.23 (*revised* 2003) wird diesbezüglich explizit auf das Saldierungsverbot von Vermögenswerten und Schulden hingewiesen. Außerdem sind Leasingverbindlichkeiten in kurzfristige und langfristige Verbindlichkeiten aufzuteilen, wenn diese Unterscheidung beim Bilanzausweis anderer Verbindlichkeiten vorgenommen wird.

zeit des Leasingverhältnisses (*commencement of the lease term*). Dies ist der Zeitpunkt, ab dem der Leasingnehmer sein Recht zur Nutzung des Objekts ausüben kann.[490]

Das Leasingobjekt sowie die Leasingverbindlichkeit sind bei erstmaliger Erfassung mit dem *fair value* des Objekts oder dem Barwert der Mindestleasingzahlungen zu bewerten, falls dieser niedriger ist.[491] Durch Ansatz des geringeren Werts wird sichergestellt, dass das Leasingobjekt nicht zu einem höheren Wert als seinem *fair value* angesetzt wird, da sich anderenfalls ein Wertminderungsbedarf ergeben würde. Ist der Barwert der Mindestleasingzahlungen höher als der *fair value* des Leasingobjekts,[492] muss die Leasingverbindlichkeit durch Diskontierung der Mindestleasingzahlungen mit einem höheren Zinssatz auf den *fair value* des Leasingobjekts reduziert werden. Die Anpassung an den niedrigeren *fair value* durch eine außerplanmäßige Abschreibung des Leasingobjekts ist nicht zulässig.[493] Anfängliche direkte Kosten des Leasingnehmers, das heißt, Kosten, die ihm im Zusammenhang mit dem Abschluss des Leasingvertrags entstehen, stellen Anschaffungsnebenkosten dar und sind dem zu aktivierenden Betrag hinzuzurechnen.[494]

Der Barwert der Mindestleasingraten ist aus Sicht des Leasingnehmers zu bestimmen. Garantiert der Leasingnehmer einen Restwert, wird dieser Restwert in voller Höhe in die Anschaffungskosten des Leasingobjekts sowie in den Ansatz der Leasingverbindlichkeit einbezogen.[495] Selbst wenn der Leasingnehmer den tatsächlich erwarteten Restwert garantiert und damit zum Zeitpunkt der Erstbilanzierung nicht mit einer Zahlungsverpflichtung aus der Garantie zu rechnen ist, wird der gesamte garantierte Betrag als Teil der Gegenleistung des Leasingnehmers für die Anschaffung des Leasingobjekts behandelt. In dieser, durch die Fiktion eines Kaufs des Leasingobjekts begründeten Vorgehensweise könnte ein Verstoß gegen den allgemeinen Grundsatz gesehen werden, die Anschaffungskosten eines Vermögenswerts anhand des *fair value* der hingegebenen Gegenleistung zu bestimmen.[496] Der Leasingnehmer verpflichtet sich außer zur Zahlung der Mindestleasingraten nur zu einer Garantie des Rest-

490 Siehe IAS 17.4 (*revised* 2003) zur Definition von "*commencement of the lease term*". Als Beginn des Leasingverhältnisses gilt hingegen der frühere der beiden Zeitpunkte des Abschlusses des Leasingvertrags oder der Tag, an dem sich die beiden Parteien über die wesentlichen Bestimmungen des Leasingvertrags geeinigt haben. Zu diesem Zeitpunkt hat die Klassifizierung des Leasingverhältnisses zu erfolgen. Wird der Leasingvertrag als *finance lease* klassifiziert, sind zu diesem Zeitpunkt außerdem die Beträge zu bestimmen, die zu Beginn der Laufzeit des Leasingverhältnisses bilanziell anzusetzen sind. Siehe IAS 17.4 (*revised* 2003) zur Definition von "*inception of the lease*".

491 Siehe IAS 17.20 (*revised* 2003).

492 Dazu kann es beispielsweise kommen, wenn der Leasingnehmer den internen Zinssatz des Leasingvertrags nicht ermitteln kann und deshalb zur Diskontierung der Mindestleasingraten seinen Grenzfremdkapitalzinssatz verwendet und dieser niedriger ist, vgl. *Weinstock* (Leasingverträge, 2000): S. 166 f.

493 *Adler/Düring/Schmaltz* (International, 2005): Abschn. 12, Tz. 164.

494 Siehe IAS 17.20 (*revised* 2003).

495 Vgl. dazu die Ausführungen zum Barwerttest in Gliederungspunkt II.B.4. in diesem Kapitel.

496 Siehe zum Beispiel für Sachanlagen IAS 16.6 (*revised* 2003) zur Definition von „*cost*“. In IAS 16.27 (*revised* 2003) wird allerdings explizit darauf hingewiesen, dass die Anschaffungskosten eines Vermögenswertes, den ein Leasingnehmer im Rahmen eines *finance lease* erwirbt, nicht nach IAS 16, sondern nach IAS 17 zu ermitteln sind.

werts. Der garantierte Betrag für den Restwert stellt nicht den *fair value* der Restwertgarantie dar. Zudem könnte die Ansicht vertreten werden, dass die Behandlung des garantierten Restwerts als Mindestleasingzahlung zum Ansatz von Verbindlichkeiten führt, die nicht die Definitionskriterien von Schulden im *Framework* des *IASB* erfüllen. So besteht in Höhe des garantierten Betrags für den Restwert keine „gegenwärtige Verpflichtung", von deren Erfüllung erwartet wird, dass aus dem Unternehmen Ressourcen mit wirtschaftlichem Nutzen abfließen.[497]

Verwendet der Leasingnehmer zur Diskontierung der Mindestleasingzahlungen den internen Zinsfuß des Leasingvertrags, berechnet er bei einem Leasingvertrag mit Restwertgarantie als Barwert der Mindestleasingzahlungen grundsätzlich den *fair value* des Leasingobjekts.[498] Der Leasingnehmer weist daher das Leasingobjekt zu seinem gesamten *fair value* aus. Der Vertrag wird bilanziell so abgebildet, als ob der Leasingnehmer den Restwert miterworben habe. Tatsächlich kann er jedoch – anders als ein Käufer des Leasingobjekts – nur während der Leasingdauer Nutzen aus dem Leasingobjekt ziehen. Der Nutzen aus dem Restwert steht dem Leasinggeber zu, da dieser das Objekt am Ende der Leasingdauer zurückerhält. Es ist daher fraglich, ob die Bewertungsvorschriften des IAS 17 für *finance leases* beim Leasingnehmer mit den Definitionskriterien für Vermögenswerte und Schulden, welche auf den künftigen Nutzenfluss abstellen,[499] vereinbar sind.

2. Folgebewertung

Der Leasingnehmer hat das Leasingobjekt in den Folgeperioden wie Vermögenswerte gleicher Art zu behandeln, die er in seiner Bilanz ausweist. Für die planmäßige Abschreibung des Leasingobjekts sind daher grundsätzlich für Sachanlagen die Regelungen des IAS 16: Property, Plant and Equipment (Sachanlagen) und für immaterielle Vermögenswerte die Regelungen des IAS 38: Intangible Assets (Immaterielle Vermögenswerte) maßgeblich.[500]

Wenn nicht mit hinreichender Sicherheit davon auszugehen ist, dass der Leasingnehmer Eigentümer des Leasingobjekts wird, ist das Leasingobjekt nach IAS 17.27 (*revised* 2003) über den kürzeren der beiden Zeiträume, Laufzeit des Leasingverhältnisses und Nutzungsdauer[501], vollständig abzuschreiben. Im Rahmen der planmäßigen Abschreibung darf somit kein Rest-

497 Siehe *IASB Framework* (1989): F. 49 (b).

498 Dies gilt nur, wenn keine anfänglichen direkten Kosten des Leasinggebers, die gegebenenfalls bei der Bestimmung des internen Zinsfußes des Leasingvertrags zu berücksichtigen sind, oder von Dritten garantierte Restwerte vorliegen.

499 Siehe *IASB Framework* (1989): F. 49 (a) u. (b) sowie Gliederungspunkt II.A.2. in Kapitel 4.

500 Siehe IAS 17.27 (*revised* 2003).

501 Die Nutzungsdauer des Leasingobjekts ist definiert als der ab dem Beginn der Laufzeit des Leasingverhältnisses geschätzte verbleibende Zeitraum, in dem der wirtschaftliche Nutzen des Vermögenswerts vom Unternehmen voraussichtlich verbraucht wird. Eine Beschränkung durch das Ende der Laufzeit des Leasingverhältnisses ist dabei nicht zu beachten. Siehe IAS 17.4 (*revised* 2003) zur Definition von "*useful life*".

wert berücksichtigt werden. Ein durch den Leasingnehmer garantierter Restwert wird als Bestandteil der Mindestleasingraten in Höhe des Barwerts des garantierten Betrags in die Anschaffungskosten des Leasingobjekts einbezogen. Der Leasingnehmer muss jedoch keine Zahlung in Höhe des vollen garantierten Restwerts leisten, wenn der tatsächliche Restwert größer als null ist. Gegebenenfalls hat die Restwertgarantie gar keine Zahlungsfolgen für ihn. Aus diesem Grunde erscheint es nicht sachgerecht, das Leasingobjekt ohne Berücksichtigung des garantierten Restwerts vollständig über die Leasingdauer abzuschreiben. In der Literatur wird deshalb die Ansicht vertreten, dass, in Übereinstimmung mit den Regelungen des Leasingstandards der US-GAAP, SFAS 13,[502] bei der Bemessung der Abschreibungen ein Restwert in der Höhe zu berücksichtigen ist, in welcher der Leasingnehmer am Ende der Leasingdauer voraussichtlich profitieren wird.[503] Bei Vorliegen einer Restwertgarantie wäre demnach das Leasingobjekt nicht vollständig, sondern lediglich auf den erwarteten Restwert abzuschreiben. Der Wortlaut des IAS 17.27 (*revised* 2003) eröffnet jedoch keinen Interpretationsspielraum, mit dem man diese Vorgehensweise begründen könnte. Einen Rückgriff auf die Regelungen eines anderen Standardsetters mit einem ähnlichen *Framework* erlaubt IAS 8.12 (*revised* 2003)[504] nur für den Fall, dass ein Sachverhalt nicht von einem Standard oder einer *Interpretation* des *IASB* erfasst wird. Für die Folgebewertung des Leasingobjekts beim Leasingnehmer liegt jedoch keine Regelungslücke vor. Wenngleich eine vollständige Abschreibung des Leasingobjekts über die Leasingdauer zu einer unzutreffenden Darstellung des Verbrauchs an wirtschaftlichem Nutzen des Vermögenswertes führt,[505] schreibt IAS 17 diese zwingend vor.[506] Die Anwendung der Regelungen des Leasingstandards der US-GAAP in einem Abschluss, der nach den Regelungen der IAS/IFRS aufgestellt wird, ist hier unzulässig.

Die Nichtberücksichtigung eines offenen Restwerts bei der Abschreibung des Leasingobjekts erscheint hingegen sachgerecht. In diesem Fall dürfte der Barwert der Mindestleasingraten, zu denen ein offener Restwert nicht gehört,[507] niedriger sein als der *fair value* des Leasingobjekts und daher die Anschaffungskosten des Leasingnehmers bestimmen.[508] Der wirtschaftliche Nutzen dieses Anschaffungswerts wird während der Leasingdauer komplett verbraucht.

---

502 Siehe SFAS 13.11 (b).

503 Vgl. *Alvarez/Wotschofsky/Miethig* (Leasingverhältnisse nach IAS 17, 2001): S. 943; *Vater* (Eldorado, 2002): S. 2097; *Adler/Düring/Schmaltz* (International, 2005): Abschn. 12, Tz. 169; *Epstein/Mirza* (IAS, 2004): S. 565 f.

504 IAS 8: Accounting Policies, Changes in Accounting Estimates and Errors (Bilanzierungs- und Bewertungsmethoden, Änderungen von Schätzungen und Fehler).

505 Vgl. *Adler/Düring/Schmaltz* (International, 2005): Abschn. 12, Tz. 169; *Kieso/Weygandt/Warfield* (Intermediate Accounting, 2004): S. 1107.

506 Vgl. *Weinstock* (Leasingverträge, 2000): S. 170, Fn. 320.

507 Siehe IAS 17.4 (*revised* 2003) zur Definition von „*minimum lease payments*".

508 Siehe IAS 17.20 (*revised* 2003).

Um zu überprüfen, ob bei dem Leasingobjekt ein Wertminderungsbedarf besteht, der durch eine außerplanmäßige Abschreibung zu berücksichtigen ist, hat der Leasingnehmer die Regelungen des IAS 36: Impairment of Assets (Wertminderung von Vermögenswerten) zu befolgen.[509]

Für die Folgebewertung der Leasingverbindlichkeit hat der Leasingnehmer die Leasingzahlungen in einen Tilgungsanteil, der die Verbindlichkeit reduziert, und einen Zinsanteil aufzuspalten.[510] Der Zinsanteil der Zahlungen ist in einer Weise über die Laufzeit des Leasingverhältnisses zu verteilen, dass eine Verzinsung der noch ausstehenden Leasingverbindlichkeit mit einem gleich bleibenden Zinssatz entsteht.[511] Diese Vorgehensweise entspricht der Effektivzinsmethode, wie sie in IAS 39: Financial Instruments: Recognition and Measurement (Finanzinstrumente: Ansatz und Bewertung) für die Folgebewertung von *financial liabilities*, bewertet zu historischen Kosten, vorgeschrieben ist.[512] Wird die Leasingverbindlichkeit bei Erstverbuchung zum Barwert der Mindestleasingraten angesetzt, entspricht der interne Zinssatz der Verbindlichkeit dem internen Zinsfuß des Leasingvertrags oder dem Grenzfremdkapitalzinssatz des Leasingnehmers.[513] Gemäß dem Grundsatz der Periodenabgrenzung[514] sind die Zinsaufwendungen in der Periode zu erfassen, der sie zuzurechnen sind. Insbesondere für vorschüssige Leasingraten sind daher Zinsabgrenzungen vorzunehmen.[515] Bedingte Leasingraten sind in der Periode als Aufwand zu erfassen, in der sie anfallen.[516]

Ein garantierter Restwert wird für die Bewertung der Verbindlichkeit zu Beginn des Leasing wie eine Leasingzahlung behandelt. Durch die beschriebene Folgebewertung der Verbindlichkeit verbleibt nach Zahlung sämtlicher Leasingraten am Ende der Leasingdauer eine Verbindlichkeit in Höhe des garantierten Restwerts auf der Passivseite der Bilanz des Leasingnehmers. Wenn der Verwertungserlös aus dem Leasingobjekt am Ende der Leasingdauer dem garantierten Restwert entspricht, ist der Leasingnehmer zu keiner Zahlung verpflichtet. Die Verbindlichkeit ist daher auszubuchen. Da das Leasingobjekt gemäß dem Wortlaut von IAS 17.27 (*revised* 2003) über die Leasingdauer vollständig abgeschrieben werden muss, kommt es am Ende der Leasingdauer bei Ausbuchung des Leasingobjekts und der Verbind-

509 Siehe IAS 17.30 (*revised* 2003).

510 Siehe IAS 17.25 (*revised* 2003).

511 Da die exakte zeitliche Zuordnung der Zinszahlungen auf die jeweiligen Perioden in der Praxis gegebenenfalls erheblichen Aufwand verursachen kann, lässt IAS 17.26 (*revised* 2003) auch die Anwendung sachgerechter Näherungslösungen zu.

512 Siehe IAS 39.47 (*revised* 2003). Die Leasingverbindlichkeit stellt grundsätzlich eine *financial liability* i. S. v. IAS 39.8 (*revised* 2003) i. V. m. IAS 32.11 (*revised* 2003) dar. Darauf wird auch in IAS 32 AG9 (*revised* 2003) hingewiesen. Leasingverbindlichkeiten sind jedoch mit Ausnahme der Regelungen zur Ausbuchung explizit aus dem Anwendungsbereich von IAS 39 ausgeschlossen, siehe IAS 39.2 (b) (ii) (*revised* 2003).

513 Dies ist darin begründet, dass der Leasingnehmer zur Berechnung des Barwerts der Mindestleasingzahlung einen dieser beiden Zinssätze verwendet, siehe IAS 17.20 (*revised* 2003).

514 Siehe *IASB Framework* (1989): F. 22; IAS 1.25 f. (*revised* 2003).

515 Vgl. *Adler/Düring/Schmaltz* (International, 2005): Abschn. 12, Tz. 172.

516 Siehe IAS 17.25 (*revised* 2003).

lichkeit zu einem Ertrag in Höhe des Restwerts beim Leasingnehmer. Dies widerspricht dem Grundsatz der Periodenabgrenzung. Das Nutzenpotenzial des Leasingobjekts wird durch die vollständige Abschreibung komplett über die Leasingdauer verteilt, obwohl am Ende der Leasingdauer noch Nutzenpotenzial in Höhe des Restwerts besteht. Dadurch fällt der jährliche Periodenaufwand zu hoch aus, während am Ende der Leasingdauer ein Ertrag realisiert wird, obwohl der Restwert des Leasingobjekts dem zu Beginn des Leasing erwarteten Restwert entspricht. Die Berücksichtigung eines Restwerts bei der Abschreibung des Leasingobjekts erscheint daher zwingend.[517] Der Grundsatz der Periodenabgrenzung stellt jedoch kein sog. *overriding principle* dar; die Vorschriften des IAS 17 als Rechnungslegungsstandard sind vorrangig vor den Grundprinzipien des *Framework* zu beachten.[518]

Liegt ein offener Restwert vor, ist die Verbindlichkeit zum Ende der Leasingdauer vollständig getilgt, da der offene Restwert nicht Bestandteil der Mindestleasingzahlungen ist. Die Rückgabe des Leasingobjekts an den Leasinggeber erfolgt somit erfolgsneutral, da auch das Leasingobjekt bis zum Ende der Leasingdauer vollständig abgeschrieben wird. Dadurch kommt es zu keinem Verstoß gegen den Grundsatz der Periodenabgrenzung.[519]

Die Regelungen des IAS 17 zur Bilanzierung von *finance leases* beim Leasingnehmer lassen sich anhand des folgenden Beispiels verdeutlichen:

Beispiel 2.2

Ein Leasingobjekt, das einen fair value von 10.000 aufweist, wird ab dem 01.01.01 für eine unkündbare Leasingdauer von vier Jahren zu nachschüssigen jährlichen Raten verleast. Wie in Beispiel 2.1 Fall a)[520] *leistet der Leasingnehmer eine Restwertgarantie in Höhe des erwarteten Restwerts von 3.000. Der Leasinggeber kalkuliert daher eine Leasingrate in Höhe von 2.325. Es wird angenommen, dass der Leasingnehmer zur Diskontierung der Mindestleasingzahlungen den internen Zinsfuß des Leasingvertrags in Höhe von 7,63%*[521] *verwendet. Somit beträgt der Barwert der Mindestleasingzahlungen aus Sicht des Leasingnehmers 10.000; er entspricht damit dem fair value des Leasingobjekts. Zusätzlich wird angenommen, dass der tatsächliche Restwert des Leasingobjekts am Ende der Leasingdauer mit dem garantierten Restwert in Höhe von 3.000 übereinstimmt, so dass der Leasingnehmer das Leasingobjekt ohne eine weitere Zahlung am 01.01.05 an den Leasingeber zurückgibt. Die Abschrei-*

517 Diese Meinung herrscht auch in der Literatur vor. Vgl. weiter oben in diesem Gliederungspunkt.
518 Siehe *IASB Framework* (1989): F. 2. Vgl. dazu auch die Ausführungen in Gliederungspunkt I.A. in Kapitel 4.
519 Vgl. *Kieso/Weygandt/Warfield* (Intermediate Accounting, 2004): S. 1108.
520 Vgl. Gliederungspunkt II.B.4. in diesem Kapitel.
521 Vgl. Beispiel 2.1 Fall a) in Gliederungspunkt II.B.4. in diesem Kapitel.

bung des Leasingobjekts erfolgt linear über die Leasingdauer. Der Restwert darf dabei nicht berücksichtigt werden. Beim Leasingnehmer ergibt sich daher folgende Darstellung:

	01.01.01	*31.12.01*	*31.12.02*	*31.12.03*	*31.12.04*	*01.01.05*	
Bilanz							
Leasingobjekt	*10.000*	*7.500*	*5.000*	*2.500*	*0*		
Verbindlichkeit	*10.000*	*8.438*	*6.757*	*4.947*	*3.000*		
GuV							*Σ*
Ausbuchung Verbindlichkeit						*3.000*	*3.000*
Abschreibungen		*-2.500*	*-2.500*	*-2.500*	*-2.500*	*0*	*-10.000*
Zinsaufwand		*-763*	*-644*	*-515*	*-377*	*0*	*-2.299*
Aufwand/Ertrag		***-3.263***	***-3.144***	***-3.015***	***-2.877***	***3.000***	***-9.299***
Cashflow		***-2.325***	***-2.325***	***-2.325***	***-2.325***	***0***	***-9.299***

3. *Angabepflichten*

Da die Leasingverbindlichkeit eine finanzielle Verpflichtung darstellt, hat der Leasingnehmer zum einen die Angabepflichten nach IAS 32: Financial Instruments: Disclosure and Presentation (Finanzinstrumente: Angaben und Darstellung) zu beachten. Zum anderen sind die Angabepflichten zu erfüllen, die in den jeweiligen Standards für Vermögenswerte verlangt werden, denen das Leasingobjekt zuzuordnen ist.[522] Daneben werden in IAS 17.31 (*revised* 2003) umfangreiche Angabepflichten zu *finance leases* gefordert, die im Rahmen der Überarbeitung des IAS 17 im Jahre 1997 erheblich erweitert wurden.[523] Der Leasingnehmer hat für jede Gruppe von Vermögenswerten[524] den Buchwert der aktivierten Leasingobjekte zum Bilanzstichtag anzugeben.[525] Außerdem hat er eine Überleitungsrechnung von der Summe der Mindestleasingzahlungen zu deren Barwert vorzunehmen. Zusätzlich sind diese beiden Werte in Beträge mit einer Restlaufzeit von bis zu einem Jahr, zwischen einem und fünf Jahren und mehr als fünf Jahren aufzuteilen.[526] Überdies verlangt IAS 17.31 (*revised* 2003) eine Angabe der bedingten Leasingraten, die in der Berichtsperiode als Aufwand erfasst wurden sowie eine Angabe der Summe der künftigen Mindestleasingzahlungen, deren Erhalt aufgrund von unkündbaren Unterleasingverhältnissen am Bilanzstichtag erwartet wird.[527] Ferner hat der Leasingnehmer eine allgemeine Beschreibung seiner bedeutenden Leasingverhältnisse anzugeben. Dabei ist insbesondere zu erläutern, auf welcher Basis bedingte Leasingraten fest-

522 In Frage kommen diesbezüglich die Angabepflichten gemäß IAS 16, IAS 38, IAS 40 oder IAS 41, siehe IAS 17.32 (*revised* 2003).
523 Vgl. *Kirsch* (IAS 17, 2005): Tz. 82.
524 Der Begriff „Gruppe von Vermögenswerten“ wird in IAS 16.37 (*revised* 2003) definiert. Demzufolge sind darunter Vermögenswerte zu verstehen, die sich durch ähnliche Art und ähnliche Verwendung in einem Unternehmen auszeichnen, beispielsweise unbebaute Grundstücke, Grundstücke und Gebäude, Maschinen und technische Anlagen.
525 Siehe IAS 17.31 (a) (*revised* 2003).
526 Siehe IAS 17.31 (b) (*revised* 2003).
527 Siehe IAS 17.31 (c) u. (d) (*revised* 2003).

gelegt wurden, ob und zu welchen Bedingungen Mietverlängerungs-, Kaufoptionen oder Preisanpassungsklauseln vereinbart wurden und ob bzw. welche Beschränkungen dem Leasingnehmer durch Leasingvereinbarungen auferlegt wurden.[528] Solche Beschränkungen können zum Beispiel bezüglich der Ausschüttung von Dividenden, der Aufnahme zusätzlichen Fremdkapitals oder des Abschlusses weiterer Leasingverträge bestehen.

B. *Operating Leases*

1. Behandlung der Leasingzahlungen

Wird der Leasingvertrag als *operating lease* klassifiziert, erfolgt die bilanzielle Behandlung entsprechend dem wirtschaftlichen Gehalt der Vereinbarung als Mietverhältnis.[529] Damit wird unterstellt, dass der Leasingnehmer außerhalb der Leasingdauer keinen wirtschaftlichen Nutzen aus dem Leasingobjekt ziehen kann.[530] Der Leasingvertrag wird somit als schwebendes Dauerschuldverhältnis behandelt.[531] Dies hat, korrespondierend zum im deutschem Handelsrecht geltenden Grundsatz der Nichtbilanzierung schwebender Geschäfte,[532] zur Folge, dass es zu keinem bilanziellen Ausweis beim Leasingnehmer kommt.[533]

Der Leasingnehmer hat gemäß IAS 17.33 (*revised* 2003) die Leasingzahlungen als Aufwand in der Gewinn- und Verlustrechnung grundsätzlich linear über die Laufzeit des Leasingverhältnisses zu erfassen. Entspricht eine andere systematische Verteilung eher dem zeitlichen Nutzenverlauf des Leasingnehmers, ist diese zugrunde zu legen.[534] Erfolgen die tatsächlichen Zahlungen nicht auf dieser Basis, sind Abgrenzungen durch Bildung von entsprechenden Aktiv- oder Passivpositionen vorzunehmen.[535] Der in IAS 17.33 (*revised* 2003) verwendete Begriff der „Leasingzahlungen" („*lease payments*") wird nicht definiert. In der Literatur wird die Auffassung vertreten, dass dieser nicht vollständig deckungsgleich mit dem Begriff der „Mindestleasingzahlungen" („*minimum lease payments*") sei, der im Zusammenhang mit der Bilanzierung von *finance leases* verwendet wird.[536] Da bei der Bilanzierung von *operating leases* eine möglichst periodengerechte Erfassung des Aufwands aus dem Leasingverhältnis bezweckt werde, sei beispielsweise eine zur Kompensation von unüblich niedrigen Leasing-

528 Siehe IAS 17.31 (e) (*revised* 2003).
529 Vgl. *Coenenberg* (Jahresabschluss, 2003): S. 194; *Kirsch* (IAS 17, 2005): Tz. 59.
530 Vgl. *Epstein/Mirza* (IAS, 2004): S. 563.
531 Vgl. *Adler/Düring/Schmaltz* (International, 2005): Abschn. 12, Tz. 188.
532 Vgl. dazu Gliederungspunkt II.C.1.a. in Kapitel 1. Zur Bilanzierung schwebender Geschäfte nach den IAS/IFRS vgl. Gliederungspunkt II.B. in Kapitel 4.
533 Vgl. *Gelhausen/Weiblen* (Leasingverträge, 2003): Rn. 248; *Mellwig/Sabel* (Nichtbilanzierung schwebender Geschäfte, 2005): S. 361.
534 Siehe IAS 17.33 f. (*revised* 2003).
535 Vgl. *Adler/Düring/Schmaltz* (International, 2005): Abschn. 12, Tz. 193 f.
536 Vgl. *Adler/Düring/Schmaltz* (International, 2005): Abschn. 12, Tz. 189.

raten eingegangene hohe Verpflichtung aus einer Restwertgarantie ratierlich in die Leasingzahlungen einzubeziehen.[537]

Hat eine Restwertgarantie nicht die Funktion einer Korrektur zu niedriger Leasingzahlungen, stellt sie gegebenenfalls eine ungewisse Schuld nach IAS 37: Provisions, Contingent Liabilities and Contingent Assets (Rückstellungen, Eventualschulden und Eventualforderungen) dar.[538] Bei hinreichend hoher Wahrscheinlichkeit ihrer Inanspruchnahme und Erfüllung der sonstigen Voraussetzungen nach IAS 37.14 (1998) ist eine Rückstellung in Höhe der vertraglichen Verpflichtung anzusetzen.[539] Diese Regelung entspricht der Vorschrift zur Bildung von Rückstellungen für drohende Verluste aus schwebenden Geschäften im deutschen Handelsrecht.[540] Eine Garantie des zu Beginn des Leasingkontraktes erwarteten Restwerts hat grundsätzlich keine bilanziellen Auswirkungen beim Leasingnehmer, solange der erwartete Restwert nicht sinkt, da kein „belastender Vertrag" („*onerous contract*") im Sinne von IAS 37.10 (1998) vorliegt.

Hinsichtlich der Höhe der zu erfassenden Leasingraten ist zudem die Interpretation SIC-15: Operating Leases – Incentives (Operating Leasingverhältnisse – Anreizvereinbarungen) zu beachten. Danach sind sämtliche Anreize, die der Leasinggeber dem Leasingnehmer für den Abschluss oder die Verlängerung eines *operating lease* gewährt, zu bewerten und als Reduktion der Leasingraten linear über die Laufzeit des Leasingverhältnisses zu verteilen.[541] Die Ausgestaltung der Anreize sowie Form und Zeitpunkt der Zahlung sind irrelevant.[542] Als Beispiele für solche Anreize werden Barzahlungen an den Leasingnehmer, die Übernahme oder Erstattung von Kosten durch den Leasinggeber sowie in den ersten Perioden reduzierte Leasingraten genannt.[543] Buchungstechnisch ist somit der aus den Anreizen gewährte finanzielle Vorteil beim Leasingnehmer als Passivposten anzusetzen und über die Leasingdauer aufzulösen. Zugleich hat der Leasingnehmer die ihm im Zusammenhang mit dem Leasingvertrag entstehenden Kosten, auch wenn sie ihm im Rahmen einer Anreizvereinbarung erstattet wer-

537 Vgl. *Adler/Düring/Schmaltz* (International, 2005): Abschn. 12, Tz. 189 f. Bedingte Leasingraten und Kosten für bestimmte Leistungen, wie Versicherungen oder Instandhaltungen, sind weder in die Mindestleasingzahlungen noch in die Leasingzahlungen einzubeziehen, siehe IAS 17.34 (*revised* 2003). Sie sind nach dem Grundsatz der Periodenabgrenzung als Aufwand zu erfassen, vgl. *Adler/Düring/Schmaltz* (International, 2005): Abschn. 12, Tz. 196.

538 Vgl. *Adler/Düring/Schmaltz* (International, 2005): Abschn. 12, Tz. 190. Siehe IAS 37.10 (1998) zur Definition von „*liability*" und „*contingent liability*".

539 Siehe IAS 37.66 (1998).

540 Siehe § 249 Abs. 1 Satz 1 2. Alt. HGB.

541 Siehe SIC-15.5. Entspricht eine andere systematische Verteilungsmethode eher dem zeitlichen Verlauf des Nutzens des Leasingnehmers aus der Nutzung des Leasingobjekts, ist diese zugrunde zu legen.

542 Siehe SIC-15.3.

543 Beispiele für Kosten, die vom Leasinggeber übernommen oder erstattet werden könnten, sind Verlegungskosten, Mietereinbauten und Kosten in Verbindung mit einer vorher bestehenden vertraglichen Verpflichtung des Leasingnehmers, siehe SIC-15.1.

den, nach den jeweils anzuwendenden Vorschriften zu behandeln.[544] Dies bedeutet in der Regel, dass sie im Zeitpunkt ihres Entstehens als Aufwand zu erfassen sind.[545]

Übersteigen die unvermeidbaren Kosten aus der Erfüllung des Leasingvertrags den erwarteten wirtschaftlichen Nutzen des Leasingnehmers, handelt es sich bei dem Leasingverhältnis um einen „belastenden Vertrag" im Sinne von IAS 37.10 (1998).[546] In diesem Fall hat der Leasingnehmer eine Rückstellung in Höhe des Verpflichtungsüberschusses zu passivieren.[547]

2. *Angabepflichten*

Der Leasingnehmer hat für *operating leases* seit der Überarbeitung von IAS 17 im Jahre 1997 ebenfalls umfangreiche Angabepflichten zu erfüllen. Wie bei *finance leases* hat der Leasingnehmer bei unkündbaren *operating leases* die Summe der zukünftig zu zahlenden Mindestleasingzahlungen nach ihrer Restlaufzeit in drei Gruppen aufzugliedern.[548] Außerdem ist der Gesamtbetrag der künftigen Mindestleasingzahlungen, deren Erhalt aufgrund von unkündbaren Unterleasingverhältnissen am Bilanzstichtag erwartet wird, anzugeben.[549] Zusätzlich fordert IAS 17.35 (c) (*revised* 2003) die Angabe des Betrags der in der Berichtsperiode ergebniswirksam erfassten Leasingzahlungen und Unterleasingzahlungen, aufgegliedert in Mindestleasingzahlungen, bedingte Leasingzahlungen und Zahlungen aus Unterleasingverhältnissen. Ferner sind – ebenso wie bei *finance leases* – die bedeutenden Leasingverhältnisse allgemein zu beschreiben.[550] Zudem sind die Angabepflichten des IAS 32 zu beachten.[551] Diese können sich nur auf bereits fällige, jedoch vom Leasingnehmer noch nicht gezahlte Leasingraten beziehen, da nur hieraus entstehende Leasingverbindlichkeiten im Rahmen von *operating leases* Finanzinstrumente im Sinne von IAS 32 darstellen.[552]

---

544 Siehe SIC-15.6 sowie Beispiel 1 im Anhang zu SIC-15. Damit werden auch anfängliche direkte Kosten, die dem Leasingnehmer im Zusammenhang mit dem Abschluss des Leasingvertrags entstehen, erfasst.

545 Dies gilt nur, soweit sie nicht die Ansatzkriterien für immaterielle Vermögenswerte nach IAS 38 erfüllen, vgl. *Adler/Düring/Schmaltz* (International, 2005): Abschn. 12, Tz. 197.

546 In IAS 37.5 (c) (1998) wird explizit darauf hingewiesen, dass belastende *operating leases* in den Anwendungsbereich von IAS 37 fallen.

547 Siehe IAS 37.66 (1998) sowie *von Keitz* u. a. (IAS 37, 2005): Tz. 64.

548 Dabei ist zwischen einer Restlaufzeit von bis zu einem Jahr, zwischen einem und fünf Jahren und mehr als fünf Jahren zu unterscheiden, siehe IAS 17.35 (a) (*revised* 2003).

549 Siehe IAS 17.35 (b) (*revised* 2003).

550 Siehe IAS 17.35 (d) (*revised* 2003). Die Aspekte, die dabei besonders zu erläutern sind, entsprechen denen bei *finance leases*, vgl. Gliederungspunkt III.A.3. in diesem Kapitel.

551 Siehe IAS 17.35 (*revised* 2003).

552 *Operating leases* erfüllen nicht die Definition von Finanzinstrumenten, siehe IAS 32 AG9 (*revised* 2003).

IV. Bilanzierung beim Leasinggeber

A. *Finance Leases*

1. *Bilanzieller Ausweis*

Ein *finance lease* wird beim Leasinggeber als Verkauf des Objekts abgebildet; das Leasingobjekt ist deshalb bei ihm auszubuchen. Stattdessen wird eine Forderung in Höhe der Nettoinvestition in das Leasingverhältnis (*net investment in the lease*) aktiviert.[553] Die Nettoinvestition in das Leasingverhältnis berechnet sich als mit dem internen Zinsfuß des Leasingvertrags diskontierter Barwert der Summe der Mindestleasingzahlungen aus Sicht des Leasinggebers[554] und jeglichem, dem Leasinggeber zuzurechnenden nicht garantierten Restwert.[555] Aufgrund der Definition des internen Zinsfußes des Leasingvertrags entspricht die Höhe der Nettoinvestition in das Leasingverhältnis dem *fair value* des Leasingobjekts zuzüglich anfänglicher direkter Kosten des Leasinggebers.[556] Selbst wenn Leasinggeber und -nehmer beide den internen Zinsfuß des Leasingvertrags zur Berechnung des Barwerts der Mindestleasingzahlungen verwenden, stimmen die anzusetzenden Werte der Verbindlichkeit beim Leasingnehmer und der Forderung beim Leasinggeber bei Erstbilanzierung nur dann überein, wenn es keinen offenen Restwert gibt.

Der Ansatzzeitpunkt für die Forderung ist – nach allgemeinen Grundsätzen – der Zeitpunkt, zu dem die Verfügungsmacht über das Leasingobjekt auf den Leasingnehmer übertragen wird.[557]

2. *Forderungsausweis und Gewinnrealisierung bei Erstbilanzierung*

Bei der Bilanzierung eines *finance lease* wird nicht explizit berücksichtigt, dass der Leasinggeber gegebenenfalls einen garantierten oder nicht garantierten Restwert zurückbehält. Der Leasinggeber bucht den Leasinggegenstand vollständig aus und aktiviert eine Forderung gegen den Leasingnehmer. In den Ansatz der Forderung werden neben den Mindestleasingzahlungen, die garantierte Restwerte umfassen, auch nicht garantierte Restwerte einbezogen. Dem erhöhten Risiko von nicht garantierten Restwerten, die in den Ansatz der Forderung einbezogen werden, soll Rechnung getragen werden, indem diese regelmäßig auf ihre Werthal-

553 Siehe IAS 17.36 (*revised* 2003).

554 Vgl. dazu die Ausführungen zum Barwerttest in Gliederungspunkt II.B.4. in diesem Kapitel.

555 Siehe 17.4 (*revised* 2003) zur Definition von "*net investment in the lease*" sowie „*gross investment in the lease*". Die Differenz dieser beiden Beträge wird als „nicht realisierter Finanzertrag" bezeichnet, siehe IAS 17.4 (*revised* 2003) zur Definition von „*unearned finance income*".

556 Siehe IAS 17.4 (*revised* 2003) zur Definition von „*interest rate implicit in the lease*". Das Wahlrecht, anfängliche direkte Kosten des Leasinggebers sofort erfolgswirksam zu erfassen oder über die Leasingdauer zu verteilen, siehe IAS 17.33 (*revised* 1997), wurde im Rahmen der Überarbeitung des IAS 17 im Jahre 2003 zugunsten einer Pflicht zur Verteilung über die Leasingdauer abgeschafft.

557 Siehe 17.4 (*revised* 2003) zur Definition von "*commencement of the lease term*".

tigkeit zu überprüfen sind. Im Falle einer Minderung der geschätzten Restwerte ist eine Berichtigung der Ertragsverteilung über die Laufzeit vorzunehmen.[558]

Die Einbeziehung von zurückbehaltenen Restwerten in die Forderung ist sehr kritisch zu sehen. Bezüglich der zurückbehaltenen Restwerte findet kein Umsatz statt. Sie sind daher grundsätzlich nicht Teil der Erlöse des Leasinggebers.[559] Darüber hinaus unterliegt ein offener Restwert wesentlich höheren Risiken als dem Risiko mangelnder Bonität des Leasingnehmers. Solche Risiken wird der Leasinggeber im internen Zinsfuß des Leasingvertrags berücksichtigen. Durch Verwendung dieses Zinssatzes als Diskontierungsfaktor für die Berechnung der Nettoinvestition in das Leasingverhältnis finden diese Risiken auch Eingang in die Bewertung der Forderung. Dennoch stellt der mit einem risikoadäquaten Zinssatz diskontierte offene Restwert keinen Zahlungsanspruch dar und erfüllt nicht die Definition einer Forderung.[560]

Ist der Leasinggeber Händler oder Hersteller des Leasingobjekts und bilanziert er daher das Leasingobjekt unmittelbar vor Abschluss des als *finance lease* zu klassifizierenden Leasingvertrags, muss er einen Veräußerungsgewinn oder -verlust zu Beginn des Leasing realisieren, wenn der Buchwert des Leasingobjekts nicht dessen *fair value* entspricht.[561] Bei einem Hersteller oder Händler sei es üblich, dass dieser seinen Kunden die Wahl zwischen Kauf oder Leasing des Vermögenswertes einräumt.[562] Die bilanzielle Behandlung eines *finance lease* entspricht somit auch hinsichtlich der Gewinnrealisierung einem Verkauf vergleichbarer Vermögenswerte.[563] Der gesamte Gewinn des Leasinggebers, also die Differenz zwischen der Bruttoinvestition in das Leasingverhältnis und dem Buchwert des Leasingobjekts, wird somit in einen sofort zu erfassenden Veräußerungsgewinn oder -verlust sowie einen über die Laufzeit des Leasing zu erfassenden Finanzertrag aufgeteilt.[564] Anfängliche direkte Kosten sind bei Leasinggebern, die Hersteller oder Händler des Leasingobjekts sind, als Aufwand zeitgleich mit dem Veräußerungsgewinn zu erfassen.[565]

558 Siehe IAS 17.41 (*revised* 2003). Erhöht sich der erwartete nicht garantierte Restwert, hat dies keine Korrektur des zu vereinnahmenden Finanzertrags zur Folge. Es sei denn, zuvor erfolgte bereits eine Minderung und die Erhöhung kann als Wertaufholung interpretiert werden, vgl. *Adler/Düring/Schmaltz* (International, 2005): Abschn. 12, Tz. 258.

559 Vgl. dazu die Kriterien zur Erfassung von Erlösen aus dem Verkauf von Gütern in IAS 18.14 (*revised* 1993).

560 Vgl. dazu die Definition eines *financial asset* in IAS 32.11 (*revised* 2003).

561 Siehe IAS 17.42 (*revised* 2003).

562 Siehe IAS 17.43 (*revised* 2003).

563 Siehe IAS 17.42 (*revised* 2003). Werden unüblich niedrige Leasingraten vereinbart, ist der Veräußerungsgewinn auf die Höhe zu beschränken, die sich bei Zugrundelegung eines marktüblichen Kalkulationszinssatzes ergeben hätte.

564 Siehe IAS 17.43 (*revised* 2003).

565 Bei anderen Leasinggebern sind sie hingegen in der auszuweisenden Forderung enthalten. Dies wird durch die Definition von „*initial direct costs*“ und „*interest rate implicit in the lease*“ in IAS 17.4 (*revised* 2003) sichergestellt, siehe IAS 17.38 (*revised* 2003).

Die Realisierung eines Veräußerungsgewinns zu Beginn des Leasing, der sich auch auf den vom Leasinggeber zurückbehaltenen Teil des Leasingobjekts – also den Restwert – bezieht, ist mit den allgemeinen Gewinnrealisierungskriterien der IAS/IFRS nur schwer vereinbar. Nach IAS 18: Revenue (Erträge) sind Erlöse aus dem Verkauf von Gütern nur zu erfassen, wenn das Unternehmen die maßgeblichen Risiken und Chancen, die mit dem Eigentum der verkauften Güter verbunden sind, auf den Käufer übertragen hat. Zudem darf dem Unternehmen kein fortführendes Verfügungsrecht, wie es gewöhnlich mit dem Eigentum verbunden ist, verbleiben.[566] Der Leasinggeber bleibt jedoch Verfügungsberechtigter des Restwerts, wenn kein Eigentumsübergang am Ende der Leasingdauer zu erwarten ist, sondern er das Leasingobjekt zurückerhält. Ist der Restwert garantiert, werden zwar die Risiken auf den Leasingnehmer übertragen, die mit dem Restwert verbundenen Chancen verbleiben jedoch beim Leasinggeber. Bei einem nicht garantierten Restwert behält der Leasinggeber sogar die mit dem Restwert verbundenen Risiken und Chancen zurück. Die Vorgehensweise nach IAS 17 bezüglich der Gewinnrealisierung beim Leasinggeber kann nur damit begründet werden, dass unterstellt wird, der Restwert sei bei als *finance lease* zu klassifizierenden Leasingverträgen stets unwesentlich.

Bei der Darstellung der Veräußerung des Leasingobjekts in der Gewinn- und Verlustrechnung des Leasinggebers wird die Zurückbehaltung eines nicht garantierten Restwerts jedoch berücksichtigt. Der gegebenenfalls auszuweisende Veräußerungsgewinn ergibt sich aus der Differenz zwischen den in der Gewinn- und Verlustrechnung auszuweisenden Umsatzerlösen und den Umsatzkosten. Die Umsatzerlöse entsprechen dem *fair value* des Leasingobjekts oder, falls dieser niedriger ist, dem mit einem marktüblichen Zinssatz ermittelten Barwert der Mindestleasingraten. Die auszuweisenden Umsatzkosten sind anhand der Kosten bzw. des Buchwerts des Leasingobjekts abzüglich des Barwerts des nicht garantierten Restwerts zu ermitteln.[567] Die Umsatzerlöse enthalten somit, anders als die in der Bilanz auszuweisende Forderung, keine nicht garantierten Restwerte. Da der nicht garantierte Restwert jedoch auch aus den Umsatzkosten eliminiert wird, enthält der Veräußerungsgewinn als Differenz zwischen Umsatzerlösen und Umsatzkosten auch Teile, die sich auf den zurückbehaltenen Restwert beziehen und mit höheren Risiken als dem Bonitätsrisiko behaftet sind.[568]

Da in IAS 17.42 (*revised* 2003) nur Leasinggeber, die Hersteller oder Händler des Leasingobjekts sind, genannt werden, muss davon ausgegangen werden, dass andere Leasinggeber

---

566 Siehe IAS 18.14 (a) u. (b) (*revised* 1993).

567 Siehe IAS 17.44 (*revised* 2003). Hat der Leasinggeber zur Kalkulation der Leasingraten einen künstlich niedrigen Finanzierungssatz verwendet, um das Kundeninteresse zu wecken, ist der zu erfassende Veräußerungsgewinn auf jenen Betrag zu begrenzen, der sich bei Verwendung eines marktüblichen Zinssatzes ergeben würde, siehe IAS 17.45 (*revised* 2003).

568 Dies ist darin begründet, dass der Barwert des erwarteten nicht garantierten Restwerts aus den Umsatzkosten eliminiert wird und nicht der Barwert des anteiligen Buchwerts des Restwerts. Vgl. dazu Beispiel 2.3 in diesem Gliederungspunkt.

keinen Veräußerungsgewinn zu Beginn des Leasing realisieren dürfen.[569] In IAS 17 werden jedoch die Begriffe „Hersteller“ und „Händler“ nicht definiert. Aus diesem Grund wird in der Literatur die Auffassung vertreten, dass es sich hierbei lediglich um eine typisierende Betrachtung handele und es deshalb zulässig sei, IAS 17.42 (*revised* 2003) stets anzuwenden, wenn aus der Transaktion ein Veräußerungsgewinn resultiere, der die Vorwegmargen typischer Finanzierungstransaktionen überschreite.[570] Die Formulierung in IAS 17.43 (*revised* 2003) deutet hingegen darauf hin, dass nur solche Leasinggeber als Hersteller oder Händler einzuordnen sind, die ihren Kunden die Wahl zwischen Kauf oder Leasing des Vermögenswerts lassen.[571]

Liegt der Umsatzerlös unter dem Buchwert des Leasingobjekts, ist zwingend ein Veräußerungsverlust zu erfassen. Dies gilt für jeden Leasinggeber, unabhängig davon, ob er Hersteller oder Händler des Leasingobjekts ist.

3. *Folgebewertung*

Der noch nicht realisierte Finanzertrag, das heißt die Differenz zwischen der Bruttoinvestition in das Leasingverhältnis und der mit dem internen Zinsfuß des Leasingvertrags diskontierten Bruttoinvestition in das Leasingverhältnis,[572] wird als periodische Verzinsung der Nettoinvestition in das Leasingverhältnis – also der Forderung – vereinnahmt.[573] Diese Vorgehensweise entspricht der Effektivzinsmethode, die in IAS 39 für die Folgebewertung von Forderungen vorgeschrieben wird.[574] Der Finanzertrag wird somit, der üblichen Behandlung von Zins- und Nutzungserträgen entsprechend,[575] unter Beachtung des Grundsatzes der Periodenabgrenzung zeitproportional erfasst.[576] Die Leasingzahlungen sind daher in einen Zinsanteil, der den noch nicht realisierten Finanzertrag mindert, und einen Tilgungsanteil, der die Forde-

569 Vgl. *Adler/Düring/Schmaltz* (International, 2005): Abschn. 12, Tz. 247. Bei anderen Leasinggebern wird in der Regel der Buchwert des Leasingobjekts dessen *fair value* und auch dem Nettoinvestitionswert in das Leasingverhältnis entsprechen, wenn sie das Leasingobjekt direkt vor Beginn des Leasing erworben und diesen Betrag der Kalkulation des Leasingverhältnisses zugrunde gelegt haben. Nur wenn das Leasingobjekt schon längere Zeit vor Beginn des Leasing angeschafft wurde, dürfte dessen Buchwert nicht mehr dem *fair value* entsprechen.

570 Vgl. *Adler/Düring/Schmaltz* (International, 2005): Abschn. 12, Tz. 248.

571 Vgl. *Wagenhofer* (IAS/IFRS, 2005): S. 288.

572 Die mit dem internen Zins des Leasingvertrags diskontierte Bruttoinvestition in das Leasingverhältnis ist die Nettoinvestition in das Leasingverhältnis, vgl. IAS 17.4 (*revised* 2003) zur Definition von „*net investment in the lease*“.

573 Siehe IAS 17.39 f. (*revised* 2003).

574 Siehe 39.46 (a) (*revised* 2003). Die Leasingforderung stellt grundsätzlich ein *financial asset* i. S. v. IAS 39.8 (*revised* 2003) i. V. m. IAS 32.11 (*revised* 2003) dar. Darauf wird auch in IAS 32 AG9 (*revised* 2003) hingewiesen. Leasingforderungen sind jedoch mit Ausnahme der Regelungen zur Ausbuchung und zur Berücksichtigung von Wertminderungen explizit aus dem Anwendungsbereich von IAS 39 ausgeschlossen, siehe IAS 39.2 (b) (i) (*revised* 2003).

575 Siehe IAS 18.30 (*revised* 1993).

576 Vgl. *Alexander/Archer* (Miller IAS/IFRS, 2004): S. 24.16.

rung reduziert, aufzuteilen.[577] Wie beim Leasingnehmer sind gegebenenfalls Zinsabgrenzungen zum Zwecke einer periodengerechten Erfassung des Zinsertrags vorzunehmen.[578]

Neben der periodisch vorzunehmenden Überprüfung der Werthaltigkeit von nicht garantierten Restwerten[579] ist die Werthaltigkeit der Forderung regelmäßig zu überprüfen. Hierbei sind die Vorschriften des IAS 39 für finanzielle Vermögenswerte, die zu fortgeführten Anschaffungskosten bewertet werden, anzuwenden.[580]

Zahlungen des Leasingnehmers, die nicht Bestandteil der Mindestleasingraten sind – zum Beispiel bedingte Leasingraten und Kosten für Dienstleistungen und Steuern, die dem Leasinggeber erstattet werden[581] – sind analog zur Bilanzierung beim Leasingnehmer periodengerecht ergebniswirksam zu erfassen.[582]

Der Buchwert der Forderung am Ende der Leasingdauer entspricht dem der Kalkulation zugrunde gelegten Restwert. Dies gilt unabhängig davon, ob dieser garantiert wird oder nicht. Wird das Leasingobjekt vom Leasingnehmer an den Leasinggeber zurückgegeben, kommt es zu einem Aktivtausch. Das Leasingobjekt wird dann zum Buchwert der Forderung angesetzt, so dass dieser Vorgang erfolgsneutral ist.[583] Wird das Leasingobjekt an einen Dritten verkauft, erhält der Leasinggeber seinen Anteil am Verwertungserlös. Die Differenz zum Buchwert der Forderung wird ergebniswirksam erfasst.

Die dargestellten Regelungen sollen anhand des folgenden Beispiels verdeutlicht werden:

Beispiel 2.3
Ein Leasingobjekt, das einen fair value von 10.000 aufweist, wird ab dem 01.01.01 für eine unkündbare Leasingdauer von vier Jahren zu nachschüssigen jährlichen Raten verleast. Der erwartete Restwert am 31.12.04 beträgt 3.000. Der Leasingvertrag sieht vor, dass der Leasingnehmer das Leasingobjekt am 31.12.04 an den Leasinggeber zurückgibt. Der Restwert ist somit nicht garantiert; der Leasinggeber trägt das Restwertrisiko. Der Leasinggeber verkauft das Objekt am 01.01.05 an einen Dritten zu den erwarteten 3.000.

---

577 Siehe IAS 17.40 (*revised* 2003).
578 Vgl. *Adler/Düring/Schmaltz* (International, 2005): Abschn. 12, Tz. 253.
579 Vgl. die Ausführungen im vorhergehenden Gliederungspunkt.
580 Bei der Überarbeitung im Dezember 2003 wurde die Pflicht zur Anwendung der Vorschriften zur Wertminderung von finanziellen Vermögenswerten auf Leasingforderungen explizit in IAS 39 aufgenommen, siehe IAS 39.2 (b) (i) (*revised* 2003).
581 Siehe IAS 17.4 (*revised* 2003) zur Definition von „*minimum lease payments*".
582 Vgl. *Adler/Düring/Schmaltz* (International, 2005): Abschn. 12, Tz. 262.
583 Jedoch darf der erzielbare Betrag nicht überschritten werden, vgl. *Adler/Düring/Schmaltz* (International, 2005): Abschn. 12, Tz. 263.

Der Leasinggeber ist zugleich Hersteller des Leasingobjekts und bilanziert dieses vor Beginn des Leasing zu Herstellungskosten von 8.000, die er direkt vor Beginn des Leasing in bar zahlt.

Der risikolose Zinssatz für Anlagen mit identischer Laufzeit beträgt 7%. Der Leasinggeber verlangt unter Berücksichtigung des Bonitätsrisikos eine Rendite von 9%, die er als Kalkulationszinsfuß für die Berechnung der Leasingraten zugrunde legt. Da der erwartete Restwert unsicher ist, verwendet der Leasinggeber für dessen Diskontierung einen Zins, der sich aus dem Fremdkapitalzins für Anlagen mit identischer Laufzeit und einem Risikozuschlag in Höhe von 5% zusammensetzt. Der Diskontierungszinsfuß für den Restwert beträgt somit insgesamt 12%. Der interne Zins des Leasingverhältnisses gemäß IAS 17.4 (revised 2003) beträgt folglich 9,87%.

Der Leasinggeber kalkuliert die Leasingraten (x) wie folgt:

$$\frac{x}{1{,}09}+\frac{x}{1{,}09^2}+\frac{x}{1{,}09^3}+\frac{x}{1{,}09^4}+\frac{3.000}{1{,}12^4}=10.000\,.$$

Dadurch berechnet er eine jährliche Leasingrate von x = 2.498.

Da der Leasinggeber Hersteller des Leasingobjekts ist, hat er einen Veräußerungsgewinn aus der Differenz zwischen dem Buchwert und dem fair value des Leasingobjekts zu Beginn des Leasing zu realisieren. Der zu realisierende Gewinn berechnet sich aus der Differenz zwischen den Umsatzerlösen und den Umsatzkosten. Die Umsatzerlöse ergeben sich in diesem Fall aus dem Barwert der Mindestleasingraten aus Sicht des Leasinggebers, da dieser niedriger ist als der fair value. Die Umsatzerlöse betragen:

$$\frac{2.498}{1{,}0987}+\frac{2.498}{1{,}0987^2}+\frac{2.498}{1{,}0987^3}+\frac{2.498}{1{,}0987^4}=7.941\,.$$

Die Umsatzkosten ergeben sich aus dem Buchwert des Leasingobjekts abzüglich des Barwerts des Restwerts. Die Umsatzkosten betragen daher:

$$8.000-\frac{3.000}{1{,}0987^4}=5.941\,.$$

Folglich ergibt sich ein zu realisierender Gewinn in Höhe von:
$7.941 - 5.941 = 2.000$.[584]

Der Leasinggeber weist die Forderung in Höhe des Nettoinvestitionswerts in das Leasingverhältnis aus. Dieser berechnet sich als Barwert der Mindestleasingzahlungen und des nicht garantierten Restwerts. Er beträgt damit 10.000. Die Forderung ist über die Leasingdauer mit dem internen Zinsfuß des Leasingverhältnisses in Höhe von 9,87% aufzuzinsen und um den Tilgungsanteil der Leasingraten zu vermindern. Bei Verkauf des Leasingobjekts an einen Dritten am 01.01.05 findet ein erfolgsneutraler Aktivtausch statt.

In nachfolgender Tabelle sind die in der Bilanz und der Erfolgsrechnung des Leasinggebers auszuweisenden Werte sowie die Zahlungsflüsse angegeben.

	01.01.01	31.12.01	31.12.02	31.12.03	31.12.04	01.01.05	
Bilanz							
Forderung	10.000	8.489	6.828	5.004	3.000	0	
GuV							Σ
Veräußerungsgewinn	2.000						2.000
Zinsertrag Forderung		987	838	674	494		2.993
Gesamtertrag	**2.000**	**987**	**838**	**674**	**494**	**0**	**4.993**
Cashflow	**-8.000**	**2.498**	**2.498**	**2.498**	**2.498**	**3.000**	**4.993**

4. *Angabepflichten*

Der Leasinggeber hat bei *finance leases* zum einen die Angabepflichten zu erfüllen, die sich aus IAS 32 für Finanzinstrumente ergeben, da die Leasingforderung einen finanziellen Vermögenswert darstellt.[585] Außerdem hat der Leasinggeber eine Überleitungsrechnung von der Bruttoinvestition in das Leasingverhältnis auf den Barwert der Forderung auf Mindestleasingzahlungen zum Bilanzstichtag vorzunehmen.[586] Daneben wird für diese beiden Beträge eine Aufgliederung nach ihrer Restlaufzeit in drei Gruppen verlangt.[587] Zusätzlich sind der noch nicht realisierte Finanzertrag, die dem Leasinggeber zufließenden nicht garantierten Restwer-

584 Zur Diskontierung der Mindestleasingzahlungen und des Restwerts muss nicht zwingend der interne Zinssatz des Leasingvertrags verwendet werden. Gemäß IAS 17.44 (*revised* 2003) ist ein marktüblicher Zinssatz zu verwenden. Man könnte auch, entsprechend der Kalkulation des Leasinggebers, die Leasingraten mit einem Zinssatz von 9% und den Restwert mit 12% diskontieren. Dies würde jedoch nichts an der Höhe des Veräußerungsgewinns ändern, da sich der interne Zins des Leasingvertrags in Höhe von 9,87% als Mischzins aus diesen beiden Zinssätzen ergibt. Die Umsatzerlöse würden dann 8.093 und die Umsatzkosten 6.093 betragen.

585 Siehe IAS 17.47 (*revised* 2003) u. IAS 32 AG9 (*revised* 2003).

586 Siehe IAS 17.47 (a) (*revised* 2003).

587 Dabei werden die Zeiträume bis zu einem Jahr, zwischen einem und fünf Jahren und mehr als fünf Jahren unterschieden, siehe IAS 17.47 (a) (*revised* 2003).

te, der Gesamtbetrag der Wertberichtigungen für voraussichtlich uneinbringliche Forderungen auf Mindestleasingzahlungen und der Betrag ergebniswirksam erfasster bedingter Leasingraten anzugeben.[588] Ferner hat der Leasinggeber die bedeutenden Leasingvereinbarungen allgemein zu beschreiben.[589]

Neben diesen Angabepflichten werden in IAS 17.48 (*revised* 2003) weitere Erläuterungen empfohlen: Nach Ansicht des *IASB* ist die Angabe der Bruttoinvestitionen in Leasingverhältnisse abzüglich des noch nicht realisierten Ertrags aus in der Berichtsperiode neu abgeschlossenen Leasingverträgen, jeweils vermindert um die entsprechenden Beträge für vorzeitig beendete Verträge, als Wachstumsindikator für das Unternehmen des Leasinggebers häufig nützlich.

B. *Operating Leases*

1. Ausweis des Leasingobjekts

Da der Leasinggeber bei einem als *operating lease* zu klassifizierenden Leasingvertrag nicht alle wesentlichen mit dem Eigentum verbundenen Risiken und Chancen übertragen hat, weist er das Leasingobjekt in seiner Bilanz im Anlagevermögen aus.[590] Die Bilanzierung des Leasingobjekts erfolgt damit nach den allgemeinen Regelungen, die sich aus den für die Art des Leasingobjekts relevanten Standards ergeben.[591] Anfängliche direkte Kosten, die dem Leasinggeber im Zusammenhang mit dem Abschluss des Leasingvertrags entstehen, sind dem Buchwert des Leasingobjekts zuzuschlagen und über die Laufzeit des Leasingverhältnisses proportional zu den Leasingerträgen ergebniswirksam zu verteilen.[592]

Die planmäßige Abschreibung des Leasingobjekts hat übereinstimmend mit den Abschreibungsmethoden für ähnliche Vermögenswerte des Leasinggebers zu erfolgen.[593] Dies dürfte regelmäßig dazu führen, dass das Leasingobjekt über die Leasingdauer nicht vollständig abgeschrieben wird.[594] Die Überprüfung der Werthaltigkeit des Leasingobjekts sowie die Vornahme außerplanmäßiger Abschreibungen ist gemäß den Regelungen des IAS 36 vorzunehmen.[595]

---

588 Siehe IAS 17.47 (b)-(e) (*revised* 2003).

589 Siehe IAS 17.47 (f) (*revised* 2003).

590 Vgl. *Kirsch* (IAS 17, 2005): Tz. 54.

591 In Frage kommen dabei IAS 16 für Sachanlagen, IAS 38 für immaterielle Vermögenswerte, IAS 40 für als Finanzinvestitionen gehaltene Immobilien oder IAS 41 für biologische Vermögenswerte.

592 Siehe IAS 17.52 (*revised* 2003). Dies bedeutet, dass die aktivierten anfänglichen direkten Kosten nicht in die Abschreibungen des Leasingobjekts einbezogen werden.

593 Siehe IAS 17.53 (*revised* 2003).

594 Vgl. *Doll* (IFRS-Handbuch, 2004): § 17, Rz. 41.

595 Siehe IAS 17.54 (*revised* 2003).

IAS 17.55 (*revised* 2003) weist explizit darauf hin, dass Leasinggeber, die Hersteller oder Händler des Leasingobjekts sind, bei *operating leases* keinen Veräußerungsgewinn realisieren dürfen, da die Transaktion wirtschaftlich keinem Verkauf entspricht. Somit ergeben sich bei der Bilanzierung keine Unterschiede zu Leasinggebern, die nicht Hersteller oder Händler des Leasingobjekts sind.[596]

Die Regelungen des IAS 37 für die Bildung von Rückstellungen für belastende Verträge[597] sind auch beim Leasinggeber auf *operating leases* anzuwenden.[598] Bevor jedoch eine Rückstellung passiviert werden darf, hat der Leasinggeber eine außerplanmäßige Abschreibung des Leasingobjekts gemäß IAS 36 vorzunehmen.[599] Leistet der Leasingnehmer eine Restwertgarantie, hat dies keine direkten bilanziellen Auswirkungen beim Leasinggeber. Die Garantie kann allerdings verhindern, dass das Leasingobjekt unter den garantierten Wert außerplanmäßig abgeschrieben wird.

2. *Vereinnahmung der Leasingerträge*

Die Erträge aus *operating leases* sind grundsätzlich linear über die Laufzeit des Leasingverhältnisses zu erfassen. Erträge aus der Erbringung zusätzlicher Dienstleistungen, wie zum Beispiel Versicherung oder Instandhaltung, gehören nicht zu den Leasingerträgen. Entspricht eine andere systematische Verteilung eher dem zeitlichen Verlauf der Abnahme des wirtschaftlichen Nutzens des Leasingobjekts, ist diese zugrunde zu legen.[600] Werden die Leasingzahlungen nicht auf dieser Grundlage geleistet, sind Abgrenzungen durch Bildung entsprechender Aktiv- oder Passivpositionen vorzunehmen.[601] Werden dem Leasingnehmer Anreize für den Abschluss oder die Verlängerung eines *operating lease* gewährt, ist – wie beim Leasingnehmer[602] – die Interpretation SIC-15 zu beachten. Danach ist jeglicher Anreiz, unabhängig von dessen Ausgestaltung, als Bestandteil der vereinbarten Gegenleistung zu erfassen.[603] Die Kosten für diese Anreize hat der Leasinggeber proportional zu den Leasingerträgen über die Laufzeit des Leasingverhältnisses zu verteilen.[604]

---

596 Vgl. *Kirsch* (IAS 17, 2005): Tz. 63.
597 Siehe IAS 37.66 (1998).
598 Siehe IAS 37.5 (c) (1998).
599 Siehe IAS 37.69 (1998); *Adler/Düring/Schmaltz* (International, 2005): Abschn. 12, Tz. 290.
600 Siehe IAS 17.50 (*revised* 2003).
601 Siehe IAS 17.51 (*revised* 2003); *Adler/Düring/Schmaltz* (International, 2005): Abschn. 12, Tz. 285 u. 287.
602 Vgl. Gliederungspunkt III.B.1. in diesem Kapitel.
603 Siehe SIC-15.3.
604 Siehe SIC-15.4. Anreize unterscheiden sich von anfänglichen direkten Kosten, die dem Leasinggeber entstehen können, dadurch, dass anfängliche direkte Kosten entstehen, um den Vertrag vorzubereiten, während Anreize bei wirtschaftlicher Betrachtung mit der Gegenleistung für die Nutzung des Leasingobjekts verbunden sind, siehe SIC-15.10.

3. *Angabepflichten*

Gemäß IAS 17.56 (*revised* 2003) hat der Leasinggeber zum einen die Angabepflichten zu erfüllen, die sich aus IAS 32 ergeben. Da *operating leases* jedoch keine Finanzinstrumente darstellen,[605] können sich derartige Pflichten nur auf Leasingforderungen beziehen, die aus bereits fälligen, aber noch nicht gezahlten Leasingraten resultieren.[606] Zum anderen ist die Summe der zukünftigen Mindestleasingzahlungen aus unkündbaren *operating leases* anzugeben. Diese ist wiederum in Beträge mit einer Restlaufzeit von bis zu einem Jahr, zwischen einem und fünf Jahren und mehr als fünf Jahren aufzuteilen.[607] Darüber hinaus sind die Summe der bedingten Leasingraten, die in der Berichtsperiode ergebniswirksam erfasst wurden, anzugeben, sowie die bedeutenden Leasingvereinbarungen des Leasinggebers allgemein zu beschreiben.[608] Für das Leasingobjekt sind weiterhin die Angabepflichten zu beachten, die sich – abhängig von der Art des Leasingobjekts – aus den relevanten Standards ergeben.[609]

V. Kritische Würdigung des IAS 17

Die Klassifizierung von Leasingverträgen in *finance* oder *operating leases* und damit die Zurechnung des Leasingobjekts erfolgt nach den IAS/IFRS, wie im deutschen Handelsrecht, anhand eines Risiken-Chancen-Ansatzes im Rahmen des Kriteriums des wirtschaftlichen Eigentums. Nach den Regelungen des IAS 17 gilt nicht die widerlegbare Grundvermutung, dass der rechtliche Eigentümer auch der wirtschaftliche Eigentümer ist.[610] Durch die Klarstellung zum Kriterium des vereinbarten Eigentumsübergangs in IAS 17.12 (*revised* 2003), die besagt, dass eine Zuordnung zum Leasingnehmer nicht geboten ist, wenn der Kaufpreis dem *fair value* im Zeitpunkt des Kaufs entspricht,[611] wird deutlich, dass nicht der Übergang des rechtlichen Eigentums für die bilanzielle Zurechnung maßgeblich ist, sondern der Übergang der Risiken und Chancen am Leasingobjekt. Die wirtschaftliche Betrachtungsweise ist unter den IAS/IFRS daher ausgeprägter als im deutschen Bilanzrecht.

IAS 17 unterscheidet bei den Klassifizierungskriterien für Leasingverträge zwischen Beispielen und Indikatoren. Wie die obigen Ausführungen gezeigt haben, dürfte regelmäßig gelten, dass auch eine Beispielsituation erfüllt ist, wenn eine der drei Indikatorsituationen vorliegt. Dies bestätigt, dass den Indikatoren alleine nur wenig Bedeutung bei der Klassifizierung von Leasingverträgen zukommt. Die Indikatoren wurden zusammen mit der Beispielsituation des Spezialleasing, die ebenfalls nur eine Indizwirkung hat, im Jahre 1997 in IAS 17 eingefügt. Diese Überarbeitung der Klassifizierungskriterien hatte damit nur klarstellenden Cha-

605 Siehe IAS 32 AG9 (*revised* 2003).
606 Vgl. *Adler/Düring/Schmaltz* (International, 2005): Abschn. 12, Tz. 299.
607 Siehe IAS 17.56 (a) (*revised* 2003).
608 Siehe IAS 17.56 (b) u. (c) (*revised* 2003).
609 In Frage kommen dabei IAS 16, IAS 38, IAS 40 und IAS 41, siehe IAS 17.57 (*revised* 2003).
610 Vgl. *Mellwig* (Bilanzielle Darstellung, 1998): S. 7.
611 Vgl. Gliederungspunkt II.B.1. in diesem Kapitel.

rakter.[612] Für die Klassifizierung relevant sind im Wesentlichen nur die inhaltlich an die Kriterien des SFAS 13 angelehnten ersten vier Beispiele.

Im Unterschied zu den US-GAAP und den Leasingerlassen der deutschen Finanzverwaltung werden die Klassifizierungskriterien in IAS 17 qualitativ formuliert. Bei Anwendung von Mietzeit- und Barwerttest, die zwei wesentliche Kriterien darstellen, auf die auch andere Beispiele und Indikatoren hinauslaufen, wird als Ergebnis eine Prozentzahl berechnet; IAS 17 gibt jedoch keine quantitativen Werte an, mit denen die errechnete Prozentzahl zu vergleichen ist. Stattdessen werden Formulierungen gewählt, die teilweise eine Wortlautauslegung unmöglich machen.[613] Dadurch wird ein erheblicher Interpretationsspielraum eröffnet, der dazu führt, dass diese Kriterien in der Literatur teilweise massiv auf Ablehnung stoßen.[614]

Da die Kriterien in IAS 17 einzeln betrachtet nicht zu einem Automatismus bezüglich der Vertragsklassifizierung führen, sondern stets eine Gesamtwürdigung zu erfolgen hat, erscheint es nicht sinnvoll, überhaupt den Versuch zu unternehmen, die qualitativen Kriterien in feste Prozentzahlen umzurechnen.[615] Keinesfalls ist die in der Praxis nicht selten zu findende Vorgehensweise zulässig, mit Verweis auf die Öffnungsklausel in IAS 8.12 (*revised* 2003) die qualitativen Kriterien in IAS 17.10 (c) u. (d) (*revised* 2003) durch die quantitativen Grenzen des SFAS 13 zu ersetzen.[616] IAS 8.12 (*revised* 2003) erlaubt den Rückgriff auf die Verlautbarungen eines anderen Standardsetters, falls ein Sachverhalt nicht durch einen Standard oder eine *Interpretation* der IAS/IFRS geregelt ist. Bezüglich der Kriterien zur Klassifizierung von Leasingverträgen besteht jedoch eindeutig keine Regelungslücke innerhalb der IAS/IFRS. Auf die Angabe quantitativer Kriterien wurde bewusst verzichtet. IAS 8.12 (*revised* 2003) ist daher nicht anwendbar.[617]

Wenngleich im Ergebnis die quantitativen Kriterien der US-GAAP in vielen Fällen zu keiner anderen Beurteilung führen dürften als die nach IAS 17 geforderte Gesamtwürdigung,[618] kann

---

612 Vgl. *Mellwig* (Bilanzielle Darstellung, 1998): S. 8.

613 Dies gilt insbesondere für die Formulierung des Barwerttests („*amounts to at least substantially all*", siehe IAS 17.10 (d) (*revised* 2003)). Aber auch beim Mietzeittest und bei den anderen Beispielen und Indikatoren bleibt unklar, wie Formulierungen wie „*major part*" (IAS 17.10 (c) (*revised* 2003)), „*sufficiently lower*" (IAS 17.10 (b) u. (c) (*revised* 2003)) oder „*major modifications*" (IAS 17.10 (e) (*revised* 2003)) auszulegen sind.

614 Vgl. *Mellwig/Weinstock* (Zurechnung, 1996): S. 2352; *Küting/Hellen/Brakensiek* (Nach IAS und US-GAAP, 1999): S. 42 f.; *Vater* (Eldorado, 2002): S. 2099 f.; *Heuser/Theile* (IAS/IFRS Handbuch, 2005): Rz. 629; *Tanski* (Spielräume, 2004): S. 1847.

615 Vgl. *Mackenzie/Simmonds* (IAS, 2001): S. 949.

616 So aber *Schimmelschmidt/Happe* (Off-Balance-Sheet-Finanzierungen, 2004): S. 5. Häufig erfolgt zumindest eine Anlehnung an die quantitativen Grenzen des SFAS 13, vgl. *Findeisen* (Nach IASC, 1997): S. 841; *Förschle/Kroner* (BeckBilKomm, 2003): § 246, Anm 202; *Freisleben/Leibfried* (IAS/IFRS-Abschlüsse, 2004): S. 104.

617 A. A.: *Schimmelschmidt/Happe* (Off-Balance-Sheet-Finanzierungen, 2004): S. 5.

618 Dabei muss man jedoch stets beachten, dass die Erfüllung eines Kriteriums unter IAS 17, anders als nach SFAS 13.7, keinen Automatismus bezüglich der Vertragsklassifizierung nach sich zieht.

die Anwendung von IAS 17 oder SFAS 13 zu einer unterschiedlichen Vertragsklassifizierung führen.[619] Die Anwendung der Prozentzahlen aus SFAS 13 kann somit in einem Abschluss nach IAS/IFRS nicht sachgerecht sein.

Dennoch ist die Entscheidung des *IASB* für eine Verwendung qualitativer Kriterien in IAS 17 zu kritisieren. Die Vorgabe qualitativer Kriterien wird häufig damit begründet, dass bei Verwendung quantitativer Grenzwerte Leasingverträge so ausgestaltet werden könnten, dass sie sämtliche Grenzwerte nur gering unterschreiten.[620] Diese Verträge entgingen einer Klassifizierung als *finance lease* nur „knapp", obwohl ihr Zweck häufig allein in der Finanzierung eines Kaufs läge. Eine Bilanzierung als *operating lease* sei deshalb irreführend. Diese Argumentation erscheint nicht schlüssig. Wenn ein Leasingvertrag trotz Unterschreitung aller quantitativen Grenzen wirtschaftlich wie ein Ratenkauf des Leasingobjekts wirkt, handelt es sich entweder inhaltlich um nicht geeignete Zurechnungskriterien oder die Grenzen sind in der Höhe falsch gewählt. Eine weitere Möglichkeit, mittels der die Kriterien gestalterisch umgangen werden können, ist die Verwendung bedingter Leasingraten. Mit dem quantitativen Charakter der Zurechnungskriterien können diese „irreführenden" Klassifizierungsergebnisse nicht begründet werden. Eine Sicherstellung der Klassifizierung von Leasingverträgen als *finance leases*, die mehrere quantitative Grenzen knapp unterschreiten, könnte relativ einfach erreicht werden. Dazu könnten beispielsweise Kriterien verwendet werden, die jeweils eine den jetzigen Werten entsprechende und eine niedrigere quantitative Grenze beinhalten und die Klassifizierung als *finance lease* an die Überschreitung entweder einer hohen Grenze oder mehrerer niedriger Grenzen koppeln.[621]

Die Anwendung von qualitativen Kriterien kann somit nicht durch das Argument der Verhinderung von Gestaltungen begründet werden. Der Grund für die Verwendung von qualitativen Kriterien in IAS 17 dürfte eher darin bestehen, dass sich die verschiedenen Interessengruppen, die Einfluss auf die Entwicklung dieses Standards nehmen konnten, auf keine festen quantitativen Kriterien einigen konnten und nur „schwammig" formulierte qualitative Kriterien konsensfähig waren.[622]

---

619 Vgl. *Freisleben/Leibfried* (IAS/IFRS-Abschlüsse, 2004): S. 104

620 Vgl. *Alexander/Archer* (Miller IAS/IFRS, 2004): S. 24.07.

621 Konkret könnte zum Beispiel gelten, dass ein Leasingvertrag als *finance lease* zu klassifizieren ist, wenn das Ergebnis des Mietzeittests bei mindestens 75% *oder* das Ergebnis des Barwerttest bei mindestens 90% liegt (wie es nach den geltenden Regelungen der SFAS 13.7 (c) u. (d) der Fall ist), zusätzlich aber auch eine Klassifizierung als *finance lease* erfolgt, wenn das Ergebnis beim Mietzeittest mindestens 65% *und* das Ergebnis beim Barwerttest mindestens 80% beträgt.

622 Vgl. *Kirsch* (IAS 17, 2005): Tz. 27. *Pabst/Schmidt/Bacher* sind der Ansicht, dass die weniger präzisen Vorschriften des IAS 17 auf der Intention des *IASC* beruhten, sich bei der Erarbeitung der IAS auf grundlegende Regelungen zu beschränken, um die Anpassungsfähigkeit nationaler Vorschriften zu erleichtern, vgl. *Pabst/Schmidt/Bacher* (Bilanzierung von Mobilien-Leasingverträgen, 1990): S. 1202. Heutzutage kann dies nicht mehr gelten, da die IAS/IFRS selbst als eigenständig anwendbare Rechnungslegungsgrundsätze dienen sollen.

Bei der Beurteilung des Leasingvertrags anhand der qualitativen Kriterien ergeben sich erhebliche Auslegungsspielräume. Dadurch könnten gleichartige Leasingverträge von verschiedenen Bilanzierenden unterschiedlich klassifiziert werden.[623] Dies führt zu einer enormen Rechtsunsicherheit für den Bilanzierenden. Zwischen Wirtschaftsprüfer und Rechnungslegendem dürften in der Praxis erhebliche Konflikte bezüglich der Vertragsklassifizierung auftreten. Rechtssicherheit kann es nur bei quantitativen Kriterien geben. Die Nachteile der qualitativen Kriterien überwiegen eindeutig deren Vorteile. Da zudem keine Gewichtung der Ergebnisse der einzelnen Tests im Rahmen der Gesamtwürdigung vorgegeben wird, könnte bei vielen Leasingverträgen trotz teilweise eindeutiger Erfüllung der qualitativen Kriterien für eine Klassifizierung als *operating lease* argumentiert werden.[624] Die Kriterien für die Vertragsklassifizierung des IAS 17 sind daher unpraktikabel. Eine dem wirtschaftlichen Gehalt entsprechende Klassifizierung mit der Folge der Bilanzierung des Leasingvertrags als Teilzahlungskauf oder als Mietvertrag wird durch IAS 17 in keinem Fall sichergestellt.

Neben der Ausgestaltung des Grundkonzepts des IAS 17 weisen auch die Regelungen für die Bilanzierung des Leasingvertrags bei Leasingeber und -nehmer erhebliche Schwächen auf. Diese sind sowohl im Konzept des wirtschaftlichen Eigentums selbst, als auch in der Ausgestaltung dieses Ansatzes in IAS 17 begründet. Da der Leasingvertrag entweder wie ein Ratenkauf oder wie ein Mietverhältnis bilanziert wird, werden die in Leasingverträgen häufig zu findenden Restwertgarantien oder Optionen bilanziell nicht angemessen gewürdigt. Wird das Leasingobjekt nach Ablauf der Leasingdauer an den Leasinggeber als rechtlichem Eigentümer zurückgegeben, hat dieser einen Restwertanspruch, der auch bei *finance leases* nicht immer unwesentlich sein wird. Dieser Restwertanspruch wird bei der Bilanzierung eines *finance lease* jedoch nicht gezeigt. Stattdessen werden Restwerte wie Leasingzahlungen behandelt. So hat der Leasingnehmer von ihm garantierte Restwerte in voller Höhe in seine Verbindlichkeit einzubeziehen. Der Leasinggeber weist nicht garantierte Restwerte als Teil seiner Forderung aus, was als Verstoß gegen grundlegende Prinzipien der IAS/IFRS beurteilt werden muss.[625] Bei *operating leases* werden Restwertgarantien des Leasingnehmers hingegen nicht als Leasingzahlungen behandelt.[626] Solange aus den Garantien keine Belastung für den Leasingnehmer droht, finden sie keinerlei bilanzielle Berücksichtigung, obwohl sie einen nicht unwesentlichen Wert aufweisen können. Gleiches gilt für Kauf- oder Mietverlängerungsoptionen des Leasingnehmers. Sind diese als günstig zu beurteilen, wird ihre Ausübung unterstellt. Die Freiheit der Ausübung, die eine Option bietet, wird nicht berücksichtigt. Nicht als günstig zu

623 Vgl. *Gao* (International Leasing, 1994): S. 138.
624 Vgl. *Mellwig* (Bilanzielle Darstellung, 1998): S. 9-11.
625 Vgl. Gliederungspunkt IV.A.2. in diesem Kapitel.
626 Nur wenn eine sehr hohe Verpflichtung aus einer Restwertgarantie eingegangen wird, die zur Kompensation von unüblich niedrigen Leasingraten dient, wird diese mit den Leasingzahlungen ratierlich angesammelt, vgl. Gliederungspunkt III.B.1. in diesem Kapitel.

beurteilende Optionen werden nicht bilanziell abgebildet, obwohl diese in der Regel einen Wert haben.[627]

Die Regelung, dass im Rahmen von *finance leases* beim Leasingnehmer kein Restwert bei der Abschreibung des Leasingobjekts zu berücksichtigen ist,[628] kann zu einem Verstoß gegen den Grundsatz der Periodenabgrenzung führen. Auch deshalb ist die Kompatibilität von IAS 17 mit dem *Framework* des *IASB* in Frage zu stellen.

IAS 17 ist somit trotz der in der Vergangenheit vorgenommenen Überarbeitungen nicht als ausgereifter Rechnungslegungsstandard anzusehen. Sowohl die Zurechnungskriterien als auch die Regelungen zur Bilanzierung des Leasingobjekts müssten einer weiteren Überarbeitung unterzogen werden. In seiner jetzigen Form ist IAS 17 aufgrund der Unklarheiten und der damit verbundenen mangelnden Rechtssicherheit faktisch nicht anwendbar.[629]

Neben der technischen Ausgestaltung von IAS 17 ist auch das in diesem Standard verfolgte Grundkonzept zu untersuchen: Die bilanziellen Folgen der Klassifizierung des Leasingvertrags bestehen für den Leasingnehmer darin, dass er entweder das Leasingobjekt in seiner Bilanz auszuweisen hat oder es zu keinem bilanziellen Ausweis bei ihm kommt. Aus diesem Grund wird ein Konzept, wie es IAS 17 zugrunde liegt, auch als „Alles-oder-Nichts-Ansatz" („*all-or-nothing-approach*") bezeichnet.[630] In der Regel wird ein Vorteil im *off-balance-sheet*-Effekt, das heißt dem Nichtausweis des Leasingobjekts und der korrespondierenden Schulden, beim Leasingnehmer gesehen. Deshalb werden die meisten Leasingverträge so ausgestaltet, dass sie aus Sicht des Leasingnehmers als *operating leases* zu klassifizieren sind.[631] Da in der Praxis der Bilanzanalyse jedoch häufig die Kapitalisierung von *operating leases* nachgeholt wird,[632] stellt sich die Frage, ob deren Nichtausweis die im Vordergrund der IAS/IFRS-Bilanz stehende Kapitalmarktinformationsfunktion[633] erfüllt.

627 Dieser besteht zumindest aus dem sog. „Zeitwert" der Option. Vgl. dazu die Ausführungen in Gliederungspunkt III.C.1. in Kapitel 4.

628 Vgl. Gliederungspunkt III.A.2. in diesem Kapitel.

629 Dennoch wurde IAS 17 von der EU im Rahmen des sog. Komitologieverfahrens übernommen und ist damit grundsätzlich ab dem Jahr 2005 verpflichtend im Konzernabschluss aller in der EU ansässigen Mutterunternehmen anzuwenden, wenn diese als Wertpapieremittenten an einem organisierten Kapitalmarkt auftreten. Vgl. Verordnung (EG) Nr. 1606/2002 vom 19.07.2002, ABl. EG Nr. L 243, S. 1 i. V. m. Verordnung (EG) Nr. 2238/2004 vom 29.12.2004, ABl. EU Nr. L 394, S. 1 u. Verordnung (EG) Nr. 1725/2003 vom 29.09.2003, ABl. EU Nr. L 261, S. 1.

630 Vgl. *Waßmer/Helmschrott* (Positionspapier, 2000): S. 2025; *Brakensiek* (Finanzierungsinstrumente, 2001): S. 205.

631 Vgl. *Benke/Baril* (Decision, 1990): S. 45; *Elliot/Elliot* (Financial Accounting, 2004): S. 428. Vgl. dazu auch die Ausführungen in der Einleitung.

632 Vgl. *Brakensiek* (Finanzierungsinstrumente, 2001): S. 206.

633 Vgl. dazu Gliederungspunkt I.B. in Kapitel 4.

Kapitel 3: Vorschlag zur Leasingbilanzierung durch die *G4+1-Working Group*

I. Die G4+1-Working Group

A. Rolle bei der Entwicklung von Rechnungslegungsstandards

Das *IASC* arbeitete bei der Entwicklung von Rechnungslegungsstandards regelmäßig mit nationalen Standardsettern zusammen. In diesem Rahmen wurde im Jahr 1995 mit den Standardsettern der Länder Australien, Großbritannien, Kanada, USA sowie später Neuseeland die *G4+1-Working Group* gebildet.[634] Angehörige des *IASC* nahmen bei den Projekten dieser Arbeitsgruppe eine Beobachterrolle ein.[635] Das Ziel dieser Kooperation bestand darin, zu bestimmten Themen der Rechnungslegung global einheitliche Regelungen zu entwickeln und deren Anwendung weltweit zu fördern.[636] Die *G4+1-Working Group* diente im Wesentlichen dazu, die Arbeit der einzelnen Standardsetter, deren Rechnungslegungssysteme vornehmlich angelsächsisch geprägt sind, zu koordinieren. Dabei sollte die Bereitstellung entscheidungsrelevanter Informationen für den Kapitalmarkt durch die Rechnungslegung besonders gefördert werden.[637] Die *G4+1-Working Group* veröffentlichte ihre Arbeitsergebnisse in Diskussions- oder Positionspapieren, die den beteiligten nationalen Standardsettern und dem *IASC* als Diskussionsgrundlage und Basis für die Entwicklung eigener Rechnungslegungsstandards dienen sollten.[638] Die Papiere hatten keine Bindungswirkung für die Standardsetter. Die häufige Bezugnahme auf die Regelungen der IAS in den Papieren der *G4+1-Working Group* verdeutlicht, dass dieses Normensystem als Hauptadressat der Vorschläge anzusehen ist.

Im Zuge der geplanten Umstrukturierung des *IASC* zum *IASB* und der dabei beschlossenen stärkeren Einbindung der nationalen Standardsetter in die Entwicklung der Rechnungslegungsstandards des *IASB* gab die *G4+1-Working Group* im Januar 2001 ihre Auflösung bekannt.[639] Aufgrund seiner institutionalisierten Kontakte zu nationalen Standardsettern wurde das *IASB* als ideales Forum für zukünftige Rechnungslegungsharmonisierungen angesehen; die *G4+1-Working Group* betrachtete sich folglich als überflüssig.

B. Veröffentlichte Papiere zur Leasingbilanzierung

Die *G4+1-Working Group* hat zwei Papiere zur Leasingbilanzierung veröffentlicht. Das erste Papier aus dem Jahr 1996 ist ein sog. „*Special Report*" mit dem Titel „Accounting for Leases:

---

634 Das „+1" steht für das *IASC*. Nach dem Beitritt Neuseelands müsste die Gruppe eigentlich mit „G5+1" bezeichnet werden, vgl. *Kleekämper/Kuhlewind/Alvarez* (Ziele, 2003): Tz. 108; *Wagenhofer* (IAS/IFRS, 2005): S. 52.

635 Vgl. *Deloitte Touche Tohmatsu* (IAS Plus January, 2001): S. 11.

636 Vgl. *Lewicki* (G4+1, 2001): S. 9.

637 Vgl. *Küting/Hellen/Brakensiek* (Neuausrichtung, 2000): S. 1720.

638 Vgl. *Lewicki* (G4+1, 2001): S. 9.

639 Vgl. *Deloitte Touche Tohmatsu* (IAS Plus May, 2001): S. 11.

A New Approach", das häufig nach seinem Hauptautor, dem Australier *Warren McGregor*, als „*McGregor*-Papier" bezeichnet wird.[640] Dem folgte im Jahr 1999 ein durch das britische *Accounting Standards Board* (*ASB*) für die *G4+1-Working Group* ausgearbeitetes „*Position Paper*" mit dem Titel: „Leases: Implementation of a New Approach", das nach dem damaligen Vorsitzenden der Arbeitsgruppe und Leiter des *ASB*, *David Tweedie*, „*Tweedie*-Papier" genannt wird.[641]

Das *McGregor*-Papier sollte ausschließlich eine Diskussionsgrundlage zur Neuregelung der Leasingbilanzierung für die beteiligten Standardsetter darstellen.[642] Die *G4+1-Working Group* ging davon aus, dass die Ideen des Papiers bei der zu dieser Zeit bevorstehenden Überarbeitung des IAS 17 eine bedeutende Rolle spielen würden.[643] Die Überlegungen im *McGregor*-Papier sind vornehmlich grundsätzlicher Art. Es wird darauf hingewiesen, dass Regelungen zu komplexeren Fragen der Leasingbilanzierung noch genauer präzisiert werden müssten.[644]

Die Vorschläge des *McGregor*-Papiers wurden von den nationalen Standardsettern nicht aufgegriffen. Auch die 1997 erfolgte Überarbeitung des IAS 17 führte zu keinen grundlegenden Änderungen der bestehenden Regelungen.[645] Dies dürfte unter anderem darin begründet sein, dass das *McGregor*-Konzept von der internationalen Leasing-Lobby massiv bekämpft wurde.[646] Dennoch führte die *G4+1-Working Group* ihren Ansatz weiter. Wie der Titel verdeutlicht, werden im *Tweedie*-Papier Vorschläge präsentiert, wie der neue Ansatz in konkrete Bilanzierungsregeln für Leasinggeber und -nehmer – auch bei komplexeren Gestaltungen – umzusetzen ist. Im *McGregor*-Papier nicht geklärte Fragen wurden unter Bezugnahme auf die Kommentare der interessierten Öffentlichkeit bearbeitet sowie Details im Konzept des *McGregor*-Papiers geändert; die Grundidee zur Neuregelung der Leasingbilanzierung blieb indes bestehen.

II. Konzept des Vorschlags zur Leasingbilanzierung

A. Grundidee

Nach den geltenden Standards zur Leasingbilanzierung in der kapitalmarktorientierten Rechnungslegung (IAS 17 und SFAS 13) ist das Leasingobjekt beim wirtschaftlichen Eigentümer zu bilanzieren. Der Leasingnehmer weist, je nachdem ob es sich um ein *finance*[647] oder ein

640 Vgl. *Mellwig* (Bilanzielle Darstellung, 1998): S. 12.
641 Vgl. *Helmschrott* (Umbruch, 2000): S. 2.
642 Vgl. *McGregor* (Accounting for Leases, 1996): S. 25.
643 Vgl. *McGregor* (Accounting for Leases, 1996): S. 4.
644 Vgl. *McGregor* (Accounting for Leases, 1996): S. 18 u. 22.
645 Vgl. dazu Gliederungspunkt V. in Kapitel 2.
646 Vgl. *Lewicki* (G4+1, 2001): S. 10.
647 In SFAS 13 werden derartige Leasingverhältnisse als „*capital leases*" bezeichnet, siehe SFAS 13.10 i. d. F. SFAS 23.8.

operating lease handelt, entweder das gesamte Leasingobjekt oder keine Position in seiner Bilanz aus (Alles-oder-Nichts-Ansatz).[648] Beim Leasinggeber werden *operating leases* nicht explizit bilanziell abgebildet.[649] Er weist das Leasingobjekt in seiner Bilanz aus, als ob er es selbst nutzen würde. *Finance leases* führen hingegen dazu, dass der Leasinggeber das Objekt ausbucht; die bilanzielle Abbildung entspricht somit der eines Verkaufs des Leasingobjekts.[650]

Die Grundidee des Ansatzes der *G4+1-Working Group* besteht darin, dass alle unkündbaren Leasingverträge zum Ausweis eines *asset* in der Bilanz des Leasingnehmers führen sollen. Dieses *asset* wird von der Arbeitsgruppe als *„right to use the property*", also als Nutzungsrecht, beschrieben.[651] In den von der Arbeitsgruppe angeführten Beispielen wird das *asset* beim Leasingnehmer jedoch als *„leased equipment*" bezeichnet.[652] Zu Fragen der Folgebewertung wird zudem auf Rechnungslegungsstandards verwiesen, welche die Bilanzierung von materiellen Vermögenswerten regeln.[653] Dies deutet darauf hin, dass die Arbeitsgruppe einen materiellen Vermögenswert ausweisen möchte. Ob beim Leasingnehmer ein Nutzungsrecht oder ein Teil des Leasingobjekts ausgewiesen werden soll, wird aus den Ausführungen im Positionspapier nicht deutlich. Für die vorgeschlagenen Bilanzierungsregelungen ist diese Differenzierung allerdings nicht entscheidend.[654] Der Leasinggeber soll den Anteil am Nutzenpotenzial des Leasingobjekts, der auf den Leasingnehmer übertragen wird, aus seiner Bilanz ausbuchen, so dass es zu einer symmetrischen Bilanzierung bei Leasinggeber und -nehmer kommt.[655] Der Restwert des Leasingobjekts, der grundsätzlich dem Leasinggeber zusteht, wird weiterhin bei ihm bilanziert. Der Leasingvertrag wird somit in seine Komponenten zerlegt (sog. Komponentenansatz). Jede Vertragspartei soll die Komponenten bilanzieren, über die sie verfügt.

Zwischen *operating* und *finance leases* wird im Ansatz der *G4+1-Working Group* nicht unterschieden. Alle unkündbaren wesentlichen Leasingverträge erscheinen als Vermögenswerte und Schulden in der Bilanz des Leasingnehmers, was nach den Regelungen des IAS 17 nur bei *finance leases* der Fall ist.[656]

---

648 Vgl. *Waßmer/Helmschrott* (Positionspapier, 2000): S. 2025 sowie Gliederungspunkt II.A. in Kapitel 2.
649 Vgl. *McGregor* (Accounting for Leases, 1996): S. 23.
650 Vgl. Gliederungspunkt II.A. in Kapitel 2.
651 *ASB* (Implementation, 1999): Par. 1.12 f.
652 Vgl. beispielsweise *ASB* (Implementation, 1999): Par. 9.6.
653 Vgl. beispielsweise *ASB* (Implementation, 1999): Par. 5.12.
654 Im Folgenden dieses Kapitels wird korrespondierend zur Vorgehensweise der *G4+1-Working Group* das beim Leasingnehmer auszuweisende *asset* grundsätzlich als „Nutzungsrecht" bezeichnet. Zugleich wird jedoch davon ausgegangen, dass es sich um einen materiellen Vermögenswert handelt und folglich in den angeführten Beispielen die Bezeichnung *„leased equipment*" der *G4+1-Working Group* mit „Leasingvermögen" übersetzt.
655 Vgl. *McGregor* (Accounting for Leases, 1996): S. 24.
656 Vgl. *McGregor* (Accounting for Leases, 1996): S. 17.

Dieser Ansatz unterscheidet sich von den geltenden Bilanzierungsregeln grundlegend, obgleich er nicht neu ist, wie die Titel der Papiere der *G4+1-Working Group* vermuten lassen könnten: Die Idee der Aktivierung eines Nutzungsrechts beim Leasingnehmer wurde in der deutschen Fachliteratur bereits in den siebziger Jahren diskutiert.[657] Auch im Zusammenhang mit Kritik an den Gestaltungsmöglichkeiten, die SFAS 13 einräume, wurde bereits im Jahre 1979 als Lösung vorgeschlagen, alle Leasingverträge mit einer Laufzeit von mehr als einem Jahr beim Leasingnehmer zu kapitalisieren.[658]

Außer dem Nutzungsrecht soll der Leasingnehmer eine Verbindlichkeit gegenüber dem Leasinggeber ausweisen. Der Leasinggeber aktiviert korrespondierend eine Forderung gegen den Leasingnehmer. Der *off-balance-sheet*-Effekt in der Bilanz des Leasingnehmers ist daher, unabhängig von der Ausgestaltung des Leasingvertrags, nicht mehr gegeben. Die Ausgestaltung des Leasingvertrags, zum Beispiel die Dauer der Grundmietzeit oder die Einräumung von Optionen, beeinflusst jedoch die Höhe der Werte, mit denen das Nutzungsrecht und die Verbindlichkeit beim Leasingnehmer auszuweisen sind. Außerdem sind dem Leasingnehmer eingeräumte Optionen oder von ihm eingegangene Garantieverpflichtungen gegebenenfalls als eigenständige Vermögenswerte und Schulden zu bilanzieren.[659]

Zum Zeitpunkt der Veröffentlichung des *Tweedie*-Papiers war bereits bekannt, dass eine andere Arbeitsgruppe, die *Joint Working Group of Standardsetters*, in deren Arbeit die Mitglieder der *G4+1-Working Group* teilweise eingebunden waren, an einem Standard arbeitete, der eine vollständige *fair value*-Bilanzierung für Finanzinstrumente vorsah.[660] Dennoch legt das Positionspapier zur Leasingbilanzierung, auch für im Rahmen von Leasingverträgen entstehende Finanzinstrumente, grundsätzlich das Anschaffungskostenprinzip zugrunde.[661] Nach Ansicht der *G4+1-Working Group* wäre eine gegebenenfalls folgende Anpassung ihrer Vorschläge an eine *fair value*-Bilanzierung unproblematisch möglich gewesen; sie hätte keinen Einfluss auf die Grundidee gehabt. Die Vorgehensweise der *G4+1-Working Group* hat sich als sinnvoll erwiesen, da die Vorschläge zur vollständigen *fair value*-Bilanzierung von Finanzinstrumenten nicht umgesetzt wurden.

B. Anwendungsbereich

Im *McGregor*-Papier wird vorgeschlagen, beim Leasingnehmer nur Leasingverträge mit einer unkündbaren Laufzeit von mindestens einem Jahr als Vermögenswerte und Schulden anzuset-

---

657 Vgl. *Plathe* (Rechtliche Beurteilung, 1970): S. 605.
658 Vgl. *Dieter* (Lease Accounting, 1979): S. 19.
659 Vgl. Gliederungspunkt IV. in diesem Kapitel.
660 Vgl. *Joint Working Group of Standardsetters*: Draft Standard and Basis for Conclusions: „Financial Instruments and Similar Items“, London: 2000.
661 Vgl. *ASB* (Implementation, 1999): Par. 14.1 f.

zen.[662] Dies wurde im *Tweedie*-Papier dahingehend geändert, dass alle Leasingverträge einbezogen werden, die für die unkündbare Leasingdauer zu einem Nutzungsrecht führen, das für den Bilanzierenden „wesentlich" ist.[663] Eine spezielle Ausnahme für Leasingverträge mit kurzer Laufzeit ist ausdrücklich nicht mehr vorgesehen.

Als Leasinggeschäfte definiert das Positionspapier alle Verträge, die dem Leasingnehmer das Recht einräumen, einen speziellen Gegenstand für einen bestimmten Zeitraum zu besitzen und zu nutzen und ihn im Gegenzug dazu verpflichten, Leasingraten in vereinbarter Höhe zu leisten.[664] Der Leasinggeber bleibt während der Leasingdauer rechtlicher Eigentümer des Leasingobjekts.[665] Der Anwendungsbereich des Positionspapiers unterscheidet sich daher nicht von dem des IAS 17.[666] Erfasst werden somit nicht nur Leasingverträge (im deutschen Verständnis), sondern auch Mietverträge jeglicher Art.[667] Zu beachten ist jedoch, dass nur die Nutzungsmöglichkeit während der unkündbaren Mietdauer zu einem bilanzierungsfähigen Nutzungsrecht führt und dieses wesentlich sein muss, damit es ausgewiesen werden darf.[668]

Eigenständige Vorschriften für das Leasing von immateriellen Vermögensgegenständen sehen die Regelungen des Positionspapiers nicht vor.[669] Auch sollen für Immobilien-Leasingverträge – zumindest für den Ausweis beim Leasingnehmer – keine gesonderten Regelungen gelten.[670] Für die Bilanzierung von *sale-and-leaseback*-Transaktionen schlägt die *G4+1-Working Group* einen sog. *one transaction-approach* vor.[671] Der Verkauf und das gleichzeitige Zurückleasen werden demnach bilanziell als eine Transaktion behandelt. Dadurch wird nur der Teil der stillen Reserven des Leasingobjekts aufgedeckt, der sich auf Rechte bezieht, die der Verkäufer/Leasingnehmer tatsächlich aufgibt.[672]

---

662 Vgl. *McGregor* (Accounting for Leases, 1996): S. 18.

663 Vgl. *ASB* (Implementation, 1999): Par. 2.54. Diese Bedingung ist nach dem *Framework* des *IASB* von sämtlichen Bilanzpositionen zu erfüllen, siehe *IASB Framework* (1989): F. 29 f.

664 Vgl. *ASB* (Implementation, 1999): Par. 2.3.

665 Vgl. *ASB* (Implementation, 1999): Par. 2.4.

666 Siehe IAS 17.4 (*revised* 2003) zur Definition von „*lease*" sowie Gliederungspunkt I. in Kapitel 2.

667 Vgl. *DRSC* (CL 24, 2000): *General remarks*; *CFLA* (CL 18, 2000): Anwort zu Frage 2 (a) u. (c); *Leaseurope* (CL 22, 2000): Antwort zu Frage 1, u. 2 (a). *Weinstock* ist jedoch der Ansicht, dass mit der Definition im *McGregor*-Papier nur Leasingverträge (im deutschen Sprachgebrauch) und keine Mietverträge gemeint sind. Er kommt zugleich aber zu dem Schluss, dass die weitere Argumentation des *McGregor*-Papiers nicht konsistent wäre, wenn der Anwendungsbereich Miet- und Pachtverträge nicht mit einbeziehe, vgl. *Weinstock* (Vorschlag des IASC, 1996): S. 798 f. Auch *Barth* kommt zu der unzutreffenden Aussage, dass die von der *G4+1-Working Group* vorgenommene Beschränkung auf Leasingverhältnisse eine Abgrenzung zu Miet- und Pachtverträgen erfordere, vgl. *Barth* (Zurechnung von Leasingobjekten, 1999): S. 283.

668 Vgl. dazu Gliederungspunkt II.A. in diesem Kapitel sowie Gliederungspunkt II.A.5.a. in Kapitel 4.

669 Vgl. *ASB* (Implementation, 1999): Par. 2.47.

670 Vgl. *ASB* (Implementation, 1999): S. 201, Recommendation 13A. Vgl. dazu auch Gliederungspunkt V. in diesem Kapitel.

671 Vgl. *ASB* (Implementation, 1999): Par. 7.38.

672 Auf *sale-and-leaseback*-Transaktionen soll im Laufe dieser Arbeit nicht weiter eingegangen werden, da sie einen Sonderfall des Leasing darstellen. Zur genaueren Ausgestaltung des Vorschlags der *G4+1-Working Group* vgl. *ASB* (Implementation, 1999): Kapitel 7 sowie *Brakensiek* (Finanzinstrumente, 2000): S. 230 f.

C. Begründung des neuen Ansatzes

Die Notwendigkeit neuer Bilanzierungsvorschriften für Leasingverträge wird von der *G4+1-Working Group* mit den Schwächen der geltenden Leasingstandards – insbesondere des IAS 17 sowie des SFAS 13 – begründet. Nach den geltenden Regelungen könnten *finance leases*, die im Wesentlichen alle Risiken und Chancen auf den Leasingnehmer übertragen, so ausgestaltet werden, dass sie als *operating leases* klassifiziert werden, und deshalb nicht beim Leasingnehmer zu bilanzieren sind.[673] Die Nichtbilanzierung solcher *operating leases*, die häufig eine lange Laufzeit aufweisen, sei nicht angemessen, da sich das Wertverhältnis von Nutzen und Verpflichtung aus derartigen Verträgen im Zeitablauf bedeutend verschieben könne.[674] Bei Anwendung der geltenden Vorschriften seien oft Abwertungen des Nutzungsanspruchs des Leasingnehmers nicht als Verlust in seiner Bilanz gezeigt worden, da Drohverlustrückstellungen nicht gebildet wurden, obwohl sie erforderlich gewesen wären.[675] Zudem würden durch die Nichtbilanzierung derartiger *operating leases* wesentliche Werte und Verpflichtungen des Leasingnehmers nicht gezeigt, weshalb viele Abschlüsse den Interessenten nur unvollständige Informationen lieferten, was zu Fehlallokationen führen könne.[676]

Die geltenden Leasingstandards würden dem Bilanzierenden zudem Gestaltungsmöglichkeiten einräumen. So sei es möglich, einen Leasingvertrag entweder als *finance* oder als *operating lease* auszugestalten, ohne die übertragenen Rechte und Pflichten wesentlich zu verändern. Dadurch könnten wirtschaftlich betrachtet gleiche Verträge vollkommen unterschiedlich bilanziert werden.[677]

Der grundlegende Mangel der geltenden Leasingstandards besteht nach Ansicht der *G4+1-Working Group* darin, dass aus *operating leases* entstehende wesentliche Vermögenswerte und Schulden in der Bilanz des Leasingnehmers nicht gezeigt werden.[678] Deshalb soll ein neuer Ansatz entwickelt werden, nach dem sämtliche Vermögenswerte und Schulden bilanziert werden, die im Rahmen von Leasingverträgen entstehen. Als Basis zur Ableitung des neuen Ansatzes sollen die von den beteiligten Standardsettern entwickelten *Frameworks*, insbesondere die darin zu findenden Definitions- und Ansatzkriterien für Vermögenswerte und Schulden, dienen. Aus Vereinfachungsgründen legt die *G4+1-Working Group* zur Ableitung

673 Vgl. *McGregor* (Accounting for Leases, 1996): S. 10. Vgl. dazu Gliederungspunkt V. in Kapitel 2.
674 Vgl. *McGregor* (Accounting for Leases, 1996): S. 7 f.
675 Vgl. *McGregor* (Accounting for Leases, 1996): S. 17.
676 Vgl. *McGregor* (Accounting for Leases, 1996): S. 25.
677 Vgl. *McGregor* (Accounting for Leases, 1996): S. 10.
678 Vgl. *McGregor* (Accounting for Leases, 1996): S. 13.

des neuen Ansatzes das *Framework* des *IASB* zugrunde.[679] Die *Frameworks* der anderen beteiligten Standardsetter seien diesem inhaltlich ähnlich.[680]

Nach Auffassung der *G4+1-Working Group* erfüllen das Nutzungsrecht des Leasingnehmers sowie die Forderung des Leasinggebers auf Zahlung der Leasingraten die Definition eines *asset* im *Framework* des *IASB*.[681] Die Verpflichtung des Leasingnehmers zur Zahlung der Leasingraten erfülle die Definition einer *liability*.[682] Auch die Ansatzkriterien, die für die Bilanzierungsfähigkeit von *assets* und *liabilities* gegeben sein müssen,[683] werden nach Ansicht der Arbeitsgruppe von allen *finance leases* und den meisten *operating leases* erfüllt.[684] Zwingend seien die Ansatzkriterien bei allen unkündbaren Leasingverträgen erfüllt, die wesentlich sind.[685] Da der Ausweis eines *asset* in der Bilanz des Leasingnehmers somit durch das *Framework* gedeckt sei, müsse der Ausweis nicht durch das Kriterium des wirtschaftlichen Eigentums gerechtfertigt werden.[686] Die aus Leasingverträgen entstehenden *assets* und *liabilities* seien deshalb zu bilanzieren. Damit wird im *McGregor*-Papier implizit eine Aufgabe des Grundsatzes der Nichtbilanzierung schwebender Geschäfte für Leasingverhältnisse gefordert.[687] Welche Implikationen sich dadurch für die Bilanzierung anderer schwebender Geschäfte ergeben könnten, wird im *McGregor*-Papier nicht thematisiert.

Im *Tweedie*-Papier wird auf die Vereinbarkeit des Neuvorschlags mit dem Grundsatz der Nichtbilanzierung schwebender Geschäfte detailliert eingegangen.[688] Nach Auffassung der *G4+1-Working Group* ist der Leasinggeber mit der Bereitstellung des Leasingobjekts seiner Hauptleistungspflicht, die in der Nutzungsüberlassung besteht, im Wesentlichen nachgekommen.[689] Der Leasingvertrag sei daher ab dem Zeitpunkt der Lieferung des Leasingobjekts durch den Leasinggeber nicht mehr schwebend.[690] Diese Aussage stellt eine der Kernthesen dar, auf die das Grundkonzept des Neuvorschlags aufbaut, weil damit die Ungleichbehandlung von Leasingverträgen und anderen Dauerschuldverhältnissen begründet wird.[691] Mit der Lieferung durch den Leasinggeber erhalte der Leasingnehmer die Kontrolle über den aus dem

---

679 Vgl. *McGregor* (Accounting for Leases, 1996): S. 15. Damals handelte es sich noch um das *Framework* des *IASC*. Dieses wurde nach der Umstrukturierung des *IASC* zum *IASB* im Jahre 2001 vom *IASB* anerkannt und wird deshalb nun als *Framework* des *IASB* bezeichnet.

680 Zu einem Vergleich der *Frameworks* verschiedener internationaler Standardsetter vgl. *McGregor* (Accounting for Leases, 1996): S. 27-31, *Appendix* I.

681 Vgl. *McGregor* (Accounting for Leases, 1996): S. 15. Vgl. dazu auch die Ausführungen in Gliederungspunkt II.A.5.a. in Kapitel 4.

682 Vgl. *McGregor* (Accounting for Leases, 1996): S. 16 f.

683 Siehe *IASB Framework* (1989): F. 50.

684 Vgl. *McGregor* (Accounting for Leases, 1996): S. 16.

685 Vgl. *McGregor* (Accounting for Leases, 1996): S. 17.

686 Vgl. *McGregor* (Accounting for Leases, 1996): S. 17 f.

687 Vgl. *Mellwig* (Bilanzielle Darstellung, 1998): S. 13 f.

688 Vgl. *ASB* (Implementation, 1999): Par. 2.1-35.

689 Diese Auffassung wurde auch schon von *Myers* vertreten, vgl. *Myers* (Reporting of leases, 1962): S. 45.

690 Vgl. *ASB* (Implementation, 1999): Par. 2.14-17; *Hellen/Brakensiek* (G4+1-Positionspapier, 2000): S. 142,

691 Vgl. *ASB* (Implementation, 1999): Par. 2.19-46.

Nutzungsrecht am Leasingobjekt resultierenden Nutzenzufluss. Zudem sei dadurch die unbedingte Verpflichtung zur Zahlung der Leasingraten begründet.[692] Da das Nutzungsrecht des Leasingnehmers und die Verbindlichkeit gegenüber dem Leasinggeber sämtliche im *Framework* des *IASB* genannten Bilanzierungskriterien erfüllen, gibt es nach Ansicht der Arbeitsgruppe keinen Grund für einen Nichtausweis.[693] Die Erfüllung der Hauptleistungspflicht werde bei sämtlichen Leasingverträgen somit nicht durch ein dauerndes Verhalten des Leasinggebers bewirkt, sondern durch eine einmalige Leistung, nämlich der Bereitstellung des Leasingobjekts.[694] Der Ausweis des Nutzungsrechts sowie der Verbindlichkeit beim Leasingnehmer stelle folglich keinen Verstoß gegen den Grundsatz der Nichtbilanzierung schwebender Geschäfte dar, weil der Leasingvertrag ab dem Zeitpunkt Lieferung des Leasingobjekts durch den Leasinggeber nicht mehr schwebend sei.

Die Vorteile gegenüber den bisherigen Regelungen sieht die Arbeitsgruppe in der einfacheren Handhabung der Leasingbilanzierung, da die Prüfung, ob die wesentlichen Risiken und Chancen am Leasingobjekt übertragen werden, entfällt.[695] Es wird nur noch auf die dem Leasingnehmer übertragenen Rechte und die von ihm eingegangenen Verpflichtungen abgestellt.[696] Die Aussagefähigkeit der Bilanz des Leasingnehmers werde durch den Ausweis aller unkündbaren wesentlichen Leasingverhältnisse erheblich verbessert. Wertverschiebungen zwischen den Ansprüchen und Verpflichtungen aus Leasingverträgen seien stets durch die Bewertung der bilanzierten *assets* und *liabilities* ersichtlich.[697]

III. Bilanzielle Behandlung einfacher Leasingverträge

A. Bilanzierung beim Leasingnehmer

Unter einem „einfachen Leasingvertrag" wird ein Vertrag ohne Optionen oder bedingte Leasingraten verstanden, bei dem das Leasingobjekt nach der Grundmietzeit an den Leasinggeber zurückgegeben wird, ohne dass der Leasingnehmer eine Restwertgarantie leistet oder am Verwertungserlös beteiligt wird. Nach dem Vorschlag der *G4+1-Working Group* hat der Leasingnehmer bei einem einfachen Leasingvertrag ein Nutzungsrecht und eine korrespondierende Verbindlichkeit zu bilanzieren. Das Nutzungsrecht und die Verbindlichkeit sind bei Erstbilanzierung in gleicher Höhe, und zwar zu ihrem *fair value*, zu bewerten. Unter der Annahme, dass das Leasinggeschäft unter Beachtung des *arm's length principle*, also wie zwischen Fremden, abgeschlossen wurde, entspricht nach Auffassung der Arbeitsgruppe der *fair value*

692 Vgl. *ASB* (Implementation, 1999): Par. 3.12.
693 Vgl. *ASB* (Implementation, 1999): Par. 3.2-12.
694 Vgl. *Brakensiek* (Finanzierungsinstrumente, 2001): S. 217.
695 Vgl. *McGregor* (Accounting for Leases, 1996): S. 18.
696 Vgl. *Weinstock* (Vorschlag des IASC, 1996): S. 797.
697 Vgl. *McGregor* (Accounting for Leases, 1996): S. 17.

des übertragenen Nutzungsrechts mindestens dem Barwert der Mindestleasingraten.[698] Wenn ein anderer *fair value* direkt evident ist – beispielsweise aus einem vorhandenen Marktpreis – soll dieser angesetzt werden.

Der Anteil der Leasingraten, der auf zusätzliche Serviceleistungen des Leasinggebers, wie zum Beispiel Reparaturen, Instandhaltung oder Versicherung, entfällt, ist nicht in die Mindestleasingraten einzubeziehen.[699] Diese Nebenleistungen sind separat zu betrachten. Da die Serviceleistungen durch den Leasinggeber grundsätzlich nicht schon mit Beginn des Leasingverhältnisses erbracht werden, wird der Servicevertrag für die Dauer des Leasingverhältnisses als schwebend angesehen und somit nicht bilanziert.[700] Nur die Leistungspflicht im Rahmen der Vereinbarung über die Nutzungsüberlassung werde mit der Lieferung des Leasingobjekts erbracht. Sind in den Leasingraten Abgeltungen für Serviceleistungen enthalten, müssen die Leasingraten auf Serviceleistung und Nutzungsüberlassung aufgeteilt werden, um den Wert des Nutzungsrechts bestimmen zu können.[701]

Eine Trennung der als schwebend zu klassifizierenden Servicevereinbarungen von der reinen Nutzungsüberlassung ist auch nach den Regelungen des IAS 17 für die Bestimmung der Mindestleasingraten vorzunehmen.[702] Der Umfang der Mindestleasingraten ist dabei für die Anwendung des Barwerttests und für die Bewertung des Leasingobjekts bei als *finance lease* zu bilanzierenden Leasingverträgen zu bestimmen.[703] Da somit bereits nach IAS 17 jener Teil der Leasingraten, der auf die reine Nutzungsüberlassung entfällt, separiert werden muss, sieht die Arbeitsgruppe diesen Punkt nicht als problematisch an.[704]

Zu beachten ist aber, dass eine Aufspaltung der Leasingraten im Rahmen des Neuvorschlags vermutlich bei jedem wesentlichen Mietvertrag notwendig ist, da die Instandhaltungsverpflichtung des Vermieters als eine Serviceleistung eingeordnet werden könnte, die nach Lieferung des Mietobjekts schwebend verbleibt.[705] Die *G4+1-Working Group* betont, dass nur der Schwebezustand der Nutzungsüberlassung durch die Lieferung beendet sei; sie gibt keinen Hinweis darauf, dass die Instandhaltungsverpflichtung des Vermieters nicht von der reinen Nutzungsüberlassung zu trennen sei. Nach den Kriterien des IAS 17 werden Mietverträge grundsätzlich nicht als *finance lease* klassifiziert, weshalb hier keine Vermögenswerte und Schulden angesetzt werden, für deren Bewertung eine Aufteilung der Leasingraten erfolgen

698 Vgl. *ASB* (Implementation, 1999): Par. 3.15. Nach den geltenden Regelungen des IAS 17 ist das Leasingobjekt bei einem *finance lease* ebenfalls grundsätzlich zu diesem Wert beim Leasingnehmer anzusetzen, siehe IAS 17.20 (*revised* 2003).
699 Vgl. *ASB* (Implementation, 1999): Par. 2.41.
700 Vgl. *ASB* (Implementation, 1999): Par. 2.39.
701 Vgl. *ASB* (Implementation, 1999): Par. 2.41.
702 Vgl. Gliederungspunkt II.B.4. in Kapitel 2.
703 Siehe IAS 17.10 (d) u. 17.36 i. V. m. 17.4 (*revised* 2003) zur Definition von „*minimum lease payments*".
704 Vgl. *ASB* (Implementation, 1999): Par. 2.41.
705 Vgl. *ASB* (Implementation, 1999): Par. 2.41; *Leaseurope* (CL 22, 2000): Antwort zu Frage 2 (a).

müsste. Eine Anwendung des Barwerttests kann bei Mietverträgen grundsätzlich ebenfalls unterbleiben, wenn offensichtlich ist, dass die wesentlichen Risiken und Chancen nicht auf den Mieter übertragen werden. Im Rahmen der Anwendung der Vorschriften des IAS 17 sind daher Zahlungen innerhalb reiner Mietverträge in der Regel nicht in einen auf die reine Nutzungsüberlassung entfallenden Anteil und einen auf die Instandhaltungspflicht des Vermieters entfallenden Anteil aufzuspalten. Die *G4+1-Working Group* scheint jedoch der Auffassung zu sein, dass innerhalb ihres Konzeptes eine solche Aufteilung bei sämtlichen wesentlichen Mietverträgen notwendig ist. Dabei dürfte es häufig zu erheblichen Ermittlungsschwierigkeiten kommen.[706]

Als Diskontierungszinsfuß für die Berechnung des Barwerts der Mindestleasingzahlungen hat der Leasingnehmer den für eine mit dem Leasinggeschäft in Laufzeit und Sicherheit vergleichbare Fremdfinanzierung zu zahlenden Zins zu verwenden. Der interne Zinsfuß des Leasingvertrags kann verwendet werden, wenn er den Fremdkapitalzinssatz angemessen approximiert.[707] Da der interne Zinsfuß des Leasingvertrags jedoch einen Mischzinsfuß darstellt, in dem die unterschiedlichen Risken der Leasingzahlungen und des Restwerts berücksichtigt werden, hält die *G4+1-Working Group* ihn dann für ungeeignet zur Diskontierung der Leasingraten, wenn der Leasinggeber ein sehr hohes Restwertrisiko trägt.[708] Ändert sich der Zinssatz für vergleichbare Fremdfinanzierungen während der Laufzeit des Leasingvertrags, wird eine Neubewertung der *liability* nicht für notwendig erachtet.[709]

Da der Leasingnehmer bei einem einfachen Leasingvertrag das Objekt bei Beendigung des Vertragsverhältnisses an den Leasinggeber zurückgibt, hat er nach dem Vorschlag der *G4+1-Working Group* lediglich das Recht zur Nutzung des Leasingobjekts während der Vertragslaufzeit zu aktivieren, nicht aber den verbleibenden Restwert des Objekts. Die Verpflichtung zur Rückgabe des Objekts ist beim Leasingnehmer nicht zu passivieren, da durch sie kein Nutzenabfluss entsteht. Der Nutzen aus dem Restwert wird dem Leasingnehmer nämlich nicht durch den Leasingvertrag übertragen; er verbleibt beim Leasinggeber.[710]

In den Folgeperioden ist das Nutzungsrecht planmäßig und gegebenenfalls außerplanmäßig nach den allgemeinen Bewertungsgrundsätzen abzuschreiben.[711] Die Verbindlichkeit ist mit Zahlung der Leasingraten um den darin enthaltenen Tilgungsanteil ratierlich zu reduzieren.

---

706 Vgl. dazu die Ausführungen in Gliederungspunkt III.A.2. in Kapitel 4.
707 Vgl. *ASB* (Implementation, 1999): S. 127, *Recommendation* 6 (b).
708 Vgl. *ASB* (Implementation, 1999): Par. 6.12 f.
709 Vgl. *McGregor* (Accounting for Leases, 1996): S. 21.
710 Vgl. *ASB* (Implementation, 1999): Par. 3.19 f.
711 Vgl. *ASB* (Implementation, 1999): Par. 3.22.

B. Bilanzierung beim Leasinggeber

Nach dem Neuvorschlag soll die Bilanzierung beim Leasinggeber korrespondierend zu der beim Leasingnehmer erfolgen. Der Leasinggeber hat die Rechte und Pflichten zu bilanzieren, die ihm aus dem Leasingvertrag entstehen.[712] Mit Übergabe an den Leasingnehmer überträgt der Leasinggeber das Nutzungsrecht am Leasingobjekt. Dafür erlangt er den Anspruch auf Erhalt der Leasingraten. Durch den Leasingvertrag wird ein Teil des dem Leasing zugrunde liegenden Vermögenswerts des Leasinggebers in eine Forderung, die ein Finanzinstrument nach IAS 39 darstellt, umgewandelt.[713] In Höhe des zur Nutzung überlassenen Teils soll der Buchwert des materiellen Vermögenswertes in der Bilanz des Leasinggebers vermindert werden. Bei einem einfachen Leasingvertrag, in dem keine Garantien oder Optionen vereinbart sind, verkörpert der verbleibende Buchwert einen Anspruch auf die Verwertung des Leasingobjekts nach Ende der Leasingdauer, also auf den Restwert.[714] Folglich gilt für einfache Leasingverträge, dass der Leasinggeber zwei separate *assets* zu bilanzieren hat: zum einen die Forderung gegen den Leasingnehmer aufgrund des Anspruchs auf die Leasingzahlungen, zum anderen den Anspruch auf den Restwert des Leasingobjekts.[715] Damit der Leasinggeber den Restwertanspruch weiterhin bilanzieren darf, ist es nicht erforderlich, dass der Leasingnehmer diesen garantiert.[716] Ein getrennter Ausweis der beiden Vermögenswerte Forderung und Restwert wird als notwendig erachtet, da sie bezüglich der ihnen anhaftenden Risiken und Chancen unterschiedlicher Natur sind. Die Forderung ist mit dem Bonitätsrisiko behaftet, der Restwert unterliegt hingegen objektanhaftenden Risiken, wie der technischen Überalterung.[717] Der Anspruch auf den Restwert stellt nach Auffassung der *G4+1-Working Group* kein *financial asset* im Sinne von IAS 39 dar.

Die Forderung ist bei Erstbilanzierung zum *fair value* anzusetzen, der mindestens dem Barwert der Mindestleasingzahlungen entsprechen soll.[718] Zur Diskontierung ist ein Zinssatz zu wählen, der die speziellen Risiken der erwarteten Einzahlungen berücksichtigt.[719] Da es im internen Zinsfuß des Leasingvertrags zu Vermischungen der Risiken des Restwerts und der Forderung kommt, wird dieser Zins als ungeeignet für die Diskontierung der Leasingraten

712 Vgl. *ASB* (Implementation, 1999): Par. 8.1.
713 Vgl. *ASB* (Implementation, 1999): Par. 8.8.
714 Vgl. *ASB* (Implementation, 1999): Par. 8.6 f.
715 Vgl. *ASB* (Implementation, 1999): Par. 8.9.
716 Vgl. *ASB* (Implementation, 1999): Par. 9.5.
717 Vgl. *ASB* (Implementation, 1999): Par. 8.11.
718 Dabei gilt wiederum die Annahme, dass der Vertrag unter Beachtung des *arm's length principle* geschlossen wurde, vgl. *ASB* (Implementation, 1999): Par. 8.14.
719 Vgl. *ASB* (Implementation, 1999): Par. 10.3-5. Als alternative Methode schlägt die *G4+1-Working Group* vor, die risikoangepassten, das heißt sicherheitsäquivalenten, Cashflows aus der Forderung zu bestimmen und diese mit einem risikolosen Zins zu diskontieren, was zum selben Ergebnis führen muss, vgl. *ASB* (Implementation, 1999): Par. 10.5-7.

angesehen.[720] Vielmehr sollen die Leasingraten mit einem Kalkulationszinsfuß diskontiert werden, der nur das Bonitätsrisiko berücksichtigt.[721] Da dieser Zinssatz auch den Gewinnaufschlag des Leasinggebers enthält, wird – korrespondierend zu der Vorgehensweise bei einem *finance lease* nach IAS 17[722] – der in den Leasingraten enthaltene Finanzertrag aus dem Ansatz der Forderung eliminiert. Verwenden Leasinggeber und -nehmer den gleichen Diskontierungszins, weist die Forderung des Leasinggebers zu Beginn des Leasing einen gleich hohen Wert auf wie das Nutzungsrecht und die Leasingverbindlichkeit beim Leasingnehmer.

Ein Gewinn soll beim Leasinggeber zu Beginn des Leasing realisiert werden, wenn der Wert des Vermögenswerts dadurch gestiegen ist, dass der Leasingvertrag abgeschlossen wurde, und dieser Wertzuwachs verlässlich gemessen werden kann.[723] Grundsätzlich wird angenommen, dass der Buchwert des Objekts vor Abschluss des Leasingvertrags nicht unter dessen *fair value* liegt. Vom Gegenteil wird ausgegangen, wenn der Leasinggeber zugleich Hersteller oder Händler des Leasingobjekts ist, weil dann das Objekt zu Herstellungs- oder Anschaffungskosten ausgewiesen wird. Ebenfalls ist eine Gewinnrealisierung zulässig, wenn das Objekt zu Anschaffungskosten ausgewiesen wird, die lange vor Beginn des Leasing gezahlt wurden, so dass sie wahrscheinlich nicht mehr dem *fair value* entsprechen.[724] Die Arbeitsgruppe beschränkt die Realisierung eines Gewinns zu Beginn des Leasing auf diese beiden Sachverhalte.[725]

Der zu realisierende Gewinn ist zudem auf die stillen Reserven des Anteils am Nutzenpotenzial des Objekts begrenzt, der tatsächlich auf den Leasingnehmer übertragen wird. Da der Restwertanspruch beim Leasinggeber verbleibt, ist dieser weiterhin zu seinem anteiligen Buchwert zu bilanzieren. Der anteilige Buchwert des Restwertanspruchs am gesamten Leasingobjekt ist anhand des Verhältnisses der *fair values* des Restwertanspruchs und des gesamten Leasingobjekts zu ermitteln.[726] Zur Ermittlung des *fair value* des Restwertanspruchs ist der aus ihm generierbare zukünftige Zahlungsüberschuss – also der erwartete Restwert am Ende der Leasingdauer – mit einem risikoadäquaten Zinsfuß zu diskontieren. Da der Restwert einem anderen Risiko unterliegt als die Forderung, sind die zu verwendenden Diskontierungs-

720 Vgl. *ASB* (Implementation, 1999): Par. 10.4. Im *McGregor*-Papier wird hingegen vorgeschlagen, den internen Zins des Leasingvertrags zur Diskontierung der Forderung zu verwenden, vgl. *McGregor* (Accounting for Leases, 1996): S. 24. So wird auch nach den geltenden Regelungen des IAS 17 verfahren, siehe IAS 17.36 i. V. m. 17.4 (*revised* 2003) zur Definition von „*net investment in the lease*" sowie Gliederungspunkt IV.A.1. in Kapitel 2.

721 Dieser Zinssatz müsste aus der Kalkulation des Leasinggebers ersichtlich sein.

722 Siehe IAS 17.36 f. (*revised* 2003) sowie Gliederungspunkt IV.A.1. in Kapitel 2.

723 Vgl. *ASB* (Implementation, 1999): Par. 8.15.

724 Vgl. *ASB* (Implementation, 1999): Par. 8.18.

725 Vgl. *ASB* (Implementation, 1999): Par. 8.21.

726 Dabei wird die Annahme getroffen, dass die Summe aus dem *fair value* der Forderung und dem *fair value* des Restwertanspruchs grundsätzlich dem *fair value* des Leasingobjekts bei Vertragsbeginn entspricht, da die beiden Parteien den Vertrag ansonsten nicht abschließen würden, vgl. *ASB* (Implementation, 1999): Par. 8.17.

zinssätze nicht identisch.[727] Der gegebenenfalls zu realisierende Gewinn ergibt sich somit aus der Summe des Werts der Forderung und des Buchwerts des Restwertanspruchs abzüglich des Buchwerts des gesamten Objekts.[728]

Sind die Voraussetzungen für eine Gewinnrealisierung zu Beginn des Leasing nicht gegeben, vereinnahmt der Leasinggeber die Differenz zwischen *fair value* und Buchwert des übertragenen Nutzenpotenzials aus dem Leasingobjekt zusammen mit dem Finanzertrag über die Leasingdauer. Der Aktivtausch von Forderung und dem übertragenen Nutzenpotenzial des Leasingobjekts hat dann ergebnisneutral zu erfolgen. Dazu ist der Buchwert des gesamten Objekts auf die Forderung und den Restwertanspruch gemäß dem Verhältnis ihrer *fair values* aufzuteilen.[729]

Wenn der *fair value* des Leasingobjekts direkt vor Beginn des Leasingverhältnisses nicht seinem Buchwert entspricht, ist der vom Leasinggeber zurückbehaltene Restwertanspruch somit stets zu seinem anteiligen Buchwert am Leasingobjekt auszuweisen. Dies gilt unabhängig davon, ob eine Realisierung der stillen Reserven des auf den Leasingnehmer übertragenen Anteils am Nutzenpotenzial des Leasingobjekts erfolgt.

Im Rahmen der Folgebewertung soll die Forderung beim Leasinggeber mit dem gewählten Diskontierungssatz aufgezinst und um den Tilgungsanteil in den Leasingraten verringert werden.[730] Der Finanzertrag des Leasinggebers wird somit über die Laufzeit des Leasingverhältnisses vereinnahmt.

Für die Folgebewertung des Restwertanspruchs schlägt die *G4+1-Working Group* vor, über die Leasingdauer eine Aufzinsung auf den erwarteten Restwert vorzunehmen.[731] In der Erfolgsrechnung des Leasinggebers werden demnach während der Leasingdauer Erträge aus der Aufzinsung der Forderung und des Restwertanspruchs ausgewiesen. Bezüglich der Aufzinsung des Restwertanspruchs geht die *G4+1-Working Group* jedoch nur auf den Fall ein, dass der Restwertanspruch zu Beginn des Leasing zu seinem *fair value*, also zum Barwert des erwarteten Restwerts, ausgewiesen wird. Ob eine Aufzinsung auf den erwarteten Restwert auch

727 Vgl. *ASB* (Implementation, 1999): Par. 10.4.
728 Vgl. *ASB* (Implementation, 1999): Par. 8.23.
729 Vgl. *ASB* (Implementation, 1999): Par. 10.2.
730 Vgl. *ASB* (Implementation, 1999): Par. 12.3. Die *G4+1-Working Group* lässt dafür zwei unterschiedliche Methoden zu, und zwar die *net investment method* und die *net cash investment method*, vgl. *ASB* (Implementation, 1999): Par. 12.4.
731 Vgl. *ASB* (Implementation, 1999): Par. 12.5-14. Als alternative Methoden wird diskutiert, den Restwert von Anfang an undiskontiert auszuweisen oder den abgezinsten Restwert nicht über die Leasingdauer aufzuzinsen.

erfolgen soll, wenn der Restwertanspruch zu Beginn des Leasing zu seinem anteiligen Buchwert am Leasingobjekt ausgewiesen wird,[732] bleibt unklar.[733]

Der Restwertanspruch unterliegt keiner planmäßigen Abschreibung, da die Wertminderung des Leasingobjekts während der Leasingdauer schon bei der Erstbilanzierung des Restwertanspruchs berücksichtigt wird.[734] Stellt sich während der Laufzeit des Leasingverhältnisses heraus, dass die Schätzung des für den Restwert erzielbaren Betrags zu Beginn des Leasing zu hoch war, ist eine außerplanmäßige Abschreibung vorzunehmen.[735] Erhöhungen des erwarteten Restwerts sind aufgrund des Anschaffungskostenprinzips nicht zu zeigen.[736]

C. Beispiel

Die Vorschläge der *G4+1-Working Group* zur Erstbilanzierung einfacher Leasingverträge sollen durch folgendes Beispiel verdeutlicht werden:[737]

Beispiel 3.1:
Ein Leasingobjekt, das einen fair value von 18.000 aufweist, wird zu jährlichen Leasingraten von 5.000 über drei Jahre verleast. Der erwartete Restwert des Leasingobjekts beträgt 3.000. Der Leasingnehmer gibt das Leasingobjekt am Ende der Leasingdauer an den Leasinggeber zurück. Der Leasinggeber ist Hersteller des Leasingobjekts und bilanziert dieses vor Abschluss des Leasingvertrags zu Herstellungskosten in Höhe von 16.000. (Aus Vereinfachungsgründen wird die Diskontierung der Beträge vernachlässigt.[738])

Die Voraussetzungen für eine Gewinnrealisierung beim Leasinggeber zu Beginn des Leasing sind erfüllt. Zunächst ist der Buchwert des Leasingobjekts von 16.000 gemäß dem Verhältnis ihrer fair values auf den Restwertanspruch und den zur Nutzung überlassenen Teil aufzuspalten.

Der anteilige Buchwert des Restwertanspruchs beträgt: $16.000 \cdot \frac{3.000}{18.000} = 2.667$.

---

732 Dies ist der Fall, wenn der Buchwert des Leasingobjekts vor Beginn des Leasing nicht dessen *fair value* entspricht, vgl. weiter oben in diesem Gliederungspunkt.

733 Vgl. *IDW* (CL 9, 2000): Antwort zu Frage 18.

734 Vgl. *McGregor* (Accounting for Leases, 1996): S. 24.

735 Vgl. *ASB* (Implementation, 1999): Par. 12.15. Wird der Restwert vom Leasingnehmer garantiert, ist keine Abschreibung vorzunehmen, vgl. *ASB* (Implementation, 1999): Par. 12.17 sowie Gliederungspunkt IV.C.2. in diesem Kapitel. Dann liegt jedoch kein einfacher Leasingvertrag mehr vor.

736 Vgl. *ASB* (Implementation, 1999): Par. 12.18.

737 Die *G4+1-Working Group* verwendet zur Darstellung ihrer Vorschläge einen Grundfall und wandelt diesen für die einzelnen Vertragsgestaltungen ab, vgl. *ASB* (Implementation, 1999): Par. 5.5-7. Dieser Fall wird hier in modifizierter Form zugrunde gelegt.

738 Die *G4+1-Working Group* verzichtet in ihren Beispielen häufig auf die Diskontierung, wodurch auf einige Bilanzierungsprobleme nicht eingegangen wird. In Kapitel 4 dieser Arbeit werden solche Probleme im Rahmen der dort vorgestellten eigenen Bilanzierungsvorschläge behandelt.

Der anteilige Buchwert des übertragenen Nutzenpotenzials des Leasingobjekts beträgt:

$$16.000 \cdot \frac{15.000}{18.000} = 13.333.$$

Der zu realisierende Gewinn ergibt sich aus der Differenz zwischen dem fair value der Forderung und dem anteiligen Buchwerts des übertragenen Nutzenpotenzials des Leasingobjekts. Er beträgt folglich:

$$15.000 - 13.333 = 1.667.$$

Der Leasingvertrag ist zu Beginn des Leasing wie folgt in den Bilanzen von Leasingnehmer und -geber abzubilden:[739]

Leasinggeber			
Aktiva		*Passiva*	
Forderung	***15.000***	***Gewinn***	***1.667***
Restwert-anspruch	***2.667***		

Leasingnehmer			
Aktiva		*Passiva*	
Leasing-vermögen	***15.000***	***Verbind-lichkeit***	***15.000***

IV. Leasingverträge mit zusätzlichen Komponenten

A. Kauf- und Mietverlängerungsoptionen des Leasingnehmers

1. Bilanzierung beim Leasingnehmer

Nach dem Vorschlag der *G4+1-Working Group* sind im Leasingvertrag vereinbarte Kauf-, Verlängerungs- oder Kündigungsoptionen separat zu behandeln und als eigenständige Komponenten zu bilanzieren. Kündigungs- und Mietverlängerungsoptionen werden identisch bilanziert, da sie wirtschaftlich betrachtet den gleichen Sachverhalt darstellen.[740] Die Ausübung einer Mietverlängerungsoption entspricht der Nichtausübung einer Kündigungsoption. Im Positionspapier wird darauf hingewiesen, dass nicht generell eine Ausübung von Verlängerungs- oder Kaufoptionen, bzw. eine Nichtausübung von Kündigungsoptionen, unterstellt wird.[741] Grundsätzlich soll eine Option unabhängig von der Wahrscheinlichkeit ihrer Ausübung separat bilanziert werden. Die Optionen werden jedoch nur bilanziert, wenn ihnen ein

739 Die Darstellung und die Ergebnisse wurden aus den Beispielen der *G4+1-Working Group* in *ASB* (Implementation, 1999): Par. 5.13 f. ; 8.23 u. 9.5 f. abgeleitet.

740 Vgl. *ASB* (Implementation, 1999): Par. 4.28.

741 Vgl. *ASB* (Implementation, 1999): Par. 4.9.

verlässlich bestimmbarer wesentlicher Wert beigemessen werden kann.[742] Es wird vorgeschlagen, den Optionswert durch Vergleich mit einem ansonsten identischen Leasingvertrag ohne Optionsrecht zu ermitteln.[743] Die Option soll somit zu ihrem *fair value* bilanziert werden. Die *G4+1-Working Group* geht davon aus, dass der Optionswert das Wesentlichkeitskriterium nur dann eindeutig erfüllt, wenn zu erwarten ist, dass die Option im Ausübungszeitpunkt einen inneren Wert hat.[744] Daher werden im Ergebnis vermutlich doch nur Optionen bilanziert, bei denen eine hohe Ausübungswahrscheinlichkeit besteht.

Den Bilanzierungsvorschlägen der *G4+1-Working Group* liegt die Auffassung zugrunde, dass die Mindestleasingzahlungen nicht nur das Nutzungsrecht des Leasingnehmers, sondern auch das Recht zur Ausübung der Option vergüten. Erfüllt die Option die Voraussetzung für eine Aktivierung, sind deshalb die Mindestleasingzahlungen auf das Nutzungsrecht und die Option aufzuteilen.[745]

Im Wertansatz der Verbindlichkeit beim Leasingnehmer sind Auszahlungen, die bei Ausübung einer Kauf- oder Mietverlängerungsoption anfallen könnten, ebenfalls nicht zu berücksichtigen.[746] Erst bei Ausübung bzw. Nichtausübung der Option entstehen gegebenenfalls neue *assets* oder *liabilities*; der Buchwert der Option ist dann angemessen auf diese aufzuteilen.[747] Insoweit ergeben sich bei der Bestimmung der Vertragslaufzeit und der Mindestleasingraten Unterschiede zu den geltenden Regelungen von IAS 17, SFAS 13 und den deutschen Leasingerlassen. Die geltenden Vorschriften zur Leasingbilanzierung sehen vor, dass bei entsprechend hoher Wahrscheinlichkeit die Ausübung bzw. Nichtausübung der Option unterstellt wird. Dann werden Zahlungen, die auf den optionalen Zeitraum entfallen, bei der Bewertung der gegebenenfalls auszuweisenden Aktiva und Passiva berücksichtigt.[748]

Gemäß dem Vorschlag der *G4+1-Working Group* sollen die Optionen in den Folgeperioden zu fortgeführten Anschaffungskosten und unter Vornahme regelmäßiger Niederstwerttests bilanziert werden. Im Positionspapier wird darauf hingewiesen, dass einige Mitglieder der *G4+1-Working Group* diese Folgebewertung nicht für angemessen halten.[749] Sie sind der Ansicht, dass derartige Optionen Finanzinstrumente darstellen und deshalb in Übereinstimmung mit IAS 39 zum *fair value* folgebewertet werden müssten.

---

742 Vgl. *ASB* (Implementation, 1999): Par. 4.12.

743 Vgl. *ASB* (Implementation, 1999): Par. 4.10.

744 Vgl. *ASB* (Implementation, 1999): Fn. in Par. 4.10. Die Option hat einen inneren Wert im Ausübungszeitpunkt, wenn der vereinbarte Ausübungspreis niedriger ist als der im Zeitpunkt der Ausübung der Option herrschende *fair value* des Basiswerts. Der Basiswert einer Kaufoption ist das Leasingobjekt; der Basiswert einer Mietverlängerungsoption ist das Nutzungsrecht am Leasingobjekt im optionalen Zeitraum. Vgl. dazu auch die Ausführungen in Gliederungspunkt III.C.1. in Kapitel 4.

745 Vgl. *ASB* (Implementation, 1999): Par. 4.10.

746 Vgl. *ASB* (Implementation, 1999): Par. 4.19.

747 Vgl. *ASB* (Implementation, 1999): Par. 4.11.

748 Vgl. zum Beispiel IAS 17.4 (*revised* 2003) zur Definition von „*minimum lease payments*“.

749 Vgl. *ASB* (Implementation, 1999): Par. 4.11.

Enthält der Leasingvertrag eine Zusatzvereinbarung, welche die Option faktisch zu einem nicht mehr frei ausübbaren Recht macht – als Beispiel wird eine Kündigungsoption genannt, die vom Leasinggeber genehmigt werden muss –, sind die den optionalen Zeitraum betreffenden Zahlungen, bei der Bewertung von Nutzungsrecht und Verbindlichkeit zu berücksichtigen. In diesem Fall wird eine Nichtausübung der Kündigungsoption unterstellt.[750] Faktisch liegt bei einer solchen Vereinbarung jedoch keine echte Option vor, so dass diese Vorgehensweise zwingend ist. Die Ausübung einer Verlängerungsoption wird auch dann unterstellt, wenn die Grundmietzeit untypisch kurz ist. Hiervon wird ausgegangen, wenn die Grundmietzeit kürzer ist als der Zeitraum, den der Leasingnehmer aus wirtschaftlichen Gründen normalerweise benötigt, um Nutzen aus dem Objekt ziehen zu können.[751]

2. *Bilanzierung beim Leasinggeber*

Grundsätzlich verfolgt die *G4+1-Working Group* das Ziel einer symmetrischen Bilanzierung bei Leasingnehmer und Leasinggeber, das heißt, der Ausweis einer Verbindlichkeit beim Leasingnehmer soll mit dem Ausweis einer Forderung beim Leasinggeber einhergehen.[752] Daher wird auch für die Bilanzierung beim Leasinggeber nicht unterstellt, dass günstige Optionen vom Leasingnehmer ausgeübt werden.[753] Zu den Mindestleasingzahlungen, die den Wert der Forderung beim Leasinggeber bestimmen, gehören nur die Zahlungen, die nicht optional anfallen. Die Stillhalterposition des Leasinggebers aus einer Kauf-, Mietverlängerungs- oder Kündigungsoption soll jedoch nicht explizit gezeigt werden. Auf eine Separierung des *fair value* der Option von den Mindestleasingzahlungen wird verzichtet. Für die Bilanzierung beim Leasinggeber wird implizit unterstellt, dass das Leasingverhältnis zum frühestmöglichen Zeitpunkt beendet wird.[754] Er aktiviert daher neben der Forderung grundsätzlich auch einen Restwertanspruch.[755] Im Ausübungszeitpunkt der Option hat eine entsprechende Umbuchung zu erfolgen. Bei Ausübung einer Kaufoption durch den Leasingnehmer hat der Leasinggeber den Restwert auszubuchen. Übt der Leasingnehmer eine Mietverlängerungsoption aus oder unterlässt er die Ausübung einer Kündigungsoption, entsteht beim Leasinggeber eine neue Forderung und ein neuer Restwertanspruch.[756] Weshalb die Stillhalterposition aus vereinbarten Optionen beim Leasinggeber nicht separat gezeigt werden soll, wird von der *G4+1-Working Group* nicht begründet.

---

750 Vgl. *ASB* (Implementation, 1999): Par. 4.47.
751 Vgl. *ASB* (Implementation, 1999): Par. 4.48.
752 Vgl. *ASB* (Implementation, 1999): Par. 11.2.
753 Vgl. *ASB* (Implementation, 1999): Par. 11.3.
754 Vgl. *ASB* (Implementation, 1999): Par. 11.4.
755 Vgl. *ASB* (Implementation, 1999): Par. 11.6.
756 Vgl. *ASB* (Implementation, 1999): Par. 11.7 f. u. 12.26 f. Der neue Restwertanspruch wird einen niedrigeren Wert haben als der zuvor bilanzierte.

B. Bedingte Leasingraten

1. Bilanzierung beim Leasingnehmer

Bei Leasingverträgen mit bedingten Leasingraten repräsentieren die Mindestleasingzahlungen in der Regel nicht den wahren Wert der übertragenen Rechte. Ziel des Ansatzes der *G4+1-Working Group* ist, dass der Leasingnehmer dennoch ein Nutzungsrecht und eine Verbindlichkeit in Höhe des *fair value* der übertragenen Rechte bilanziert.[757] Um diesen zu ermitteln, wird ein Vergleich mit einem ähnlichen Leasingvertrag vorgeschlagen, der keine bedingten Leasingraten enthält.[758] Konkret unterscheidet die *G4+1-Working Group* für die bilanzielle Behandlung von bedingten Leasingraten drei Fälle:

Werden bedingte Leasingraten vereinbart, die von der Nutzungsauslastung des Leasingobjekts abhängen, sollen die bedingten Leasingraten beim Ansatz des Nutzungsrechts außer Acht gelassen werden, wenn der Eintritt der Bedingung im Einflussbereich des Leasingnehmers liegt.[759] Dies ist zum Beispiel der Fall, wenn die bedingten Leasingraten an einen zusätzlichen, nicht von den festen Leasingraten gedeckten Gebrauch des Leasingobjekts gekoppelt sind. Dann besitzt der Leasingnehmer eine Option zur zusätzlichen Nutzung des Leasingobjekts, die wie eine Mietverlängerungsoption separat bilanziert werden soll, wenn ihr ein wesentlicher Wert beigemessen werden kann.[760]

Sind bedingte Leasingraten vereinbart, die proportional zur Nutzung des Leasingobjekts anfallen, liegt es grundsätzlich nicht im Einflussbereich des Leasingnehmers, ob es zur Zahlung kommt. Beispiele für solche Gestaltungen sind, dass die bedingten Leasingraten an jede Umsatzeinheit, die mit dem Objekt erzielt wird, oder an jeden Kilometer, den ein Fahrzeug gefahren wird, gekoppelt sind. Nach Ansicht der *G4+1-Working Group* ist in diesem Fall die Höhe der unbedingten Leasingraten für den Wert des Nutzungsrechts nicht repräsentativ.[761] Deshalb soll der Wert des Nutzungsrechts anhand eines Vergleichs mit einem Leasingvertrag ohne bedingte Leasingraten ermittelt werden. Dadurch wird für die Bewertung des Nutzungsrechts eine bestimmte Höhe des relevanten Parameters, zum Beispiel eine bestimmte Anzahl an gefahrenen Kilometern, unterstellt. Weichen die tatsächlich zu zahlenden Leasingraten in den Folgejahren von der angenommenen Höhe ab, ist die Differenz erfolgswirksam zu behandeln.[762]

---

757 Vgl. *ASB* (Implementation, 1999): Par. 4.66 (b).

758 Vgl. *ASB* (Implementation, 1999): Par. 4.15 u. 59-64.

759 Vgl. *ASB* (Implementation, 1999): Par. 4.59-64.

760 Vgl. *ASB* (Implementation, 1999): Par. 4.59. Wenn die zusätzliche Nutzung zu deren Marktpreis angeboten wird, hat die Option regelmäßig keinen wesentlichen Wert, vgl. *ASB* (Implementation, 1999): Par. 4.62.

761 Vgl. *ASB* (Implementation, 1999): Par. 4.65-68.

762 Vgl. *ASB* (Implementation, 1999): Par. 4.67.

Hängt die Höhe der bedingten Leasingraten von Umständen ab, die nicht mit der Nutzung des Leasingobjekts zusammenhängen – zum Beispiel bei Anpassung der Leasingraten an einen Marktzins – ist der unsichere Teil der Leasingraten zu Beginn des Leasing zu schätzen und in das Nutzungsrecht und die Verbindlichkeit einzubeziehen.[763] Die Schätzung soll an jedem Bilanzstichtag überprüft werden. Ist in den Folgejahren eine Anpassung der Verbindlichkeit notwendig, soll diese erfolgsneutral durch eine korrespondierende Erhöhung des Nutzungsrechts erfolgen. Das Nutzungsrecht darf jedoch nicht zu einem höheren Wert als sein gegebenenfalls bekannter *fair value* angesetzt werden, da sonst ein Wertminderungsbedarf entstehen würde, der durch eine außerplanmäßige Abschreibung zu berücksichtigen wäre.

2. *Bilanzierung beim Leasinggeber*

Bedingte Leasingraten, die nur anfallen, wenn das Leasingobjekt zusätzlich genutzt wird, sollen beim Leasinggeber – korrespondierend zur Vorgehensweise beim Leasingnehmer – wie Optionen behandelt werden. Für die Bilanz des Leasinggebers bedeutet dies, dass die bedingten Leasingraten erst bilanziell gezeigt werden, wenn sie tatsächlich anfallen.[764] Wird das Leasingobjekt zusätzlich genutzt und fällt dadurch die Abnutzung des Objekts stärker aus als bei Schätzung des Restwerts zu Beginn des Leasing zugrunde gelegt wurde, hat der Leasinggeber den bilanzierten Restwert neu zu bewerten.[765]

Auch für die beiden anderen im Positionspapier angeführten Arten bedingter Leasingraten wird eine zur Behandlung beim Leasingnehmer korrespondierende Vorgehensweise vorgeschlagen. Bei bedingten Leasingraten, die proportional zur Nutzung des Objekts anfallen, deren Höhe aber ungewiss ist, soll der Wert des übertragenen Nutzungsrechts anhand eines Vergleichs mit einem Leasingvertrag ohne bedingte Leasingraten ermittelt werden.[766] Bedingte Leasingraten, die an Marktpreise angepasst werden, sollen anhand einer bestmöglichen Schätzung in den Ansatz der Forderung einbezogen werden.[767] Ergibt sich in der Folge für die Höhe der Leasingraten eine andere Schätzung als zum Zeitpunkt der Erstbilanzierung, ist die Forderung neu zu bewerten. Ein daraus resultierender Gewinn oder Verlust ist nach Ansicht der *G4+1-Working Group* sofort zu realisieren.[768]

---

763 Vgl. *ASB* (Implementation, 1999): Par. 4.78-88.

764 Dies ist darin begründet, dass der Leasinggeber keine Stillhalterverpflichtungen aus Optionen ausweisen soll, sondern die Forderung und den Restwert unter der Annahme, dass die Option nicht ausgeübt wird, bilanziert, vgl. Gliederungspunkt IV.A.2. in diesem Kapitel.

765 Vgl. *ASB* (Implementation, 1999): Par. 11.9 f.

766 Vgl. *ASB* (Implementation, 1999): Par. 11.11 f.

767 Vgl. *ASB* (Implementation, 1999): Par. 11.15-17.

768 Vgl. *ASB* (Implementation, 1999): Par. 12.23.

C. Vereinbarungen über den Restwert

1. Eigentumsübergang auf den Leasingnehmer

Ist der Leasingnehmer verpflichtet, nach Ende der Leasingdauer das Leasingobjekt zu einem vorher festgelegten Preis zu kaufen, handelt es sich wirtschaftlich betrachtet um ein Kaufgeschäft. Deshalb soll die Transaktion nach Ansicht der *G4+1-Working Group* auch wie ein Kauf bilanziert werden.[769] Der Leasingnehmer muss demnach das Leasingobjekt selbst und kein Nutzungsrecht bilanzieren.[770] Die Bewertung erfolgt zum *fair value*, der sich in der Regel aus dem Barwert der Leasingzahlungen und dem vereinbarten Kaufpreis für den Restwert zusammensetzen wird.

Der Leasinggeber weist keinen Restwertanspruch aus. Er bucht das Leasingobjekt zu Beginn des Leasingvertrags vollständig aus und aktiviert eine Forderung in Höhe des Barwerts der Leasingraten und des vereinbarten Kaufpreises.[771] In diesem Fall entspricht die Bilanzierung der eines *finance lease* nach den geltenden Regelungen des IAS 17.[772] Der Leasinggeber müsste bei dieser Vertragsgestaltung stets einen Veräußerungsgewinn realisieren dürfen, wenn der Wert der Forderung über dem Buchwert des Leasingobjekts liegt.[773] Diese Frage wird im Positionspapier von der *G4+1-Working Group* allerdings nicht behandelt.

Die Bilanzierung bei Leasinggeber und -nehmer wird für unterschiedliche Fälle von Vereinbarungen über den Restwert anhand von Beispielen verdeutlicht. Für den vereinbarten Eigentumsübergang wird folgendes Beispiel angeführt:[774]

Beispiel 3.2:
Ein Leasingvertrag wird zu jährlichen Leasingraten von 5.000 über eine Laufzeit von drei Jahren abgeschlossen. Der Leasingnehmer ist verpflichtet, das Leasingobjekt am Ende der Leasingdauer für 3.000 zu kaufen. (Aus Vereinfachungsgründen wird die Diskontierung der Beträge vernachlässigt.)

---

769 Vgl. *ASB* (Implementation, 1999): Par. 5.16.

770 Da die *G4+1-Working Group* jedoch nicht spezifiziert, ob in den anderen Fällen beim Leasingnehmer ein Nutzungsrecht oder das Leasingobjekt aktiviert werden soll (vgl. Gliederungspunkt II.A. in diesem Kapitel), wird darauf im Positionspapier nicht eingegangen.

771 Vgl. *ASB* (Implementation, 1999): Par. 9.8.

772 Vgl. IAS 17.20 u. 36 (*revised* 2003) sowie die Gliederungspunkte III.A. u. IV.A. in Kapitel 2.

773 Bei einem einfachen Leasingvertrag darf der Leasinggeber nach Auffassung der *G4+1-Working Group* nur einen Veräußerungsgewinn realisieren, wenn er Hersteller oder Händler des Leasingobjekts ist oder das Objekt von ihm lange Zeit vor Beginn des Leasingvertrags angeschafft wurde. Vgl. Gliederungspunkt III.B. in diesem Kapitel.

774 Vgl. *ASB* (Implementation, 1999): Par. 5.15-18 u. Par. 9.7 f.

Nach den Vorschlägen der G4+1-Working Group ist dieser Leasingvertrag wie folgt in den Bilanzen von Leasinggeber und -nehmer darzustellen:[775]

Leasinggeber			
Aktiva		*Passiva*	
Forderung	***18.000***		

Leasingnehmer			
Aktiva		*Passiva*	
Leasing-vermögen	***18.000***	***Verbind-lichkeit***	***18.000***

2. *Restwertgarantie durch den Leasingnehmer*

Leistet der Leasingnehmer eine Restwertgarantie, hat er neben der Verpflichtung zur Zahlung der Leasingraten gegebenenfalls eine Verpflichtung zur Zahlung der Differenz zwischen erzieltem Verwertungserlös und garantiertem Restwert. Diese Garantie ist zu Beginn des Leasingverhältnisses zum *fair value* separat zu passivieren.[776] Voraussetzung ist, dass die Garantie verlässlich bewertet werden kann. Liegt der garantierte Betrag weit unter dem erwarteten Restwert, ist der *fair value* der Garantie nahezu null, so dass sie keine bilanziellen Auswirkungen hat.[777] Weist die Restwertgarantie einen Wert auf, ist das Nutzungsrecht des Leasingnehmers zum Barwert der Mindestleasingzahlungen zuzüglich des *fair value* der Restwertgarantie zu bewerten, da dies der hingegebenen Gegenleistung für das Nutzungsrecht entspricht.[778]

Zur Bestimmung des *fair value* der Garantie wird der Vergleich mit einem Leasingvertrag ohne Garantie empfohlen. Da die Ermittlung des *fair value* einer Restwertgarantie dennoch große Probleme bereiten könnte, wird im Positionspapier alternativ vorgeschlagen, die Garantie wie eine Rückstellung zu bewerten. Bei dieser Vorgehensweise wird die Garantie in

775 Vgl. *ASB* (Implementation, 1999): Par. 9.7 f.

776 Vgl. *ASB* (Implementation, 1999): Par. 5.23. Die Garantie soll netto bilanziert werden. Eine Bruttobilanzierung mit einem korrespondierenden separaten *asset* wird abgelehnt, vgl. *ASB* (Implementation, 1999): Par. 5.32-34. Es wird angenommen, dass die Höhe der gegebenenfalls zu leistenden Zahlungen aus der Garantie nicht vollständig im Einflussbereich des Leasingnehmers liegt, sondern beispielsweise von zukünftigen Preisänderungen des Leasingobjekts abhängt. Ist die Höhe der Verpflichtung aus der Garantie hingegen vollständig an eine zusätzliche Nutzung des Leasingobjekts durch den Leasingnehmer gekoppelt, wird die Garantie wie bedingte Leasingraten behandelt, deren Eintritt im Einflussbereich des Leasingnehmers liegt. Das heißt, in diesem Fall wird zu Beginn des Leasing keine Verpflichtung aus der Garantie passiviert. Vgl. *ASB* (Implementation, 1999): Par. 5.22 sowie Gliederungspunkt IV.B.1. in diesem Kapitel.

777 Vgl. *ASB* (Implementation, 1999): Par. 5.24.

778 Vgl. *ASB* (Implementation, 1999): Par. 5.23.

Höhe der zu erwartenden Ausgleichszahlung bei bestmöglicher Schätzung bewertet.[779] Zu einem Ansatz der Garantie kommt es nur, wenn die Wahrscheinlichkeit einer Auszahlung mehr als 50% („*more likely than not*") beträgt.[780] Hat sich der Leasingnehmer zu mehreren gleichartigen Restwertgarantien aus Leasingverträgen verpflichtet, kann er nach Ansicht der *G4+1-Working Group* nur eine Gesamtverpflichtung ansetzen und diese mithilfe von Wahrscheinlichkeitsberechnungen in Höhe des durchschnittlich erwarteten Auszahlungsbetrags bewerten.[781]

Eine Wertanpassung der Garantie in den Folgejahren soll ergebnisneutral durch korrespondierende Anpassung des Nutzungsrechts erfolgen.[782] Das Nutzungsrecht darf jedoch nicht zu einem höheren Wert als seinem *fair value* angesetzt werden, da sonst eine außerplanmäßige Abschreibung erforderlich wäre.[783] Das Nutzungsrecht ist über die Leasingdauer gemäß den allgemeinen Vorschriften planmäßig und gegebenenfalls außerplanmäßig abzuschreiben.[784]

Verpflichtet sich der Leasingnehmer dazu, dass er beim Verkauf des Leasingobjekts an einen Dritten für eine gegebenenfalls auftretende Differenz zum bei Leasingbeginn festgelegten Garantiebetrag einsteht,[785] hat der Leasinggeber den Restwert, wie bei einem einfachen Leasingvertrag, als zurückbehaltenen Teil des Objekts separat von der Forderung auszuweisen. Die Garantie soll beim Leasinggeber nicht explizit gezeigt werden.[786] Dies wird vornehmlich mit Praktikabilitätsgründen gerechtfertigt.[787] Der bilanzielle Ausweis beim Leasinggeber ist daher nicht symmetrisch zu dem des Leasingnehmers, da dieser die Garantie zu ihrem *fair value* ausweist, wenn sie einen wesentlichen Wert hat.[788] Über die Garantie soll der Leasinggeber im Anhang berichten.[789] Eine Folge des gemeinsamen Ausweises von Restwert und Restwertgarantie beim Leasinggeber besteht darin, dass ein Absinken des erwarteten Restwerts nicht gezeigt wird, da dies zugleich den Wert der Garantie erhöht, wodurch die Gesamtposition keine Wertänderung erfährt.[790] Die *G4+1-Working Group* sieht darin einen Vorteil, weil dies die Folgebewertung des Restwerts vereinfache.[791]

Garantiert der Leasingnehmer einen wesentlich höheren Wert als den zu Beginn des Leasing erwarteten Restwert, hat die Garantie einen hohen inneren Wert. In einem solchen Fall soll

779 Vgl. *ASB* (Implementation, 1999): Par. 5.28 f. Siehe dazu auch IAS 37.36-40 (1998).
780 Vgl. *ASB* (Implementation, 1999): Fn. in Par. 5.29 sowie IAS 37.23 (1998).
781 Vgl. *ASB* (Implementation, 1999): Par. 5.29 sowie IAS 37.39 (1998).
782 Vgl. *ASB* (Implementation, 1999): Par. 5.37.
783 Vgl. *ASB* (Implementation, 1999): Par. 5.38.
784 Vgl. *ASB* (Implementation, 1999): Par. 5.35.
785 Vgl. *ASB* (Implementation, 1999): Par. 5.19, *Example* 3.
786 Vgl. *ASB* (Implementation, 1999): Par. 9.17.
787 Vgl. *ASB* (Implementation, 1999): Par. 9.15.
788 Vgl. *ASB* (Implementation, 1999): Par. 9.9-19.
789 Vgl. *ASB* (Implementation, 1999): Par. 9.18.
790 Vgl. *ASB* (Implementation, 1999): Par. 9.16; *IDW* (CL 9, 2000): Anwort zu Frage 15.
791 Vgl. *ASB* (Implementation, 1999): Par. 9.16.

die Garantie als Leasingrate behandelt werden. Die Garantie ist deshalb auf die Forderung des Leasinggebers erfolgsneutral „umzuverteilen". Damit soll sichergestellt werden, dass der Wert der Forderung bei Erstbilanzierung den Wert der tatsächlichen Ansprüche des Leasinggebers widerspielgelt.[792]

Beinhaltet der Leasingvertrag sowohl eine Restwertgarantie des Leasingnehmers als auch eine Verlängerungsoption, soll dies zu keiner gesonderten Bilanzierung führen.[793] Der Leasingnehmer hat die Garantie und die Option separat von Nutzungsrecht und Verbindlichkeit zu bilanzieren, wenn sie einen verlässlich ermittelbaren Wert aufweisen. Bei einer solchen Konstellation wird folglich nicht unterstellt, dass der Leasingnehmer aufgrund der Restwertgarantie zur Ausübung der Verlängerungsoption wirtschaftlich gezwungen sei.

Zur bilanziellen Darstellung einer Restwertgarantie führt die *G4+1-Working Group* folgendes Beispiel an:[794]

Beispiel 3.3:

Ein Leasingvertrag wird zu jährlichen Leasingraten von 5.000 über eine Laufzeit von drei Jahren abgeschlossen. Das Leasingobjekt wird am Ende der Leasingdauer an einen Dritten zum fair value verkauft. Der Leasingnehmer garantiert dem Leasinggeber einen Restwert: Wenn beim Verkauf des Leasingobjekts weniger als 3.000 erzielt werden, ist die Differenz zu erstatten. (Aus Vereinfachungsgründen wird die Diskontierung der Beträge vernachlässigt.)

Folgende bilanzielle Darstellung bei Leasinggeber und -nehmer wird vorgeschlagen:[795]

Leasinggeber			
Aktiva		*Passiva*	
Forderung	***15.000***		
Restwert-anspruch⁺	***3.000***		

Leasingnehmer			
Aktiva		*Passiva*	
Leasing-vermögen	***15.000****	***Verbind-lichkeit***	***15.000***
		Restwert-garantie	***fair value****

* *Der fair value der Restwertgarantie wird zu den Leasingraten addiert (wenn er verlässlich bestimmt werden kann).*

⁺ *Die Restwertgarantie ist im Buchwert des Restwertanspruchs enthalten und soll im Rahmen der Anhangangaben erläutert werden.*

792 Vgl. *ASB* (Implementation, 1999): Par. 9.19.
793 Vgl. *ASB* (Implementation, 1999): Par. 5.61-66.
794 Vgl. *ASB* (Implementation, 1999): Par. 5.19-39 u. 9.9-19.
795 Vgl. *ASB* (Implementation, 1999): Par. 9.18.

3. *Kombination von Restwertgarantie und Verwertungserlösbeteiligung des Leasingnehmers*

Die Bilanzierung von Leasingverträgen, bei denen der Leasingnehmer am Verwertungserlös des Leasingobjekts beteiligt wird, dürfte den komplexesten Teil innerhalb des Komponentenansatzes darstellen.[796] Die *G4+1-Working Group* zeigt Bilanzierungsvorschläge zu zwei verschiedenen Vertragsgestaltungsmöglichkeiten auf.[797]

Die Bilanzierungsvorschläge zur ersten Gestaltungsmöglichkeit sollen zunächst an dem von der *G4+1-Working Group* angeführten Beispiel verdeutlicht werden:[798]

Beispiel 3.4:
Ein Leasingvertrag wird zu jährlichen Leasingraten von 5.000 über eine Laufzeit von drei Jahren abgeschlossen. Zusätzlich verpflichtet sich der Leasingnehmer dazu, für den Restwert eine Gebühr in Höhe 3.000 an den Leasinggeber zu zahlen.[799] Außerdem sieht der Vertrag vor, dass das Leasingobjekt am Ende der Leasingdauer zu seinem fair value an einen Dritten verkauft wird und die Verkaufserlöse dem Leasingnehmer ausgezahlt werden. (Aus Vereinfachungsgründen wird die Diskontierung der Beträge vernachlässigt.)

In den Bilanzen von Leasinggeber und -nehmer ist nach dem Vorschlag der G4+1-Working Group Folgendes auszuweisen:[800]

Leasinggeber	
Aktiva	*Passiva*
Forderung 18.000	

Leasingnehmer	
Aktiva	*Passiva*
Leasingvermögen (inkl. Recht auf Veräußerungserlös) 18.000	***Verbindlichkeit 18.000***

Bei dieser Gestaltung hat der Leasingnehmer neben dem Nutzungsrecht das Recht auf die Verwertungserlöse aus dem Leasingobjekt erworben.[801] Nach Auffassung der *G4+1-Working*

796 Vgl. *CGA-Canada* (CL 11, 2000): Antwort zu Frage 8.
797 Für die kritische Würdigung dieser Regelungen vgl. die Ausführungen in Gliederungspunkt III.E.4. in Kapitel 4.
798 Vgl. *ASB* (Implementation, 1999): Par. 5.40-44 u. 9.20 f.
799 Da die Diskontierung der Beträge vernachlässigt wird, ist es irrelevant, wann die Gebühr gezahlt wird.
800 Vgl. *ASB* (Implementation, 1999): Par. 9.21.
801 Vgl. *ASB* (Implementation, 1999): Par. 5.41.

Group sollen diese beiden Rechte gemeinsam in einer Position ausgewiesen werden, da es nicht der üblichen Praxis entspreche, Restwerte von *assets*, die man selbst besitzt, separat auszuweisen.[802] Daher scheint in diesem Fall vorgesehen zu sein, dass das Leasingobjekt selbst und kein Nutzungsrecht aktiviert wird und der Vertrag somit wie ein Ratenkauf des Objekts bilanziert wird.[803] Die *G4+1-Working Group* unterstellt bei dieser Beispielgestaltung, dass der Wert des Rechts auf die Verwertungserlöse dem garantierten Restwert entspricht, da sich der Leasingnehmer verpflichtet, diesen für den Anspruch auf die Erlöse zu bezahlen.[804] Diese Annahme impliziert, dass der Restwert in der Höhe garantiert wird, in der Verwertungserlöse zu erwarten sind. Um diesen Betrag sind das *asset* und die *liability* beim Leasingnehmer zu erhöhen. Bei der planmäßigen Abschreibung des *asset* soll der Leasingnehmer den erwarteten Restwert als Restbuchwert berücksichtigen.[805]

Der Leasinggeber weist in diesem Fall keinen Restwert aus, da dieser nach Ansicht der *G4+1-Working Group* an den Leasingnehmer mit übertragen worden ist.[806] Die in der Vereinbarung enthaltene Restwertgarantie schlägt sich in der Bewertung der Forderung nieder, da sich deren Wert nach den Mindestleasingraten zuzüglich des garantierten Betrags bemisst. Die Bilanzierung bei Leasinggeber und -nehmer ist symmetrisch, da beide die Vereinbarung bilanzieren, als habe der Leasingnehmer den Restwert miterworben.

Änderungen in den Erwartungen über die erzielbaren Veräußerungserlöse aus dem Restwert sollen beim Leasingnehmer in gleicher Weise behandelt werden, wie es in den relevanten Rechnungslegungsstandards für Wertänderungen von materiellen Vermögenswerten vorgesehen ist.[807] Dies dürfte bedeuten, dass nur Wertminderungen in Form von außerplanmäßigen Abschreibungen zu berücksichtigen sind.
Als weitere Gestaltungsmöglichkeit, bei welcher der Leasingnehmer am Verwertungserlös des Leasingobjekts beteiligt ist, nennt die *G4+1-Working Group* folgendes Beispiel:[808]

Beispiel 3.5:
Ein Leasingvertrag wird zu jährlichen Leasingraten von 5.000 über eine Laufzeit von drei Jahren abgeschlossen. Das Leasingobjekt wird am Ende der Leasingdauer zu seinem fair value an einen Dritten verkauft. Betragen die Verkaufserlöse mehr als 3.000, zahlt der Leasinggeber den Mehrerlös an den Leasingnehmer. Wird weniger als 3.000 aus dem Verkauf

---

802 Vgl. *ASB* (Implementation, 1999): Par. 5.43. Zur Kritik an diesem Vorschlag vgl. Gliederungspunkt III.E.4. in Kapitel 4.
803 Die *G4+1-Working Group* geht jedoch auf die Art des beim Leasingnehmer auszuweisenden Vermögenswerts nicht ein. Vgl. dazu Gliederungspunkt II.A. in diesem Kapitel.
804 Vgl. *ASB* (Implementation, 1999): Par. 5.43.
805 Vgl. *ASB* (Implementation, 1999): Par. 5.44.
806 Vgl. *ASB* (Implementation, 1999): Par. 9.21. Dies müsste zur Folge haben, das auch der Gewinn bezüglich des Restwerts realisiert werden darf, wenn die genannten Voraussetzungen erfüllt sind.
807 Vgl. *ASB* (Implementation, 1999): Par. 5.44.
808 Vgl. *ASB* (Implementation, 1999): Par. 5.45-57 u. 9.23-31.

erlöst, zahlt der Leasingnehmer die Differenz an den Leasinggeber. (Aus Vereinfachungsgründen wird die Diskontierung der Beträge vernachlässigt.)

Leasinggeber und -nehmer stellen diesen Vertrag nach dem Vorschlag der G4+1-Working Group wie folgt in ihren Bilanzen dar:[809]

Leasinggeber			
Aktiva		*Passiva*	
Forderung	***15.000***		
Restwert-anspruch	***3.000+***		

Leasingnehmer			
Aktiva		*Passiva*	
Leasing-vermögen	***15.000****	***Verbind-lichkeit***	***15.000***
Restwertvereinbarung (fair value)*			

* *Der fair value der Belastung durch die Restwertvereinbarung wird zu den Leasingraten addiert (wenn er verlässlich bestimmt werden kann).*[810]

\+ *Die Beteiligung des Leasingnehmers am Verwertungserlös des Leasingobjekts soll in den Anhangangaben erläutert werden.*

Für diesen Leasingvertrag wird im Positionspapier vorgeschlagen, dass der Leasingnehmer die Vereinbarung über den Restwert separat ausweist, wenn sie einen verlässlich ermittelbaren Wert hat. Dieser Wert kann sowohl positiv als auch negativ sein, das heißt, es kann ein zusätzliches *asset* oder eine zusätzliche *liability* beim Leasingnehmer entstehen.[811]

Verändert sich im Laufe der Leasingdauer der erwartete Restwert, ist eine gegebenenfalls ausgewiesene *liability* aus der Restwertvereinbarung neu zu bewerten. Korrespondierend dazu soll der Wert des Nutzugsrechts angepasst werden, so dass es zu keiner Erfolgswirkung kommt.[812] Wird bei Erstbilanzierung eine *liability* ausgewiesen und steigt der erwartete Restwert später, mit der Folge dass der Leasingnehmer einen Zahlungszufluss erwarten kann, darf nach Ansicht der *G4+1-Working Group* kein *asset* bei ihm ausgewiesen werden, da es sich um ein sog. *contingent asset* handeln würde. Für dieses besteht nach den geltenden Regelungen der meisten Rechnungslegungssysteme ein Bilanzierungsverbot.[813]

---

809 Vgl. *ASB* (Implementation, 1999): Par. 9.31.

810 Ist der Wert der Restwertvereinbarung für den Leasingnehmer positiv, müsste er von den Leasingraten subtrahiert werden.

811 Vgl. *ASB* (Implementation, 1999): Par. 5.51.

812 Vgl. *ASB* (Implementation, 1999): Par. 5.57. Der Buchwert des Nutzungsrechts darf jedoch nicht dessen *fair value* übersteigen.

813 Vgl. *ASB* (Implementation, 1999): Par. 5.57 sowie die Regelung in IAS 37.31 (1998). Nicht von der *G4+1-Working Group* behandelt wird der Fall, dass bei Erstbilanzierung ein *asset* ausgewiesen wird und dieses in der Folge im Wert steigt. Vermutlich würde die *G4+1-Working Group* in diesem Fall eine Zuschreibung über den Wert der Anschaffungskosten nicht für zulässig erachten.

Die Vorschläge für die Bilanzierung beim Leasinggeber werden im Positionspapier wiederum vornehmlich mit Praktikabilitätsgründen gerechtfertigt. Der Leasinggeber soll nur den Restwert als separaten nichtfinanziellen Vermögenswert zeigen, die Vereinbarung über die Garantie und die Erlösbeteiligung des Leasingnehmers soll hingegen nicht explizit abgebildet werden, obwohl es sich nach Ansicht der *G4+1-Working Group* dabei um ein *financial asset* handeln könnte.[814] Eine Symmetrie zur Bilanzierung beim Leasingnehmer besteht in diesem Fall nicht. Der Leasingnehmer zeigt grundsätzlich die Vereinbarung über den Restwert separat; sie dürfte jedoch häufig zu Beginn des Leasing keinen wesentlichen Wert aufweisen. Informationen über die Vereinbarung über den Restwert soll der Leasinggeber dem Bilanzleser in Form von Anhangangaben zur Verfügung stellen.[815]

Sowohl in Beispiel 3.4 als auch in Beispiel 3.5 fällt dem Leasingnehmer die Differenz zwischen dem garantierten Restwert und dem tatsächlich erzielten Verkaufserlös zu. Der Leasinggeber erhält stets den garantierten Restwert. Der Leasingnehmer trägt daher in beiden Beispielfällen die gleichen Risiken und verfügt über die gleichen Chancen bezüglich Wertänderungen des Restwerts.[816] Zu diesem Ergebnis kommt auch die *G4+1-Working Group*. Deshalb räumt sie ein, dass durchaus die Meinung vertreten werden könnte, beide Leasingvereinbarungen müssten gleich bilanziert werden.[817] Dennoch sei die von ihr vorgeschlagene Ungleichbehandlung gerechtfertigt. Der entscheidende Unterschied zwischen beiden Situationen bestehe darin, dass in Beispiel 3.5, anders als in Beispiel 3.4, kein separater Zahlungsfluss durch den Leasingnehmer für den Restwert spezifiziert werde und deshalb der Restwert nicht als *asset* mit einer korrespondierenden *liability* bei ihm anzusetzen sei.[818] Während der Leasingnehmer in Beispiel 3.4 verpflichtet ist, einen festen Betrag für den Restwert an den Leasinggeber zu zahlen, um dafür die Verwertungserlöse aus dem Verkauf an einen Dritten zu erhalten, erfolgt in Beispiel 3.5 eine Ausgleichszahlung zwischen Leasinggeber und -nehmer, nachdem das Objekt an einen Dritten verkauft wurde. Bei den Bilanzierungsvorschlägen der *G4+1-Working Group* für die beiden Beispielfälle entspreche der Wert des beim Leasingnehmer ausgewiesenen *asset* stets dem Betrag, den der Leasingnehmer für die von ihm erworbenen Rechte zahlen würde.[819]

---

814 Vgl. *ASB* (Implementation, 1999): Par. 9.26, 28 u. 31. Genauso soll verfahren werden, wenn die Mehr- oder Mindererlösaufteilung komplexer ausgestaltet ist, vgl. *ASB* (Implementation, 1999): Par. 9.32 f.

815 Vgl. *ASB* (Implementation, 1999): Par. 9.18, 31 u. *Recommendation* 9C.

816 Vgl. *Faculty and Institute of Actuaries* (CL 8, 2000): S. 2.

817 Vgl. *ASB* (Implementation, 1999): Par. 5.53 f. sowie S. 18, Q8. Die das Position Paper kommentierenden Institutionen sind teilweise der Meinung, dass eine unterschiedliche Bilanzierung in den beiden Beispielen dazu führen würde, dass wirtschaftlich gleiche Sachverhalte unterschiedlich abgebildet werden. Vgl. jeweils Antwort zu Frage 8: *Arthur Andersen* (CL 5, 2000); *IDW* (CL 9, 2000). Siehe dazu auch Gliederungspunkt III.E.4. in Kapitel 4.

818 Vgl. *ASB* (Implementation, 1999): Par. 5.52.

819 Vgl. *ASB* (Implementation, 1999): Par. 5.52. Zur Kritik daran vgl. Gliederungspunkt III.E.4. in Kapitel 4.

Nach den Vorschlägen der *G4+1-Working Group* wird der Leasingvertrag in Beispiel 3.4 bilanziell so dargestellt, als ob der Leasingnehmer den Restwert miterworben habe. Es kommt daher zu einer identischen Bilanzierung wie im Fall des vereinbarten Eigentumsübergangs (Beispiel 3.2).

V. Leasing von Grundstücken und Gebäuden

Der Neuvorschlag der *G4+1-Working Group* sieht für das Leasing von Grundstücken und Gebäuden grundsätzlich keine gesonderten Bilanzierungsregelungen vor. Der Leasingnehmer soll das Recht zur Nutzung der Immobilie sowie eine korrespondierende Verbindlichkeit bilanzieren.[820] Darin sieht die *G4+1-Working Group* einen bedeutenden Vorteil gegenüber den bestehenden Regelungen, wenn der Leasingnehmer nach Rechnungslegungsstandards bilanziert, die eine *fair value*-Bewertung von Immobilien zulassen oder vorschreiben.[821] Das Nutzungsrecht sei nämlich ebenfalls einer *fair value*-Bewertung zugänglich, so dass beim Leasingnehmer auch Marktwertänderungen von geleasten Immobilien gezeigt werden könnten. Nach den geltenden Regelungen des IAS 40 besteht ein Wahlrecht, im Rahmen von *operating leases* gemietete Immobilien in der Bilanz des Leasingnehmers auszuweisen und zum *fair value* zu bewerten.[822] Auf diese, mit dem Konzept des wirtschaftlichen Eigentums nicht vereinbare Regelung, könnte bei Durchsetzung des Komponentenansatzes für die Leasingbilanzierung verzichtet werden.

Die Forderung des Leasinggebers und der von ihm zurückbehaltene Restwert, der bei Immobilien häufig einen bedeutenden Wert haben dürfte, sollen getrennt ausgewiesen werden um zu zeigen, in welchem Ausmaß der Leasinggeber dem Bonitätsrisiko unterliegt bzw. in welchem Umfang ihm Risiken und Chancen aus Wertänderungen der Immobilie zufallen.[823] Der Restwert soll grundsätzlich – entsprechend den Vorschlägen zu Mobilien-Leasingverträgen – zunächst zum Barwert seines *fair value* ausgewiesen und über die Laufzeit des Leasing aufgezinst werden.[824] Bilanziert der Leasinggeber nach Regelungen, die eine *fair value*-Bewertung von Immobilien zulassen oder vorschreiben, wird vorgeschlagen, den Restwert als Differenz zwischen dem Betrag der Leasingforderung und dem *fair value* der Immobile zu ermitteln, damit die Information über den *fair value* der gesamten Immobilie in der Bilanz erhalten bleibt.[825] Der Restwert wird dann nicht über die Laufzeit des Leasingverhältnisses aufgezinst, sondern zum *fair value* folgebewertet.[826]

---

820 Vgl. *ASB* (Implementation, 1999): Par. 13.7.
821 Vgl. *ASB* (Implementation, 1999): Par. 13.9. Beispielsweise lässt IAS 40 ein Wahlrecht zur *fair value*-Bewertung von als Finanzinvestition gehaltenen Immobilien zu, vgl. IAS 40.30 (*revised* 2003).
822 Siehe IAS 40.6 u. 33-35 (*revised* 2003) sowie Gliederungspunkt II.D. in Kapitel 2.
823 Vgl. *ASB* (Implementation, 1999): Par. 13.13.
824 Vgl. *ASB* (Implementation, 1999): Par. 13.14.
825 Vgl. *ASB* (Implementation, 1999): Par. 13.20.
826 Vgl. *ASB* (Implementation, 1999): Par. 13.20.

VI. Umsetzung des Vorschlags

A. Beurteilung durch die interessierte Öffentlichkeit

Nach Veröffentlichung des Positionspapiers im Jahr 1999 wurde im Rahmen des *due process*[827] der interessierten Öffentlichkeit die Möglichkeit gegeben, sog. *comment letters* beim *IASC* einzureichen.[828] Dazu wurden zusammen mit dem Positionspapier 19 Fragen veröffentlicht, die von den kommentierenden Institutionen beantwortet werden sollten.[829] Insgesamt sind innerhalb der Kommentierungsphase 29 *comment letters* beim *IASC* eingegangen.[830] Die Fragen zum Positionspapier beziehen sich sowohl auf grundsätzliche Aspekte, wie der Notwendigkeit eines neuen Leasingstandards, als auch auf die vorgeschlagenen Detailregelungen.[831] Für einige Bilanzierungsprobleme hat die *G4+1-Working Group* neben den von ihr präferierten Vorschlägen alternative Lösungsmöglichkeiten angegeben. Die kommentierenden Institutionen sollten mitteilen, welche Lösung sie bevorzugen würden.[832]

Mehrheitlich sind die kommentierenden Institutionen der Ansicht, dass die geltenden Leasingstandards Schwächen aufweisen und deshalb ein Ansatz entwickelt werden sollte, der auf einer einheitlichen Bilanzierungsmethode (sog. *single accounting method*) für alle Arten des Leasing, ohne Unterscheidung zwischen *operating* und *finance leases*, aufbaut.[833] Die Institutionen der Leasingbranche lehnen hingegen eine einheitliche Bilanzierungsmethode mehrheitlich ab.[834] Tendenziell sprechen sie sich für eine Beibehaltung der bestehenden Regelungen aus. Vorschläge zur Verbesserung der geltenden Regelungen ihrerseits richten sich vornehmlich auf eine Erweiterung der Anhangangabepflichten.[835]

Die im Positionspapier vorgenommene Abgrenzung des Leasing zu anderen schwebenden Geschäften anhand des Kriteriums der Lieferung des Leasingobjekts durch den Leasinggeber

827 *Due process* bezeichnet das formelle Verfahren zur Entwicklung von Rechnungslegungsstandards des *IASB*. Dazu gehört auch, dass ein Diskussionspapier zur öffentlichen Kommentierung veröffentlicht wird, siehe IFRS *Preface* (*approved* 2002): Par. 18 (e).

828 Die Kommentierungsfrist endete am 31. Juli 2000.

829 *ASB* (Implementation, 1999): S. 15-22.

830 Die *comment letters* sind auf der Internetseite des *IASB* unter der Adresse http://www.iasb.org/current/comment_letters_g4.asp?showPageContent=no&xml=16_69_97_05012000.htm abrufbar (Abrufdatum: 9. März 2005). Aus Deutschland sind unter den kommentierenden Institutionen der *IDW*, das *DRSC*, die *DIL* und die *GEFIU* vertreten.

831 Bemerkenswert ist, dass der *IDW* dem Ansatz fast vollständig zustimmt. Kritik wird nur in einzelnen technischen Fragen geübt, vgl. *IDW* (CL 9, 2000).

832 Vgl. beispielsweise *ASB* (Implementation, 1999): S. 18, Q8.

833 Vgl. Antworten zu Frage 1 in *FAR* (CL 2, 2000), *Goodacre/Beattie* (CL 4, 2000), *Arthur Andersen* (CL 5, 2000), *IDW* (CL 9, 2000), *CGA-Canada* (CL 11, 2000), *SAICA* (CL 12, 2000), *European Commission* (CL 15, 2000), *FEE* (CL 16, 2000), *ICAA* (CL 23, 2000), *Australia and New Zealand Banking Group* (CL 26. 2000) u. *Deloitte Touche Tohmatsu* (CL 29, 2000). Einige Institutionen haben die Fragen des *IASC* nicht einzeln beantwortet, sondern nur die für sie wichtig erscheinenden Aspekte angesprochen.

834 Vgl. Antworten zu Frage 1 in *CFLA* (CL 18, 2000), *ABN AMRO* (CL 21, 2000), *Leaseurope* (CL 22, 2000) u. *ASF* (CL 27, 2000).

835 Vgl. *ABN AMRO* (CL 21, 2000): Abschn. 2.4; *ASF* (CL 27, 2000): S. 3.

wird von vielen Institutionen als gelungen beurteilt.[836] Andere sehen diese Abgrenzung jedoch sehr kritisch.[837] Bezüglich des Anwendungsbereichs einer einheitlichen Bilanzierungsmethode sind die Institutionen – in Übereinstimmung mit der *G4+1-Working Group* – der Ansicht, dass das Leasing von immateriellen Vermögenswerten sowie kurzfristige Leasingverhältnisse mit erfasst werden sollten und dass grundsätzlich keine gesonderten Vorschriften für Immobilienleasingverträge notwendig sind.[838] Die Vorschläge zur Bilanzierung einfacher Leasingverträge beim Leasingnehmer werden von den Institutionen grundsätzlich für sinnvoll gehalten.[839] Ob bei vereinbarten Optionen die Ausübung unterstellt werden soll, wenn die Ausübungswahrscheinlichkeit entsprechend hoch ist, oder ob diese separat bilanziert werden sollen, wie es die *G4+1-Working Group* vorschlägt, wird von den kommentierenden Institutionen sehr unterschiedlich gesehen. Gegen eine eigenständige Bilanzierung der Optionen wird die Problematik der Bewertung angeführt.[840] Die vorgeschlagenen Detailregelungen, insbesondere die Behandlung von bedingten Leasingraten und die Behandlung von Restwertgarantien beim Leasinggeber, werden in den *comment letters* kontrovers diskutiert. Ein einheitliches Meinungsbild existiert nicht. Zur Behandlung von *sale-and-leaseback*-Transaktionen sprechen sich die meisten Institutionen für den im Positionspapier vorgeschlagenen *one-transaction-approach* aus.[841]

Allgemeine Kritik an dem Positionspapier wird insofern geübt, als die Regelungen zu kompliziert und unpraktikabel seien und damit das vorrangige Ziel der *G4+1-Working Group*, die Leasingbilanzierung zu vereinfachen, nicht erreicht würde.[842]

Insgesamt ist festzustellen, dass zwar das Grundkonzept des Komponentenansatzes von vielen der kommentierenden Institutionen für sinnvoll gehalten wird, zur Ausgestaltung des Komponentenansatzes jedoch sehr unterschiedliche Meinungen herrschen. Unter anderem darin, aber

836 Vgl. Anworten zu Frage 2 (a) in *FAR* (CL 2, 2000), *BBA* (CL 3; 2000), *JICPA* (CL 6, 2000), *CGA-Canada* (CL 11, 2000), *SAICA* (CL 12, 2000), *Bradbury* (CL 13, 2000), *ABN AMRO* (CL 21, 2000), *ICAA* (CL 23, 2000) u. *Australia and New Zealand Banking Group* (CL 26, 2000).

837 Vgl. *DIL* (CL 1, 2000); *European Commission* (CL 15, 2000): Abschn. 1.4 sowie jeweils Antwort zu Frage 2 (a) in *CFLA* (CL 18, 2000), *Leaseurope* (CL 22, 2000), *ASF* (CL 27, 2000) u. *Deloitte Touche Tohmatsu* (CL 29, 2000).

838 Vgl. Anworten zu Fragen 2(b), (c) u. 3 in *FAR* (CL 2, 2000), *BBA* (CL 3; 2000), *CGA-Canada* (CL 11, 2000), *SAICA* (CL 12, 2000), *Bradbury* (CL 13, 2000), *ABN AMRO* (CL 21, 2000), *ICAA* (CL 23, 2000), *DRSC* (CL 24, 2000), *Australia and New Zealand Banking Group* (CL 26, 2000) u. *Deloitte Touche Tohmatsu* (CL 29, 2000).

839 Vgl. Antworten zu Fragen 4(a)-(c) in *FAR* (CL 2, 2000), *BBA* (CL 3; 2000), *IDW* (CL 9, 2000), *CGA-Canada* (CL 11, 2000), *SAICA* (CL 12, 2000), *Bradbury* (CL 13, 2000), *FEE* (CL 16, 2000), *ICAA* (CL 23, 2000), *DRSC* (CL 24, 2000), *Australia and New Zealand Banking Group* (CL 26, 2000) u. *Deloitte Touche Tohmatsu* (CL 29, 2000).

840 Vgl. Antworten zu Frage 5(a) in *FAR* (CL 2, 2000), *Arthur Andersen* (CL 5, 2000) u. *Australia and New Zealand Banking Group* (CL 26, 2000).

841 Vgl. Antworten zu Frage 12 in *FAR* (CL 2, 2000), *IDW* (CL 9, 2000), *CGA-Canada* (CL 11, 2000), *SAICA* (CL 12, 2000), *European Commission* (CL 15, 2000), *FEE* (CL 16, 2000), *CFLA* (CL 18, 2000) u. *Deloitte Touche Tohmatsu* (CL 29, 2000).

842 Vgl. *DRSC* (CL 24, 2000): *General Remarks*.

auch in dem Widerstand der Leasing-Lobby gegen das Grundkonzept dürfte begründet sein, dass der Neuvorschlag bisher nicht umgesetzt wurde.

B. Weiterverfolgung durch das *IASB*

Das *IASB* hat sich dafür entschieden, die Erforschung von neuen Regelungen zur Leasingbilanzierung zunächst an einen nationalen Standardsetter zu übertragen, bevor dieses Thema wieder als aktives Projekt in den Arbeitsplan des *IASB* übernommen wird.[843] Im Mai 2003 wurde daher beschlossen, den britischen Standardsetter, das *ASB*, erneut mit der Erforschung eines neuen Ansatzes zur Leasingbilanzierung zu beauftragen.[844] Dabei soll das Ziel verfolgt werden, eine einheitliche Bilanzierungsmethode für alle Leasingverträge zu entwickeln, die mit dem *Framework* des *IASB* konsistent ist.[845] Eine Unterscheidung zwischen *operating* und *finance leases* soll nicht mehr vorgenommen werden. Das im *Tweedie*-Papier verfolgte Grundkonzept wird somit fortgeführt.[846] Dies lassen auch die Berichte über die Sitzungen der mit dem Leasing-Projekt beauftragten Mitarbeiter des *ASB* erkennen.[847] Im Oktober 2005 wurde vom *IASB* mitgeteilt, dass das Leasing-Projekt höchstwahrscheinlich zu einer fundamentalen Änderung der Leasingbilanzierung führen wird.[848] Der Komponentenansatz scheint sich daher durchzusetzen. Es wird jedoch deutlich gemacht, dass die Ergebnisse des Projekts durch die Vorarbeiten der *G4+1-Working Group* nicht vorbestimmt seien und alle Fragen neu untersucht werden.

Das *IASB* weist darauf hin, dass es zurzeit einige weitere Projekte verfolgt, die für die Bilanzierung von Leasingverträgen relevant sein dürften. Genannt werden Projekte zur Ertragsrealisierung, zu Bewertung und Ausbuchung von Vermögenswerten sowie zur Konsolidierung. Die Problematik der Leasingbilanzierung wird vom *IASB* vermutlich erst dann wieder aufgegriffen, wenn diese Projekte abgeschlossen sind. Im Arbeitsplan des *IASB* für die Jahre 2005-2006 wird die Leasingbilanzierung weiterhin als Forschungsprojekt aufgeführt, mit dem sich das *IASB* zurzeit noch nicht beschäftigt.[849] Das *ASB* plant, im Jahr 2006 ein Diskussionspapier zur Neuregelung der Leasingbilanzierung zu veröffentlichen.[850]

---

843 Vgl. *IASB* (Insight July, 2002): S. 1.
844 Vgl. *IASB* (Update May, 2003): S. 5.
845 Vgl. *IASB* (Leasing, 2005), online im Internet unter *http://www.iasb.org/uploaded_files/documents/16_34_LeasesAug.pdf* (Abrufdatum: 30. November 2005), letzte Änderung: Oktober 2005.
846 Vgl. *Fülbier/Pferdehirt* (Überlegungen, 2005): S. 278.
847 Vgl. *IASB* (Information November, 2003); *IASB* (Update November, 2003): S. 7; *IASB* (Update January, 2004): S. 8; *IASB* (Update April, 2004): S. 3 f.; *IASB* (Update June, 2004): S. 6.
848 Vgl. *IASB* (Leasing, 2005), online im Internet unter *http://www.iasb.org/uploaded_files/documents/16_34_LeasesAug.pdf* (Abrufdatum: 30. November 2005), letzte Änderung: Oktober 2005.
849 Vgl. *IASB* (Insight July, 2005): S. 13.
850 Vgl. *IASB* (Leasing, 2005), online im Internet unter *http://www.iasb.org/uploaded_files/documents/16_34_LeasesAug.pdf* (Abrufdatum: 30. November 2005), letzte Änderung: Oktober 2005.

Kapitel 4: Ableitung einer systemkompatiblen Leasingbilanzierung auf Grundlage der IAS/IFRS

I. Grundsätze der Rechnungslegung nach IAS/IFRS

A. Normenhierarchie

Die Rechnungslegungsvorschriften des *IASB* bestehen aus dem *Framework*, den Rechnungslegungsstandards, den *Interpretations* sowie den Anwendungsleitlinien zu einzelnen Standards. Den Rechnungslegungsstandards ist zudem das *Preface* als Vorwort vorangestellt, das insbesondere Informationen über das Verfahren der Entwicklung der Rechnungslegungsstandards enthält.[851] Die Stellung des *Preface* ist nicht eindeutig geklärt.[852] Aufgrund der fehlenden rechtssystematischen Einordnung und der wenig spezifischen Aussagen im *Preface* dürfte diesem nur eine untergeordnete Rolle zukommen.[853]

Im *Framework* werden die Ziele der Rechnungslegung, die qualitativen Anforderungen an die Rechnungslegung sowie Fragen der Bilanzierungsfähigkeit und der Gewinnrealisierung in allgemeiner Form geregelt.[854] Da das *Framework* erst im Jahre 1989 vom *IASC* verabschiedet wurde, besteht keine volle Kompatibilität mit den Bilanzierungsvorschriften in den bis zu diesem Zeitpunkt bereits veröffentlichten Standards.[855] Das *Framework* kann als theoretische Basis der Rechnungslegung nach IAS/IFRS verstanden werden.[856] Es dient primär als konzeptionelle Grundlage für die Entwicklung neuer Rechnungslegungsstandards.[857] Außerdem kann es bei nicht in einem Rechnungslegungsstandard geregelten Bilanzierungsfragen für eine deduktive Ableitung angemessener Bilanzierungs- und Bewertungsmethoden verwendet werden.[858] Für in einem Standard geregelte Sachverhalte gilt allerdings, dass das *Framework* nachrangig zu beachten ist. Die Vorschriften der einzelnen IAS/IFRS gehen stets dem *Framework* vor, das somit keine direkte Rechtswirkung hat.[859] Einige der Rechnungslegungsgrundsätze des *Framework* werden auch in IAS 1: Presentation of Financial Statements (Darstel-

---

851 Siehe IFRS *Preface* (*approved* 2002). Es existiert zudem ein gesondertes Vorwort, in dem die Aufgaben des *IFRIC* beschrieben werden, siehe IFRIC *Preface* (2004). Zur Institution des *IFRIC* vgl. weiter unten in diesem Gliederungspunkt.

852 Vgl. *Wollmert/Achleitner* (Konzeption, 2005): Tz. 7.

853 Vgl. *Heuser/Theile* (IAS/IFRS Handbuch, 2005): Rz. 24; *PwC Deutsche Revision* (IAS für Banken, 2002): S. 86; *Zülch* (Rechnungslegungsnormen, 2005): S. 1.

854 Siehe *IASB Framework* (1989): F. 5; *Jacobi* (Analyse, 2003): S. 51; *Wollmert/Achleitner* (Konzeption, 2005): Tz. 8.

855 Siehe *IASB Framework* (1989): F. 3; vgl. *Böcking/Lopatta/Rausch* (Wertkategorien, 2005): Rz 13. Zu beachten ist, dass die erste Version von IAS 17 im Jahre 1982 und damit ebenfalls vor dem *Framework* veröffentlicht wurde.

856 Vgl. *Heuser/Theile* (IAS/IFRS Handbuch, 2005): Rz. 25; *Wollmert/Achleitner* (Konzeption, 2005): Tz. 7; *Achleitner/Behr* (IAS, 2003): S. 87.

857 Siehe *IASB Framework* (1989): F. 1 (a). Zu den weiteren Zwecken des *Framework* siehe *IASB Framework* (1989): F. 1 (b)-(g).

858 Siehe IAS 8.11 (b) (*revised* 2003).

859 Siehe *IASB Framework* (1989): F. 2.

lung des Jahresabschlusses) genannt.[860] Dies hat zum einen entstehungsgeschichtliche Gründe, da das *Framework* nach IAS 1 verabschiedet wurde.[861] Zum anderen führt die Nennung der Grundsätze in IAS 1 dazu, dass sie die Rechtsverbindlichkeit eines Rechnungslegungsstandards erhalten. IAS 1 schreibt zudem Berichtspflichten vor, die bei Abweichungen von den grundsätzlichen Regelungen zu erfüllen sind.[862]

Die Standards regeln Einzelfragen der Rechnungslegung. Sie folgen keiner einheitlichen Systematik, sondern sind in der Regel bilanzposten- oder problemorientiert ausgerichtet.[863] Seit der Umstrukturierung des *IASC* zum *IASB* heißen die neu verabschiedeten Standards „International Financial Reporting Standards“ (IFRS). Die vorher bereits veröffentlichten und weiterhin gültigen Standards behalten – auch nach einer Überarbeitung – die Bezeichnung „International Accounting Standards“ (IAS) bei. Die Beachtung der Vorschriften der gültigen Rechnungslegungsstandards ist Grundvoraussetzung für eine Bestätigung der Übereinstimmung eines Abschlusses mit den IAS/IFRS.[864] Nur in seltenen Ausnahmefällen ist eine Abweichung von einzelnen Regelungen der IAS/IFRS zulässig bzw. geboten.[865]

Zum Zwecke der Interpretation und Auslegung der Rechnungslegungsstandards wurde 1997 das *Standing Interpretations Committee* (*SIC*) eingerichtet. Dessen Verlautbarungen wurden als eigenständige „*Interpretations*“ unter der Bezeichnung „SIC“ veröffentlicht. Im Zuge der Umstrukturierung zum *IASB* wurde das *SIC* im Jahr 2002 vom *International Financial Reporting Interpretations Committee* (*IFRIC*) abgelöst. Mit IFRIC werden auch die neu verabschiedeten *Interpretations* bezeichnet. Die *Interpretations* haben den gleichen Verpflichtungscharakter wie die Standards. Eine Nichtbeachtung führt – außer in Ausnahmesituationen[866] – dazu, dass der Abschluss nicht als mit den IAS/IFRS übereinstimmend bezeichnet werden darf.[867]

Als Hilfe bei der Anwendung und Einführung von IAS 39 in der überarbeiteten Fassung aus dem Jahre 2000 hat das *IASB* erstmals eine Arbeitsgruppe, das *Implementation Guidance Committee* (*IGC*), eingesetzt.[868] Das *IGC* hat in Form von Fragen und Antworten Anwen-

---

860 Beispielsweise ist die Annahme der Unternehmensfortführung (*going concern*) sowohl in IAS 1 als auch im *Framework* zu finden, siehe IAS 1.23 (*revised* 2003); *IASB Framework* (1989): F. 23.

861 IAS 1 wurde im November 1974 verabschiedet und inzwischen mehrfach umgegliedert und überarbeitet.

862 Vgl. *Wollmert/Achleitner* (Konzeption, 2005): Tz. 11. Beispielsweise sind die Berichtspflichten bei Abweichung von der *going concern*-Prämisse in IAS 1.23 (*revised* 2003) geregelt.

863 Vgl. *Jacobi* (Analyse, 2003): S. 52.

864 Vgl. *Heuser/Theile* (IAS/IFRS Handbuch, 2005): Rz. 106.

865 Dies ist dann der Fall, wenn die Anwendung der vorgeschriebenen Regelungen dazu führen würde, dass ein nicht den tatsächlichen Verhältnissen entsprechendes Bild der Vermögens-, Finanz- und Ertragslage vermittelt wird, siehe IAS 1.17 f. (*revised* 2003). Vgl. dazu die Ausführungen in Gliederungspunkt I.D. in diesem Kapitel.

866 Siehe dazu Fn. 865.

867 Siehe IFRIC *Preface* (2004): Par. 8; *Heuser/Theile* (IAS/IFRS Handbuch, 2005): Rz. 106.

868 Vgl. *PwC Deutsche Revision* (IAS für Banken, 2002): S. 87.

dungsleitlinien zu IAS 39 bereitgestellt. Auch zu den danach veröffentlichten neuen und überarbeiteten Rechnungslegungsstandards wurden Verlautbarungen des *IGC* veröffentlicht.[869] Diese haben nicht den Rang eines Standards,[870] sondern stellen eher eine Art „*best practice*" dar.[871] Die Anwendungsleitlinien des *IGC* haben somit keinen Verpflichtungscharakter.[872]

Ein vom *IASB* neu entwickelter Rechnungslegungsstandard sollte stets mit den Grundsätzen des *Framework* vereinbar sein.[873] Aufgrund der höheren Hierarchiestufe der Regelungen der Standards ist jedoch auch eine Abweichung von den Grundsätzen des *Framework* möglich. Um ein geschlossenes Regelungssystem zu erhalten, will das *IASB* im Zuge der Überarbeitung einzelner Standards Konfliktpunkte mit dem *Framework* beseitigen; insbesondere sollen einheitlich die im *Framework* genannten Definitionskriterien für Vermögenswerte und Schulden zugrunde gelegt werden.[874] Damit soll das *Framework* als Grundlage zur Reduzierung zulässiger alternativer Bilanzierungsmethoden sowie der Harmonisierung der Regelungen der IAS/IFRS dienen.[875]

Gibt es zu einem bestimmten Sachverhalt keine Regelung innerhalb der IAS/IFRS, ist explizit vorgesehen, dass auf die Verlautbarungen anderer Standardsetter, die ein ähnliches *Framework* zugrunde legen, zurückgegriffen werden darf.[876] In erster Linie kommt hierfür das sehr detaillierte Regelwerk der US-GAAP in Frage.[877]

B. Funktion und Adressaten der Rechnungslegung

Bei den angelsächsisch geprägten[878] und sich in weiten Teilen an die US-GAAP anlehnenden Rechnungslegungsvorschriften der IAS/IFRS steht – anders als im deutschen Handelsrecht – die Informationsfunktion der Bilanz im Vordergrund.[879] Ziel der Berichterstattung ist, Informationen zu vermitteln, welche die Leistung und die wirtschaftliche Lage des Unternehmens wiedergeben und deshalb für wirtschaftliche Entscheidungen der Rechnungslegungsadressaten nützlich sind.[880]

---

869 Siehe beispielsweise die im Jahr 2003 überarbeiteten Standards IAS 32 u. IAS 39 sowie der im Jahr 2004 neu veröffentlichte Standard IFRS 2: Share-based Payment (Anteilsbasierte Vergütung).

870 Siehe IAS 8.9 (*revised* 2003).

871 Vgl. *PwC Deutsche Revision* (IAS für Banken, 2002): S. 89. Bei der Wahl von Bilanzierungs- und Bewertungsmethoden in Übereinstimmung mit IAS 8 sind auch die Verlautbarungen des *IGC* zu beachten, siehe IAS 8.7 (*revised* 2003).

872 Siehe IAS 8.9 (*revised* 2003); *Heuser/Theile* (IAS/IFRS Handbuch, 2005): Rz. 29.

873 Vgl. *Jones/Wolnizer* (Harmonization, 2003): S. 384.

874 Siehe *IASB Framework* (1989): F. 3 u. 52. Vgl. dazu auch *Mellwig/Sabel* (Nichtbilanzierung schwebender Geschäfte, 2005): S. 359.

875 Siehe *IASB Framework* (1989): F. 1 (b).

876 Siehe IAS 8.11 f. (*revised* 2003).

877 Vgl. *Born* (Rechnungslegung international, 2002): S. 69.

878 Vgl. *Wagenhofer* (IAS/IFRS, 2005): S. 42; *Havermann* (Internationale Entwicklungen, 1994): S. 671.

879 Vgl. *Mellwig* (Bilanzielle Darstellung, 1998): S. 1 f.; *Heuser/Theile* (IAS/IFRS Handbuch, 2005): Rz. 3.

880 Siehe *IASB Framework* (1989): F. 12; *Born* (Rechnungslegung, 2001): S. 12.

Die Rechnungslegung nach IAS/IFRS richtet sich vornehmlich an den Informationsbedürfnissen der Investoren aus. Es handelt sich somit um eine kapitalmarktorientierte Rechnungslegung. Zugleich wird angenommen, dass die Informationsbedürfnisse der Investoren denen der meisten anderen Adressatengruppen entsprechen.[881] Die Adressaten sollen in die Lage versetzt werden, Aussagen darüber treffen zu können, ob das Unternehmen die Fähigkeit besitzt, Zahlungsmittelüberschüsse zu erwirtschaften. Dazu benötigen sie Informationen über die Vermögens-, Finanz- und Ertragslage des Unternehmens.[882] Diese Informationen sollen in erster Linie durch die Bilanz und die Gewinn- und Verlustrechnung bereitgestellt werden.[883]

Die im Vergleich zur handelsrechtlichen Rechnungslegung stärkere Adressatenbezogenheit der IAS/IFRS-Vorschriften hat sehr umfangreiche Angabepflichten und eine Abschwächung des Vorsichtsprinzips zugunsten einer periodengerechten Gewinnermittlung zur Folge.[884] Eine restriktive Gewinnermittlung im Sinne des Gläubigerschutzes, wie sie die Vorschriften des HGB verfolgen, ist nicht Funktion der IAS/IFRS.[885] Der Gewinn wird vielmehr als zentraler Informationsträger hinsichtlich der „*Performance*" eines Unternehmens verstanden.[886] Da der Jahresabschluss im angelsächsischen Raum – wie auch der IAS/IFRS-Abschluss – angesichts eines fehlenden Maßgeblichkeitsprinzips keine formalrechtlichen Auswirkungen auf die Besteuerung hat,[887] besteht nicht die Gefahr, dass die Abschwächung des Vorsichtsprinzips zu einer Steuerbelastung noch nicht realisierter Gewinne führen könnte.

C. Prinzipienbasierung

Der bedeutendste Unterschied zwischen den IAS/IFRS und den Regelungen der US-GAAP besteht darin, dass die IAS/IFRS stärker versuchen, prinzipienbasierende (*principles-based*) Regelungen zu treffen, während die US-GAAP eher aus vielen detaillierten Einzelfallregelungen (*rule-based*) bestehen.[888] Nach Ansicht des *IASB* sind prinzipienbasierende Regelungen weniger manipulationsanfällig als Einzelfallregelungen.[889] Da die IAS/IFRS in verschiedenen

881 Siehe *IASB Framework* (1989): F. 10. Unter anderem sollen die Abschlüsse auch der Rechenschaftslegung der Unternehmensleitung über die von ihr erbrachte Leistung in Bezug auf das ihr anvertraute Kapital dienen. Siehe *IASB Framework* (1989): F. 14.

882 Siehe *IASB Framework* (1989): F. 15.

883 Veränderungen der Vermögens- und Finanzlage des Unternehmens sollen in den Abschlüssen in Form einer gesonderten Aufstellung dargestellt werden. Weitere Informationsbedürfnisse der Bilanzadressaten sind durch die Anhangangaben und ergänzenden Übersichten zu befriedigen, siehe *IASB Framework* (1989): F. 19 u. 21.

884 Vgl. *Wollmert/Achleitner* (Konzeption, 2005): Tz. 5. Vgl. dazu auch Gliederungspunkt I.D. in diesem Kapitel.

885 Vgl. *KPMG* (IFRS, 2004): S. 12; *Bohl* (IFRS-Handbuch, 2004): § 1, Rz. 32.

886 Vgl. *Haller* (Ziele und Merkmale, 2000): S. 10; *Grau* (Gewinnrealisierung, 2002): S. 27 f.; *Moxter* (Gewinnrealisierung nach IAS/IFRS, 2004): S. 280.

887 Vgl. *Havermann* (Internationale Entwicklungen, 1994): S. 663; *Wollmert/Achleitner* (Konzeption, 2005): Tz. 5.

888 Siehe IFRIC *Preface* (2004): Par. 4; *Tweedie* (Statement, 2002): S. 4; *Wagenhofer* (IAS/IFRS, 2005): S. 43; *Freisleben/Leibfried* (IAS/IFRS-Abschlüsse, 2004): S. 101; *Schildbach* (Prinzipienorientierung, 2003): S. 247 f.; *Epstein/Mirza* (IAS, 2004): S. 27 f.

889 Vgl. *Tweedie* (Statement, 2002): S. 4.

Ländern mit unterschiedlichen Rechtssystemen und wirtschaftlichen Eigenheiten angewendet werden, sind zudem prinzipienbasierende Regelungen notwendig, um diese an die jeweiligen Gegebenheiten anpassen zu können.[890]

Allerdings tendiert das *IASB* bei den zuletzt verabschiedeten und vermutlich auch bei den zukünftigen Standards[891] dazu, sich durch umfassende zusätzliche Kommentierungen in Form von *Interpretations* und Anwendungsleitlinien des *IGC* einem System mit umfassenden Einzelregelungen anzunähern.[892] Dieser Prozess ist hauptsächlich in der Orientierung an den US-GAAP-Regelungen bei der Umsetzung der Standardsetzungsprojekte begründet,[893] um eine Angleichung der noch nicht übereinstimmenden wesentlichen Regelungen der US-GAAP und der IAS/IFRS zu erreichen.[894] Die durch das *IASB* angestrebte Prinzipienbasierung der IAS/IFRS ist daher nur unvollständig verwirklicht worden.[895]

D. Grundprinzipien des Jahresabschlusses

Unter den IAS/IFRS gilt der Grundsatz der Periodenabgrenzung (*accrual principle*).[896] Geschäftsvorfälle sind in der Periode auszuweisen, der sie zuzurechnen sind, und beispielsweise nicht in derjenigen Perioden, in der eine Zahlung erfolgt.[897] Der Jahresabschluss nach den IAS/IFRS verfolgt somit eine Aufwands- und Ertragsrechnung und keine Einnahmen-Ausgaben-Rechnung.[898] Außerdem wird – außer für den Fall, dass die Absicht oder die Notwendigkeit besteht, das Unternehmen zu liquidieren oder die Geschäftstätigkeit wesentlich einzuschränken – bei der Erstellung des Abschlusses eine Fortführung der Unternehmenstätigkeit (*going concern*) angenommen.[899] Diese beiden grundlegenden Annahmen (*underlying assumptions*) der Rechnungslegung, die auch in den handelrechtlichen GoB enthalten sind,[900]

890 Vgl. *IDW* (IASC Foundation, 2004): S. 157. In der Literatur wird als Beispiel für die im Vergleich zu den US-GAAP stärkere Prinzipienbasierung der IAS/IFRS unter anderem die unterschiedliche Ausgestaltung der Leasingstandards in den beiden Rechtskreisen genannt, vgl. *Kuhner* (Prinzipienbasierung, 2004): S. 270. Dieses Beispiel kann jedoch nicht überzeugen, da die qualitativen Kriterien in IAS 17 aus den Kriterien des SFAS 13 abgeleitet wurden. SFAS 13 ist insoweit auch prinzipienorientiert, als die Zurechnung des Leasingobjekts zum wirtschaftlichen Eigentümer erfolgt. Die Kriterien für die Zurechnung bestehen im Unterschied zu IAS 17 aus festen quantitativen Grenzen. Die qualitativen Kriterien des IAS 17 können nicht als Ausprägung einer Prinzipienorientierung interpretiert werden. Vielmehr wird vermutet, dass die qualitativen Kriterien in IAS 17 auch darin begründet sind, dass man sich innerhalb des *IASB* nicht auf quantitative Werte einigen konnte. Vgl. dazu die Ausführungen in Gliederungspunkt V. in Kapitel 2.

891 Vgl. *Heuser/Theile* (IAS/IFRS Handbuch, 2005): Rz. 29.

892 Vgl. dazu die Ausführungen in Gliederungspunkt I.A. in diesem Kapitel.

893 Vgl. *Kuhner* (Prinzipienbasierung, 2004): S. 270, siehe beispielsweise IFRS 3: Business Combinations (Unternehmenszusammenschlüsse) aus dem Jahr 2004.

894 Derartige gemeinsame Projekte von *IASB* und *FASB* werden als Konvergenz-Projekte (*convergence projects*) bezeichnet.

895 Vgl. *Kuhner* (Prinzipienbasierung, 2004): S. 271.

896 Siehe *IASB Framework* (1989): F. 22; IAS 1.25 f. (*revised* 2003).

897 Siehe *IASB Framework* (1989): F. 22.

898 Vgl. *Achleitner* u. a. (Grundlagen, 2005): Tz. 78.

899 Siehe *IASB Framework* (1989): F. 23; IAS 1.23 f. (*revised* 2003).

900 Vgl. *Wagenhofer* (IAS/IFRS, 2005): S. 118.

werden als Grundkonsens einer den Zielen der IAS/IFRS entsprechenden Rechnungslegung angesehen.[901]

Durch die Beachtung der qualitativen Grundsätze des *Framework* sowie der Regelungen in den einzelnen IAS/IFRS soll der Abschluss im Ergebnis ein den tatsächlichen Verhältnissen entsprechendes Bild (*true and fair view* bzw. *fair presentation*) der Vermögens-, Finanz- und Ertragslage vermitteln.[902] Obwohl zuletzt im *Framework* genannt, ist dies die grundlegende qualitative Anforderung an den IAS/IFRS-Abschluss.[903] Der Grundsatz der *fair presentation* hat den Stellenwert eines *overriding principle*. In begründeten Ausnahmefällen darf von den Einzelregelungen der Standards abgewichen werden, sofern deren Anwendung nicht dazu führt, dass der Jahresabschluss ein den tatsächlichen Verhältnissen entsprechendes Bild vermittelt.[904] Gegebenenfalls sind – neben den in den Standards geforderten Informationen – zusätzliche Angaben im Jahresabschluss bereitzustellen, um diesem Grundsatz zu genügen.[905] Die Generalnorm der *fair presentation* ist logische Folge der Dominanz der Informationsfunktion in der Rechnungslegung nach IAS/IFRS.[906]

Um im Ergebnis eine *fair presentation* zu erreichen, werden im *Framework* weitere qualitative Anforderungen an den IAS/IFRS-Abschluss formuliert. Als übergeordnete Anforderungen werden „Verständlichkeit" („*understandability*"), „Relevanz" („*relevance*"), „Verlässlichkeit" („*reliability*") und „Vergleichbarkeit" („*comparability*") genannt.[907]

Der Grundsatz der Verständlichkeit verlangt die Aufbereitung von Informationen im Jahresabschluss in einer Weise, dass sie von einem sachkundigen Abschlussleser leicht verstanden werden können. Die Veröffentlichung entscheidungsrelevanter Informationen darf jedoch nicht alleine deshalb unterbleiben, weil sie für den Abschlussadressaten zu schwer verständlich sein könnten.[908] Der Grundsatz der Verständlichkeit bewirkt keine Einschränkung des Vollständigkeitsgebots,[909] sondern stellt eine qualitative Anforderung an die Darstellung der Jahresabschlussinformationen dar.[910]

---

901 Vgl. *KPMG* (IFRS, 2004): S. 13; *Grau* (Gewinnrealisierung, 2002): S. 39.

902 Siehe *IASB Framework* (1989): F. 46; IAS 1.13-15 (*revised* 2003).

903 Vgl. *Wagenhofer* (IAS/IFRS, 2005): S. 119.

904 Siehe IAS 1.17 f. (*revised* 2003); *Moxter* (Gewinnrealisierung nach IAS/IFRS, 2004): S. 276; a. A.: *PwC Deutsche Revision* (IAS für Banken, 2002): S. 91. Bisher sind allerdings keine Anwendungsfälle dieses „*true and fair view override*" bekannt geworden, vgl. *Petersen/Bansbach/Dornbach* (IFRS, 2005): S. 5.

905 Siehe IAS 1.15 (c) (*revised* 2003).

906 Vgl. *Adler/Düring/Schmaltz* (International, 2005): Abschn. 1, Tz. 108.

907 Siehe *IASB Framework* (1989): F. 24.

908 Siehe *IASB Framework* (1989): F. 25.

909 Das Vollständigkeitsgebot ist Bestandteil des Grundsatzes der Verlässlichkeit, vgl. dazu weiter unten in diesem Gliederungspunkt.

910 Vgl. *Jacobi* (Analyse, 2003): S. 58.

Der Jahresabschluss nach den IAS/IFRS hat nur Informationen zu enthalten, die für den Abschlussadressaten relevant sind. Als relevant werden Abschlussinformationen angesehen, wenn sie die wirtschaftlichen Entscheidungen der Bilanzadressaten beeinflussen. Dazu müssen die Informationen der Beurteilung vergangener, derzeitiger oder zukünftiger Ereignisse dienen oder die Beurteilung der Abschlussadressaten aus der Vergangenheit bestätigen oder korrigieren.[911] Ein Unterkriterium der Relevanz ist das der „Wesentlichkeit" (*materiality*). Eine Information ist dann als wesentlich anzusehen, wenn ihr Weglassen oder ihre fehlerhafte Darstellung die Entscheidungen der Bilanzadressaten beeinflussen könnte.[912] Die Wesentlichkeit einer Information ist primär quantitativ auszulegen; sie richtet sich nach der absoluten und relativen Größe eines jahresabschlussrelevanten Sachverhalts.[913] Die qualitative Bedeutung der Information ist zwar ebenso für die Berichterstattung im Jahresabschluss maßgebend, sie ist jedoch nicht unter den Begriff der Wesentlichkeit, sondern unter den übergeordneten Begriff der Relevanz zu subsumieren.[914]

Die Verlässlichkeit von Informationen ist Grundvoraussetzung dafür, dass sie dem Abschlussadressaten nutzen. Dazu dürfen die Informationen keine wesentlichen Fehler enthalten, müssen frei von verzerrenden Einflüssen sein sowie glaubwürdig und vollständig darstellen, was sie darzustellen vorgeben.[915] Der Grundsatz der Verlässlichkeit erfordert die Aufstellung des Abschlusses unter Zugrundelegung einer wirtschaftlichen Betrachtungsweise: Geschäftsvorfälle sind gemäß ihrem tatsächlichen wirtschaftlichen Gehalt und nicht allein entsprechend ihrer rechtlichen Gestaltung zu bilanzieren und darzustellen (*substance over form*).[916] Zudem ist bei Schätzungen, die aufgrund von Ungewissheiten über zukünftige Ereignisse notwendig sein können, ein bestimmtes Maß an Vorsicht (*prudence*) zugrunde zu legen. Dies soll im Ergebnis dazu führen, dass Vermögenswerte oder Erträge nicht zu hoch und Schulden oder Aufwendungen nicht zu niedrig angesetzt werden.[917] Allerdings darf die Beachtung des Grundsatzes der Vorsicht nicht zur Bildung stiller Reserven führen, da dies gegen die Anforderung der Neutralität (*neutrality*) an den Jahresabschluss verstoßen würde.

Das Kriterium der Vergleichbarkeit bezieht sich sowohl auf den intertemporalen Vergleich der Abschlüsse eines Unternehmens, um Tendenzen in der Entwicklung der Vermögens-, Finanz- und Ertragslage erkennen zu können, als auch auf den Vergleich der Abschlüsse verschiedener Unternehmen.[918] Zu diesem Zweck sind die angewandten Ansatz- und Bewer-

---

911 Siehe *IASB Framework* (1989): F. 26.
912 Siehe *IASB Framework* (1989): F. 30.
913 Vgl. *Böcking/Lopatta/Rausch* (Wertkategorien, 2005): Rz 20; *KPMG* (IFRS, 2004): S. 13.
914 Vgl. *Achleitner* u. a. (Grundlagen, 2005): Tz. 10.
915 Siehe *IASB Framework* (1989): F. 31-38. Die genannten Anforderungen umfassen die Nebenbedingungen der „*neutrality*", „*faithful representation*" und „*completeness*".
916 Siehe *IASB Framework* (1989): F. 35.
917 Siehe *IASB Framework* (1989): F. 37.
918 Siehe *IASB Framework* (1989): F. 39.

tungsmethoden grundsätzlich beizubehalten und offen zu legen. Können jedoch mit der Anwendung überarbeiteter Rechnungslegungsstandards oder anderer Methoden die qualitativen Kriterien der Relevanz oder der Verlässlichkeit besser erfüllt werden, hat eine Änderung der Ansatz- und Bewertungsmethoden zu erfolgen.[919] Vorgenommene Änderungen sind einschließlich ihrer Auswirkungen darzustellen.[920] Für einen intertemporalen Vergleich der Vermögens-, Finanz- und Ertragslage des Unternehmens müssen die Abschlüsse entsprechende Informationen über vergangene Perioden enthalten.[921]

Eine Nebenbedingung für relevante und verlässliche Informationen ist die zeitnahe Berichterstattung.[922] Die Zeitnähe (*timeliness*) und die Verlässlichkeit von Informationen können sich konträr zueinander verhalten, da Unsicherheiten regelmäßig im Zeitablauf abgebaut werden. Deshalb hat eine Abwägung zwischen der Erfüllung dieser beiden Kriterien zu erfolgen, so dass die Bedürfnisse des Bilanzlesers am besten befriedigt werden.[923] Ferner kann die Bereitstellung von Informationen durch den Grundsatz der Wirtschaftlichkeit (*balance between benefit and cost*) beschränkt werden.[924] Der Nutzen einer Jahresabschlussinformation muss stets über den Kosten der Bereitstellung der Information liegen. Das *Framework* verlangt außerdem, dass ein angemessener Ausgleich zwischen sämtlichen qualitativen Anforderungen an den Jahresabschluss (*balance between qualitative characteristics*) erfolgt, damit die Zielsetzung des Jahresabschlusses erreicht wird.[925]

II. Identifizierung von *assets* und *liabilities* aus Leasingverträgen

A. Allgemeine Aktivierungs- und Passivierungsnormen

1. Relevante Verlautbarungen

Für die Rechnungslegung nach IAS/IFRS sind die Bilanzierungskriterien des *Framework* von zentraler Bedeutung. In der Bilanz dürfen grundsätzlich nur Positionen ausgewiesen werden, die *assets* oder *liabilities* im Sinne des *Framework* darstellen.[926] Ob für einzelne Sachverhalte Vermögenswerte und Schulden angesetzt werden, bestimmt sich jedoch nach den Vorschriften in den einzelnen Rechnungslegungsstandards.[927] Beispielsweise werden die Bilanzierungskriterien für Vermögenswerte und Schulden, die im Rahmen von Leasingverträgen entstehen, in IAS 17 festgelegt. Nur wenn die Rechnungslegungsstandards für einen bestimmten

---

919 Siehe *IASB Framework* (1989): F. 41.
920 Siehe *IASB Framework* (1989): F. 40.
921 Siehe *IASB Framework* (1989): F. 42; IAS 1.36 f. (*revised* 2003). Bei Änderungen der Darstellungsmethoden sind auch die entsprechenden Vergleichswerte anzupassen, wenn Gründe der Praktikabilität dem nicht entgegenstehen, siehe IAS 1.40 f. (*revised* 2003).
922 Siehe *IASB Framework* (1989): F. 43.
923 Siehe *IASB Framework* (1989): F. 43.
924 Siehe *IASB Framework* (1989): F. 44.
925 Siehe *IASB Framework* (1989): F. 45.
926 Vgl. *Bohl* (IFRS-Handbuch, 2004): § 1, Rz. 43.
927 Vgl. *Adler/Düring/Schmaltz* (International, 2005): Abschn. 1, Tz. 144.

Sachverhalt keine Regelung enthalten, ist gemäß IAS 8.11 (b) (*revised* 2003) auf die allgemeinen Definitions- und Ansatzkriterien des *Framework* zurückzugreifen. Dies kann jedoch problematisch sein, da die Regelungen der Standards und des *Framework* keine vollkommen geschlossene Konzeption aufweisen.[928] Zwar sind die in den einzelnen Standards zugrunde gelegten Definitions- und Ansatzkriterien weitgehend mit denen im *Framework* identisch, sie werden aber teilweise konkretisiert oder ergänzt.[929] Im *Framework* wird ausdrücklich darauf hingewiesen, dass nach den geltenden Standards auch Positionen zu bilanzieren sind, die nicht die Definition eines *asset* oder einer *liability* im *Framework* erfüllen.[930] Aufgrund der höheren Hierarchiestufe müssen die Regelungen eines Rechnungslegungsstandards nicht zwingend mit den Definitions- und Ansatzvorschriften des *Framework* korrespondieren.[931] Damit die IAS/IFRS ein in sich konsistentes Rechnungslegungssystem darstellen, sind jedoch einheitliche Bilanzierungskriterien für *assets* und *liabilities* erforderlich.[932]

Für die Entwicklung eines neuen Leasingstandards bedeutet dies, dass die Bilanzierungsvorschriften des neuen Standards dazu führen sollten, dass sämtliche Positionen aus Leasingverträgen zu bilanzieren sind, welche die Definitions- und Ansatzkriterien für *assets* oder *liabilities* des *Framework* erfüllen.

Um ein geschlossenes Regelungssystem zu erhalten, ist eine Kompatibilität zwischen einem neuen Leasingstandard und den anderen Rechnungslegungsstandards des *IASB* zwingend. Zu diesem Zweck sollte ein neuer Leasingstandard für Sachverhalte, die auch in anderen Standards geregelt werden, grundsätzlich eine identische Behandlung vorschreiben. Das heißt, dass finanzielle Vermögenswerte und Schulden, die im Rahmen von Leasingverträgen entstehen – insbesondere Forderungen und Verbindlichkeiten aus Lieferungen und Leistungen – korrespondierend mit den Regelungen in IAS 32 und IAS 39 bilanziert werden sollten. Entstehende immaterielle Vermögenswerte sind übereinstimmend mit den Vorschriften des IAS 38 zu bilanzieren. Die bilanzielle Behandlung von Sachanlagevermögen sollte den Regelungen des IAS 16 folgen. Insbesondere die Bilanzierungskriterien für die verschiedenen Arten von Vermögenswerten und Schulden, die im Rahmen von Leasingverträgen entstehen, sollten sowohl mit denen der relevanten Standards als auch mit dem *Framework* korrespondieren.[933]

---

928 Vgl. *Achleitner* u. a. (Grundlagen, 2005): Tz. 60.

929 Vgl. *Adler/Düring/Schmaltz* (International, 2005): Abschn. 1, Tz. 144.

930 Siehe *IASB Framework* (1989): F. 52. Als Beispiel für einen anzusetzenden Posten, der nicht die Definitionskriterien einer *liability* erfüllt, wird in der Literatur der nach IAS 17.59 (*revised* 2003) abzugrenzende Veräußerungsgewinn aus einer *sale-and-leaseback*-Transaktion, die zu einem *finance lease* führt, genannt, vgl. *Wagenhofer* (IAS/IFRS, 2005): S. 126.

931 Vgl. dazu die Ausführungen in Gliederungspunkt I.A. in diesem Kapitel.

932 Dies ist auch erklärtes Ziel des *IASB*, siehe *IASB Framework* (1989): F. 52. Vgl. dazu auch die Ausführungen in Gliederungspunkt I.C. in diesem Kapitel.

933 Für Sachanlagevermögen existieren jedoch keine speziellen Bilanzierungskriterien. Hierfür werden grundsätzlich die Kriterien des *Framework* zugrunde gelegt, vgl. *Jacobi* (Analyse, 2003): S. 89 f.

Die geltenden Regelungen des IAS 17 sind nicht vollständig mit den Regelungen der anderen IAS/IFRS kompatibel. Die Bilanzierung von Leasingverträgen wird aus dem Anwendungsbereich von anderen Standards – beispielsweise IAS 38 und IAS 39[934] – explizit ausgeschlossen, damit es zu keiner Kollision der Bilanzierungsvorschriften kommt. Zwar wird beispielsweise für die Folgebewertung des Leasingobjekts auf die Vorschriften der relevanten Standards verwiesen,[935] bei den in IAS 17 zugrunde gelegten Bilanzierungskriterien für Vermögenswerte und Schulden dürften jedoch Unterschiede zu den anderen Standards bestehen.[936] Die Anwendung unterschiedlicher Bilanzierungskriterien in den Rechnungslegungsstandards steht dem vom *IASB* verfolgten Ziel der Entwicklung eines geschlossenen prinzipienorientierten Regelungssystems[937] entgegen und sollte bei der Entwicklung eines neuen Leasingstandards vermieden werden.

Um ein neues systemkompatibles Grundkonzept für die Bilanzierung von Leasingverträgen unter den IAS/IFRS abzuleiten, sind Leasingverträge zunächst daraufhin zu untersuchen, inwieweit sie zu *assets* und *liabilities* im Sinne des *Framework* führen. In einem zweiten Schritt sind die Bilanzierungskriterien der relevanten Rechnungslegungsstandards für die jeweilige Art der entstehenden *assets* und *liabilities* anzuwenden. Für die Identifizierung der im Rahmen von Leasingverträgen entstehenden Vermögenswerte und Schulden wird im Folgenden zunächst ein einfacher Leasingvertrag zugrunde gelegt. Es wird unterstellt, dass der Leasingnehmer das Leasingobjekt nach Beendigung der Leasingdauer an den Leasinggeber zurückgibt und keine Garantie- oder Optionsvereinbarungen vorliegen. Die Identifizierung von weiteren *assets* und *liabilities*, die bei komplexeren Leasingverträgen entstehen könnten, wird im Rahmen der Ausgestaltung des abgeleiteten Grundkonzepts zur Leasingbilanzierung untersucht.[938]

2. *Bilanzierungskriterien des Framework*

Zur Beurteilung der Bilanzierungsfähigkeit von Geschäftsvorfällen bzw. Sachverhalten wird im *Framework* des *IASB* ein zweistufiges Verfahren angewendet. Zum einen müssen die Abschlussposten die Definitionskriterien eines *asset* oder einer *liability* erfüllen. Zum anderen müssen die im *Framework* genannten Ansatzkriterien erfüllt sein.

Nach F. 49 (a) des *Framework* ist ein *asset* eine Ressource, die in der Verfügungsmacht des Unternehmens steht, die zudem ein Ergebnis von Ereignissen der Vergangenheit darstellt und

---

934 Siehe IAS 38.2 (c) (*revised* 2004) u. IAS 39.2 (b) (*revised* 2003).

935 In IAS 17.27 (*revised* 2003) wird beispielsweise für die Abschreibung des beim Leasingnehmer im Rahmen von *finance leases* bilanzierte Leasingobjekt auf IAS 16 bzw. IAS 38 verwiesen.

936 Vgl. dazu Gliederungspunkt II.A.5.a. in diesem Kapitel.

937 Vgl. *Freisleben/Leibfried* (IAS/IFRS-Abschlüsse, 2004): S. 101 sowie Gliederungspunkt I.C. in diesem Kapitel.

938 Vgl. dazu die Gliederungspunkte III.C. bis III.E. in diesem Kapitel.

von der erwartet wird, dass sie zu einem künftigen wirtschaftlichen Nutzenzufluss beim Unternehmen führt. Die Definition eines *asset* im Sinne des IAS/IFRS-*Framework* ist daher nicht mit der des handelsrechtlichen Vermögensgegenstands gleichzusetzen; der *asset*-Begriff ist weiter gefasst als der des Vermögensgegenstands.[939]

Wirtschaftlichen Nutzen generiert ein Vermögenswert, wenn er einer zukünftigen Verwendung zugeführt werden kann, welche den Zwecken der Unternehmung dienlich ist.[940] Dies sollte letztendlich zu Geldzuflüssen an die Unternehmung führen.[941] Ein Indiz für den wirtschaftlichen Nutzen eines Vermögenswerts besteht in der Existenz eines Marktpreises, da der Wert dann direkt in einen Geldzufluss umgewandelt werden könnte.[942] Das Vorliegen eines Marktpreises ist jedoch keine notwendige Bedingung dafür, dass ein Vermögenswert zu wirtschaftlichem Nutzen führt. Aus Spezialmaschinen beispielsweise, für die kein Marktpreis existiert, kann das Unternehmen Nutzen ziehen, indem diese zur Produktion von Gütern eingesetzt werden, für die wiederum Marktpreise existieren und somit in Geldzuflüsse umgewandelt werden können. Eine Spezialmaschine kann für eine bestimmte Unternehmung nutzbringend sein und somit zweifellos ein *asset* darstellen, während sie für andere Unternehmungen keinen Nutzen stiftet und folglich die *asset*-Definition nicht erfüllt. Bei der Beurteilung, ob bei einem Unternehmen ein *asset* vorliegt, ist auf die Nutzungsmöglichkeit in der jeweiligen Unternehmung abzustellen.[943]

Der künftige wirtschaftliche Nutzen muss von dem Unternehmen kontrolliert werden und damit in dessen Verfügungsmacht stehen. Nicht entscheidend ist hingegen, wer den Vermögenswert an sich kontrolliert.[944] Das Wirtschaftsgut, aus welchem der Nutzen generiert werden kann, darf sich somit im Eigentum einer anderen Unternehmung befinden. Verfügungsmacht über einen künftigen Nutzen besteht dann, wenn der Nutzen dem Unternehmen zufällt und wenn das Unternehmen dazu in der Lage ist, den Zugriff anderer auf diese Nutzenströme einzuschränken oder zu verhindern.[945] Die Definitionskriterien für ein *asset* legen eine wirtschaftliche Betrachtungsweise (*substance over form*) zugrunde: Für die Beurteilung, ob ein *asset* oder eine *liability* vorliegt, ist der tatsächliche wirtschaftliche Gehalt und nicht allein die rechtliche Gestaltung eines Sachverhalts maßgebend. Es ist nicht bedeutend, ob dem Unter-

939 Vgl. *KPMG* (IFRS, 2004): S. 18 f.; *Goebel/Fuchs* (Anwendung, 1995): S. 1524. Unter den *asset*-Begriff fallen auch Rechnungsabgrenzungsposten, die nach herrschender Meinung keine Vermögensgegenstände darstellen, vgl. *Achleitner* u. a. (Grundlagen, 2005): Tz. 19.

940 Vgl. *Bohl* (IFRS-Handbuch, 2004): § 1, Rz. 46; *Andersons* (Neue Entwicklungen, 1998): S. 192.

941 Siehe *IASB Framework* (1989): F. 53.

942 Vgl. *Andersons* (Neue Entwicklungen, 1998): S. 193.

943 Vgl. *Andersons* (Neue Entwicklungen, 1998): S. 195.

944 Vgl. ebenda.

945 Vgl. *Jacobi* (Analyse, 2003): S. 75; *Epstein/Mirza* (IAS, 2004): S. 72.

nehmen ein Vermögenswert rechtlich gehört, sondern nur, ob es über den wirtschaftlichen Nutzen aus dem Vermögenswert verfügen kann.[946]

Die Nutzen stiftende Ressource muss gemäß der *asset*-Definition des *Framework* ein Ergebnis von Ereignissen in der Vergangenheit sein. Damit wird zum Ausdruck gebracht, dass ausschließlich gegenwärtig kontrollierte künftige Nutzenzuflüsse ein *asset* darstellen. Ereignisse, deren Eintreten für die Zukunft erwartet wird, können nicht zu einem Vermögenswert führen.[947]

Als *liability* definiert F. 49 (b) des *Framework* eine gegenwärtige Verpflichtung des Unternehmens, die aus Ereignissen der Vergangenheit resultiert und von deren Erfüllung erwartet wird, dass aus dem Unternehmen Ressourcen abfließen, die wirtschaftlichen Nutzen verkörpern. Der Nutzenabfluss kann beispielsweise aus der Erbringung einer Geldzahlung bestehen. Eine *liability* liegt nur vor, wenn es sich um eine Außenverpflichtung handelt. Es müssen rechtliche, soziale oder wirtschaftliche Konsequenzen existieren, welche der Unternehmung keinen Spielraum zur Vermeidung des mit der Verpflichtung verbundenen Nutzenabflusses lassen.[948] Notwendig für die Existenz einer Verpflichtung ist somit, dass eine zweite Partei involviert ist. Das Unternehmen kann nicht gleichzeitig zu einer Leistung verpflichtet und Empfänger derselben sein. Die im deutschen Handelsrecht gebotene bzw. zulässige Bildung von Aufwandsrückstellungen für Innenverpflichtungen[949] ist unter den IAS/IFRS nicht zulässig.[950]

Auch bei der Beurteilung, ob eine *liability* vorliegt, ist die wirtschaftliche Betrachtungsweise entscheidend und nicht die rechtliche Gestaltung.[951] Es ist somit nicht notwendig, dass der Verpflichtung ein Rechtsverhältnis zugrunde liegt. So sind – wie im deutschen Handelsrecht – auch freiwillig eingeräumte Garantieleistungen, die aus geschäftspolitischen Überlegungen erbracht werden und somit wirtschaftlich verursacht sind, als Verpflichtungen zu betrachten und als Kulanzrückstellungen zu passivieren.[952]

Entsprechend den Anforderungen an ein *asset* muss das Ereignis, welches die Verpflichtung begründet, in der Vergangenheit liegen, so dass nur gegenwärtige Verpflichtungen abgebildet werden dürfen. Zukünftige Verbindlichkeiten erfüllen nicht die Definitionskriterien einer *lia-*

---

946 In diesem Zusammenhang wird im *Framework* das *finance lease* als Beispiel genannt, bei dem beim Leasingnehmer ein *asset* auszuweisen ist, obwohl er nicht rechtlicher Eigentümer des Leasingobjekts ist, siehe *IASB Framework* (1989): F. 51.

947 Siehe *IASB Framework* (1989): F. 58.

948 Vgl. *Epstein/Mirza* (IAS, 2004): S. 73; *Achleitner* u. a. (Grundlagen, 2005): Tz. 22.

949 Siehe § 249 Abs. 1 Satz 2 Nr. 1 bzw. Satz 3 HGB.

950 Vgl. *Goebel/Fuchs* (Rechnungslegung, 1994): S. 879; *Achleitner* u. a. (Grundlagen, 2005): Tz. 22.

951 Siehe *IASB Framework* (1989): F. 51.

952 Siehe *IASB Framework* (1989): F. 60; IAS 37.17 (1998). Zur korrespondierenden Regelung im deutschen Recht siehe § 249 Abs. 1 Satz 1 Nr. 2 HGB.

bility.[953] Die Entscheidung eines Unternehmens, in der Zukunft einen Vermögenswert zu erwerben, stellt beispielsweise keine gegenwärtige Verpflichtung dar. Diese ist erst dann gegeben, wenn der Vermögenswert geliefert wird oder wenn das Unternehmen eine unwiderrufliche Vereinbarung über den Kauf des Vermögenswerts abschließt. Eine unwiderrufliche Vereinbarung liegt vor, wenn ein Unterlassen der vereinbarten Handlung wirtschaftliche Konsequenzen auslöst, so dass das Unternehmen faktisch gezwungen ist, sich an die Vereinbarung zu halten.[954]

Trifft auf einen Posten die Definition eines *asset* oder einer *liability* zu, ist dies noch keine hinreichende Voraussetzung für dessen Bilanzierung. Damit ein *asset* oder eine *liability* bilanziert wird, ist außerdem die Erfüllung der Ansatzkriterien notwendig.[955] Die Ansatzkriterien für einen Abschlussposten bestehen darin, dass der mit dem zugrunde liegenden Sachverhalt verbundene zukünftige Nutzenfluss wahrscheinlich sein muss und dass der Wert bzw. die Anschaffungs- oder Herstellungskosten des Postens verlässlich gemessen werden können.[956]

Eine genauere Erläuterung des Wahrscheinlichkeitsbegriffs erfolgt im *Framework* nicht. Dadurch besteht ein Auslegungsspielraum. Es ist davon auszugehen, dass in jedem Fall mehr Gründe für den Nutzenfluss als dagegen sprechen müssen.[957] Diese Auslegung des Wahrscheinlichkeitsbegriffs würde derjenigen in IAS 37.23 (1998) für den Ansatz von Rückstellungen entsprechen.[958] Bei der Schätzung des wahrscheinlichen Nutzenzuflusses von Forderungen sind übliche Ausfallquoten zu berücksichtigen, die als Wertberichtigungen aufwandswirksam zu erfassen sind.[959] Eine hohe Ausfallwahrscheinlichkeit führt bei Forderungen zu einer Wertberichtigung, aber nicht dazu, dass die Forderung nicht angesetzt werden darf. Ähnlich problematisch wie der Wahrscheinlichkeitsbegriff ist, was unter einer „verlässlichen" Bewertbarkeit des Nutzenflusses zu verstehen ist. Der Begriff der „Verlässlichkeit" wird im Rahmen der qualitativen Anforderungen an Jahresabschlussinformationen im IAS/IFRS-*Framework* definiert.[960] Demnach dürften künftige Nutzenflüsse dann als verlässlich bewertbar anzusehen sein, wenn sie plausibel geschätzt werden können und frei von Fehlern und

---

953 Siehe *IASB Framework* (1989): F. 49 (b).

954 Siehe *IASB Framework* (1989): F. 61. Als Beispiel für eine solche Sanktion mit wirtschaftlichen Konsequenzen wird eine wesentliche Vertragsstrafe genannt.

955 Siehe *IASB Framework* (1989): F. 50 u. 82. Die Ansatzkriterien werden in F. 82-98 genannt.

956 Siehe *IASB Framework* (1989): F. 83.

957 Vgl. *Coenenberg* (Jahresabschluss, 2003): S. 81; *KPMG* (IFRS, 2004): S. 20; *Adler/Düring/Schmaltz* (International, 2005): Abschn. 1, Tz. 150

958 Dort wird der Begriff „wahrscheinlich" mit „*more likely than not*" beschrieben. In IAS 37.23 (1998) wird jedoch explizit darauf hingewiesen, dass die dortige Auslegung des Wahrscheinlichkeitsbegriffs nicht zwingend auf andere IAS anwendbar ist. Dementsprechend wird in der Literatur für den Wahrscheinlichkeitsbegriff in Bezug auf die Ansatzkriterien, insbesondere für *assets*, teilweise eine höhere Grenze als 50% gefordert. Vgl. *Wagenhofer* (IAS/IFRS, 2005): S. 135.

959 Siehe *IASB Framework* (1989): F. 85.

960 Siehe *IASB Framework* (1989): F. 31. Vgl. dazu auch Gliederungspunkt I.D. in diesem Kapitel.

verzerrenden Einflüssen sind. Ein Indiz für eine verlässliche Bewertung könnte sein, dass verschiedene Bewertende zu einem ähnlichen Ergebnis gelangen würden.

Damit eine Jahresabschlussinformation die Bilanzierungskriterien für *assets* oder *liabilities* des *Framework* erfüllt, ist es außerdem erforderlich, dass die qualitativen Eigenschaften – insbesondere die der Wesentlichkeit und die des angemessenen Verhältnisses von Nutzen und Kosten des bilanziellen Ausweises[961] – vorliegen.

Sachverhalte, welche die Definition und die Ansatzkriterien eines *asset* oder einer *liability* erfüllen, sind nach dem *Framework* zwingend in der Bilanz zu erfassen. Ein unterlassener Ansatz kann nicht durch Anhangangaben oder weiteren Erläuterungen ersetzt werden.[962] Zu beachten ist außerdem, dass der Ansatz eines Abschlusspostens die Erfassung einer korrespondierenden Gegenposition erfordert.[963] Beim Ansatz eines *asset* ist zwingend eine korrespondierende *liability* zu passivieren oder ein Ertrag zu vereinnahmen.

3. *Zusätzliche Objektivierungsanforderungen an immaterielle Vermögenswerte*

Die Bilanzierung von immateriellen Vermögenswerten (*intangible assets*) ist unter den IAS/IFRS in einem separaten Standard, IAS 38, geregelt. Der Anwendungsbereich von IAS 38 ist auf immaterielle Vermögenswerte beschränkt, die nicht unter die Regelungen eines anderen Rechnungslegungsstandards fallen.[964] Immaterielle Vermögenswerte, die verleast werden und daher nach IAS 17 zu bilanzieren sind, werden grundsätzlich aus dem Anwendungsbereich von IAS 38 ausgeschlossen.[965]

Ein immaterieller Vermögenswert ist ein identifizierbares nicht monetäres *asset* ohne physische Substanz.[966] Für die Definition eines immateriellen Vermögenswerts werden in IAS 38 zunächst die Definitionskriterien des *Framework* für *assets* aufgegriffen. Dementsprechend muss ein immaterieller Vermögenswert eine Ressource sein, die aufgrund von Ereignissen in der Vergangenheit in der Verfügungsmacht des Unternehmens steht und von der erwartet wird, dass dem Unternehmen künftiger wirtschaftlicher Nutzen zufließt.[967] Ein nach IAS 38 bilanzierbares *intangible asset* erfüllt somit die *asset*-Definitionskriterien des *Framework*. Für

961 Siehe *IASB Framework* (1989): F. 30 u. 44. Vgl. dazu auch Gliederungspunkt I.D. in diesem Kapitel.
962 Siehe *IASB Framework* (1989): F. 82.
963 Siehe *IASB Framework* (1989): F. 84 u. 91; *Epstein/Mirza* (IAS, 2004): S. 101.
964 Siehe IAS 38.2 (a) (*revised* 2004).
965 Siehe IAS 38.3 (c) (*revised* 2004). Für die Folgebewertung von immateriellen Leasingobjekten verweist IAS 17 jedoch auf die Regelungen des IAS 38, siehe IAS 17.27 (*revised* 2003).
966 Siehe IAS 38.7 (*revised* 2004) zur Definition von „*intangible asset*". Dass der immaterielle Vermögenswert für die Herstellung von Erzeugnissen oder die Erbringung von Dienstleistungen, die Vermietung an Dritte oder zum Zwecke der eigenen Verwaltung genutzt werden muss, wurde bei der Überarbeitung im Jahre 2004 aus IAS 38 entfernt. Dieses Kriterium verkörperte jedoch keine Besonderheit gegenüber anderen Vermögenswerten, vgl. *Jacobi* (Analyse 2003): S. 92.
967 Siehe IAS 38.10 (*revised* 2004).

intangible assets werden diese Definitionskriterien jedoch konkretisiert und ergänzt.[968] Dies erfolgt im Wesentlichen durch das Merkmal der „Identifizierbarkeit".[969] Ein immaterieller Vermögenswert muss identifizierbar sein, um ihn insbesondere von einem Geschäfts- oder Firmenwert unterscheiden zu können. Die Identifizierbarkeit ist gegeben, wenn der Nutzenzufluss aus dem immateriellen Vermögenswert separierbar ist, also das Gut beispielsweise durch Verkauf oder Vermietung selbständig verwertet werden kann.[970] Identifizierbarkeit liegt zudem unabhängig von der Separierbarkeit vor, wenn das immaterielle Gut aus vertraglichen oder anderen gesetzlichen Rechten entsteht.[971]

Das Definitionskriterium der Verfügungsmacht wird in IAS 38 im Vergleich zum *Framework* ausführlicher erläutert. Als Indiz für Verfügungsmacht über den aus einer Ressource zufließenden Nutzen, wird insbesondere darauf abgestellt, dass das Unternehmen den Zugriff Dritter auf den Nutzenzufluss beschränken kann.[972]

Die im Vergleich zu den *asset*-Definitionskriterien des *Framework* weitergehenden Anforderungen an *intangible assets* sind vorrangig aus Objektivierungsgründen erforderlich. Während ein materielles Gut aufgrund seiner physischen Beschaffenheit in der Regel identifizierbar ist und durch den Besitz des Guts Aussagen über die Verfügungsmacht getroffen werden können, sind diese Eigenschaften bei immateriellen Vermögenswerten gesondert zu überprüfen. Die Anforderungen, die in IAS 38 an das Vorliegen eines immateriellen Vermögenswertes gestellt werden, sind somit im Wesentlichen nur Konkretisierungen der allgemeinen Definitionskriterien für ein *asset* im *Framework*. Der Auffassung, dass dadurch die auf den zukünftigen wirtschaftlichen Nutzen abstellende Definition eines *asset* im *Framework* konterkariert werde,[973] ist nicht zuzustimmen.

Die Konkretisierungen der Definitionskriterien in IAS 38, insbesondere durch das Kriterium der Identifizierbarkeit, dürften nicht zu wesentlich anderen Einschränkungen der Bilanzierungsfähigkeit führen als die Konkretisierungen, die vom BFH mit der „selbständigen Bewertbarkeit" sowie der „Greifbarkeit" für abstrakt aktivierungsfähige Vermögensgegenstände

968 *Adler/Düring/Schmaltz* (International, 2005): Abschn. 1, Tz. 144.
969 Siehe IAS 38.11 (*revised* 2004).
970 Siehe IAS 38.12 (a) (*revised* 2004); *von Rütte/Hoenes* (Immaterielle Werte, 1995): S. 108; *Baetge/von Keitz* (IAS 38, 2005): Tz. 14; *Wagenhofer* (IAS/IFRS, 2005): S. 204; *Esser/Hackenberger* (Bilanzierung, 2004): S. 404; *Esser/Hackenberger* (Immaterielle Vermögenswerte, 2005): S. 709.
971 Siehe IAS 38.12 (b) (*revised* 2004); *Coenenberg* (Jahresabschluss, 2003): S. 139.
972 Siehe IAS 38.13 (*revised* 2004). Dies hat zur Folge, dass beispielsweise rechtlich nicht geschützte Verfahrenskenntnisse nicht als *intangible assets* ansetzbar sind, vgl. *Bohl* (IFRS-Handbuch, 2004): § 1, Rz. 46.
973 *Grau* (Gewinnrealisierung, 2002): S. 41 f.

entwickelt wurden.[974] Während nach deutschem Handelsrecht diese Voraussetzungen für jeden Vermögensgegenstand vorliegen müssen, werden sie unter den IAS/IFRS nur für immaterielle Vermögenswerte gefordert. Da diese Kriterien aber insbesondere bei immateriellen Vermögenswerten strittig sind,[975] ist der Unterschied zwischen dem *asset*-Begriff der IAS/IFRS und dem handelsrechtlichen Vermögensgegenstand nicht so groß, wie er allein aufgrund der im *Framework* genannt Definitionskriterien erscheinen mag.[976]

Die Ansatzkriterien für immaterielle Vermögenswerte in IAS 38, die für eine Bilanzierungsfähigkeit neben den Definitionskriterien erfüllt sein müssen, entsprechen grundsätzlich den Ansatzkriterien des *Framework* für sämtliche *assets*. Allerdings weist das *IASB* explizit darauf hin, dass die Wahrscheinlichkeit zukünftigen wirtschaftlichen Nutzens bei immateriellen Vermögenswerten anhand begründeter, vernünftiger Annahmen zu beurteilen ist, welche die bestmögliche Einschätzung des Managements in Bezug auf die wirtschaftlichen Rahmenbedingungen während der Nutzungsdauer des Vermögenswertes widerspiegeln sollen.[977] Dabei ist größeres Gewicht auf externe als auf interne Beweise zu legen.[978] Dies deutet darauf hin, dass die Wahrscheinlichkeit des Zuflusses künftigen wirtschaftlichen Nutzens bei immateriellen Vermögenswerten strenger zu prüfen ist als bei materiellen Vermögenswerten. Durch die Verwendung externer Beweise wird grundsätzlich die intersubjektive Nachprüfbarkeit der Erfüllung des Ansatzkriteriums erhöht.[979]

4. Bilanzierungskriterien für Finanzinstrumente

In IAS 39 werden Ansatz und Bewertung von Finanzinstrumenten (*financial instruments*) geregelt. Für die Definition von Finanzinstrumenten wird auf IAS 32 zurückgegriffen.[980] Ein Finanzinstrument ist ein Vertrag, durch den bei einem Unternehmen ein finanzieller Vermögenswert (*financial asset*) und zugleich bei einem anderen Unternehmen eine finanzielle Verbindlichkeit (*financial liability*) oder Eigenkapital entsteht.[981] Zu den finanziellen Vermö-

974 Vgl. BFH-Urteil vom 18. Juni 1975 I R 24/73, BStBl. II 1975, S. 809 (811); BFH-Urteil vom 9. Juli 1986 I R 218/82, BStBl. II 1987, S. 14; *Hommel* (Bilanzrechtskonzeptionen, 1997): S. 353-363; *Hommel* (Immaterielle Anlagewerte, 1998): S. 139-251; *Ballwieser* (Grundsätze, 2002): Rn. 14-16; *Coenenberg* (Jahresabschluss, 2003): S. 78; *Moxter* (GoR, 2003): S. 73-79; *Moxter* (Bilanzrechtsprechung, 1999): S. 10-14; *Wagenhofer* (IAS/IFRS, 2005): S. 204, Fn 20. *Baetge/Kirsch/Thiele* (Bilanzen, 2003): S. 143-145.

975 Für materielle Güter und grundsätzlich auch für Rechte gilt im deutschen Handelsrecht eine Grundvermutung, dass diese greifbar sind. Vgl. *Moxter* (GoR, 2003): S. 73; *Baetge/Kirsch/Thiele* (Bilanzen, 2003): S. 144 f.

976 Vgl. *Hommel* (Bilanzrechtskonzeptionen, 1997): S. 363; *Hommel* (Immaterielle Anlagewerte, 1998): S. 198-203 u. 248-251; *Bohl* (IFRS-Handbuch, 2004): § 1, Rz. 46. Ein Unterschied besteht darin, dass im deutschen Handelsrecht nach § 248 Abs. 2 HGB, anders als unter den IAS/IFRS, ein generelles Aktivierungsverbot für selbsterstellte immaterielle Vermögensgegenstände des Anlagevermögens besteht, die konkrete Bilanzierungsfähigkeit also versagt wird, vgl. *Steiner/Gross* (Auswirkungen, 2004): S. 556.

977 Siehe IAS 38.22 (*revised* 2004).

978 Siehe IAS 38.23 (*revised* 2004).

979 Vgl. *Baetge/von Keitz* (IAS 38, 2005): Tz. 40.

980 Siehe IAS 39.8 (*revised* 2003).

981 Siehe IAS 32.11 (*revised* 2003).

genswerten gehören flüssige Mittel und Eigenkapitaltitel anderer Unternehmen. Außerdem stellen Rechte zum Erhalt flüssiger Mittel oder anderer finanzieller Vermögenswerte von einem anderen Unternehmen finanzielle Vermögenswerte dar.[982] Dabei wird das Vorliegen eines Vertrags bzw. einer vertraglichen Regelung, der sich keine Vertragspartei sanktionslos entziehen kann, verlangt.[983] Erfasst werden mit dieser Definition beispielsweise Forderungen aus Lieferungen und Leistungen, festverzinsliche Wertpapiere oder Darlehensforderungen.[984] Zudem gilt als *financial asset* das Recht, Finanzinstrumente mit einem anderen Unternehmen unter potenziell vorteilhaften Bedingungen austauschen zu können. Unter diese Definition fallen vornehmlich derivative Finanzinstrumente wie Optionen, *Futures*, *Forwards* oder Zins- und Währungs-*Swaps*.[985] Außerdem können unter bestimmten Voraussetzungen Verträge, die in eigenen Eigenkapitaltiteln des Unternehmens erfüllt werden können oder sollen, finanzielle Vermögenswerte darstellen.[986]

Eine finanzielle Verbindlichkeit ist jede vertragliche Verpflichtung, flüssige Mittel oder einen anderen finanziellen Vermögenswert an eine andere Partei liefern zu müssen.[987] Dazu zählen unter anderem Verbindlichkeiten aus Lieferungen und Leistungen, Verbindlichkeiten gegenüber Kreditinstituten und vom Bilanzierenden emittierte Anleihen.[988] Zudem stellt eine vertragliche Verpflichtung zum Austausch von Finanzinstrumenten mit einer anderen Partei unter potenziell unvorteilhaften Bedingungen eine *financial liability* dar, womit vornehmlich Verpflichtungen aus derivativen Finanzinstrumenten erfasst werden. Finanzielle Verbindlichkeiten können ferner unter bestimmten Voraussetzungen aus Verträgen resultieren, die durch die Lieferung eigener Eigenkapitaltitel des Unternehmens beglichen werden sollen.[989]

Für Finanzinstrumente gelten andere Ansatzkriterien als die allgemeinen Kriterien des *Framework* für den Ansatz von Vermögenswerten und Schulden.[990] Als Grundregelung in IAS 39 gilt, dass finanzielle Vermögenswerte und finanzielle Verbindlichkeiten dann, und nur

982 Siehe IAS 39.8 (*revised* 2003) i. V. m. IAS 32.11 (*revised* 2003).

983 Siehe IAS 32.13 (*revised* 2003); *Ernst & Young* (IAS 39, 2004): S. 32. Forderungen aus Steuern stellen somit keine *financial assets* dar, da sie keine vertragliche Grundlage haben, siehe IAS 32 AG12 (*revised* 2003); *Scheinpflug* (IFRS-Handbuch, 2004): § 4, Rz. 942 f.

984 Siehe IAS 32 AG4 (*revised* 2003); *Niemeyer* (Finanzinstrumente, 2003): S. 40.

985 Siehe IAS 32 AG15 (*revised* 2003); *Neuß* (Finanzinstrumente, 1998): S. 36. Derivative Finanzinstrumente werden zudem in IAS 39.9 (*revised* 2003) explizit definiert.

986 Siehe IAS 39.8 (*revised* 2003) i. V. m. IAS 32.11 (*revised* 2003). Um ein *financial asset* kann es sich dabei nur handeln, wenn die Anzahl der zu liefernden eigenen Eigenkapitaltitel oder der Betrag der Gegenleistung im Emissionszeitpunkt nicht feststeht, vgl. *IDW* (ERS HFA 9 n.F., 2005): Tz. 24.

987 Siehe IAS 39.8 (*revised* 2003) i. V. m. IAS 32.11 (*revised* 2003).

988 Siehe IAS 32 AG4 (*revised* 2003); *Niemeyer* (Finanzinstrumente, 2003): S. 40.

989 Siehe IAS 39.8 (*revised* 2003) i. V. m. IAS 32.11 (*revised* 2003). Um eine *financial liability*, und nicht um Eigenkapital, kann es sich bei derartigen Verträgen nur handeln, wenn die Anzahl der zu liefernden eigenen Eigenkapitaltitel oder der Betrag der Gegenleistung im Emissionszeitpunkt nicht feststeht, vgl. *IDW* (ERS HFA 9 n.F., 2005): Tz. 24.

990 Vgl. *Adler/Düring/Schmaltz* (International, 2005): Abschn. 1, Tz. 149.

dann,[991] in der Bilanz auszuweisen sind, wenn das Unternehmen Vertragspartei eines Finanzinstruments geworden ist.[992]

Gemäß dieser Regel sind sämtliche Rechte und Verpflichtungen aus derivativen Finanzinstrumenten, die durch Differenzausgleich oder durch Lieferung eines Finanzinstruments erfüllt werden sollen,[993] als finanzieller Vermögenswert oder finanzielle Verpflichtung anzusetzen, sobald das Unternehmen Vertragspartei wird.[994] Auf das Vorliegen eines künftigen Zuflusses an wirtschaftlichem Nutzen im Sinne der *asset*-Definitionskriterien des *Framework*[995] kommt es nicht an. Dadurch wird sichergestellt, dass auch derivative Finanzinstrumente, denen bei Vertragsabschluss kein künftiger wirtschaftlicher Nutzen innewohnt, weil beispielsweise der Terminpreis dem Marktpreis entspricht, in der Bilanz angesetzt werden.[996]

Unbedingte Forderungen und Verbindlichkeiten sind nach IAS 39 AG35 (a) (*revised* 2003) in der Bilanz anzusetzen, wenn das Unternehmen Vertragspartei wird und infolgedessen das Recht auf Empfang oder die Verpflichtung zur Zahlung von flüssigen Mitteln hat.[997] Forderungen und Verbindlichkeiten *aus Lieferungen und Leistungen* vor Erreichen des Realisierungszeitpunktes sind keine unbedingten Forderungen und Verbindlichkeiten.[998] Der Anspruch auf Erhalt bzw. die Verpflichtung zur Zahlung von flüssigen Mitteln hängt bei Lieferungs- bzw. Leistungsverträgen von der Erbringung der Sach- oder Dienstleistung ab. In IAS 39 AG35 (b) (*revised* 2003) wird dazu ausgeführt, dass bei einem Kaufvertrag Vermögenswerte und Schulden üblicherweise erst bilanziert werden, wenn eine der Vertragsparteien ihre zugesagte Leistung erbracht und dadurch Anspruch auf die Gegenleistung hat. Als Beispiel wird angeführt, dass ein Unternehmen, das eine feste Bestellung entgegennimmt, nicht zum Zeitpunkt der Auftragszusage, sondern erst bei Lieferung der bestellten Waren oder Erbringung der Dienstleistung einen Vermögenswert ansetzen wird.

---

991 Trotz dieser strengen Formulierung gibt es Abweichungen von diesem Ansatzzeitpunkt. Vgl. weiter unten in diesem Gliederungspunkt.

992 Siehe IAS 39.14 (*revised* 2003).

993 Siehe IAS 39 AG35 (c) u. (d) i. V. m. IAS 39.2-7 (*revised* 2003).

994 Siehe IAS 39 AG34 (*revised* 2003).

995 Siehe *IASB Framework* (1989): F. 49 (a) u. F. 53-59.

996 Vgl. *Bohl/Scheinpflug* (IFRS-Handbuch, 2004): § 3, Rz. 41.

997 Von dieser Regelung dürften beispielsweise Forderungen aus vertraglichen Schadensersatzansprüchen, bei denen die Anspruchsgrundlage gegeben ist, erfasst werden. Vgl. *Scheinpflug* (IFRS-Handbuch, 2004): § 4, Rz. 965.

998 Siehe IAS 39 AG35 (b) (*revised* 2003). Verwirrung in diesem Punkt stiftet, dass in älteren Ausgaben der deutschen Fassung der IAS/IFRS sowie in der deutschsprachigen Literatur regelmäßig bereits in der Vorschrift IAS 39 AG35 (a) (*revised* 2003), die früher in IAS 39.29 (a) (*revised* 2000) zu finden war, Forderungen und Verbindlichkeiten *aus Lieferungen und Leistungen* genannt wurden. Vgl. *IASB* (IAS: Deutsche Ausgabe, 2002); *Bellavite-Hövermann/Barckow* (IAS 39, 2005): Tz. 86; *Niemeyer* (Finanzinstrumente, 2003): S. 156. In den neueren Ausgaben der deutschen IAS/IFRS werden nun, wie in der englischen Originalfassung, in IAS 39 AG35 (a) (*revised* 2003) jedoch nur Forderungen und Verbindlichkeiten genannt. Für Forderungen und Verbindlichkeiten *aus Lieferungen und Leistungen* ist die Regelung in IAS 39 AG35 (b) (*revised* 2003) maßgeblich. Vgl. *IASB* (IFRS deutsch, 2005). Vgl. dazu auch *Mellwig/ Sabel* (Nichtbilanzierung schwebender Geschäfte, 2005): S. 360.

Der in IAS 39 AG35 (b) (*revised* 2003) vorgeschriebene Ansatzzeitpunkt für Forderungen und Verbindlichkeiten aus Lieferungen und Leistungen steht in Widerspruch zu dem in IAS 39.14 (*revised* 2003) aufgestellten Grundsatz, einen finanziellen Vermögenswert mit Vertragsabschluss anzusetzen.

Würde als Ansatzzeitpunkt für Forderungen und Verbindlichkeiten aus Lieferungen und Leistungen der Vertragsabschluss gelten, käme es jedoch zu einem Konflikt mit dem *Framework*.[999] So entstehen im Rahmen von Lieferungen auf Ziel sowohl finanzielle als auch nichtfinanzielle Bilanzposten. Beim Auftraggeber sind die nichtfinanziellen Vermögenswerte, beispielsweise bestellte Waren, im Zeitpunkt der Lieferung bilanziell auszuweisen, weil sie erst dann die Bilanzierungskriterien erfüllen. Denn erst im Zeitpunkt der Lieferung erlangt das Unternehmen die Kontrolle über den zukünftigen Nutzenzufluss aus den Waren.[1000] Darf der Käufer die Waren jedoch erst im Zeitpunkt der Lieferung ausweisen, ist auch der Ausweis der korrespondierenden Verbindlichkeit aus Lieferungen und Leistungen erst im Zeitpunkt der Lieferung und nicht bereits mit Vertragsabschluss möglich. In F. 91 des *Framework* wird ausgeführt, dass der Ausweis einer Schuld zwingend den Ausweis der korrespondierenden Vermögenswerte oder die Erfassung von Aufwand erfordert. Die Erfassung von Aufwand im Zeitpunkt des Vertragsabschlusses eines grundsätzlich ausgeglichenen und damit erfolgsneutralen Geschäfts wäre jedoch unangemessen. Deshalb sollte die Schuld erst dann passiviert werden, wenn auch ein korrespondierender Vermögenswert durch Erfüllung der Bilanzierungskriterien ansetzbar ist.
Die Regelung in IAS 39 AG35 (b) (*revised* 2003) dient somit der Herstellung der Kompatibilität zwischen dem *Framework* und IAS 39.[1001] Die Kompatibilität wird erreicht, indem bei Geschäftsvorfällen, die zu finanziellen und nichtfinanziellen Vermögenswerten und/oder Schulden führen, einheitlich als Ansatzzeitpunkt der Zeitpunkt der Lieferung oder Leistung zugrunde gelegt wird.

5. *Anwendung auf Leasingverträge*

a. Bilanzierungskriterien des *Framework*

Der Leasingvertrag räumt dem Leasingnehmer ein Recht zur Nutzung während der Leasingdauer ein. Der Leasinggeber bleibt rechtlicher Eigentümer des Leasingobjekts. Es ist zu untersuchen, ob das Nutzungsrecht des Leasingnehmers ein *asset* gemäß den Kriterien des *Framework* darstellt. Für das Vorliegen eines *asset* muss das Unternehmen kein rechtliches Eigentum an dem Vermögenswert besitzen, entscheidend ist vielmehr die Verfügungsmacht über

999 Vgl. *Mellwig/Sabel* (Nichtbilanzierung schwebender Geschäfte, 2005): S. 360.
1000 Vgl. dazu auch die Ausführungen zur Bilanzierung schwebender Geschäfte in Gliederungspunkt II.B.4.a. in diesem Kapitel.
1001 Vgl. *Mellwig/Sabel* (Nichtbilanzierung schwebender Geschäfte, 2005): S. 360.

den zukünftigen wirtschaftlichen Nutzen.[1002] *Assets* können auch aus Rechten resultieren, wenn diese zu einem künftigen Nutzenzufluss beim Unternehmen führen und das Unternehmen diesen Nutzenzufluss kontrolliert. Zudem muss das *asset* Ergebnis vergangener Geschäftsvorfälle oder anderer Ereignisse der Vergangenheit sein.

Das Nutzungsrecht am Leasingobjekt führt zu künftigem wirtschaftlichen Nutzen beim Leasingnehmer. Der Leasingnehmer wird den Gegenstand in der Regel zur Leistungserstellung in seinem laufenden Produktionsprozess nutzen. Das Nutzungsrecht führt daher zu Zuflüssen von Zahlungsmitteln oder Zahlungsmitteläquivalenten, die ihrerseits wirtschaftlichen Nutzen verkörpern.

Fraglich ist, ob das Kriterium der Kontrolle über den künftigen Nutzenzufluss alleine dadurch erfüllt ist, dass es sich bei dem Leasingvertrag um einen bindenden Vertrag handelt, der für eine fixierte Vertragsdauer unkündbar ist. Regelmäßig wird davon ausgegangen, dass für das Kontrollkriterium keine rechtliche Verpflichtung des Handelspartners notwendig ist, sondern eine wahrscheinliche Leistung ausreicht.[1003] Der Leasingnehmer hat durch den unkündbaren Vertrag hingegen eine gesicherte Rechtsposition über die Nutzung des Leasingobjekts. Dennoch räumt der Vertragsabschluss dem Leasingnehmer noch nicht die konkrete Möglichkeit zur Nutzung des Leasingobjekts und damit die Kontrolle über den Nutzenzufluss ein.[1004] Der bindende Vertrag bewirkt zwar, dass der Leasingnehmer einen Anspruch auf den künftigen Nutzenzufluss hat, tatsächliche Verfügungsmacht liegt allerdings noch nicht vor. Die Verfügungsmacht erlangt der Leasingnehmer erst, wenn ihm das Leasingobjekt zum Zwecke der Nutzung zur Verfügung gestellt wird, er also Besitzer wird.[1005] Durch den Besitz des Leasingobjekts und den abgeschlossenen Leasingvertrag kann der Leasingnehmer sowohl den Leasinggeber als auch Dritte von der Nutzung des Leasingobjekts ausschließen,[1006] wodurch das entscheidende Indiz für das Vorliegen der Kontrolle über den Nutzenzufluss erfüllt ist.[1007] Mit dem Zeitpunkt der Lieferung des Objekts ist das Kontrollkriterium für das Nutzungsrecht beim Leasingnehmer erfüllt.

Das Kriterium der Begründung der gegenwärtigen Kontrolle des Nutzenzuflusses in der Vergangenheit wird grundsätzlich schon durch den Vertragsabschluss und den gegenwärtigen

---

1002 Zu den *asset*-Definitionskriterien vgl. Gliederungspunkt II.A.2. in diesem Kapitel.

1003 Siehe *IASB Framework* (1989): F. 57; *Andersons* (Neue Entwicklungen, 1998): S. 215.

1004 A. A.: *Andersons* (Neue Entwicklungen, 1998): S. 215 f., der das Kriterium der Kontrolle des Nutzenzuflusses bereits durch den bindenden Vertrag als erfüllt ansieht.

1005 Den zukünftigen Nutzenzufluss des gesamten Leasingobjekts kontrolliert der Leasingnehmer jedoch durch den Besitz regelmäßig nicht, da, zumindest bei nach IAS 17 als *operating leases* zu klassifizierenden Leasingverträgen, der Leasinggeber in der Regel wesentliches Nutzenpotenzial zurückbehält. Vgl. dazu weiter unten in diesem Gliederungspunkt.

1006 Vgl. *Fahrholz* (Bilanzielle Zurechnung, 1979): S. 108. Zu Nutzungsrechten allgemein vgl. *Kußmaul* (Nutzungsrechte, 1987): S. 336; *Babel* (Aktivierungsfähigkeit, 1997): S. 2268.

1007 Vgl. *Epstein/Mirza* (IAS, 2004): S. 72, *Andersons* (Neue Entwicklungen, 1998): S. 196.

Bestand des Vertrags erfüllt.[1008] Die Lieferung des Leasingobjekts stellt ein zusätzliches Ereignis dar, das die gegenwärtige Kontrolle des Nutzenpotenzials durch das Nutzungsrecht sicherstellt.

Das durch den Leasingvertrag eingeräumte Nutzungsrecht ist somit eine vom Leasingnehmer kontrollierte Ressource, die ein Ergebnis von Ereignissen in der Vergangenheit darstellt, und von der erwartet wird, dass sie zu einem künftigen wirtschaftlichen Nutzenzufluss führt. Das Nutzungsrecht des Leasingnehmers erfüllt mithin sämtliche Definitionskriterien eines *asset* im *Framework* des *IASB*.[1009]

Erfüllt das Nutzungsrecht des Leasingnehmers die Definitionskriterien eines *asset* und würde dieses bei Erfüllung der Ansatzkriterien auch bilanziert, ist der Ausweis der korrespondierenden Leistungsverpflichtung zwingend.[1010] Die aus dem Leasingvertrag resultierende Verpflichtung des Leasingnehmers zur Zahlung der Leasingraten erfüllt die Definitionskriterien einer *liability*. Der bestehende Vertrag und die tatsächliche Nutzungsmöglichkeit durch Erhalt des Leasingobjekts führen dazu, dass eine gegenwärtige Verpflichtung zur Zahlung von Leasingraten besteht, die auf einem Ereignis in der Vergangenheit beruht. Für die unkündbare Grundmietzeit kann sich der Leasingnehmer nicht der Verpflichtung zur Zahlung der Leasingraten entziehen.[1011]

Auch sind die Ansatzkriterien für die Ansprüche und Verpflichtungen des Leasingnehmers erfüllt.[1012] Die Wahrscheinlichkeit des Nutzenflusses, die bei über 50% liegen sollte,[1013] ist durch die tatsächliche Überlassung des Leasingobjekts für die unkündbare Vertragsdauer gegeben. Durch den zufälligen Untergang des zur Nutzung überlassenen Objekts könnte der Nutzenfluss unterbrochen werden. Die Wahrscheinlichkeit für den Eintritt dieses Ereignisses dürfte jedoch niedriger sein als jene des Nichteintritts. Außerdem besteht das Risiko der Unterbrechung des Nutzenflusses durch zufälligen Untergang bei jedem käuflich erworbenen (und unversicherten) Vermögenswert, der dennoch als ansatzfähiges *asset* angesehen wird. Bei jederzeit kündbaren Verträgen herrscht hingegen über die aktuelle Vertragsperiode hinaus Unsicherheit hinsichtlich des Eintretens eines weiteren Nutzenflusses.[1014] Das beim Leasingnehmer entstehende *asset* und die korrespondierende *liability* können sich nur auf das Recht zur Nutzung während der unkündbaren Leasingdauer beziehen.

1008 Vgl. *Andersons* (Neue Entwicklungen, 1998): S. 216.

1009 Ebenfalls dieser Ansicht vgl. *Mellwig/Weinstock* (Zurechnung, 1996): S. 2351; *McGregor* (Accounting for Leases, 1996): S. 15; *Mellwig* (Bilanzielle Darstellung, 1998): S. 13; *Jacobi* (Analyse, 2003): S. 110 f.

1010 Vgl. *Mellwig* (Bilanzielle Darstellung, 1998): S. 13; *Epstein/Mirza* (IAS, 2004): S. 101.

1011 Da die beim Leasingnehmer entstehende Verbindlichkeit eine *financial liability* darstellt, sind neben den Kriterien des *Framework* auch die des IAS 39 zu beachten, vgl. dazu Gliederungspunkt II.A.5.c. in diesem Kapitel.

1012 Vgl. *McGregor* (Accounting for Leases, 1996): S. 16.

1013 Siehe IAS 37.23 (1998).

1014 Vgl. *Andersons* (Neue Entwicklungen, 1998): S. 216.

Das Ansatzkriterium der verlässlichen Bewertbarkeit des Nutzenflusses[1015] ist ebenfalls erfüllt. Der Wert des Nutzenzuflusses beim Leasingnehmer kann für die unkündbare Vertragsdauer anhand des Barwerts der Leasingraten berechnet werden, der genauso verlässlich ermittelbar sein dürfte wie ein im Rahmen eines Teilzahlungskaufs zu zahlender Kaufpreis. Gleiches gilt für den Nutzenabfluss, den die *liability* verkörpert. Grundsätzlich kann sich der Nutzen durch den Leasingvertrag für das Unternehmen im Zeitablauf verändern und nicht mehr den zu zahlenden Leasingraten entsprechen. Der Barwert der Leasingraten stellt somit nur eine Vermutung für den Wert des zukünftigen Nutzenzuflusses im Zeitpunkt des erstmaligen Ansatzes dar. Diese Unsicherheit besteht jedoch auch beim Ansatz eines gekauften Vermögenswerts zu dessen Anschaffungskosten. Bei jederzeit kündbaren Verträgen kann hingegen keine verlässliche Bewertung des zukünftigen Nutzenflusses aus dem Leasingvertrag vorgenommen werden, da Unsicherheit hinsichtlich der Dauer des Leasingvertrags besteht. Das Kriterium der verlässlichen Bewertbarkeit ist nur für das Nutzungsrecht und die korrespondierende Verbindlichkeit in der unkündbaren Grundmietzeit gegeben.

Die Erfüllung der qualitativen Anforderungen des *Framework* an bilanzierungsfähige Jahresabschlussinformationen in Form der Wesentlichkeit und der Wirtschaftlichkeit des bilanziellen Ausweises hängt grundsätzlich von der Höhe der anzusetzenden Position ab.[1016] Diese Anforderungen sind gegebenenfalls erst ab einer gewissen Höhe der Leasingraten sowie einer bestimmten unkündbaren Mindestlaufzeit des Vertrags erfüllt, weil erst dann hinreichend große Bilanzpositionen aus den Leasingverträgen entstehen. Da das *Framework* keine quantitativen Grenzen für die Erfüllung dieser Kriterien vorgibt, ist grundsätzlich eine Würdigung im Einzelfall vorzunehmen.[1017]

Die Ansprüche und Verpflichtungen des Leasingnehmers aus sämtlichen wesentlichen Leasingverträgen erfüllen folglich für die unkündbare Grundmietzeit die allgemeinen Bilanzierungskriterien des *Framework* für *assets* und *liabilities*.[1018] Dies gilt unabhängig davon, ob der Leasingnehmer wirtschaftlicher Eigentümer des Leasingobjekts wird, es sich also um ein nach IAS 17 als *finance* oder als *operating lease* zu klassifizierendes Leasingverhältnis handelt. Dass auch Ansprüche und Verpflichtungen aus *operating leases* zu bilanzierungsfähigen Positionen führen, ist darin begründet, dass sie sich bezüglich des entscheidenden Kriteriums – der Kontrolle über einen Nutzenfluss – grundsätzlich nicht von den Ansprüchen und

1015 Siehe *IASB Framework* (1989): F. 89.

1016 Vgl. Gliederungspunkt I.D. in diesem Kapitel.

1017 Aus Vereinfachungsgründen könnte jedoch erwogen werden, für die unkündbare Mindestlaufzeit eine pauschale quantitative Grenze festzulegen, ab der Leasingverträge bilanziert werden. Im *McGregor*-Papier wurde hierfür eine Mindestlaufzeit von einem Jahr vorgeschlagen, vgl. *McGregor* (Accounting for Leases, 1996): S. 18. Im *Tweedie*-Papier wurde diese pauschale Grenze jedoch wieder revidiert, vgl. *ASB* (Implementation, 1999): Par. 2.54. Auf diesen Punkt wird im Rahmen der Ausgestaltung des in dieser Arbeit vorgeschlagenen Grundkonzepts zur Leasingbilanzierung eingegangen, vgl. Gliederungspunkt III.A.1. in diesem Kapitel.

1018 Vgl. *Mellwig* (Bilanzielle Darstellung, 1998): S. 13; *Jacobi* (Analyse, 2003): S. 111.

Verpflichtungen aus *finance leases* unterscheiden,[1019] die nach IAS 17 und der herrschenden Auffassung zweifellos bilanzierbar sind.

Das Leasingobjekt wird vor Vertragsbeginn vom Leasinggeber erworben und ist beim Leasinggeber als *asset* zu bilanzieren. Im Rahmen der Leasingvereinbarung zieht der Leasinggeber zwar keinen Nutzen aus der produktiven Verwendung des Objekts in seinem Unternehmen, dafür aber aus den Erträgen aus der Nutzungsüberlassung des Leasingobjekts an den Leasingnehmer. Unzweifelhaft dürfte sein, dass beim Leasinggeber auch nach Abschluss des Leasingvertrags weiterhin ein *asset* im Sinne des *Framework* vorliegt. Zu untersuchen ist jedoch, ob der Leasinggeber als *asset* das Leasingobjekt zu bilanzieren hat oder ob dieser Vermögenswert durch Abschluss des Leasingvertrags gegebenenfalls in andere Vermögenswerte umgewandelt wird. Der Leasinggeber erhält einen Anspruch auf die Leasingraten, die wirtschaftlichen Nutzen in Form von Zahlungsmittelzuflüssen verkörpern. Außerdem kann der Leasinggeber grundsätzlich den nach Beendigung des Leasingverhältnisses verbleibenden Restwert verwerten. Bei der Frage, welche Arten von Vermögenswerten durch diese Nutzenpotenziale verkörpert werden, muss insbesondere überprüft werden, ob bzw. inwieweit das Leasingobjekt durch den Leasingvertrag in eine Forderung umgewandelt wird. Dafür ist auf die Bilanzierungskriterien des IAS 39 abzustellen.[1020]

Die Regelungen in IAS 17 und im *Framework* bauen auf unterschiedlichen Konzepten auf. Während die Bilanzierungskriterien des *Framework* für *assets* und *liabilities* auf die Kontrolle des Nutzenflusses abstellen, wird in IAS 17 ein Risiken-Chancen-Ansatz zugrunde gelegt, um den wirtschaftlichen Eigentümer des Leasingobjekts zu bestimmen.[1021] Wirtschaftlicher Eigentümer des Leasingobjekts wird die Vertragspartei, der die wesentlichen dem Objekt anhaftenden Risiken und Chancen zufallen. Dass der Leasingnehmer während der unkündbaren Grundmietzeit Verfügungsmacht über das Leasingobjekt hat, wird für die Bestimmung des wirtschaftlichen Eigentümers des gesamten Leasingobjekts nach IAS 17 nur nachrangig berücksichtigt. Bei Zugrundelegung der Bilanzierungskriterien des *Framework* ist hingegen festzustellen, dass das Leasingobjekt sowohl für den Leasingnehmer als auch für den Leasinggeber eine Ressource darstellt, die Nutzenpotenzial beinhaltet. Beim Leasingnehmer liegt ein *asset* vor, da er das Leasingobjekt während der Leasingdauer durch produktiven Einsatz in seinem Unternehmen nutzen kann. Zugleich führt das Leasingobjekt durch die Leasingzahlungen und gegebenenfalls durch die Restwertverwertung zu einem Nutzenzufluss beim Leasinggeber. Risikoaspekte, auf die beispielsweise der Barwerttest nach IAS 17 für die Zurech-

1019 Vgl. *McGregor* (Accounting for Leases, 1996): S. 17.
1020 Vgl. dazu Gliederungspunkt II.A.4. in diesem Kapitel.
1021 Vgl. Gliederungspunkt II.A. in Kapitel 2.

nung des Leasingobjekts abstellt,[1022] sind für das Vorliegen eines *asset* nach den Kriterien des *Framework* irrelevant.[1023]

Dass in IAS 17 andere Bilanzierungskriterien für Vermögenswerte und Schulden als im *Framework* angewendet werden, steht dem Ziel der Entwicklung prinzipienbasierender, konsistenter Regelungen des *IASB*[1024] entgegen.[1025] Im *Framework* wird ausdrücklich darauf hingewiesen, dass die Definitionskriterien für *assets* und *liabilities* des *Framework* bei zukünftigen Überarbeitungen bestehender Standards sowie bei der Entwicklung neuer Standards zugrunde gelegt werden sollen.[1026] In Zukunft soll also nur noch das Konzept der Kontrolle über Nutzenflüsse für die Bilanzierung von *assets* und *liabilities* gelten. Auch aus diesem Grund ergibt sich die Notwendigkeit einer Überarbeitung der bestehenden Regelungen zur Leasingbilanzierung in IAS 17.[1027]

b. Bilanzierungskriterien für immaterielle Vermögenswerte

Das Nutzungsrecht des Leasingnehmers stellt einen immateriellen Vermögenswert dar.[1028] Zwar wird der Leasingnehmer im Rahmen eines einfachen Leasingvertrags Besitzer des Leasingobjekts, eines materiellen Vermögenswertes; er kann jedoch nur Nutzenzuflüsse aus dem obligatorischen Nutzungsrecht am Leasingobjekt erzielen und nicht aus der Substanz des materiellen Objekts. Durch den Leasingvertrag wird das Nutzungsrecht des Leasingnehmers vom Leasingobjekt abgespalten.

Um Kompatibilität zwischen einem neuen Leasingstandard und IAS 38 zu erhalten, sollte das beim Leasingnehmer zu bilanzierende Nutzungsrecht nicht nur die allgemeinen Definitionskriterien des *Framework*, sondern auch die konkretisierten Definitionskriterien für immaterielle Vermögenswerte des IAS 38 erfüllen.

Die konkretisierten Bilanzierungskriterien des IAS 38 unterscheiden sich von denen des *Framework* im Wesentlichen dadurch, dass ein immaterieller Vermögenswert identifizierbar sein muss.[1029] Dieses Kriterium wird vom Nutzungsrecht des Leasingnehmers erfüllt, da es ein vertraglich zugesichertes Recht darstellt.[1030] Da das Nutzungsrecht des Leasingnehmers neben den allgemeinen Bilanzierungskriterien des *Framework* auch die konkretisierten Bilan-

1022 Vgl. Gliederungspunkt II.B.4. in Kapitel 2.
1023 Vgl. *Mellwig/Weinstock* (Zurechnung, 1996): S. 2352.
1024 Vgl. *Tweedie* (Statement, 2002): S. 4.
1025 Vgl. *Nobes* (Rules-Based Standards, 2005): S. 28. Dies könnte unter anderem darin begründet sein, dass die erste Version von IAS 17 im Jahre 1982 und damit vor Entwicklung des *Framework* veröffentlicht wurde.
1026 Siehe *IASB Framework* (1989): F. 52.
1027 Vgl. *Jacobi* (Analyse, 2003): S. 110 f; *Nobes* (Rules-Based Standards, 2005): S. 28.
1028 *Barth* (Zurechnung von Leasingobjekten, 1999): S. 244.
1029 Vgl. Gliederungspunkt II.A.3. in diesem Kapitel.
1030 Siehe IAS 38.12 (b) (*revised* 2004).

zierungskriterien für immaterielle Vermögenswerte erfüllt, ist es grundsätzlich als immaterieller Vermögenswert bilanzierbar.

c. Bilanzierungskriterien für Finanzinstrumente

Beim Leasingnehmer entsteht bei Zugrundelegung der Bilanzierungskriterien des *Framework* neben dem Nutzungsrecht eine korrespondierende *liability*.[1031] Diese Schuld resultiert aus der Inanspruchnahme der Nutzung des Leasingobjekts. Es handelt sich folglich um eine Verbindlichkeit aus Lieferungen und Leistungen. Durch den Leasingvertrag ist eine rechtliche Grundlage gegeben, die den Leasinggeber zur Zahlung flüssiger Mittel verpflichtet. Die Leasingverbindlichkeit des Leasingnehmers erfüllt daher die Definition einer *financial liability* im Sinne von IAS 39.[1032] Zugleich erfüllt die Forderung des Leasinggebers auf Erhalt der Leasingzahlungen die Definition eines *financial asset* nach IAS 39, da sie einen vertraglichen Anspruch auf den Erhalt flüssiger Mittel darstellt.

Nach den geltenden Regelungen des IAS 17 werden nur bei *finance leases* die Forderung des Leasinggebers sowie die Verbindlichkeit des Leasingnehmers ausgewiesen. In IAS 32 AG9 (*revised* 2003) wird klargestellt, dass nur *finance leases* Finanzinstrumente darstellen, *operating leases* hingegen nicht. Diese Regelung in IAS 32 ist eine Folge der Vorschriften des IAS 17, nach denen *operating leases* nicht bilanziert werden, und dient ausschließlich der Herstellung der Kompatibilität zwischen IAS 17 und IAS 39. Für die Ableitung eines neuen Standards zur Leasingbilanzierung kann IAS 32 AG9 (*revised* 2003) daher vernachlässigt werden. Die aus *operating leases* entstehenden Ansprüche und Verpflichtungen erfüllen die Definitionskriterien für Finanzinstrumente.

Gemäß den Ansatzkriterien für *financial instruments* in IAS 39 sind Forderungen und Verbindlichkeiten aus Lieferungen und Leistungen zeitgleich mit der Erbringung der Lieferung oder Leistung und dem Ansatz der korrespondierend entstehenden nichtfinanziellen Vermögenswerte und Schulden auszuweisen.[1033] Der Leasingnehmer hat daher mit dem Ansatz des Nutzungsrechts die korrespondierende Verbindlichkeit zu passivieren.

Der Leasinggeber hat die Forderung ebenfalls mit dem Zeitpunkt der Lieferung des Leasingobjekts zu aktivieren. Erst nachdem der Leasinggeber das Objekt dem Leasingnehmer zur Nutzung zur Verfügung stellt, ist sein Anspruch auf Erhalt der Leasingzahlungen tatsächlich gerichtlich einklagbar. Kann der Leasinggeber das Objekt dem Leasingnehmer aufgrund unvorhergesehener Ereignisse nicht zur Nutzung überlassen, wird er den Anspruch auf Erhalt der Leasingzahlungen nicht gerichtlich durchsetzen können und mithin entsteht kein Nutzen-

---

1031 Vgl. Gliederungspunkt II.A.2. in diesem Kapitel.
1032 Vgl. Gliederungspunkt II.A.4. in diesem Kapitel.
1033 Vgl. Gliederungspunkt II.A.4. in diesem Kapitel.

zufluss. Der Zeitpunkt der Lieferung des Leasingobjekts ist daher sowohl für die Erfüllung der Bilanzierungskriterien des Nutzungsrechts als auch für diejenigen der Forderung und der Verbindlichkeit aus Lieferungen und Leistungen maßgeblich.

d. Gegenbuchung zur Forderung des Leasinggebers

Der künftige durch die Leasingraten bedingte Nutzenzufluss ist beim Leasinggeber als Forderung zu aktivieren. Der Ausweis der Forderung verlangt eine Gegenbuchung durch Ansatz einer *liability*, Ausweis eines Ertrags oder Verminderung eines *asset.*[1034] Der Leasinggeber wählt statt der Produktivnutzung des Leasingobjekts eine Rechtsnutzung aufgrund eines obligatorischen Vertrags.[1035] Der Leasinggeber kontrolliert daher während der unkündbaren Leasingdauer nicht den Nutzenzufluss, der sich aus dem materiellen Leasingobjekt ergibt. Bei einem einfachen Leasingvertrag behält der Leasinggeber einen Anspruch auf den Restwert des Leasingobjekts zurück. Der Leasinggeber kontrolliert in diesem Fall nur noch das sich aus dem Restwert ergebende Nutzenpotenzial des Leasingobjekts. Entsprechend der *asset*-Definition, die auf die Kontrolle des künftigen Nutzenzuflusses abstellt, hat der Leasinggeber lediglich den Restwertanspruch zu bilanzieren, nicht jedoch das gesamte Leasingobjekt.

Der künftige Nutzenzufluss aus dem Restwertanspruch resultiert aus der Verwertungsmöglichkeit des materiellen Leasingobjekts nach Ablauf der Leasingdauer. Erhält der Leasinggeber das Leasingobjekt nach Beendigung der Leasingdauer zurück, kann er es grundsätzlich selbst zur Leistungserstellung verwenden. Der Restwertanspruch stellt einen Anspruch auf den Erhalt eines materiellen Vermögenswertes dar. Der Restwertanspruch erfüllt daher nicht die Definitionskriterien eines Finanzinstruments.[1036] Der Leasinggeber weist folglich mit dem Zeitpunkt der Lieferung des Leasingobjekts eine Forderung aus und bucht den zur Nutzung überlassenen Teil des Leasingobjekts aus. Das Leasingobjekt wird somit durch den Leasingvertrag in eine Forderung und den Anspruch auf den Restwert des Leasingobjekts, der einen nichtfinanziellen Vermögenswert darstellt, umgewandelt.[1037]

1034 Siehe *IASB Framework* (1989): F. 84.

1035 Vgl. *Seeliger* (Wirtschaftliches Eigentum, 1962): S. 89, *Mellwig/Weinstock* (Zurechnung, 1996): S. 2346.

1036 A. A.: *Bradbury* (CL 13, 2000): Antworten zu den Fragen 15 u. 18, der den Restwertanspruch für ein derivatives Finanzinstrument hält. Ebenso die Klassifizierung als *financial asset* bejahend vgl. *DRSC* (CL 24, 2000): Antworten zu den Fragen 15 u. 18.

1037 Vgl. *Stone/Elfrink* (Substance of Leases, 2001): S. 47. Zum Verhältnis des Forderungsausweises und der Frage der Gewinnrealisierung beim Leasinggeber sowie der Bewertung des Restwertanspruchs vgl. Gliederungspunkt III.B.2. in diesem Kapitel.

B. Bilanzierung schwebender Geschäfte

1. Grundsatz der Nichtbilanzierung schwebender Geschäfte

Im deutschen Bilanzrecht werden Leasingverträgen, bei denen der Leasinggeber wirtschaftlicher Eigentümer des Leasingobjekts ist, als schwebende Geschäfte eingeordnet.[1038] Auf diese findet der Grundsatz der Nichtbilanzierung schwebender Geschäfte Anwendung. Dies hat zur Folge, dass die Ansprüche und Verpflichtungen aus derartigen Leasingverträgen nicht bilanziert werden,[1039] unabhängig davon, ob die allgemeinen Bilanzierungskriterien für Vermögensgegenstände und/oder Schulden erfüllt sind.[1040]

Auch nach den Vorschriften des IAS 17 werden *operating leases* als schwebende Dauerschuldverhältnisse eingeordnet und Ansprüche und Verpflichtungen aus derartigen Leasingverträgen nicht bilanziert.[1041] Daher scheint auch in der Rechnungslegung nach IAS/IFRS der Grundsatz der Nichtbilanzierung schwebender Geschäfte Beachtung zu finden. Mit diesem Grundsatz könnte gegebenenfalls begründet werden, weshalb Ansprüche und Verpflichtungen aus *operating leases* nicht bilanziert werden, obwohl sie die Bilanzierungskriterien für *assets* und *liabilities* erfüllen.

Ähnlich wie im deutschen Bilanzrecht mangelt es in den IAS/IFRS an einer eindeutigen Kodifizierung für den Grundsatz der Nichtbilanzierung schwebender Geschäfte. Aus diesem Grund muss untersucht werden, ob der im geltenden IAS 17 vermeintlich angewandte Grundsatz der Nichtbilanzierung schwebender Geschäfte aus den Vorschriften der IAS/IFRS abgeleitet werden kann und ob er mit den Grundsätzen der internationalen Rechnungslegung vereinbar ist.[1042]

2. Definition des schwebenden Geschäfts

Im *Framework* des *IASB* werden im Rahmen der Ansatzkriterien für Schulden vertragliche Verpflichtungen erwähnt, die beidseitig anteilig nicht erfüllt sind.[1043] Eine genauere Beschreibung solcher Verträge erfolgt in IAS 37. Dort werden „noch zu erfüllende Verträge" (*executory contracts*) als Verträge beschrieben, bei denen beide Parteien ihre Verpflichtungen in keiner Weise oder, wie bei Dauerschuldverhältnissen, teilweise zu gleichen Teilen erfüllt haben.[1044] Der Begriff der „noch zu erfüllenden Verträge" dürfte daher dem Begriff der schwe-

1038 Vgl. Gliederungspunkt II.C.1.a. in Kapitel 1.

1039 Vgl. *Woerner* (Passivierung, 1984): S. 178; *Berger/M. Ring* (BeckBilKomm, 2003): § 249 Anm 57.

1040 Vgl. *Martin* (Falsche Bilanzierung, 1966): S. 245; *Fahrholz* (Bilanzielle Zurechnung, 1979): S. 142; *Babel* (Ansatz und Bewertung, 1997): S. 112 f.; *Mellwig* (Bilanzielle Darstellung, 1998): S. 13.

1041 Vgl. *Adler/Düring/Schmaltz* (International, 2005): Abschn. 12, Tz. 188; *Mellwig/Sabel* (Nichtbilanzierung schwebender Geschäfte, 2005): S. 361 sowie Gliederungspunkt III.B.1. in Kapitel 2.

1042 Vgl. dazu *Mellwig/Sabel* (Nichtbilanzierung schwebender Geschäfte, 2005): S. 361-366.

1043 Siehe *IASB Framework* (1989): F. 91.

1044 Siehe IAS 37.3 (1998); *Adler/Düring/Schmaltz* (International, 2005): Abschn. 18, Tz. 2.

benden Geschäfte im deutschen Bilanzrecht entsprechen.[1045] Ein Unterschied besteht allerdings im Zeitpunkt der Beendigung des Schwebezustands. Anders als im deutschen Bilanzrecht gilt ein Vertrag unter den IAS/IFRS bereits dann nicht mehr als schwebend, wenn die zur Zahlung verpflichtete Vertragspartei ihre Leistung erbracht hat.[1046] Dennoch kommt es durch die Zahlung nicht zum Ausweis von Ansprüchen und Verpflichtungen bezüglich der Sach- oder Dienstleistung. Vorleistungen des zur Zahlung Verpflichteten werden nach den Rechnungslegungsvorschriften des *IASB*, genauso wie im deutschen Bilanzrecht, bilanziell als Anzahlungen (*prepaid expenses*) ausgewiesen. Diese stellen Vermögenswerte oder Schulden dar. Eine gesonderte Bilanzposition „Rechnungsabgrenzungsposten" gibt es unter den IAS/IFRS nicht.

3. *Schwebezustand von Leasingverträgen*

Voraussetzung für die Anwendung des Grundsatzes der Nichtbilanzierung schwebender Geschäfte auf Leasingverträge ist, dass es sich bei Leasingverträgen tatsächlich um schwebende Geschäfte handelt. Wie bereits gezeigt wurde,[1047] können üblicherweise in der Praxis in Deutschland vorzufindende erlasskonforme Finanzierungsleasingverträge als Geschäfte betrachtet werden, die sich nicht mehr in der Schwebe befinden. Da der Leasinggeber bei derartigen Finanzierungsleasingverträgen die Sach- und Preisgefahr auf den Leasingnehmer abwälzt und damit ab dem Zeitpunkt der Lieferung des Leasingobjekts nur noch die bloße Duldung der Nutzung schuldet, hat er grundsätzlich seine Hauptleistungspflicht durch die Lieferung erbracht.

Für typische Mietverträge muss allerdings gelten, dass der Vermieter durch die Lieferung des Mietobjekts nicht seiner wesentlichen Leistungsverpflichtung nachgekommen ist. Der Mieter kann üblicherweise die Mietzahlungen einstellen, wenn das Mietobjekt nicht oder nur eingeschränkt nutzbar ist, auch wenn es zufällig untergeht. Außerdem unterliegt der Vermieter einer Instandhaltungsverpflichtung während der Mietzeit. Der Vermieter erbringt damit seine Hauptleistungspflicht im Zeitablauf und nicht schon mit Lieferung des Mietobjekts. Bei typischen Mietverträgen handelt es sich um schwebende Dauerschuldverhältnisse.

1045 Vgl. *Mellwig/Sabel* (Nichtbilanzierung schwebender Geschäfte, 2005): S. 358.

1046 Siehe IAS 37.3 (1998). Dass im deutschen Bilanzrecht der Schwebezustand erst durch die Erbringung der Sach- oder Dienstleistung beendet wird, dürfte in wesentlichem Maße darin begründet sein, dass ansonsten den Vertragsparteien nach Vorleistung durch den zur Zahlung Verpflichteten die Möglichkeit genommen wäre, eine Rückstellung für drohende Verluste aus schwebenden Geschäften nach § 249 Abs. 1 Satz 1 2. Alt. HGB anzusetzen. Vgl. *Bauer* (Schwebende Geschäfte, 1981): S. 12 f. Unter den IAS/IFRS gibt es hingegen keine gesonderten Rückstellungen für drohende Verluste *aus schwebenden Geschäften*. Eine Rückstellung ist unabhängig vom Schwebezustand dann zu bilden, wenn ein Vertrag belastend ist, siehe IAS 37.66 (1998).

1047 Vgl. Gliederungspunkt II.C.1.a. in Kapitel 1.

Unter Leasingverträge im angelsächsischen Sprachgebrauch (*leases*), die in den Anwendungsbereich von IAS 17 fallen, sind sämtliche Nutzungsüberlassungsverträge, also sowohl Finanzierungsleasingverträge im deutschen Verständnis als auch typische Mietverträge, zu subsumieren.[1048] Es kann daher nicht generell davon ausgegangen werden, dass ein *lease* mit Lieferung des Leasingobjekts als nicht mehr schwebend anzusehen ist.

Eine Trennung von als schwebend einzuordnenden Mietverträgen und Finanzierungsleasingverträgen, deren Schwebezustand mit Lieferung des Objekts beendet ist, weil der Leasinggeber mit Lieferung seine Hauptleistungspflicht erbracht hat, ist nicht praktikabel.[1049] Aufgrund der häufigen Vermischung von mietvertragstypischen Vereinbarungen und Leasingverträgen müsste eine solche Trennung durch einen Abwägungsprozess im Rahmen einer Risikenbetrachtung erfolgen. Diese würde einen erheblichen Aufwand erfordern und zugleich einen großen Ermessensspielraum bieten.

Leasingverträge, wie sie im angelsächsischen Sprachgebrauch verstanden werden, müssen daher grundsätzlich als schwebende Dauerschuldverhältnisse betrachtet werden, wenn diese Nutzungsüberlassungsverträge einheitlich eingeordnet werden sollen. Der Schwebezustand eines Leasingvertrags wird nicht generell mit Lieferung des Leasingobjekts beendet.

4. Bilanzierungsvorschriften für schwebende Geschäfte

a. Vorschriften des *Framework*

Im *Framework* der IAS/IFRS ist kein Grundsatz der Nichtbilanzierung schwebender Geschäfte explizit niedergeschrieben.[1050] Allerdings wird im Rahmen der Ansatzregelungen für Schulden in F. 91 auf die Nichtbilanzierung schwebender Geschäfte eingegangen. Dort heißt es:

„*In practice, obligations under contracts that are equally proportionately unperformed (for example, liabilities for inventory ordered but not yet received) are generally not recognised as liabilities in the financial statements. However, such obligations may meet the definition of liabilities and, provided the recognition criteria are met in the particular circumstances, may qualify for recognition. In such circumstances, recognition of liabilities entails recognition of related assets or expenses.*“

Die Nichtbilanzierung schwebender Geschäfte wird also durch das *Framework* anerkannt, weil diese der üblichen Bilanzierungspraxis entspreche.[1051] Dabei ist allerdings zu beachten,

1048 Vgl. Gliederungspunkt I. in Kapitel 2.
1049 Vgl. Gliederungspunkt II.C.1.a. in Kapitel 1.
1050 Vgl. *Küting/Hellen/Brakensiek* (Nationale und internationale Bilanzierung, 1998): S. 1472.
1051 Vgl. *Hommel* (Baetge/Kirsch/Thiele, 2002): § 249, Rz. 503.

dass in dem genannten Beispielfall, den bestellten, aber noch nicht gelieferten Vorräten (*inventory ordered but not yet received*), der Ansatz einer Schuld ohnehin an den Bilanzierungskriterien scheitern dürfte.[1052] Die Bestellung von Vorräten alleine stellt kein Rechtsgeschäft dar, das eine gegenwärtige Verpflichtung im Sinne der Definitionskriterien für Schulden des *Framework* begründet.[1053] Korrespondierend dazu ist durch die Bestellung der Vorräte keine Ressource entstanden, die in der Verfügungsmacht des Unternehmens steht, da die Bestellung zu keinem Rechtsanspruch auf die Vorräte führt.[1054] Deshalb sind die Definitionskriterien eines *asset* nicht erfüllt. Der Ansatz einer Bilanzposition käme im gewählten Beispiel der bestellten Vorräte somit ohnehin nicht in Betracht.

Allerdings dürften auch schwebende Geschäfte existieren, mit denen Ansprüche und Verpflichtungen einhergehen, welche die allgemeinen Definitions- und Ansatzkriterien für Vermögenswerte und Schulden erfüllen.[1055] Darauf wird, zumindest für Schulden, auch in F. 91 hingewiesen. Die Folgerung, dass in einem solchen Fall der Ausweis von Schulden den Ausweis der korrespondierenden Vermögenswerte oder die Verbuchung des entsprechenden Aufwands erfordert, impliziert, dass es auch Fälle schwebender Geschäfte gibt, bei denen ein bilanzieller Ausweis erfolgen darf. Die Nennung korrespondierender Vermögenswerte bedeutet, dass hiermit nicht nur die Fälle belastender schwebender Verträge gemeint sind, für die nach IAS 37 eine Rückstellung in Höhe des Verpflichtungsüberschusses zu bilden ist.[1056]

Aus F. 91 lässt sich somit ein Wahlrecht für den Ansatz schwebender Geschäfte in den Fällen des Entstehens bilanzierungsfähiger Vermögenswerte und Schulden ableiten.[1057] Auf ein Wahlrecht deuten auch die recht vagen Formulierungen „*in practice*“ und „*generally*“ hin. Dies bedeutet, dass nach dem *Framework* der IAS/IFRS die Nichtbilanzierung schwebender Geschäfte nicht zwingend vorgeschrieben wird.[1058]

1052 Vgl. *Alexander/Archer* (Miller IAS/IFRS, 2004): S. 2.21 f; *Mellwig/Sabel* (Nichtbilanzierung schwebender Geschäfte, 2005): S. 358. Siehe dazu auch *IASB Framework* (1989): F. 61.

1053 Siehe *IASB Framework* (1989): F. 49 (b) u. 60. Eine gegenwärtige Verpflichtung besteht in diesem Fall nur, wenn eine unwiderrufliche Vereinbarung abgeschlossen wurde, die im Falle eines Versäumnisses zu wirtschaftlichen Konsequenzen für das Unternehmen führt, beispielsweise in Form einer wesentlichen Vertragsstrafe, siehe *IASB Framework* (1989): F. 61.

1054 Vgl. *Alexander/Archer* (Miller IAS/IFRS, 2004): S. 2.21 f.

1055 Vgl. *Alexander/Archer* (Miller IAS/IFRS, 2004): S. 2.22. Wie in Gliederungspunkt II.A.5.a. in diesem Kapitel gezeigt wurde, ist dies bei Leasingverträgen der Fall.

1056 Siehe IAS 37.66 (1998).

1057 Vgl. *Mellwig/Sabel* (Nichtbilanzierung schwebender Geschäfte, 2005): S. 359.

1058 In der kommentierenden deutschsprachigen Literatur wird dies jedoch anders beurteilt: Unter den IAS/IFRS gelte, genauso wie im deutschen Handelsrecht, der Grundsatz der Nichtbilanzierung schwebender Geschäfte. Nur bei einem drohenden Verlust schlage sich das schwebende Geschäft durch Bildung einer Rückstellung in der Bilanz nieder, vgl. *Adler/Düring/Schmaltz* (International, 2005): Abschn. 1, Tz. 147 u. 162 mit Verweis auf F. 91, IAS 37.10 u. 66 (1998) sowie IAS 11.36 (*revised* 1993). In US-amerikanischen Kommentierungen zu den IAS/IFRS ist hingegen die Aussage zu finden, dass die Behandlung schwebender Geschäfte unter den IAS/IFRS derzeit noch nicht eindeutig geklärt sei, vgl. *Alexander/Archer* (Miller IAS/IFRS, 2004): S. 2.21.

b. Vorschriften in den Rechnungslegungsstandards

Die Nichtbilanzierung von *operating leases* nach IAS 17 folgt dem Grundsatz der Nichtbilanzierung schwebender Geschäfte. IAS 17 gibt allerdings keinen Hinweis darauf, dass ein solcher Grundsatz innerhalb der IAS/IFRS besteht. Im Folgenden soll untersucht werden, ob die anderen Rechnungslegungsstandards Regelungen beinhalten, die auf die Existenz eines Grundsatzes der Nichtbilanzierung schwebender Geschäfte hindeuten.

Schwebende Geschäfte werden aus dem Anwendungsbereich von IAS 37 ausdrücklich ausgeschlossen.[1059] Nur im Falle eines für den Bilanzierenden belastenden Vertrages ist nach IAS 37.66 (1998) eine Rückstellung für den drohenden Verlust zu bilden.[1060] Diese Vorschrift entspricht der Verpflichtung zur Bildung von Drohverlustrückstellungen im deutschen Handelsrecht. In der Literatur wird die Meinung vertreten, dass der explizite Ausschluss von nicht belastenden schwebenden Geschäften aus dem Anwendungsbereich von IAS 37 deren Nichtbilanzierung sicherstellt.[1061] Ohne den Ausschluss seien diese als Rückstellungen und korrespondierende Ansprüche in gleicher Höhe zu bilanzieren, wenn die sonstigen Bilanzierungskriterien erfüllt sind. Der Ausschluss könnte daher als Ausprägung eines Grundsatzes der Nichtbilanzierung schwebender Geschäfte interpretiert werden, der den Ausweis ansonsten bilanzierungsfähiger Ansprüche und Verpflichtungen verbietet.[1062]

Als Grundsatz für den Ansatz von Finanzinstrumenten nach IAS 39 gilt, dass finanzielle Vermögenswerte und finanzielle Verbindlichkeiten in der Bilanz auszuweisen sind, wenn das Unternehmen Vertragspartei eines Finanzinstruments geworden ist.[1063]

Bezüglich der Regelungen zum Bilanzansatz von unbedingten Termingeschäften, wie zum Beispiel *Futures*[1064], unterscheiden sich somit die IAS/IFRS von den Regelungen im deutschen Bilanzrecht.[1065] Während *Futures* nach herrschender Meinung im deutschen Bilanzrecht, außer im Falle eines drohenden Verlusts, als schwebende Geschäfte nicht bilanziert werden dürfen,[1066] sind sie nach IAS 39 mit Vertragsabschluss in Höhe ihres *fair value* in der

---

1059 Siehe IAS 37.1 (b), 3 u. 67 (1998).

1060 Siehe IAS 37.66 (1998). Wurden mit dem Vertrag verbundene Vermögenswerte aktiviert, sind zunächst diese abzuschreiben, bevor eine Rückstellung angesetzt werden darf, siehe IAS 37.69 (1998).

1061 Vgl. *von Keitz* u. a. (IAS 37, 2005): Tz. 5 u. 64.

1062 Vgl. *Mellwig/Sabel* (Nichtbilanzierung schwebender Geschäfte, 2005): S. 359.

1063 Siehe IAS 39.14 (*revised* 2003).

1064 *Futures* sind zum Zwecke des börsenmäßigen Handels standardisierte unbedingte Termingeschäfte, bei denen die eine Vertragsseite zur Lieferung eines bestimmten Gutes, die andere zur Zahlung eines vereinbarten, sich am Markt einstellenden Preises per Termin verpflichtet ist. Anstelle der Lieferung wird meistens die Zahlung eines finanziellen Ausgleichs in Höhe der Differenz zwischen bei Vertragsabschluss vereinbartem Terminpreis und bei Fälligkeit herrschendem Kassakurs des Basiswertes vereinbart, vgl. *Eisele/Knobloch* (Finanzinnovationen, 1993): S. 620; *Gebhardt* (Abbildung von Finanzinstrumenten, 1996): S. 565.

1065 Vgl. *Bellavite-Hövermann/Barckow* (IAS 39, 2005): Tz. 89.

1066 Vgl. *Eisele/Knobloch* (Finanzinnovationen, 1993): S. 620; *Gebhardt* (Abbildung von Finanzinstrumenten, 1996): S. 565; *Adler/Düring/Schmaltz* (Rechnungslegung, 1998): § 246, Tz. 377.

Bilanz auszuweisen, wenn sie nicht durch Lieferung eines nichtfinanziellen Vermögenswertes erfüllt werden sollen.[1067]

Die Nichtanwendung des Grundsatzes der Nichtbilanzierung schwebender Geschäfte auf derivative Finanzinstrumente wird mit der adäquaten Abbildung der Risikolage des Unternehmens, die für die Investoren als Bilanzadressaten von besonderer Bedeutung ist, begründet.[1068] Die Nichtbilanzierung von Derivaten, die im Rahmen des Risiko-Managements des Unternehmens zur Absicherung von Werten anderer Bilanzpositionen verwendet werden, kann zum Ausweis nicht existenter Risiken führen. Dies könnte dem Grundsatz der *fair presentation* widersprechen, der die wichtigste qualitative Anforderung an den IAS/IFRS-Abschluss darstellt.[1069]

Forderungen und Verbindlichkeiten aus Lieferungen und Leistungen werden abweichend von der Grundregel, ein Finanzinstrument mit Vertragsabschluss auszuweisen, üblicherweise erst bilanziert, wenn die Lieferung oder Leistung erbracht wurde, der Schwebezustand also beendet ist.[1070] Dieser Ansatzzeitpunkt für Forderungen und Verbindlichkeiten aus Lieferungen und Leistungen ist aus Gründen der Kompatibilität zwischen dem *Framework* und IAS 39 erforderlich.[1071] Er führt dazu, dass bei Lieferungen oder Leistungen entstehende nichtfinanzielle und finanzielle Vermögenswerte oder Schulden gleichzeitig bilanziert werden.[1072]

c. Folgerungen für den Stellenwert des Grundsatzes der Nichtbilanzierung schwebender Geschäfte

Die Ausführungen haben gezeigt, dass einige Regelungen in den IAS/IFRS dem Grundsatz der Nichtbilanzierung schwebender Geschäfte folgen. Für den Bereich der derivativen Finanzinstrumente wurde der Grundsatz der Nichtbilanzierung schwebender Geschäfte jedoch teilweise aufgegeben. Die Gründe dafür liegen im Wesentlichen darin, Sicherungszusammenhänge zwischen den Derivaten und anderen Bilanzpositionen abzubilden, aber sicherlich auch in der höheren Informationsvermittlung.

Der Grundsatz der Nichtbilanzierung schwebender Geschäfte ist in der Rechnungslegung nach IAS/IFRS weniger stark verankert als im deutschen Bilanzrecht.[1073] Die Formulierungen im *Framework* und in IAS 39, nach denen der Nichtausweis schwebender Geschäfte auf der üblichen Bilanzierungspraxis beruht, verdeutlichen, dass es an einer theoretischen Begrün-

---

1067 Vgl. *Bellavite-Hövermann/Barckow* (IAS 39, 2005): Tz. 89 f; *Mellwig/Sabel* (Nichtbilanzierung schwebender Geschäfte, 2005): S. 360.
1068 Vgl. *Klein/Krämling/Andreas* (Finanzanalysten, 2005): Tz. 26.
1069 Vgl. Gliederungspunkt I.D. in diesem Kapitel.
1070 Vgl. *Gebhardt/Naumann* (Financial Instruments, 1999): S. 1464.
1071 Vgl. *Mellwig/Sabel* (Nichtbilanzierung schwebender Geschäfte, 2005): S. 360.
1072 Vgl. Gliederungspunkt II.A.4. in diesem Kapitel.
1073 Vgl. *Mellwig/Sabel* (Nichtbilanzierung schwebender Geschäfte, 2005): S. 361.

dung mangelt. Der Grundsatz der Nichtbilanzierung schwebender Geschäfte kann unter den IAS/IFRS jedoch nur eine Berechtigung haben, wenn er auch mit der Bilanzfunktion und den Grundprinzipien der Rechnungslegung kompatibel ist.

5. *Berechtigung des Grundsatzes der Nichtbilanzierung schwebender Geschäfte*

a. Aufblähungsargument und Ausgeglichenheitsvermutung

Der Grundsatz der Nichtbilanzierung schwebender Geschäfte wird im deutschen Bilanzrecht unter anderem mit dem Aufblähungsargument und der Ausgeglichenheitsvermutung begründet.[1074] Da sich Ansprüche und Verpflichtungen aus schwebenden Geschäften bis zur Erfüllung gleichwertig gegenüberstünden, sei eine bilanzielle Erfassung nicht notwendig. Diese würde nur zu einer unnötigen Bilanzverlängerung führen. Zudem wird die Meinung vertreten, Verbindlichkeiten für eine aus einem schwebenden Geschäft resultierende Verpflichtung dürften nicht ausgewiesen werden, da keine wirtschaftliche Belastung bestehe, denn die aus dem Geschäft resultierende Verpflichtung werde durch die Ansprüche aus eben diesem kompensiert.

In Kapitel 1 wurde gezeigt, dass der Grundsatz der Nichtbilanzierung schwebender Geschäfte als Vereinfachungsregel in einer Ausschüttungsbemessungsbilanz, wie sie die deutsche Handelsbilanz darstellt, akzeptiert werden kann.[1075] Dem Gläubigerschutz wird gedient, indem eine Drohverlustrückstellung gebildet wird, falls die Verpflichtungen aus dem schwebenden Geschäft über den Ansprüchen liegen. Informationen über Verpflichtungen aus nichtbilanzierten schwebenden Geschäften werden dem Bilanzleser im handelsrechtlichen Jahresabschluss durch Anhangangaben bereitgestellt.

Unter den IAS/IFRS fällt der Bilanz eine Informationsfunktion zu. Deshalb können Angaben im Anhang keine Ersatzfunktion für bilanzierungspflichtige Sachverhalte übernehmen.[1076] Die Begründung für die Nichtbilanzierung schwebender Geschäfte durch das Aufblähungsargument und die Ausgeglichenheitsvermutung ist daher unter den IAS/IFRS im Lichte einer anderen Bilanzfunktion zu betrachten.[1077]

In einer Informationsbilanz können Bilanzpositionen nicht weggelassen werden, weil sie sich gleichwertig auf Aktiv- und Passivseite gegenüberstehen. Die durch ihren Ausweis entstehende Bilanzverlängerung kann in einer Informationsbilanz nicht als unnötige Aufblähung inter-

1074 Vgl. Gliederungspunkt II.C.1.a. in Kapitel 1.
1075 Vgl. Gliederungspunkt II.C.1.a. in Kapitel 1.
1076 Siehe *IASB Framework* (1989): F. 82.
1077 Vgl. *Mellwig/Sabel* (Nichtbilanzierung schwebender Geschäfte, 2005): S. 362.

pretiert werden.[1078] Nach IAS 1.32 f. (*revised* 2003) gilt ein explizites Saldierungsverbot für Vermögenswerte und Schulden. Eine Saldierung sei nur dann mit dem Grundsatz der *fair presentation* vereinbar, wenn dadurch der wirtschaftliche Gehalt einer Transaktion widergespiegelt werde.[1079] Dies sei nur der Fall, wenn der Bilanzierende das Recht und die Absicht dazu hat, eine Schuld durch Verrechnung mit einem entsprechenden Vermögenswert zu begleichen.[1080] Dies ist bei schwebenden Geschäften üblicherweise nicht gegeben.

Auch die Ausgeglichenheitsvermutung als Argument für die Nichtbilanzierung schwebender Geschäfte ist mit den IAS/IFRS grundsätzlich nicht vereinbar. Die Bilanzierung einer Schuld kann nicht deshalb unterlassen werden, weil die Vermutung besteht, die Verpflichtung werde durch die Ansprüche aus dem Geschäft kompensiert. Schulden sind grundsätzlich dann in der Bilanz anzusetzen, wenn sie die Bilanzierungskriterien des *Framework* erfüllen. Dabei ist auch zu prüfen, ob eine gegenwärtige Verpflichtung vorliegt, die zum Abfluss von wirtschaftlichem Nutzen führt.[1081] Sowohl das Aufblähungsargument als auch die Ausgeglichenheitsvermutung können für eine Informationsbilanz nicht überzeugen.[1082]

b. Qualitative Anforderungen an Jahresabschlussinformationen

Im *Framework* des *IASB* werden qualitative Anforderungen an Jahresabschlussinformationen formuliert.[1083] Zu überprüfen ist, ob anhand dieser Anforderungen der Grundsatz der Nichtbilanzierung schwebender Geschäfte unter den IAS/IFRS begründet werden kann. Wesentliches Kriterium ist dabei die Relevanz einer Abschlussinformation. Die Relevanz einer Information wird vor allem durch ihre Wesentlichkeit konkretisiert. Eine Information ist dann als wesentlich anzusehen, wenn ihr Weglassen oder ihre fehlerhafte Darstellung die Entscheidungen der Bilanzadressaten beeinflussen könnte.[1084] Eine quantitative Grenze, ab der eine Information als wesentlich zu beurteilen ist, wird jedoch im *Framework* nicht genannt. Es muss eine Würdigung im Einzelfall erfolgen, wodurch ein Ermessensspielraum eröffnet wird.[1085]

Der Ausweis relevanter Informationen kann zum anderen durch den Wirtschaftlichkeitsgrundsatz beschränkt werden. Demzufolge muss eine angemessene Relation von Kosten und Nutzen der Bereitstellung einer Information bestehen. Im Zusammenhang mit dem Wirt-

---

1078 Im Schrifttum wird jedoch die Meinung vertreten, dass das für das deutsche Handelsrecht häufig formulierte Aufblähungsargument auch auf die IAS/IFRS übertragbar sei, vgl. *von Keitz* u. a. (IAS 37, 2005): Tz. 64.

1079 Vgl. *Kleekämper* u. a. (IAS 1, 2005): Tz. 50. Eine Saldierung ist ansonsten nur zulässig, wenn sie von einem anderen Standard oder einer Interpretation explizit gefordert oder zugelassen wird, siehe IAS 1.32 (*revised* 2003).

1080 Vgl. *Adler/Düring/Schmaltz* (International, 2005): Abschn. 1, Tz. 130.

1081 Siehe *IASB Framework* (1989): F. 49 (b).

1082 Vgl. *Mellwig/Sabel* (Nichtbilanzierung schwebender Geschäfte, 2005): S. 362.

1083 Vgl. Gliederungspunkt I.D. in diesem Kapitel.

1084 Siehe *IASB Framework* (1989): F. 30.

1085 Vgl. *Jacobi* (Analyse, 2003): S. 59.

schaftlichkeitsgrundsatz bestehen erhebliche Ermittlungsschwierigkeiten. Das *Framework* gibt keine Anleitung, wie der Nutzen einer Information und die Kosten der Bereitstellung gemessen werden sollen. Deshalb sollte auch hier eine Abwägung im Einzelfall erfolgen.

Angesichts der eigentlich gebotenen Einzelfallwürdigung könnte man die Ansicht vertreten, der Grundsatz der Nichtbilanzierung schwebender Geschäfte sei eine Vereinfachungsregel im Rahmen der Überprüfung qualitativer Anforderungen.[1086] Der Grundsatz vermeide die Einzelfallprüfung, ob der Informationsgewinn des Ausweises korrespondierender Ansprüche und Verpflichtungen den Bilanzierungsaufwand übersteige, ob also dem Wirtschaftlichkeitsgrundsatz entsprochen werde. Bei einmaligen Umsatzgeschäften geht das wirtschaftliche Eigentum am dem Geschäft zugrunde liegenden Sachgut selbst erst zum Zeitpunkt der Lieferung über. Die mit Vertragsabschluss ausgewiesenen Ansprüche und Verpflichtungen bezüglich des Sachguts müssten daher im Zeitpunkt der Lieferung gegen das Sachgut bei beiden Vertragsparteien umgebucht werden.[1087] Der Ausweis von schwebenden Geschäften, die auf einen einmaligen Leistungsaustausch gerichtet sind, würde somit zu einem Mehraufwand führen, der gegen den Nutzen/Kosten-Grundsatz des *Framework* verstoßen könnte.

Dass der bilanzielle Ausweis von Ansprüchen und Verpflichtungen aus schwebenden Dauerschuldverhältnissen generell einen so hohen Aufwand erfordert, der zu einem Verstoß gegen die qualitativen Anforderungen führt, kann hingegen nur schwer begründet werden. Insbesondere *operating leases* dürften grundsätzlich zu betragsmäßig großen bilanzierungsfähigen Vermögenswerten und Schulden führen. Ein genereller Nichtausweis aufgrund eines Verstoßes gegen den auf die quantitative Größe abstellenden Wesentlichkeitsgrundsatz oder den Wirtschaftlichkeitsgrundsatz kann nicht sachgerecht sein. Damit könnte gegebenenfalls bei kurzfristig kündbaren Dauerschuldverhältnissen argumentiert werden. Ab welcher Größe die Ansprüche und Verpflichtungen aus schwebenden Dauerschuldverhältnissen wesentlich sind, bleibt aufgrund der fehlenden quantitativen Grenze im *Framework* unbestimmt. Aus nur langfristig kündbaren Dauerschuldverhältnissen resultierende Ansprüche und Verpflichtungen dürften auch in qualitativer Hinsicht den Grundsatz der Relevanz erfüllen. Dass Leasingverpflichtungen entscheidungsnützliche Informationen für Bilanzadressaten darstellen, kann man daran erkennen, dass Kreditinstitute im Rahmen von Kreditverhandlungen die Angabe sämtlicher Leasingverpflichtungen vom Kreditnehmer verlangen.

Ansprüche und Verpflichtungen aus *operating leases* erfüllen grundsätzlich die qualitativen Anforderungen des *Framework* an Jahresabschlussinformationen. Der Grundsatz der Nichtbilanzierung schwebender Geschäfte kann unter den IAS/IFRS nicht damit erklärt werden,

---

1086 Vgl. *Mellwig/Sabel* (Nichtbilanzierung schwebender Geschäfte, 2005): S. 363.
1087 Vgl. *Bieg* (Schwebende Geschäfte, 1977): S. 293-295.

dass er den Ausweis von Jahresabschlussinformationen verhindert, welche die qualitativen Anforderungen nicht erfüllen.[1088]

c. Begründung anhand des Realisationsprinzips

Das im deutschen Bilanzrecht gewichtigste Argument für den Grundsatz der Nichtbilanzierung schwebender Geschäfte stellt die Begründung anhand des Realisationsprinzips dar.[1089] Der zur Sach- oder Dienstleistung Verpflichtete darf erst dann eine Forderung ausweisen, wenn er seine durch den Vertragstyp charakterisierte Hauptleistungspflicht erbracht hat. Die durch den Ausweis der Forderung gezeigte Umsatzrealisation ist erst eingetreten, wenn die Leistung tatsächlich erbracht wurde und der Schwebezustand beendet ist. Solange der zur Leistung Verpflichtete keine Forderung ausweisen darf, wird auch der Ausweis einer Verbindlichkeit beim zur Zahlung Verpflichteten nicht für zulässig erachtet.

Auch unter den IAS/IFRS gilt ein Realisationsprinzip (*realisation principle*). Dieses wird jedoch nicht als eigenständiges Prinzip im *Framework* kodifiziert;[1090] es kann vielmehr aus der Definition von Erträgen im *Framework* und in IAS 18 abgeleitet werden.[1091] Wie der Grundsatz der sachlichen Abgrenzung (*matching principle*) dient das Realisationsprinzip unter den IAS/IFRS der Erfüllung des Grundsatzes der Periodenabgrenzung.[1092] Die Realisierungskriterien bestimmen dabei den Zeitpunkt der erfolgswirksamen Erfassung der Erträge, während das *matching principle* den Zeitpunkt der erfolgswirksamen Erfassung der Aufwendungen festlegt.[1093] Der Grundsatz der Periodenabgrenzung hat unter den IAS/IFRS einen übergeordneten Stellenwert, der durch das *realisation principle* und das *matching principle* konkretisiert wird.[1094]

Wie im deutschen Bilanzrecht ist die Ertragsrealisierung unter den IAS/IFRS an restriktive Kriterien geknüpft. So muss bei dem Verkauf von Gütern unter anderem ein Übergang der wesentlichen Risiken und Chancen, die mit dem Eigentum der verkauften Güter verbunden sind, auf den Käufer erfolgen.[1095] Die Definition des Ertrags wird eng an die Definition eines *asset* angelehnt, insbesondere an den Begriff des zukünftigen wirtschaftlichen Nutzens.[1096] Ein Ertrag liegt vor, wenn sich das Potenzial des erwarteten zukünftigen wirtschaftlichen

1088 Vgl. *Mellwig/Sabel* (Nichtbilanzierung schwebender Geschäfte, 2005): S. 363.
1089 Vgl. Gliederungspunkt II.C.1.a. in Kapitel 1.
1090 Vgl. *Adler/Düring/Schmaltz* (International, 2005): Abschn. 1, Tz. 47.
1091 Vgl. *Ballwieser* (Rahmenkonzepte, 2003): S. 342 f.
1092 Vgl. *Wagenhofer* (IAS/IFRS, 2005): S. 140; *Achleitner* u. a.: (Grundlagen, 2005): Tz. 79; *Kleekämper* u. a. (IAS 1, 2005): Tz. 35.
1093 Vgl. *Grau* (Gewinnrealisierung, 2002): S. 53; *Achleitner* u. a.: (Grundlagen, 2005): Tz. 80.
1094 Vgl. *Grau* (Gewinnrealisierung, 2002): S. 54; *Mellwig/Sabel* (Nichtbilanzierung schwebender Geschäfte, 2005): S. 364.
1095 Siehe IAS 18.14 (a)-(e) (*revised* 1993).
1096 Siehe *IASB Framework* (1989): F. 49 i. V. m. F. 89; *Janke/Mietke* (IFRS/IAS statt GoB, 2003): S. 752.

Nutzens erhöht.[1097] Dies ist auch durch eine höhere Marktbewertung möglich. Somit dürfen auch (im deutschen handelsrechtlichen Verständnis) nicht realisierte Gewinne unter den IAS/IFRS ausgewiesen werden,[1098] beispielsweise aus der Neubewertung marktfähiger Wertpapiere oder aus der Umrechnung von auf Fremdwährungen lautenden monetären Positionen zum Stichtagskurs.[1099] Die Erfassung eines Ertrags bedingt die Zunahme eines Vermögenswerts oder die Abnahme einer Schuld.[1100] Der erwartete zukünftige wirtschaftliche Nutzen muss daher entsprechend den Ansatzkriterien eines Vermögenswerts wahrscheinlich und verlässlich bewertbar sein.[1101] Für die Bemessung der Erträge gilt nach IAS 18.7 (*revised* 1993) das Bruttoprinzip; Erträge dürfen nicht mit Aufwendungen saldiert werden, sondern die korrespondierenden Aktiv- und Passivposten müssen getrennt ausgewiesen werden.[1102]

Das Realisationsprinzip ist unter den IAS/IFRS schwächer ausgeprägt als im deutschen Handelsrecht, was auch darin begründet ist, dass es vom Vorsichtsprinzip weitgehend losgelöst ist.[1103] Der Grundsatz der Vorsicht (*prudence*) gehört, anders als der Grundsatz der Periodenabgrenzung, nicht zu den Grundprinzipien der Rechnungslegung der IAS/IFRS. Das Vorsichtsprinzip wird im *Framework* nur im Zusammenhang mit dem Grundsatz der Verlässlichkeit genannt.[1104] Es verlangt eine angemessene Sorgfalt bei der Ermessensausübung, die bei Schätzungen unter ungewissen Umständen in Bewertungsfragen erforderlich ist, so dass Vermögenswerte oder Erträge nicht zu hoch bzw. Schulden oder Aufwendungen nicht zu niedrig angesetzt werden. Der verursachungsgemäßen Periodenabgrenzung wird in Konfliktfällen mit dem Vorsichtsprinzip der Vorrang eingeräumt.[1105] Eine vorsichtige Bewertung, die generell zu niedrige Wertansätze zur Folge hat, könnte zudem mit dem Grundprinzip der *fair presentation* konfligieren.[1106] Der Gewinn hat unter den IAS/IFRS korrespondierend zum Bilanzzweck die Aufgabe eines Informationsträgers,[1107] er soll die wirtschaftliche Leistungsfähigkeit des Unternehmens zutreffend ausdrücken.[1108] Eine Anwendung von Vorsichts- und Objektivierungsprinzipien, wie sie für die Ermittlung eines ausschüttungsfähigen Gewinns

---

1097 Siehe *IASB Framework* (1989): F. 92.

1098 Siehe *IASB Framework* (1989): F. 76.

1099 Siehe IAS 39.46 (*revised* 2003); IAS 21.23 (a) (*revised* 2003). Bei kurzfristigen Fremdwährungsverbindlichkeiten und -forderungen aus dem laufenden Geschäftsverkehr mit einer Laufzeit bis zu einem Jahr wird jedoch auch im deutschen Bilanzrecht aus Praktikabilitätsgründen eine Umrechnung zum Stichtagskurs für zulässig erachtet, vgl. *IDW* (RS HFA 2, 1999): Tz. 18.

1100 Siehe *IASB Framework* (1989): F. 92.

1101 Vgl. *Grau* (Gewinnrealisierung, 2002): S. 59-63; Siehe *IASB Framework* (1989): F. 89 u. 92.

1102 Vgl. *Ordelheide/Böckem* (IAS 18, 2005): Tz. 15.

1103 Vgl. *Krawitz* (Bilanzielle Behandlung, 1997): S. 888.

1104 Siehe *IASB Framework* (1989): F. 37 sowie Gliederungspunkt I.D. in diesem Kapitel.

1105 Vgl. *Krawitz* (Bilanzielle Behandlung, 1997): S. 888; *Grau* (Gewinnrealisierung, 2002): S. 53.

1106 Vgl. *Niehus* (Vorsichtsprinzip, 1997): S. 1422.

1107 Vgl. *Grau* (Gewinnrealisierung, 2002): S. 27.

1108 Siehe *IASB Framework* (1989): F. 69.

nach deutschem Handelsrecht vorgesehen ist, kann zu Verzerrungen führen und dem Informationszweck entgegenstehen.[1109]

Im deutschen Bilanzrecht wird der Nichtausweis schwebender Geschäfte durch das Zusammenwirken von Vereinfachungs- und Risikothese erklärt.[1110] Eine Forderung aus einem schwebenden Geschäft darf aufgrund des Realisationsprinzips nicht gezeigt werden. Selbst wenn man die Wirkung des Realisationsprinzips entgegen der herrschenden Meinung auf den Gewinn aus dem schwebenden Geschäft beschränkt, wird der erfolgsneutrale Ausweis aufgrund des Aufblähungsarguments und der Ausgeglichenheitsvermutung abgelehnt. Bei einer Ausschüttungsbemessungsbilanz steht diese Vorgehensweise der Bilanzfunktion nicht entgegen.[1111] Die im Handelsrecht vorgenommene Gleichsetzung der Zeitpunkte der Gewinnrealisierung und des bilanziellen Ausweises ist jedoch für eine Informationsbilanz, wie sie die IAS/IFRS vorsehen, unangemessen.[1112] Da das Aufblähungsargument und die Ausgeglichenheitsvermutung keine Berechtigung haben, ist die Frage der Gewinnrealisierung in einer Informationsbilanz von der Ausweisfrage separiert zu betrachten. Eine Verneinung der Gewinnrealisierung kann nicht wie im deutschen Handelsrecht automatisch einen Nichtausweis des schwebenden Geschäfts nach sich ziehen. Die Abschlussadressaten sollen über wesentliche Ansprüche und Verpflichtungen informiert werden. Zusätzlich soll ein Gewinn gezeigt werden, der den Informationsbedürfnissen der Abschlussadressaten gerecht wird und die Realisationskriterien der IAS/IFRS beachtet. Ansprüche, die nicht realisiert sind, werden somit gegebenenfalls dennoch bilanziell gezeigt, allerdings in erfolgsneutraler Form. Während die Realisierung eines Ertrags die Zunahme eines Vermögenswerts oder die Verminderung einer Schuld voraussetzt,[1113] muss dieser Zusammenhang in umgekehrter Richtung nicht gelten.

Bei der Bewertung von Finanzinstrumenten, die der Kategorie „*available-for-sale financial assets*"[1114] zugeordnet werden, wird der Bilanzausweis vom Realisationsprinzip getrennt.[1115] Die Finanzinstrumente sind zum Marktwert auszuweisen.[1116] Allerdings werden die Wertänderungen ergebnisneutral direkt im Eigenkapital erfasst.[1117] Der dem Informationszweck dienende Bilanzansatz zum Marktwert der Finanzinstrumente wird somit erreicht, ohne dass im

1109 Vgl. *Grau* (Gewinnrealisierung, 2002): S. 28; *Mellwig/Sabel* (Nichtbilanzierung schwebender Geschäfte, 2005): S. 365.
1110 Vgl. *Küting/Kessler* (Verlustrückstellungsbildung, 1993): S. 1047; *Küting/Hellen/Brakensiek* (Nationale und internationale Bilanzierung, 1998): S. 1473.
1111 Vgl. *Bieg* (Schwebende Geschäfte, 1977): S. 38.
1112 Vgl. *Mellwig/Sabel* (Nichtbilanzierung schwebender Geschäfte, 2005): S. 365.
1113 Siehe *IASB Framework* (1989): F. 92.
1114 Siehe IAS 39.9 (*revised* 2003).
1115 Vgl. *Mellwig/Sabel* (Nichtbilanzierung schwebender Geschäfte, 2005): S. 365.
1116 Siehe IAS 39.46 (*revised* 2003).
1117 Siehe IAS 39.55 (b) (*revised* 2003). Die direkt im Eigenkapital erfassten Positionen sind in einer Veränderungsrechnung des Eigenkapitals zu zeigen, die als gesonderter Bestandteil des Abschlusses nach IAS/IFRS anzugeben ist, Siehe IAS 1.96 (b) (*revised* 2003).

Periodenergebnis noch nicht realisierte Gewinne oder Verluste[1118] gezeigt werden.[1119] Durch die ergebnisneutrale Erfassung direkt im Eigenkapital können die Fragen, ob ein Aktivum zu einem höheren, nicht realisierten Wert, ausgewiesen und ob ein Ertrag im Periodenergebnis gezeigt werden darf, vollkommen separiert betrachtet werden. Die Erfassung der Wertsteigerungen direkt im Eigenkapital statt im Periodenergebnis kommt einer Ausschüttungssperre dieser Gewinne gleich.[1120] Für Finanzinstrumente, die der Kategorie *„at fair value through profit or loss"*[1121] zugeordnet werden, geht IAS 39 allerdings noch einen Schritt weiter. Für die Wertänderungen dieser Finanzinstrumente ist ein erfolgswirksamer Ausweis im Periodenergebnis vorgesehen.[1122] Insoweit wird das Realisationsprinzip im traditionellen deutschen Verständnis unter den IAS/IFRS aufgegeben.[1123] Das *IASB* ist in diesem Punkt wohl der Ansicht, dass der Ausweis nicht realisierter Gewinne im Periodenergebnis dem Abschlussadressaten einen höheren Informationsnutzen bietet als ein erfolgsneutraler Ausweis.

d. Ergebnis

Der Grundsatz der Nichtbilanzierung schwebender Geschäfte kann nicht durch das den IAS/IFRS zugrunde liegende Realisationsprinzip begründet werden. Das Aufblähungsargument und die Ausgeglichenheitsvermutung können ebenfalls nur für eine Ausschüttungsbemessungsbilanz und nicht für eine Informationsbilanz Geltung haben. Da auch die qualitativen Anforderungen bezüglich der Relevanz und des Verhältnisses von Nutzen und Kosten einer Jahresabschlussinformation zumindest bei langfristig unkündbaren schwebenden Dauerschuldverhältnissen wie *operating leases* keine Anwendung finden können, hat der Grundsatz der Nichtbilanzierung schwebender Geschäfte unter den IAS/IFRS keine Existenzberechtigung.[1124]

Die Aufgabe des Grundsatzes der Nichtbilanzierung schwebender Geschäfte führt nicht dazu, dass sämtliche schwebende Geschäfte zu bilanzieren sind. Nur wenn die Ansprüche und Verpflichtungen aus dem schwebenden Geschäft die am zukünftigen Nutzenfluss orientierten Definitions- und Ansatzkriterien des *Framework* für Vermögenswerte und Schulden erfüllen, sind diese bilanziell auszuweisen.

1118 Lassen allerdings objektive substanzielle Hinweise i. S. v. IAS 39.59 (*revised* 2003) auf eine Wertminderung des *financial asset* schließen, ist der kumulierte im Eigenkapital ausgewiesene Nettoverlust gemäß IAS 39.67 (*revised* 2003) in das Periodenergebnis umzubuchen. Sonstige, gegebenenfalls nur vorübergehende Wertminderungen sind somit abweichend vom handelsrechtlichen Imparitäts- und Niederstwertprinzip genauso wie Wertsteigerungen erfolgsneutral zu behandeln. Vgl. *Ernst & Young* (IAS 39, 2004): S. 88 f.

1119 Die gesamten Gewinne und Verluste, einschließlich derjenigen, die direkt im Eigenkapital erfasst werden, sind jedoch gemäß IAS 1.96 (b) u. 99 (*revised* 2003) in der Eigenkapitalveränderungsrechnung zu zeigen.

1120 Vgl. *Siegel* (Zeitwertbilanzierung, 1998): S. 597.

1121 Siehe IAS 39.9 (*revised* 2003).

1122 Siehe IAS 39.55 (a) (*revised* 2003).

1123 Vgl. *Ordelheide* (Marktbewertung, 1998): S. 612.

1124 Vgl. *Mellwig/Sabel* (Nichtbilanzierung schwebender Geschäfte, 2005): S. 366.

C. Folgerungen für ein neues Grundkonzept der Leasingbilanzierung

Es wurde gezeigt, dass das Nutzungsrecht und die Verbindlichkeit des Leasingnehmers sowie die Forderung des Leasinggebers mit dem Zeitpunkt der Lieferung des Leasingobjekts die Bilanzierungskriterien des *Framework* erfüllen. Das Nutzungsrecht des Leasingnehmers erfüllt zudem die konkretisierten Bilanzierungskriterien für einen immateriellen Vermögenswert. Die Verbindlichkeit des Leasingnehmers sowie die Forderung des Leasingebers stellen bilanzierungsfähige finanzielle Vermögenswerte bzw. Schulden dar. Dass diese nach den geltenden Regelungen des IAS 17 bei *operating leases* dennoch nicht bilanziert werden, wird regelmäßig mit dem Grundsatz der Nichtbilanzierung schwebender Geschäfte begründet.[1125] Zwar muss davon ausgegangen werden, dass Leasingverträge im angelsächsischen Verständnis schwebende Geschäfte darstellen. Ein Grundsatz der Nichtbilanzierung schwebender Geschäfte, der den Ausweis ansonsten bilanzierungsfähiger Vermögenswerte und Schulden verbieten könnte, hat unter den IAS/IFRS jedoch keine Existenzberechtigung. Der Umfang bilanzierungsfähiger Vermögenswerte und Schulden ist allein anhand der Bilanzierungskriterien des *Framework* – bzw. bei immateriellen Vermögenswerten und Finanzinstrumenten zusätzlich anhand der Bilanzierungskriterien der relevanten Rechnungslegungsstandards – zu bestimmen. Da Leasingverträge zu bilanzierungsfähigen Vermögenswerten und Schulden führen, sind diese in der Bilanz auszuweisen.

Dadurch ergibt sich ein neues Grundkonzept für die Bilanzierung von Leasingverträgen. Während nach den geltenden Regelungen des IAS 17 das wirtschaftliche Eigentum am Leasingobjekt anhand eines Risiken-Chancen-Ansatzes den Vertragparteien zugerechnet wird, ist ein auf den zukünftigen Nutzenfluss abstellender Komponentenansatz zugrunde zu legen. Jede Vertragspartei weist die Komponenten des Leasingvertrags aus, die zu einem Nutzenfluss im Sinne der *asset*- und *liability*-Kriterien führen. Dieses Grundkonzept für die Leasingbilanzierung dient dem Ziel des *IASB*, ein konsistentes Regelungssystem zu entwickeln.[1126]

Die Gegenbuchung zum Forderungsausweis des Leasinggebers ist ebenfalls aus den auf den künftigen Nutzenfluss abstellenden Bilanzierungskriterien abzuleiten. Der Leasinggeber bucht daher das Leasingobjekt insoweit aus, als er nicht mehr über den Nutzenzufluss aus dem Objekt verfügt. Der Leasinggeber generiert für die Leasingdauer Nutzenzufluss aus dem Erhalt der Leasingzahlungen. Dieser künftige Nutzenzufluss wird durch die Forderung verkörpert. Soweit der Leasinggeber Nutzen aus dem Leasingobjekt in Form der Restwertverwertung ziehen kann, bleibt dieser Anspruch als *asset* weiter bei ihm bilanziert.

Die aus Leasingverträgen entstehenden Vermögenswerte und Schulden erfüllen nicht nur die Bilanzierungskriterien des *Framework*, sondern auch die Bilanzierungskriterien der abhängig

1125 Vgl. Gliederungspunkt II.B.1. in diesem Kapitel.
1126 Siehe *IASB Framework* (1989): F. 52.

von der Art der Vermögenswerte und Schulden relevanten Rechnungslegungsstandards. Damit wäre ein neuer Leasingstandard, in dem der Komponentenansatz Anwendung finden würde, auch mit den anderen IAS/IFRS kompatibel. Dies würde ebenfalls dazu beitragen, dass die IAS/IFRS ein in sich konsistentes Regelungssystem darstellen.

Durch den Komponentenansatz werden nicht nur mit dem *Framework* und den anderen Standards korrespondierende Bilanzierungskriterien für die Leasingbilanzierung angewandt. Der Komponentenansatz ermöglicht auch, dass der wirtschaftliche Sachverhalt einer Leasingtransaktion detaillierter dargestellt werden kann als mit dem geltenden Konzept des wirtschaftlichen Eigentums. Im Rahmen des Konzepts des wirtschaftlichen Eigentums wird das gesamte Leasingobjekt entweder dem Leasinggeber oder dem Leasingnehmer zugerechnet. Der Leasingnehmer verfügt jedoch nur über einen Teil des Nutzenpotenzials des Leasingobjekts. Durch Anwendung des Komponentenansatzes kann gezeigt werden, in welchem Umfang der Leasingnehmer Nutzenpotenzial aus dem Leasingobjekt erwirbt und in welchem Umfang Nutzenpotenzial in Form des Restwerts beim Leasinggeber verbleibt. Zudem können im Rahmen des Komponentenansatzes gegebenenfalls weitere Leasingvertragsbestandteile, beispielsweise Optionen oder Restwertgarantien, separat bilanziert werden, wenn sie die Bilanzierungskriterien erfüllen.[1127] Dadurch kann der Bilanzleser genauer über die Ausgestaltung des Leasingvertrags informiert werden als bei Abbildung der Transaktion als Kauf oder Miete.[1128]

III. Ausgestaltung eines Komponentenansatzes für die Bilanzierung von Leasingverträgen unter den IAS/IFRS

A. Anwendungsbereich des Komponentenansatzes

1. Vereinfachungsregelungen

In den Anwendungsbereich des Komponentenansatzes sind grundsätzlich sämtliche Nutzungsüberlassungsverträge einzubeziehen, die unter den Begriff des „*lease*" im Sinne von IAS 17 fallen,[1129] da diese für die unkündbare Grundmietzeit zu bilanzierungsfähigen *assets* und *liabilities* führen.

Qualitative Anforderungen, die im *Framework* des *IASB* an Jahresabschlussinformationen gestellt werden, können den Ausweis ansonsten bilanzierungsfähiger Vermögenswerte und Schulden beschränken. Die Erfüllung der qualitativen Kriterien der Wesentlichkeit der Jah-

1127 Vgl. dazu die Gliederungspunkte III.C. bis III.E. in diesem Kapitel.

1128 Nach den geltenden Regelungen des IAS 17 haben die Vertragsparteien umfangreiche Anhangangaben zu machen, durch welche die Information des Abschlussadressaten verbessert wird. Auch im Rahmen des Komponentenansatzes sollten im Anhang ergänzende Informationen angegeben werden. Auf diese wird im Laufe dieser Arbeit nicht explizit eingegangen.

1129 Zum Begriff des „*lease*" in IAS 17 vgl. Gliederungspunkt I. in Kapitel 2.

resabschlussinformation sowie der Wirtschaftlichkeit der Informationsbereitstellung hängt von der Höhe der bilanzierungsfähigen Jahresabschlussposition ab.[1130] Die Höhe der aus Leasingverträgen entstehenden Bilanzpositionen wird von der Höhe der Leasingraten sowie der Dauer der unkündbaren Grundmietzeit des Leasingverhältnisses bestimmt. Da das *Framework* keine quantitative Grenze für die Erfüllung dieser Anforderungen vorgibt, hat grundsätzlich eine Abwägung im Einzelfall zu erfolgen.

Für die Bilanzierung von Ansprüchen und Verpflichtungen aus Leasingverträgen ist zu beachten, dass der Aufwand der Informationsbereitstellung sehr hoch ist. So müssen zur Berechnung der Bilanzpositionen risikoangepasste Diskontierungsfaktoren ermittelt werden. Die Bilanzpositionen aus Leasingverträgen werden über die unkündbare Leasingdauer aufgelöst. Das Nutzungsrecht des Leasingnehmers ist über die Leasingdauer abzuschreiben, die Forderung des Leasinggebers und die Verbindlichkeit des Leasingnehmers werden durch die Zahlung der Leasingraten getilgt.[1131] Es erscheint nicht angemessen, die aufwendigen Berechnungen zur Wertermittlung der Bilanzpositionen vorzunehmen, wenn im Zeitpunkt der möglichen erstmaligen bilanziellen Erfassung des Leasingvertrags die verbleibende unkündbare Leasingdauer sehr kurz ist. Daher ist es sinnvoll, eine Grenze in Form einer unkündbaren Mindestlaufzeit festzulegen, ab der die Bilanzpositionen aus Leasingverträgen anzusetzen sind. Für diese Grenze ist ein Zeitraum von einem Jahr, wie im *McGregor*-Papier vorgeschlagen,[1132] angemessen.[1133] In der Bilanz sollten mithin nur Nutzungsrechte aus Leasingverträgen ausgewiesen werden, die am ersten Bilanzstichtag nach ihrem Abschluss noch eine unkündbare Restlaufzeit von mindestens einem Jahr aufweisen.[1134] Für Leasingverträge mit einer am ersten Bilanzstichtag verbleibenden unkündbaren Laufzeit von unter einem Jahr braucht der Bilanzierende dann nicht zu überprüfen, ob die qualitativen Anforderungen des *Framework* an Jahresabschlussinformationen erfüllt sind. Dadurch ergibt sich eine Vereinfachung für den Bilanzierenden. Ob Vermögenswerte und Schulden aus Leasingverträgen mit einer unkündbaren Laufzeit von mindestens einem Jahr wesentlich sind und deren Ausweis den Wirtschaftlichkeitsgrundsatz erfüllt, ist hingegen abhängig von der Höhe der Leasingraten sowie der Größe der sonstigen Bilanzposten im Einzelfall zu bestimmen.

1130 Vgl. Gliederungspunkt I.D. in diesem Kapitel.

1131 Vgl. dazu die Gliederungspunkte III.B.1.a. und III.B.2.a. in diesem Kapitel.

1132 Vgl. *McGregor* (Accounting for Leases, 1996): S. 18 sowie Gliederungspunkt II.B. in Kapitel 3.

1133 Im *Tweedie*-Papier wird keine pauschale Grenze für eine unkündbare Mindestlaufzeit des Leasingvertrags festgelegt. Kurzfristige Nutzungsüberlassungsverträge werden, abweichend vom *McGregor*-Papier, nicht aus dem Anwendungsbereich des Komponentenansatzes ausgeschlossen. Alle Leasingverträge, die zu wesentlichen Bilanzpositionen führen, sollen bilanziert werden. Dies kann dazu führen, dass auch für kurzfristig kündbare Mietverträge aufwendige Berechnungen zur Wertermittlung der Bilanzpositionen erfolgen müssen.

1134 Ein Anfang Februar abgeschlossener Leasingvertrag mit einer unkündbaren Grundmietzeit von 18 Monaten wird somit zum Bilanzstichtag am 31. Dezember nicht erfasst. Hat ein Anfang Februar abgeschlossener Vertrag allerdings eine unkündbare Grundmietzeit von zwei Jahren, ist er nicht nur in der Bilanz zum 31. Dezember des Jahres des Abschlusses des Vertrags zu erfassen, sondern auch in der Bilanz zum 31. Dezember des Folgejahrs, an dem die Restlaufzeit des Vertrags nur noch einen Monat beträgt.

Die Grenze von einem Jahr für die unkündbare Leasingdauer führt dazu, dass die meisten mietähnlichen Nutzungsüberlassungsverträge wie bisher nicht bilanziert werden, da diese in der Regel kürzere Kündigungsfristen vorsehen. Der Umfang der zu bilanzierenden Nutzungsüberlassungsverträge wird durch die Grenze von einem Jahr erheblich eingeschränkt. In Deutschland typischerweise abgeschlossene Finanzierungsleasingverträge dürften jedoch regelmäßig die Grenze überschreiten.

2. *Abgrenzung bilanzierungsfähiger Vermögenswerte und Schulden aus der Nutzungsüberlassung*

Die Aufgabe des Grundsatzes der Nichtbilanzierung schwebender Geschäfte unter den IAS/IFRS erfordert den Ansatz aller Ansprüche und Verpflichtungen aus schwebenden Geschäften, wenn diese die Definitions- und Ansatzkriterien für *assets* oder *liabilities* erfüllen.[1135] Leasingverhältnisse führen in Form des Nutzungsrechts und der korrespondierenden Verbindlichkeit des Leasingnehmers sowie der Forderung und des Restwertanspruchs des Leasinggebers zu bilanzierungsfähigen Bilanzpositionen. In der Praxis enthalten Leasingverträge häufig neben der Vereinbarung über die Nutzungsüberlassung auch Vereinbarungen über zusätzliche Serviceleistungen des Leasinggebers, wie beispielsweise Wartungs- oder Instandhaltungsleistungen.

Bei separater Betrachtung führen diese zusätzlichen Servicevereinbarungen nicht zu bilanzierungsfähigen *assets* oder *liabilities*. Beim Nutzungsrecht des Leasingnehmers wird das *asset*-Kriterium der Kontrolle über den künftigen Nutzenzufluss mit der Lieferung des Leasingobjekts durch den Leasinggeber erfüllt.[1136] Durch den Besitz des Leasingobjekts kann der Leasingnehmer Dritte von dem Zugriff auf den Nutzenzufluss ausschließen. Bei Serviceverträgen ist indessen das Kontrollkriterium nicht erfüllt. Durch Abschluss des Servicevertrags wird der Nutzenzufluss, der sich durch den Erhalt der vereinbarten Dienstleistungen ergeben kann, noch nicht kontrolliert. Bei vielen Serviceverträgen dürfte nicht sicher sein, ob es überhaupt zu einem Nutzenzufluss kommt, da ungewiss ist, ob die Dienstleistungen in Anspruch genommen werden. Es mangelt somit nicht nur an der Verfügungsmacht, sondern auch an der Wahrscheinlichkeit und der verlässlichen Bewertbarkeit eines künftigen wirtschaftlichen Nutzenzuflusses. Aus Serviceverträgen entstehen daher keine bilanzierungsfähigen Vermögenswerte. Korrespondierend dazu sind auch die Bilanzierungskriterien für Schulden nicht erfüllt. Ohne dass eine Leistung aus einem Servicevertrag empfangen wurde, führt dieser nicht zu einer gegenwärtigen Verpflichtung und somit nicht zu einer bilanzierungsfähigen *liability*.[1137] Reine Serviceverträge sind daher trotz Aufgabe des Grundsatzes der Nichtbilanzierung schwebender Geschäfte nicht in der Bilanz auszuweisen, da sie nicht zu bilanzierungsfähigen

1135 Vgl. Gliederungspunkt II.B.5.d. in diesem Kapitel.
1136 Vgl. Gliederungspunkt II.A.5.a. in diesem Kapitel.
1137 Siehe *IASB Framework* (1989): F. 61.

assets oder *liabilities* führen. Stattdessen sind die Zahlungen im Rahmen des Servicevertrags unter Beachtung des Grundsatzes der Periodenabgrenzung als Aufwand bzw. Ertrag zu verbuchen.

Bei Kaufverträgen mit zusätzlichen Servicevereinbarungen, wie zum Beispiel Wartungsleistungen des Verkäufers, ist nach den geltenden Bilanzierungsregelungen grundsätzlich eine Trennung beider Vertragsbestandteile – Kauf und Serviceleistung – vorzunehmen. Die Zahlung für den Erwerb des Gutes wird als Kaufpreis beim Käufer aktiviert, während die Zahlungen für den Wartungsvertrag als Aufwand erst bei ihrem Anfall über die Vertragslaufzeit erfasst werden.[1138] Wird ein Leasingvertrag nach den geltenden Regelungen des IAS 17 als *finance lease* klassifiziert und folglich bilanziell wie ein Ratenkauf behandelt, sind ebenfalls Zahlungen für sonstige Serviceleistungen aus den Mindestleasingzahlungen herauszurechnen, um die Anschaffungskosten des Leasingnehmers als Barwert der Mindestleasingzahlungen zu ermitteln.[1139] Der Separierung zusätzlicher Serviceleistungen beim Kauf eines Guts sind jedoch Grenzen gesetzt. So wird beispielsweise die Garantieleistung des Verkäufers nicht separiert, obwohl diese eigenständig betrachtet nicht zu einem bilanzierbaren *asset* führen dürfte. Auch wenn die Garantieleistung über den gesetzlich vorgeschriebenen Rahmen hinausgeht und der Käufer dafür einen höheren Kaufpreis zahlt, wird diese Vergütung regelmäßig nicht von den Anschaffungskosten separiert. Dies dürfte darin begründet sein, dass der Wert der Garantieleistung nicht verlässlich ermittelt werden kann, wenn er im Kaufpreis enthalten ist, und nicht gesondert in der Rechnung des Verkäufers ausgewiesen wird.

Bei Leasingverträgen können zusätzliche Serviceleistungen des Leasinggebers außer aus Wartungsleistungen beispielsweise auch in der Versicherung des Leasingobjekts oder in der Verpflichtung zur Anpassung des Leasingobjekts an die technische Entwicklung bestehen. Zudem bietet der typische Vermieter durch seine Instandhaltungsverpflichtung, die auch das Risiko des zufälligen Untergangs beinhaltet,[1140] dem Mieter zusätzliche Leistungen neben der reinen Nutzungsüberlassung. Eine Separierung solcher zusätzlicher Leistungen vom reinen Nutzungsrecht dürfte häufig nicht möglich sein. Eine Trennung scheitert regelmäßig an der verlässlichen Bestimmung des Werts der zusätzlichen Leistung. Ein Vergleichsvertrag, der keine zusätzlichen Serviceleistungen enthält, ansonsten aber in gleicher Weise ausgestaltet ist, dürfte in der Regel nicht vorhanden sein.

Bei einem Leasingvertrag ist eine Trennung zusätzlicher Serviceleistungen des Leasinggebers vom reinen Nutzungsrecht zudem nicht notwendig. Bei Kaufverträgen mit zusätzlichen Serviceleistungen erscheint eine Trennung von Kauf und Serviceleistung schon deshalb zwingend,

---

1138 Vgl. *ASB* (Implementation, 1999): Par. 2.41.

1139 Vgl. Gliederungspunkt III.A.1. in Kapitel 2. Für die korrespondierende Regelung im deutschen Handelsrecht vgl. *Gelhausen/Weiblen* (Leasingverträge, 2003): Rn. 177.

1140 Vgl. Gliederungspunkt I.B.2. in Kapitel 1.

weil der Kauf ein Geschäft darstellt, das auf eine einmalige Leistung gerichtet ist, während im Rahmen der Servicevereinbarung eine Leistung im Zeitablauf erbracht wird. Bei einem Leasingvertrag mit zusätzlichen Serviceleistungen des Leasinggebers werden hingegen sowohl die Nutzungsüberlassung als auch die Serviceleistung im Zeitablauf erbracht. Das beim Leasingnehmer zu aktivierende Nutzungsrecht verkörpert – anders als ein gekauftes und aktiviertes Gut – einen Anspruch auf eine zeitraumbezogene Leistung. Wird zusätzlich zur Nutzungsüberlassung ein Wartungsvertrag mit dem Leasinggeber vereinbart, erwirbt der Leasingnehmer ein Nutzungsrecht an einem gewarteten, also höherwertigen Objekt. Auch erwirbt der typische Mieter ein höherwertiges Nutzungsrecht als der typische Leasingnehmer, da die Leistung des Vermieters umfassender ist als die eines Leasinggebers. Dies wird sich in den – im Vergleich zu den üblichen Leasingzahlungen für ein identisches Objekt – höheren Mietzahlungen widerspiegeln. Es erscheint daher sachgerecht, dass der Mieter ein höherwertiges Nutzungsrecht aktiviert als der Leasingnehmer.

Bei Leasingverträgen, die zusätzliche Serviceleistungen des Leasinggebers enthalten, sollte daher grundsätzlich unterstellt werden, dass die vereinbarten Zahlungen des Leasingnehmers in vollem Umfang das Recht zur Nutzung des Objekts vergüten, welches ein bilanzierungsfähiges *asset* darstellt. Vereinbarungen über zusätzliche Serviceleistungen des Leasinggebers haben somit zur Folge, dass der Leasingnehmer ein höherwertiges Nutzungsrecht aktiviert als im Fall der reinen Nutzungsüberlassung.

B. Bilanzierung einfacher Leasingverhältnisse

1. Bilanzierung beim Leasingnehmer

a. Ansatz und Bewertung der entstehenden Bilanzpositionen

Unter einem einfachen Leasingvertrag wird ein Vertrag verstanden, bei dem der Leasingnehmer das Objekt am Ende der Grundmietzeit an den Leasinggeber zurückgibt. Ein einfacher Leasingvertrag enthält des Weiteren keine Garantien oder Optionen des Leasingnehmers sowie keine bedingten Leasingraten. Der Leasingnehmer hat das Nutzungsrecht für die unkündbare Grundmietzeit mit dem Zeitpunkt der Lieferung des Objekts als immateriellen Vermögenswert zu aktivieren, da das Nutzungsrecht mit diesem Zeitpunkt die Bilanzierungskriterien erfüllt.[1141] Korrespondierend dazu hat der Leasingnehmer aufgrund der Verpflichtung zur Zahlung der Leasingraten eine Verbindlichkeit zu passivieren. Das Nutzungsrecht ist bei Zugang mit den Anschaffungskosten zu bewerten.[1142] Diese bemessen sich anhand des *fair value* der hingegebenen Gegenleistung.[1143] Dies ist der Barwert der Mindestleasingraten. Die Verbindlichkeit ist gemäß IAS 39 ebenfalls zu ihrem *fair value*, also mit dem Barwert der Min-

1141 Vgl. Gliederungspunkt II.A.5.a. in diesem Kapitel.
1142 Vgl. dazu die Regelung in IAS 38.24 (*revised* 2004) zum Ansatz immaterieller Vermögenswerte.
1143 Siehe IAS 38.8 (*revised* 2004) zur Definition von „*cost*".

destleasingraten, anzusetzen.[1144] Nutzungsrecht und Verbindlichkeit werden mithin zu Leasingbeginn zum identischen Wert bilanziert.

Für die Wahl des Diskontierungsfaktors zur Berechnung der Werte des Nutzungsrechts und der Verbindlichkeit ist zunächst zu untersuchen, welche Effekte durch die Diskontierung aus den Leasingraten eliminiert werden sollen. Die Summe der Leasingraten wird aufgrund mehrerer Faktoren über der Differenz des *fair value* des Leasingobjekts und des erwarteten Restwerts zum Ende der Leasingdauer liegen. Zum einen wird die Summe der Leasingraten aufgrund des Finanzierungsvorteils, der sich durch die Ratenzahlung für den Leasingnehmer ergibt, höher sein als die erwartete Wertminderung des Leasingobjekts. Zum anderen wird der Leasinggeber bei einem einfachen Leasingvertrag einen Zuschlag auf die Leasingraten für die Übernahme des Restwertrisikos – also der Gefahr, dass das Leasingobjekt am Ende der Leasingdauer weniger wert ist als erwartet – verlangen.[1145]

Ein Leasingvertrag, bei dem der Leasinggeber das Restwertrisiko trägt, wird folglich einen höheren internen Zinsfuß aufweisen als ein Leasingvertrag, bei dem der Leasingnehmer eine Restwertgarantie leistet. Würde man den internen Zinsfuß des Leasingvertrags zur Diskontierung der Leasingraten verwenden, würde der vom Leasinggeber verlangte Zuschlag für das Restwertrisiko bei der Bewertung des Nutzungsrechts und der Verbindlichkeit des Leasingnehmers eliminiert werden. Dies erscheint nicht sachgerecht. Der Ausweis eines Nutzungsrechts beim Leasingnehmer, anstatt des Leasingobjekts selbst, ist gerade dann sinnvoll, wenn diese beiden *assets* dadurch unterschieden werden, dass das Nutzungsrecht keine Beteiligung am Restwert – also auch nicht an den Restwertrisiken – des zugrunde liegenden Wirtschaftsguts beinhaltet. Der Ausweis des materiellen Objekts verdeutlicht hingegen, dass dem Bilanzierenden neben der Nutzungsmöglichkeit die Restwertrisiken und -chancen eines Eigentümers zufallen. Bei einem einfachen Leasingvertrag hat demzufolge der Leasingnehmer ein Nutzungsrecht und eine Verbindlichkeit zu einem Wert auszuweisen, der über dem Gegenwartswert der Wertminderung des Leasingobjekts während der Leasingdauer liegt, weil das Nutzungsrecht frei von Restwertrisiken ist. Die Vergütung, die der Leasinggeber für die Übernahme der Restwertrisiken erhält, gehört zu den Anschaffungskosten des Leasingnehmers für das Nutzungsrecht.

1144 Siehe IAS 39.43 u. AG64 (*revised* 2003). Eine solche Bewertung der Bilanzpositionen aus Leasingverträgen schlägt grundsätzlich auch die *G4+1-Working Group* vor, vgl. *ASB* (Implementation, 1999): Par. 3.13-15.

1145 Vgl. *ASB* (Implementation, 1999): Par. 6.12. Wird bei einfachen Leasingverträgen das Leasingobjekt nach Ende der Grundmietzeit an den Leasinggeber zurückgegeben, trägt dieser sowohl Restwertrisiken als auch Restwertchancen. Im Folgenden wird davon ausgegangen, dass dem Vertrag ein fairer Restwert zugrunde gelegt wird und die Vertragsparteien risikoavers sind, so dass der Leasinggeber bei derartigen Verträgen insgesamt eine Vergütung für die Übernahme des Restwertrisikos fordert.

Um den Wert des Nutzungsrechts und der Verbindlichkeit zu ermitteln, darf zur Diskontierung der Leasingraten folglich nicht der interne Zinsfuß des Leasinggebers verwendet werden. Anderenfalls würde aus den Anschaffungskosten für das Nutzungsrecht bzw. aus dem Wert der korrespondierenden Verbindlichkeit die Vergütung an den Leasinggeber für die Übernahme des Restwertrisikos eliminiert. Als Diskontierungsfaktor für die Berechnung des Barwerts der Mindestleasingzahlungen sollte der Leasingnehmer deshalb grundsätzlich seinen für eine mit dem Leasinggeschäft in Laufzeit und Sicherheit vergleichbare Finanzierung zu zahlenden Fremdkapitalzins verwenden. Dadurch wird der Gegenwartswert der zu zahlenden Leasingraten aus Sicht des Leasingnehmers berechnet. Der zu verwendende Zinssatz berücksichtigt dann den Zeitwert des Geldes und die Bonität des Leasingnehmers.[1146] Zudem dürfte der Kalkulationszinsfuß des Leasinggebers dem Leasingnehmer regelmäßig nicht bekannt sein, so dass der Leasingnehmer für seine Berechnungen gar nicht auf diesen zurückgreifen kann.

In den Folgeperioden hat der Leasingnehmer das Nutzungsrecht nach den Vorschriften des IAS 38 planmäßig über die Leasingdauer und im Falle einer Wertminderung zusätzlich außerplanmäßig abzuschreiben.[1147] Die Leasingverbindlichkeit ist in der Folge um den in den Leasingraten enthaltenen Tilgungsanteil zu vermindern und gemäß den Vorschriften des IAS 39 zu fortgeführten Anschaffungskosten unter Verwendung der Effektivzinsmethode zu bewerten.[1148]

b. Beispiel

Die für die abgeleiteten Bilanzierungsvorschläge notwendigen Berechnungen sollen an folgendem Beispiel aufgezeigt werden:[1149]

1146 Die *G4+1-Working Group* kommt diesbezüglich zu einem ähnlichen Ergebnis, obwohl sie nicht auf die unterschiedlichen Eigenschaften eines Nutzungsrechts und des Leasingobjekts eingeht. Nach dem Vorschlag der *G4+1-Working Group* darf der interne Kalkulationszinsfuß des Leasinggebers nur verwendet werden, wenn er den Fremdkapitalzinssatz des Leasingnehmers angemessen approximiert. Vgl. *ASB* (Implementation, 1999): S. 127, *Recommendation* 6 (b).

1147 Siehe IAS 38.74 (*revised* 2004). Insoweit bestehen keine Unterschiede zum Vorschlag der *G4+1-Working Group*. Vgl. *ASB* (Implementation, 1999): Par. 3.22. Grundsätzlich wäre auch die nach IAS 38.75 (*revised* 2004) alternativ zulässige Neubewertungsmethode für die Folgebewertung anwendbar. Auf diese wird im Folgenden jedoch nicht weiter eingegangen.

1148 Siehe IAS 39.47 (*revised* 2003).

1149 Dieses Beispiel wurde bereits in Kapitel 2 verwendet. Es wird im Folgenden stets herangezogen, um die Auswirkungen und Konsistenz der Bilanzierungsvorschläge für die einzelnen Gestaltungsvarianten des Leasingvertrags zu verdeutlichen und zu überprüfen. Die Ausgangszahlen sind an ein Beispiel der *G4+1-Working Group* im *Tweedie*-Papier angelehnt, vgl. *ASB* (Implementation, 1999): Par. 10.7. Für die Darstellung der Bilanzierungsvorschläge bei den einzelnen Vertragsgestaltungsmöglichkeiten führt die *G4+1-Working Group* allerdings zumeist vereinfachte Beispiele auf, bei denen auf die Diskontierung der Werte verzichtet wird, vgl. die Beispiele in Kapitel 3 dieser Arbeit. Dadurch werden einige Bilanzierungsprobleme nicht behandelt.

Beispiel 4.1:

Ein Leasingobjekt, das einen fair value in Höhe von 10.000 aufweist, wird ab dem 01.01.01 für eine unkündbare Leasingdauer von vier Jahren zu nachschüssigen jährlichen Raten in Höhe von 2.498[1150] *verleast. Der Leasingvertrag sieht vor, dass der Leasingnehmer am 31.12.04 das Objekt an den Leasinggeber zurückgibt. Es handelt sich somit um einen einfachen Leasingvertrag; der Leasinggeber trägt das Restwertrisiko. Der Zinssatz, den der Leasingnehmer für eine Fremdfinanzierung mit gleicher Laufzeit und ähnlichen Sicherheiten, die dem Leasinggeber im Rahmen des Leasingvertrags geboten werden,*[1151] *zahlen müsste, betrage 9%.*

Der Leasingnehmer weist zu Beginn des Leasing ein Nutzungsrecht und eine Verbindlichkeit in Höhe des Barwerts der Leasingraten aus. Der Barwert berechnet sich wie folgt:[1152]

$$\frac{2.498}{1,09}+\frac{2.498}{1,09^2}+\frac{2.498}{1,09^3}+\frac{2.498}{1,09^4}=8.093\,.$$

In der Folge schreibt der Leasingnehmer das Nutzungsrecht über die Leasingdauer von vier Jahren planmäßig linear ab. Die Verbindlichkeit wird jährlich nach der Effektivzinsmethode mit 9% aufgezinst und um den Tilgungsanteil der Leasingraten vermindert.

Beim Leasingnehmer ergibt sich folgende Darstellung:

	01.01.01	*31.12.01*	*31.12.02*	*31.12.03*	*31.12.04*	
Bilanz						
Nutzungsrecht	*8.093*	*6.070*	*4.047*	*2.023*	*0*	
Verbindlichkeit	*8.093*	*6.324*	*4.395*	*2.292*	*0*	
GuV						Σ
Abschreibung Nutzungsrecht		*-2.023*	*-2.023*	*-2.023*	*-2.023*	*-8.093*
Zinsaufwand Verbindlichkeit		*-728*	*-569*	*-396*	*-206*	*-1.899*
Gesamtaufwand		*-2.752*	*-2.592*	*-2.419*	*-2.230*	*-9.993*
Cashflow		*-2.498*	*-2.498*	*-2.498*	*-2.498*	*-9.993*

1150 Der Wert ist auf volle Einheiten gerundet. Er ergibt sich anhand der Kalkulation des Leasinggebers, die in Beispiel 4.2 in Gliederungspunkt III.B.2.c. diesem Kapitel zugrunde gelegt wird.

1151 Um ähnliche Sicherheiten wie beim Leasing zu erhalten, dürfte es ausreichen, dass das Objekt dem Kreditgeber sicherungsübereignet wird. Im deutschen Insolvenzrecht steht dem Kreditgeber im Falle der Insolvenz des Schuldners damit ein Absonderungsrecht des Gegenstandes zu. Dem Leasinggeber steht als rechtlichem Eigentümer ein weitergehendes Aussonderungsrecht zu. Vgl. dazu Gliederungspunkt I.E.1. in Kapitel 1.

1152 Die angegebenen Werte in diesem und in den folgenden Beispielen sind stets auf volle Einheiten gerundet. Es wird mit vier Nachkommastellen weitergerechnet.

2. *Bilanzierung beim Leasinggeber*

a. Bewertung der Forderung

Der Anspruch des Leasinggebers auf Erhalt der Leasingzahlungen stellt eine bilanzierungsfähige Forderung dar.[1153] Diese ist bei Lieferung des Leasingobjekts zu aktivieren, da der Leasinggeber zu diesem Zeitpunkt das Objekt bis auf den bei ihm verbleibenden Restwertanspruch ausbucht. Der Nutzen aus dem zur Fremdnutzung überlassenen Teil des Leasingobjekts wird vom Leasinggeber nicht kontrolliert.[1154]

Für die Gewinnrealisierungsfrage innerhalb des Neuvorschlags zur Leasingbilanzierung ist zu beachten, dass bei sämtlichen Nutzungsüberlassungsverträgen, also auch denjenigen, bei denen nicht die wesentlichen dem Leasingobjekt anhaftenden Risiken und Chancen auf den Leasingnehmer übergehen, das Leasingobjekt teilweise ausgebucht wird und der Leasinggeber stattdessen eine Forderung ausweist. Bezüglich der Gewinnrealisierung beim Leasinggeber muss zwischen dem Finanzertrag – das heißt dem Ertrag für die Finanzierung bzw. die Nutzungsüberlassung des Leasingobjekts – sowie einem gegebenenfalls vorliegenden Veräußerungsgewinn bzw. -verlust zu Beginn des Leasing differenziert werden.

Der Finanzertrag, den der Leasinggeber für die Finanzierung und Nutzungsüberlassung des Leasingobjekts erzielt, ist im Zeitablauf zu realisieren. Bei mietähnlichen Nutzungsüberlassungsverträgen ist dies zwingend, da der Leasinggeber die Preisgefahr nicht auf den Leasingnehmer abwälzt. Doch auch bei nach IAS 17 als *finance lease* zu klassifizierenden Leasingverträgen, bei denen die wesentlichen dem Leasingobjekt anhaftenden Risiken und Chancen auf den Leasingnehmer übertragen werden, erfolgt eine Realisierung des Finanzertrags im Zeitablauf.[1155] Dieser Vorgehensweise liegt die Auffassung zugrunde, dass die Realisierung von Zins- und Nutzungserträgen stets zeitproportional zu erfolgen hat.[1156]

Die Forderung aus Lieferungen und Leistungen beim Leasinggeber ist bei Erstbilanzierung zum Barwert der Leasingzahlungen anzusetzen. Der dabei zu verwendende Diskontierungsfaktor sollte den Zeitwert des Geldes berücksichtigen sowie einen Zuschlag für das Bonitätsrisiko enthalten. Der Diskontierungsfaktor dürfte daher dem Zinssatz entsprechen, den der Leasingnehmer für eine in Laufzeit und Sicherheit vergleichbare Fremdfinanzierung aufwenden müsste. Diesen Zinssatz dürfte der Leasinggeber grundsätzlich auch bei der Kalkulation des Leasingvertrags für die Diskontierung der Leasingraten verwenden. Der interne Zinsfuß des Leasingvertrags ist ungeeignet als Diskontierungsfaktor der Forderung, wenn der Leasinggeber ein Restwertrisiko trägt, da der Risikozuschlag für den Restwert nicht in die Be-

---

1153 Vgl. Gliederungspunkt II.A.5. in diesem Kapitel.
1154 Vgl. *ASB* (Implementation, 1999): Par. 8.6.
1155 Vgl. Gliederungspunkt IV.A.2. in Kapitel 2.
1156 Vgl. die Regelung in IAS 18.30 (*revised* 1993).

wertung der Forderung einfließen sollte.[1157] Im Rahmen der Folgebewertung ist die Forderung um den Tilgungsanteil der Leasingraten zu vermindern und unter Anwendung der Effektivzinsmethode aufzuzinsen.[1158]

Die *G4+1-Working Group* schlägt vor, dass der Leasinggeber zu Beginn des Leasing nur dann einen Veräußerungsgewinn[1159] realisieren darf, wenn er entweder Händler oder Hersteller des Leasingobjekts ist oder das Objekt längere Zeit vor Abschluss des Leasingvertrags angeschafft wurde, so dass die Anschaffungskosten wahrscheinlich nicht mehr dem aktuellen *fair value* entsprechen.[1160] Zudem soll der Veräußerungsgewinn auf den Teil des Nutzenpotenzials des Leasingobjekts beschränkt werden, der auf den Leasingnehmer übertragen wird.[1161]

Dem Vorschlag der *G4+1-Working Group* bezüglich der Realisierung eines Veräußerungsgewinns ist zuzustimmen. Die Forderung stellt ein bilanzierungsfähiges *asset* dar, da sie durch den Erhalt der Leasingzahlungen zu einem künftigen Nutzenzufluss führt. Die Leasingraten zahlt der Leasingnehmer für das mit dem Zeitpunkt der Lieferung des Leasingobjekts kontrollierte Nutzungsrecht. Durch Abschluss des unkündbaren Leasingvertrags hat der Leasinggeber den *fair value*, der Grundlage für die Berechnung der Leasingraten ist, für das auf den Leasingnehmer übertragene Nutzenpotenzial des Leasingobjekts bestätigt bekommen. Durch die gesicherte Rechtsposition für die unkündbare Grundmietzeit wurde das Nutzungsrecht quasi verkauft und ist beim Leasingnehmer zu bilanzieren. Deshalb erscheint es sinnvoll, eine Gewinnrealisierung in Höhe der Differenz zwischen dem *fair value* der Forderung und dem anteiligen der Forderung zuzurechnenden Buchwert des Leasingobjekts zuzulassen, wenn offensichtlich ist, dass der Buchwert des Leasingobjekts vor Beginn des Leasing unter dessen *fair value* liegt.[1162]

b. Bewertung des Restwertanspruchs

Anders als nach den geltenden Vorschriften des IAS 17 für die Bilanzierung von *finance leases* bietet der Komponentenansatz die Möglichkeit, das Zurückbehalten des Restwerts durch den Leasinggeber bilanziell zu zeigen. Daraus dürfte im Vergleich zu den geltenden Regelungen ein Informationsgewinn für den Bilanzleser resultieren.

1157 Die Unsicherheit des Restwerts spiegelt sich in der Bewertung des Restwertanspruchs des Leasinggebers wider, vgl. dazu Gliederungspunkt III.B.2.b. in diesem Kapitel.

1158 Siehe IAS 39.46 (a) (*revised* 2003).

1159 Grundsätzlich kommt es nicht zu einer Veräußerung des Leasingobjekts, sondern des Nutzungsrechts für die unkündbare Grundmietzeit am Leasingobjekt. Ob ein Veräußerungsgewinn entsteht, hängt nicht nur von der Bewertung der Forderung ab, sondern auch von der Bewertung des Restwertanspruchs des Leasinggebers. Vgl. dazu Gliederungspunkt III.B.2.b. in diesem Kapitel.

1160 Vgl. *ASB* (Implementation, 1999): Par. 8.18 sowie Gliederungspunkt III.B. in Kapitel 3.

1161 Vgl. Gliederungspunkt III.B. in Kapitel 3 sowie Gliederungspunkt III.B.2.b. in diesem Kapitel.

1162 Vgl. dazu Beispiel 4.2, Fall b) in Gliederungspunkt III.B.2.c. in diesem Kapitel.

Die Bewertung des Restwertanspruchs stellt ein sehr komplexes Gebiet im Rahmen des Komponentenansatzes dar. Der Restwertanspruch verkörpert keinen Anspruch auf flüssige Mittel oder andere finanzielle Vermögenswerte; er stellt folglich kein *financial asset* gemäß IAS 32 und IAS 39 dar.[1163] Bei dem Restwertanspruch handelt es sich vielmehr um einen Anspruch auf Erhalt eines materiellen Vermögenswerts.

Wenn der Buchwert des Leasingobjekts beim Leasinggeber vor Beginn des Leasing dem *fair value* des Leasingobjekts entspricht, entsteht kein Veräußerungsgewinn beim Leasinggeber. Da das gesamte Leasingobjekt zum *fair value* bilanziert wird, ist auch der Restwertanspruch – als durch den Leasinggeber zurückbehaltener Teil des Leasingobjekts – zum *fair value* zu bewerten. Die Summe aus dem *fair value* des Restwertanspruchs sowie dem *fair value* der Forderung muss dem *fair value* des gesamten Leasingobjekts entsprechen, da das Leasingobjekt in diese beiden *assets* aufgeteilt wird.

Der *fair value* des Restwertanspruchs berechnet sich durch Diskontierung des zum Ende der unkündbaren Leasingdauer erwarteten Restwerts, da der Anspruch des Leasinggebers auf den Restwert erst zum Ende der Leasingdauer erfüllt wird. Bei undiskontiertem Ausweis des Restwertanspruchs würde dieser zu einem höheren Wert als seinem *fair value* bilanziert werden. Die Forderung des Leasinggebers müsste dann mit einem sehr hohen künstlichen Zinssatz diskontiert werden, damit die Summe aus den Buchwerten von Restwert und Forderung dem Buchwert des Leasingobjekts entspricht. Durch die Aufzinsung der Forderung mit diesem hohen Zinssatz während der Leasingdauer würde zu Beginn des Leasing ein hoher Zinsertrag entstehen, der mit der Tilgung der Forderung im Zeitablauf stark abnehmen würde. Dieser sehr degressive Ertragsverlauf würde zu einer Vorverlagerung des Ertrags beim Leasinggeber führen und nicht den tatsächlichen wirtschaftlichen Gehalt der Transaktion widerspiegeln.[1164]

Für die Berechnung des *fair value* des Restwertanspruchs ist als Diskontierungsfaktor ein Zinssatz zu wählen, der den Zeitwert des Geldes und das Risiko von Wertänderungen des Restwerts berücksichtigt. Der Diskontierungsfaktor setzt sich daher aus dem üblichen Fremdkapitalzinssatz zuzüglich eines Risikozuschlags zusammen. Diesen Zinssatz dürfte der Leasinggeber auch im Rahmen seiner Kalkulation zur Bewertung des Restwertanspruchs verwenden.[1165]

Für die Folgebewertung des Restwerts erscheint es sachgerecht, diesen über die Laufzeit des Leasingverhältnisses auf den zu Beginn des Leasing erwarteten Restwert aufzuzinsen, da der

---

1163 Siehe IAS 32.11 (*revised* 2003) i. V. m. IAS 39.8 (*revised* 2003) sowie Gliederungspunkt II.A.5.d. in diesem Kapitel.

1164 Vgl. *ASB* (Implementation, 1999): Par. 12.9 (b).

1165 Vgl. dazu Beispiel 4.2 in Gliederungspunkt III.B.2.c. in diesem Kapitel.

Zeitwert des Anspruchs im Zeitablauf steigt.[1166] Das Risiko von Wertänderungen des Restwerts wird im Zeitablauf abgebaut. Teilweise wird die Auffassung vertreten, dass in der Aufzinsung des Restwertanspruchs ein Verstoß gegen das Anschaffungskostenprinzip bestehe.[1167] Langfristige Forderungen werden jedoch ebenfalls bei Erstbilanzierung diskontiert ausgewiesen und im Zeitablauf aufgezinst. Der Restwertanspruch stellt zwar keinen finanziellen Vermögenswert und mithin keine Forderung dar, weil er einen Anspruch auf einen materiellen Vermögenswert verkörpert. Dennoch erscheint es sinnvoll, den Restwertanspruch in der Folge wie eine Forderung zu bewerten.[1168] Der Wert des Restwertanspruchs steigt im Zeitablauf, da der Zeitpunkt der Erfüllung des Anspruchs näher rückt.

Würde der Restwertanspruch während der Leasingdauer nicht aufgezinst, wäre ein Gewinn zwischen der Differenz des Barwerts des Restwerts und des tatsächlichen Restwerts zu realisieren, wenn der Leasinggeber das Leasingobjekt nach Beendigung der Leasingdauer veräußert. Dies gilt auch, wenn der tatsächliche Restwert dem zu Beginn des Leasing erwarteten Restwert entspricht. Der Ertrag des Leasinggebers während der Leasingdauer würde nur aus der Aufzinsung der Forderung resultieren. Nach Abzug der Refinanzierungskosten des Leasinggebers für das Leasingobjekt würde während der Leasingdauer nur ein sehr niedriger, möglicherweise sogar negativer Gewinn entstehen. Fraglich wäre auch, wie zu verfahren ist, wenn der Leasinggeber das Leasingobjekt nach Beendigung der Leasingdauer selbst nutzen möchte. Würde der Restwert dann weiterhin zunächst zum Barwert des erwarteten Restwerts bilanziert, würde die Abschreibung des Restwerts über die Restnutzungsdauer des Leasingobjekts nicht den tatsächlichen Werteverzehr widerspiegeln.

Nur durch die Aufzinsung des Restwertanspruchs während der Leasingdauer entsteht ein periodischer Ertrag beim Leasinggeber, der den tatsächlichen wirtschaftlichen Gehalt der Transaktion wiedergibt.[1169] Über die Leasingdauer ist der Restwertanspruch daher gemäß der Effektivzinsmethode mit dem aus Fremdkapitalzins und Risikozuschlag zusammengesetzten Zins aufzuzinsen. Der periodische Zinsertrag des Leasinggebers setzt sich dann aus der Aufzinsung der Forderung und der Aufzinsung des Restwertanspruchs zusammen. Der Zinsertrag aus der Aufzinsung des Restwerts resultiert daraus, dass der Zeitpunkt der Erfüllung des Anspruchs auf den Restwert näher rückt. Der Unsicherheit der tatsächlichen Höhe des Restwerts ist durch einen risikoangepassten Diskontierungsfaktor Rechnung zu tragen. Zudem ist eine außerplanmäßige Abschreibung vorzunehmen, falls bekannt wird, dass die Schätzung des

1166 Vgl. *ASB* (Implementation, 1999): Par. 12.12.

1167 Vgl. Antwort zu Frage 18 in *FAR* (CL 2, 2000), *BBA* (CL 3, 2000), u. *IDW* (CL 9, 2000).

1168 In den *comment letters* zum *Tweedie*-Papier wird die Auffassung vertreten, dass die notwendige Aufzinsung zeige, dass der Restwertanspruch einen finanziellen Vermögenswert darstelle, vgl. Antworten zu den Fragen 15 u. 18 in *DRSC* (CL 24, 2000) u. *Bradbury* (CL 13, 2000).

1169 Vgl. Antwort zu Frage 18 in *Arthur Andersen* (CL 5, 2000), *CGA-Canada* (CL 11, 2000) u. *European Commission* (CL 15, 2000).

erwarteten Restwerts zu hoch war.[1170] Erhöht sich der erwartete Restwert, darf keine Zuschreibung des Restwertanspruchs erfolgen, da dies einen Verstoß gegen das Anschaffungskostenprinzip darstellen würde.[1171]

Komplizierter gestaltet sich die Bewertung des Restwertanspruchs, wenn der Buchwert des Leasingobjekts zu Beginn des Leasing nicht dessen *fair value* entspricht und der Leasinggeber einen Veräußerungsgewinn realisieren darf. Der zu realisierende Veräußerungsgewinn ist in diesem Fall auf den Teil des Nutzenpotenzial des Leasingobjekts beschränkt, der auf den Leasingnehmer übertragen wird. Stille Reserven, die anteilig dem beim Leasinggeber verbleibenden Restwertanspruch zuzurechnen sind, dürfen zu Vertragsbeginn nicht aufgedeckt werden, da der erwartete Erlös aus dem Restwert nicht als realisiert angesehen werden kann. Der Restwert wird vom Leasinggeber nicht umgesetzt; er verändert sich durch den Leasingvertrag nicht.[1172] Der Restwertanspruch ist daher, korrespondierend zum Vorschlag der *G4+1-Working Group*,[1173] zu Beginn des Leasing zu seinem anteiligen Buchwert am Leasingobjekt zu bewerten. Der anteilige Buchwert des Restwertanspruchs ist anhand des Verhältnisses der *fair values* von Restwertanspruch und gesamtem Leasingobjekt zu bemessen.

Die vorgeschlagenen Regelungen für die teilweise Ausbuchung des Leasingobjekts und der damit verbundenen Bewertung der zurückbehaltenen Komponenten gleichen den Regelungen des sog. *"financial components approach"*, der für die teilweise Ausbuchung finanzieller Vermögenswerte gemäß IAS 39 zur Anwendung kommt.[1174] Das Leasingobjekt ist zwar kein finanzieller Vermögenswert, dennoch sind die Bilanzierungsregelungen für Finanzinstrumente auch auf die einzelnen Komponenten des Leasingvertrags anwendbar. Hierdurch wird der Charakter der Leasingtransaktion als Finanzierungsform deutlich.

Die vorgeschlagenen Regelungen der *G4+1-Working Group* zur Gewinnrealisierung sowie zur Behandlung des zurückbehaltenen Restwertanspruchs beim Leasinggeber sind unvollständig.[1175] Für die Folgebewertung des Restwertanspruchs schlägt die *G4+1-Working Group* ohne Einschränkungen vor, den Restwertanspruch des Leasinggebers über die Laufzeit des Leasingvertrags auf den erwarteten Restwert aufzuzinsen.[1176] Die Aufzinsung auf den erwarteten Restwert ist jedoch nur in dem Fall angemessen, in dem Buchwert und *fair value* des Leasingobjekts zu Beginn des Leasing identisch sind.[1177] Das *Tweedie*-Papier behandelt den

---

1170 Vgl. *ASB* (Implementation, 1999): Par. 12.16 ; *IDW* (CL 9, 2000): Antwort zu Frage 18.
1171 Vgl. *ASB* (Implementation, 1999): Par. 12.18 ; *IDW* (CL 9, 2000): Antwort zu Frage 18.
1172 Vgl. *IDW* (CL 9, 2000): Antwort zu Frage 18.
1173 Vgl. Gliederungspunkt III.B. in Kapitel 3.
1174 Vgl. *Monson* (Conceptual Framework, 2001): S. 277; siehe IAS 39.28 u. 34 (*revised* 2003).
1175 Vgl. *IDW* (CL 9, 2000): Antwort zu Frage 18.
1176 Vgl. *ASB* (Implementation, 1999): Par. 12.12.
1177 Vgl. *IDW* (CL 9, 2000): Antwort zu Frage 18.

Fall, dass der Restwert bei Erstbilanzierung nicht zu seinem *fair value* angesetzt wird, innerhalb der vorgeschlagenen Regelungen zur Folgebewertung des Restwertanspruchs nicht.[1178]

Wird das Leasingobjekt vor Beginn des Leasingverhältnisses nicht zu seinem *fair value* bilanziert, dürfen bei Erfüllung der Voraussetzungen für eine Gewinnrealisierung[1179] die stillen Reserven nur für den übertragenen Anteil am Nutzenpotenzial des Leasingobjekts, also nicht für den Restwertanspruch, aufgedeckt werden. Der Restwertanspruch ist deshalb zu einem Teil des Buchwerts des Leasingobjekts zu bilanzieren.[1180] Zwar erscheint es sinnvoll, den Restwertanspruch auch in diesem Fall über die Leasingdauer aufzuzinsen, die Aufzinsung darf jedoch nicht bis auf den tatsächlich erwarteten Restwert erfolgen. Dies würde zu einem Aufzinsungsertrag führen, der teilweise auch Gewinne beinhalten würde, die sich auf die nicht realisierten stillen Reserven des Restwerts beziehen.[1181] Ein Veräußerungsgewinn aus dem Restwert darf, um mit den Grundprinzipien der Gewinnrealisierung unter den IAS/IFRS konsistent zu sein, erst bei Verkauf des Restwerts gezeigt werden.[1182] Zudem wäre der zu verwendende Zinssatz, um den anteiligen Buchwert des Restwertanspruchs über die Leasingdauer auf den erwarteten Restwert aufzuzinsen, ein künstlicher Zinssatz ohne wirtschaftliche Bedeutung.

Wird der Restwertanspruch bei Erstbilanzierung zu seinem anteiligen Buchwert am Leasingobjekt bewertet, ist er mit dem Zinssatz über die Leasingdauer aufzuzinsen, der für die Berechnung des *fair value* des Restwertanspruchs als Diskontierungsfaktor zugrunde gelegt wird.[1183] Dieser Zinssatz setzt sich aus dem Fremdkapitalzinssatz und einem vom Restwertrisiko abhängigen Risikozuschlag zusammen. Der Restwertanspruch wird daher bis zum Ende der Leasingdauer nicht auf den erwarteten Restwert aufgezinst, sondern auf den Anteil am erwarteten Restwert, der sich anhand des Verhältnisses des Buchwerts und des *fair value* des Leasingobjekts zu Beginn des Leasing ergibt.[1184] Der Ertrag aus der Aufzinsung des Restwertanspruchs resultiert daraus, dass der Zeitpunkt der Erfüllung des Restwertanspruchs näher rückt. Die anteiligen stillen Reserven des Restwerts werden durch die Aufzinsung nicht aufgedeckt,[1185] sondern erst realisiert, wenn der Leasinggeber das Leasingobjekt endgültig verkauft.

1178 Vgl. *ASB* (Implementation, 1999): Chapter 12.

1179 Zu den Voraussetzungen vgl. Gliederungspunkt III.B.2.a. in diesem Kapitel.

1180 Vgl. *ASB* (Implementation, 1999): Par. 8.23.

1181 Vgl. *IDW* (CL 9, 2000): Antwort zu Frage 18.

1182 Vgl. ebenda.

1183 Der *fair value* des Restwertanspruchs berechnet sich durch Diskontierung des erwarteten Restwerts auf den Ansatzzeitpunkt. Die Berechnung des *fair value* des Restwertanspruchs ist notwendig, um den anteiligen Buchwert des Restwertanspruchs zu ermitteln.

1184 Vgl. dazu Beispiel 4.2 b) in Gliederungspunkt III.B.2.c. in diesem Kapitel.

1185 Dabei wird unterstellt, dass sich die stillen Reserven des gesamten Leasingobjekts gemäß dem Verhältnis ihrer *fair values* auf den zur Nutzung überlassenen Teil des Leasingobjekts und auf den Restwert aufteilen.

c. Beispiel

Die vorgeschlagenen Regelungen für die Bilanzierung der Forderung und des Restwertanspruchs beim Leasinggeber sollen an folgendem Beispiel verdeutlicht werden:

Beispiel 4.2:

Ein Leasingobjekt, das einen fair value in Höhe von 10.000 aufweist, wird ab dem 01.01.01 für eine unkündbare Leasingdauer von vier Jahren zu nachschüssigen jährlichen Raten verleast. Der erwartete Restwert am 31.12.04 beträgt 3.000. Der Leasingvertrag sieht vor, dass der Leasingnehmer am 31.12.04 das Leasingobjekt an den Leasinggeber zurückgibt. Der Restwert ist somit nicht garantiert; der Leasinggeber trägt das Restwertrisiko. Der Leasinggeber verkauft das Objekt am 01.01.05 an einen Dritten tatsächlich zu den erwarteten 3.000.

Der risikolose Zinssatz für Anlagen mit identischer Laufzeit betrage 7%.[1186] *Der Leasinggeber verlangt unter Berücksichtigung des Bonitätsrisikos und seines Gewinnaufschlags eine Rendite von 9%, die er als Kalkulationszinsfuß für die Berechnung der Leasingraten zugrunde legt. Da der erwartete Restwert unsicher ist, verwendet der Leasinggeber annahmegemäß für die Diskontierung des Restwertanspruchs einen Zins, der sich aus dem Fremdkapitalzins für Anlagen mit identischer Laufzeit und einem Risikozuschlag in Höhe von 5% zusammensetzt.*[1187] *Der Diskontierungszinsfuß für den Restwertanspruch beträgt somit insgesamt 12%.*[1188]

Der Leasinggeber kalkuliert die Leasingraten (x) wie folgt:

$$\frac{x}{1{,}09}+\frac{x}{1{,}09^2}+\frac{x}{1{,}09^3}+\frac{x}{1{,}09^4}+\frac{3.000}{1{,}12^4}=10.000\,.$$

Dadurch berechnet er eine jährliche Leasingrate in Höhe von x = 2.498.

Der fair value des Leasingobjekts von 10.000 teilt sich somit auf den fair value der Leasingraten in Höhe von 8.093[1189] *und den fair value des Restwertanspruchs in Höhe von 1.907 auf.*

1186 Dieser Zinssatz berücksichtigt nur den Zeitwert des Geldes. Der Leasinggeber könnte diesen beispielsweise aus der verfügbaren impliziten Rendite von Nullkupon-Staatsanleihen mit einer vierjährigen Restlaufzeit ableiten.

1187 Diesen Risikozuschlag wird der Leasinggeber unter Rückgriff auf seine Erfahrungswerte über die möglichen Schwankungen des Restwerts sowie unter Berücksichtigung seiner Risikoeinstellung ermitteln. Dabei könnte er beispielsweise die Sicherheitsäquivalenzmethode anwenden. Vgl. dazu *Schmidt/Terberger* (Finanzierungstheorie, 1997): S. 292. Um Manipulationsspielräume einzuschränken sollte der Leasinggeber im Anhang angeben, wie er den risikolosen Zins abgeleitet hat und welche Nutzenfunktion er für die Ermittlung der Risikozuschläge verwendet hat.

1188 Der interne Zinsfuß des Leasingvertrags, der als Mischzins sowohl das Bonitätsrisiko als auch das Restwertrisiko beinhaltet, würde somit 9,87% betragen, vgl. *ASB* (Implementation, 1999): Par. 10.7.

1189 Dieser berechnet sich als Barwert der vier Leasingraten in Höhe von 2.498, diskontiert mit dem Kalkulationszinssatz des Leasinggebers für die Leasingraten von 9%.

Fallunterscheidung:

a) Der Leasinggeber erwirbt das Leasingobjekt durch Barzahlung direkt vor Beginn des Leasing zum fair value in Höhe von 10.000.

b) Der Leasinggeber ist zugleich Händler des Leasingobjekts und bilanziert dieses vor Beginn des Leasing zu Anschaffungskosten in Höhe von 8.000, die er direkt vor Beginn des Leasing in bar gezahlt hat.

Lösung für die Bilanzierung beim Leasinggeber zu Fall a):

Der Leasinggeber weist die Forderung zunächst in Höhe ihres fair value von 8.093 aus. Sie ist über die Leasingdauer mit dem Kalkulationszinsfuß des Leasinggebers für die Leasingraten in Höhe von 9% aufzuzinsen und um den Tilgungsanteil der Leasingraten zu vermindern.

Der Restwertanspruch des Leasinggebers ist ebenfalls zu seinem fair value, also dem Barwert des erwarteten Restwerts am Ende der Leasingdauer, in Höhe von 1.907 auszuweisen. Der Restwertanspruch ist über die Leasingdauer mit dem Zinssatz von 12% auf den erwarteten Wert in Höhe von 3.000 aufzuzinsen.[1190] *Bei Verkauf des Leasingobjekts an einen Dritten am 01.01.05 findet damit ein erfolgsneutraler Aktivtausch statt.*

Beim Leasinggeber ergibt sich folgende Darstellung des Vertrags:

	01.01.01	*31.12.01*	*31.12.02*	*31.12.03*	*31.12.04*	*01.01.05*	
Bilanz							
Forderung	*8.093*	*6.324*	*4.395*	*2.292*	*0*		
Restwertanspruch	*1.907*	*2.135*	*2.392*	*2.679*	*3.000*	*0*	
GuV							Σ
Zinsertrag Forderung		*728*	*569*	*396*	*206*		*1.899*
Zinsertrag Restwert		*229*	*256*	*287*	*321*		*1.093*
Gesamtertrag		*957*	*825*	*683*	*528*	*0*	*2.993*
Cashflow	*-10.000*	*2.498*	*2.498*	*2.498*	*2.498*	*3.000*	*2.993*

1190 Denkbar wäre auch, dass der Leasinggeber aus Vereinfachungsgründen sowohl für die Diskontierung der Leasingraten als auch für die Diskontierung des Restwerts den internen Zinsfuß des Leasingvertrags von 9,87% verwendet. Dadurch käme es zu leicht unterschiedlichen Gewinnen und Ansätzen der Forderung und des Restwerts in den einzelnen Perioden. So geht die *G4+1-Working Group* in einem Beispiel im Positionspapier vor, vgl. *ASB* (Implementation, 1999): Par. 12.7. Theoretisch richtig ist es jedoch, getrennte Zinssätze zu verwenden, so dass als Diskontierungsfaktor für die Forderung ein Zins verwendet wird, der das Bonitätsrisiko des Leasingnehmers berücksichtigt, während der Diskontierungsfaktor für den Restwert der Unsicherheit des Restwerts Rechnung trägt.

Lösung für die Bilanzierung beim Leasinggeber zu Fall b):[1191]

Da der Leasinggeber Händler des Leasingobjekts ist, darf er einen Veräußerungsgewinn aus der Differenz zwischen Buchwert (seinem Einkaufspreis) und fair value (dem üblichen Verkaufspreis) des Leasingobjekts zu Beginn des Leasing realisieren. Die Gewinnrealisierung ist jedoch auf den Teil am Nutzenpotenzial des Leasingobjekts beschränkt, der auf den Leasingnehmer übertragen wird. Somit darf nur die Forderung zum fair value ausgewiesen werden. Der zurückbehaltene Restwertanspruch muss zu seinem anteiligen Buchwert bewertet werden. Der Anteil des Buchwerts des zurückbehaltenen Restwertanspruchs am Buchwert des gesamten Leasingobjekts wird durch den Anteil des fair value des Restwertanspruchs am fair value des gesamten Leasingobjekts bestimmt.

Somit ist die Forderung wiederum zu ihrem fair value von 8.093 auszuweisen und über die Leasingdauer aufzuzinsen sowie um die Tilgungen zu vermindern.

Der Restwertanspruch ist zu seinem anteiligen Buchwert auszuweisen. Dieser beträgt:

$$\frac{1.907}{10.000} \cdot 8.000 = 1.525.$$

Der Restwertanspruch ist über die Laufzeit des Leasingvertrags mit dem Diskontierungszinsfuß in Höhe von 12% aufzuzinsen, der sich aus dem Fremdkapitalzins und dem Risikozuschlag für die Unsicherheit des Restwerts zusammensetzt.[1192]

Für diesen Leasingvertrag ergibt sich beim Leasinggeber folgende Darstellung:

	01.01.01	*31.12.01*	*31.12.02*	*31.12.03*	*31.12.04*	*01.01.05*	
Bilanz							
Forderung	*8.093*	*6.324*	*4.395*	*2.292*	*0*		
Restwertanspruch	*1.525*	*1.708*	*1.913*	*2.143*	*2.400*	*0*	
GuV							*Σ*
Veräußerungsgewinn	*1.619*					*600*	*2.219*
Zinsertrag Forderung		*728*	*569*	*396*	*206*		*1.899*
Zinsertrag Restwert		*183*	*205*	*230*	*257*		*875*
Gesamtertrag	*1.619*	*911*	*774*	*625*	*463*	*600*	*4.993*
Cashflow	*-8.000*	*2.498*	*2.498*	*2.498*	*2.498*	*3.000*	*4.993*

1191 Dieser Fall, in dem der Restwert zu Beginn des Leasing zu seinem anteiligen Buchwert ausgewiesen wird, wird im Rahmen der Vorschläge für die Folgebilanzierung beim Leasinggeber im Positionspapier der *G4+1-Working Group* nicht behandelt.

1192 Zu alternativen Möglichkeiten aus Vereinfachungsgründen vgl. Fn. 1190.

Die Aufzinsung bewirkt, dass der Restwertanspruch am Ende der Leasingdauer einen Buchwert von 2.400 aufweist, was 80% seines fair value von 3.000 entspricht. Der Anteil von 80% resultiert daraus, dass das gesamte Leasingobjekt zu Beginn des Leasing einen Buchwert (8.000) aufweist, der ebenfalls 80% seines fair value (10.000) entspricht. Die anteiligen stillen Reserven des Restwertanspruchs werden somit während der Leasingdauer nicht aufgedeckt. Die Differenz zwischen Buchwert und erwartetem Restwert am Ende der Leasingdauer (in Höhe von 600) wird erst bei Verkauf des Leasingobjekts realisiert.

C. Bilanzierung von Leasingverträgen mit Kauf- und Mietverlängerungsoptionen des Leasingnehmers

1. Einordnung der Optionen in den Komponentenansatz

In Leasingverträgen vereinbarte Kauf- oder Mietverlängerungsoptionen stellen für den Leasingnehmer Realoptionen dar.[1193] Hierbei erhält der Leasingnehmer das Recht, am Ende der Leasingdauer zu entscheiden, ob er das Leasingobjekt kauft bzw. ob er den Leasingvertrag um einen zusätzlichen Mietzeitraum verlängert. Im Unterschied zu Finanzoptionen ist die Glattstellung von Realoptionen durch eine Ausgleichszahlung nicht möglich.[1194] So kann der Leasingnehmer den Wert einer vorteilhaften Kaufoption nur realisieren, indem er das Leasingobjekt zum Ausübungszeitpunkt tatsächlich erwirbt. Die in Leasingverträgen vereinbarten Kauf- oder Mietverlängerungsoptionen erfüllen nicht die Definition derivativer Finanzinstrumente in IAS 39 und stellen mithin keine Finanzinstrumente dar, da sie nicht auf den Erhalt oder die Abgabe von flüssigen Mitteln oder anderen Finanzinstrumenten abzielen, sondern durch Verkauf oder Nutzungsüberlassung eines nichtfinanziellen Vermögenswertes erfüllt werden.[1195]

Finanzoptionen werden nach den Regelungen des IAS 39 als eigenständige Rechte und Pflichten in den Bilanzen der Vertragsparteien angesetzt und zu ihrem *fair value* bewertet.[1196] Dies gilt auch, wenn die Optionen nicht durch einen separaten Vertrag begründet werden, sondern in einen anderen Vertrag eingebettet sind.[1197] Die Bilanzierung von in Leasingverträgen enthaltenen Realoptionen wird hingegen in IAS 17 geregelt. Demnach wird zu Beginn des Leasingverhältnisses die Wahrscheinlichkeit der Ausübung einer dem Leasingnehmer eingeräumten Option beurteilt und dementsprechend für die Bilanzierung eine Ausübung oder

1193 Kündigungsoptionen sind in gleicher Weise wie Mietverlängerungsoptionen zu behandeln, da sie den gleichen ökonomischen Sachverhalt widerspiegeln, vgl. Gliederungspunkt IV.A.1. in Kapitel 3. Auf Kündigungsoptionen wird deshalb im Folgenden nicht weiter eingegangen.

1194 Vgl. *Arthur Andersen* (CL 5, 2000): Antwort zu Frage 5 (a).

1195 Siehe IAS 39.5, AG10 u. BC24 (*revised* 2003). Dennoch wird teilweise die Meinung vertreten, dass die in Leasingverträgen enthaltenen Realoptionen Finanzinstrumente darstellen. Vgl. *Bradbury* (CL 13, 2000): Antwort zu Frage 5 (a); *ASB* (Implementation, 1999): Par. 4.11.

1196 Siehe IAS 39.43-49 (*revised* 2003).

1197 Siehe IAS 39.11 (*revised* 2003).

Nichtausübung der Option durch den Leasingnehmer unterstellt.[1198] Diese Vorgehensweise ist im Rahmen des in IAS 17 angewandten Risiken-Chancen-Ansatzes sachgerecht.[1199] Für die Beurteilung, ob die wesentlichen dem Leasingobjekt anhaftenden Risiken und Chancen auf den Leasingnehmer übertragen werden, muss die Wahrscheinlichkeit der Ausübung der Optionen eingeschätzt werden. Ist die Ausübung der Optionen durch den Leasingnehmer hinreichend wahrscheinlich und wird daraufhin das Leasingverhältnis als Kauf des Leasingobjekts bilanziert, sind konsequenterweise die bei Ausübung der Optionen anfallenden Zahlungen bei der Bewertung des Leasingobjekts zu berücksichtigen. Eine Bilanzierung der Optionen als eigenständige Rechte oder Pflichten wäre innerhalb des Risiken-Chancen-Ansatzes nicht angemessen.

Im Rahmen des neu zu entwickelnden Komponentenansatzes für die Leasingbilanzierung erscheint es sachgerecht, die vom Leasingnehmer neben dem Nutzungsrecht am Leasingobjekt erworbenen Optionsrechte als eigenständige Komponenten des Leasingvertrags anzusetzen.[1200] Dies gilt allerdings nur unter der Voraussetzung, dass die Realoptionen bilanzierbar sind. Korrespondierend zu den Bilanzierungskriterien für *assets* und *liabilities* weist innerhalb des Komponentenansatzes jede Vertragspartei die Komponenten des Leasingvertrags aus, deren Nutzenpotenzial sie kontrolliert. Auf die Übertragung von dem Leasingobjekt anhaftenden Risiken und Chancen kommt es nicht an. Besteht eine Option zur Mietverlängerung, wird das auf den optionalen Zeitraum entfallende Nutzungsrecht am Leasingobjekt vom Leasingnehmer nicht kontrolliert. Zudem besteht keine gegenwärtige Verpflichtung zur Zahlung der zusätzlichen Leasingraten. Erst wenn der Leasingnehmer seine Option ausübt, hat er das vertragliche Recht zur weiteren Nutzung des Leasingobjekts und eine vertragliche Verpflichtung zur Zahlung der zusätzlichen Leasingraten. Daher kann für die Bewertung des Nutzungsrechts zu Beginn des Leasingverhältnisses nicht die Ausübung der Mietverlängerungsoption unterstellt werden; der optionale Mietzeitraum ist bei der Bewertung des Nutzungsrechts nicht zu berücksichtigen. Als Nutzungsrecht wird nur das Recht zum Gebrauch des Leasingobjekts während der unkündbaren Leasingdauer aktiviert.[1201] Ebenso erlaubt eine günstige Kaufoption im Rahmen des Komponentenansatzes nicht, dass der Leasingnehmer das gesamte Leasingobjekt als *asset* ausweisen darf. Der Nutzenzufluss aus dem gesamten Leasingobjekt wird alleine durch die Möglichkeit des Kaufs des Leasingobjekts nicht kontrolliert. Damit Verfügungsmacht über das gesamte Nutzenpotenzial des Leasingobjekts besteht, muss der Leasing-

1198 Vgl. IAS 17.4 (*revised* 2003) zur Definition von „*lease term*" u. „*minimum lease payments*" sowie beispielsweise Gliederungspunkt II.B.2. in Kapitel 2. In gleicher Weise wird bei der Bilanzierung von Leasingverträgen im deutschen Bilanzrecht vorgegangen, vgl. beispielsweise Gliederungspunkt II.B.3.b. in Kapitel 1.

1199 Vgl. jeweils Antwort zu Frage 5 (a) in *Bradbury* (CL 13, 2000) u. *IDW* (CL 9, 2000).

1200 Vgl. jeweils Antwort zu Frage 5 (a) in *IDW* (CL 9, 2000) u. *Bradbury* (CL 13, 2000). A. A.: *Arthur Andersen* (CL 5, 2000): Antwort zu Frage 5 (a).

1201 Vgl. Gliederungspunkt II.A.5.a. in diesem Kapitel.

nehmer die Option ausüben und den vereinbarten Ausübungspreis aufwenden bzw. sich zu dessen Zahlung vertraglich verpflichten.

Die in Leasingverträgen dem Leasingnehmer eingeräumten Rechte zum Kauf oder zur weiteren Nutzung des Leasingobjekts weisen viele Gemeinsamkeiten mit Finanzoptionen auf. Wenngleich es sich bei diesen Realoptionen definitionsgemäß nicht um derivative Finanzinstrumente im Sinne von IAS 39 handelt, erscheint es aufgrund der ähnlichen Wirkungsweise angemessen, die Bilanzierungsregelungen für in Leasingverträgen enthaltene Realoptionen an die Bilanzierungsvorschriften für Finanzoptionen anzulehnen.[1202]

Die sinngemäße Anwendung der Regelungen des IAS 39 auf die in Leasingverträgen enthaltenen Realoptionen hat zur Folge, dass für die Bilanzierungsfähigkeit der Realoptionen nicht die allgemeinen Bilanzierungskriterien für *assets* und *liabilities* des *Framework* relevant sind, sondern gemäß IAS 39 für die Bilanzierungsfähigkeit auf das Vorliegen eines Vertrags abgestellt wird. Folglich sind die im Leasingvertrag dem Leasingnehmer eingeräumten Optionsrechte als eigenständige Komponenten des Leasingvertrags zu bilanzieren, wenn sie einen verlässlich ermittelbaren Wert aufweisen und das Wesentlichkeitskriterium[1203] erfüllen. Die Wahrscheinlichkeit der Optionsausübung ist für die Ansatzfrage irrelevant.[1204] Zum Zwecke einer korrespondierenden Bilanzierung zu den anderen auszuweisenden Komponenten des Leasingvertrags sollte als Ansatzzeitpunkt der Optionen jedoch nicht der Zeitpunkt des Vertragsabschlusses, wie er in IAS 39 für derivative Finanzinstrument vorgesehen ist,[1205] sondern der Zeitpunkt der Lieferung des Leasingobjektes maßgeblich sein.[1206]

Durch den bilanziellen Ausweis der Realoptionen wird der Bilanzleser umfassend über die im Leasingvertrag getroffenen Vereinbarungen informiert. Die Bilanz gibt somit einen besseren Einblick in die wirtschaftlichen Verhältnisse der Vertragsparteien als die Annahme über die Ausübung oder Nichtausübung der Optionen im Rahmen des in IAS 17 angewandten Risiken-

---

1202 In ähnlicher Weise wurde bei den Vorschlägen zur Bilanzierung des Restwertanspruchs des Leasinggebers vorgegangen. Obwohl der Restwertanspruch keinen finanziellen Vermögenswert im Sinne von IAS 39 darstellt, erscheint es angemessen, diesen wie eine Forderung zu bewerten. Vgl. Gliederungspunkt III.B.2.b. in diesem Kapitel.

1203 Siehe *IASB Framework* (1989): F. 29 f.

1204 Die Einräumung von Mietverlängerungsoptionen kann grundsätzlich als Gestaltungsinstrument genutzt werden, damit die unkündbare Grundmietzeit des Leasingvertrags unter der vorgeschlagenen Wesentlichkeitsgrenze von einem Jahr (vgl. Gliederungspunkt III.A.1. in diesem Kapitel) liegt, und es nicht zu einer Bilanzierung des Leasingvertrags kommt. Dies ist jedoch konsistent mit dem Gesamtkonzept des Komponentenansatzes, da das Nutzungsrecht des Leasingnehmers nur für die unkündbare Mietzeit kontrolliert wird und ein *asset* darstellt. Wenn die Option ausgeübt wird, entsteht ein neues Nutzungsrecht, das wiederum das Wesentlichkeitskriterium erfüllen muss.

1205 Siehe IAS 39 AG34 (*revised* 2003) sowie Gliederungspunkt II.A.4. in diesem Kapitel.

1206 In gleicher Weise wird nach IAS 39 beim Ansatz von Forderungen und Verbindlichkeiten aus Lieferungen und Leistungen vorgegangen, die zeitgleich mit dem Ansatz der entstehenden nichtfinanziellen Vermögenswerte angesetzt werden. Siehe IAS 39 AG35 (b) (*revised* 2003) sowie Gliederungspunkt II.A.4. in diesem Kapitel.

Chancen-Ansatzes. Durch die Anwendung des Komponentenansatzes für die Leasingbilanzierung wird die Aufgabe der IAS/IFRS-Bilanz der Vermittlung eines *true and fair view*[1207] weitreichender erfüllt als durch das Kriterium des wirtschaftlichen Eigentums.

Finanzoptionen sind bei Erstbilanzierung zu ihrem *fair value* anzusetzen,[1208] der bei marktgerechten Bedingungen der gezahlten Optionsprämie entsprechen dürfte. Bei in Leasingverträgen enthaltenen Realoptionen erscheint es grundsätzlich sinnvoll, die Leasingraten als Anschaffungskosten des Leasingnehmers sowohl für das Nutzungsrecht als auch für das Optionsrecht zu behandeln. Die Aufteilung der Anschaffungskosten auf das Nutzungsrecht und das Optionsrecht sollte proportional zu den *fair values* der beiden Rechte erfolgen. Die Bewertung von Realoptionen zum *fair value* bereitet jedoch Schwierigkeiten, da in der Regel kein Börsen- oder Marktpreis vorhanden ist.[1209] Der *fair value* einer Finanzoption kann, falls kein Markt- oder Börsenpreis existiert, durch die Anwendung von Optionspreismodellen wie dem Binomialmodell oder dem *Black-Scholes*-Modell ermittelt werden.[1210] Die für Finanzoptionen geeigneten Optionspreismodelle unterstellen jedoch Annahmen, die für in Leasingverträgen enthaltene Realoptionen nicht erfüllt sind. Im *Black-Scholes*-Modell wird unterstellt, dass das Basisobjekt einer logarithmisch-normalverteilten Wertentwicklung unterliegt.[1211] Der Basiswert einer in Leasingverträgen enthaltenen Kauf- oder Mietverlängerungsoption ist das Leasingobjekt bzw. dessen Nutzungsmöglichkeit. Dieser Basiswert verliert durch die Abnutzung des Leasingobjekts im Zeitablauf stetig an Wert. Zudem sind bei Realoptionen, anders als bei Finanzoptionen, in der Regel keine Daten bezüglich der Schwankungsmaße des Basiswerts vorhanden, die zur Anwendung der Optionspreismodelle benötigt werden. Die Ermittlung des *fair value* einer in Leasingverträgen enthaltenen Realoption ist daher durch die Verwendung von Optionspreismodellen nicht möglich.

In Leasingverträgen enthaltene Realoptionen dürfen üblicherweise erst zum Zeitpunkt des Ablaufs der Grundmietzeit ausgeübt werden. Es handelt sich somit um Optionen europäischen Typs.[1212] Bestimmungsfaktor des Werts einer europäischen Option ist der erwartete innere Wert der Option im Ausübungszeitpunkt. Der innere Wert im Ausübungszeitpunkt ergibt sich aus der Differenz zwischen dem vereinbarten Ausübungspreis und dem Wert des Basiswerts im Ausübungszeitpunkt.[1213] Bei einer dem Leasingnehmer eingeräumten Kaufoption stellt das

---

1207 Siehe *IASB Framework* (1989): F. 46; IAS 1.13-15 (*revised* 2003).

1208 Siehe IAS 39.43 (*revised* 2003).

1209 Vgl. *Monson* (Conceptual Framework, 2001): S. 283.

1210 Zu diesen Modellen vgl. *Brealey/Myers* (Corporate Finance, 2003): S. 596-606; *Steiner/Bruns* (Wertpapiermanagement, 2002): S. 324 u. 346; *Grinblatt/Titman* (Financial Markets, 2002): S. 271-279; *Damodaran* (Investment valuation, 2002): S. 91-111. Siehe dazu auch IAS 39 AG74-AG82 (*revised* 2003).

1211 Vgl. *Löhr* (Stillhalterrisiko, 2000): S. 598.

1212 Bei Optionen amerikanischen Typs kann der Optionsinhaber hingegen die Option während ihrer gesamten Laufzeit ausüben, vgl. *Damodaran* (Investment valuation, 2002): S. 91.

1213 Ist diese Differenz negativ, beträgt der innere Wert null, da der Optionsinhaber nicht verpflichtet ist, seine Option auszuüben.

Leasingobjekt den Basiswert dar; bei einer Mietverlängerungsoption ist der Basiswert der Barwert der Anschluss-Leasingraten. Der Ausübungspreis ist der vereinbarte Kaufpreis für das Leasingobjekt bzw. der Barwert der vereinbarten Leasingraten für den Mietverlängerungszeitraum. Um den Wert der Realoption zu ermitteln, muss der erwartete innere Wert im Ausübungszeitpunkt auf den Bewertungszeitpunkt diskontiert werden. Zudem ist dabei der sog. „Zeitwert" der Option zu berücksichtigen. Der Zeitwert stellt den Wert der Chance dar, dass der innere Wert der Option im Ausübungszeitpunkt höher sein könnte als erwartet, wenn der Wert des Basiswerts während der verbleibenden Laufzeit der Option steigt.[1214]

2. *Bilanzierung beim Leasingnehmer*

Die *G4+1-Working Group* schlägt für die Bilanzierung beim Leasingnehmer vor, den Wert der in einem Leasingvertrag enthaltenen Kauf- oder Mietverlängerungsoption durch einen Vergleich des Leasingvertrags mit einem Leasingvertrag, der keine Option enthält, zu ermitteln.[1215] Die Barwertdifferenz der zu zahlenden Leasingraten bei den beiden Verträgen müsste dem *fair value* der Option zu Beginn des Leasing entsprechen. Legt der Leasinggeber dem Leasingnehmer sowohl ein Angebot für einen Vertrag mit Option als auch für einen Vertrag ohne Option vor, kann der Leasingnehmer somit den *fair value* der ihm eingeräumten Optionen ermitteln. Bei Objekten, für die ein umfangreicher Leasingmarkt existiert – wie zum Beispiel bei Kraftfahrzeugen – ist dieser Vorschlag praktikabel, da der Leasingnehmer eine Vielzahl von Vergleichsverträgen am Markt finden kann. Bei anderen Leasingobjekten könnte es jedoch schwierig sein, Vergleichsverträge zu finden. Zudem dürfte teilweise die Beurteilung, ob ein anderer Leasingvertrag bezüglich der sonstigen Ausgestaltungsmerkmale identisch ist, damit er zum Vergleich herangezogen werden kann, Probleme bereiten.

Im Positionspapier der *G4+1-Working Group* wird nicht erläutert, wie zu verfahren ist, wenn kein vergleichbarer Leasingvertrag vorhanden ist. Der *fair value* einer Realoption dürfte dann nicht ermittelbar sein.[1216] Ersatzweise kann in diesem Fall jedoch die Option zu Beginn des Leasing zu ihrem mit einem risikoadäquaten Zinsfuß diskontierten erwarteten inneren Wert im Ausübungszeitpunkt angesetzt werden. Der innere Wert im Ausübungszeitpunkt ergibt

---

1214 Ist der erwartete innere Wert im Ausübungszeitpunkt null, weil der vereinbarte Ausübungspreis dem erwarteten Wert des Basiswerts im Ausübungszeitpunkt entspricht, weist die Option vor dem Ausübungszeitpunkt in der Regel dennoch einen positiven Gesamtwert auf. Dieser resultiert dann alleine aus dem Zeitwert der Option.

1215 Vgl. Gliederungspunkt IV.A.1. in Kapitel 3. Eine korrespondierende Vorgehensweise wird für die Bewertung von eingebetteten derivativen Finanzinstrumenten in IAS 39.13 (*revised* 2003) vorgeschlagen.

1216 Ist bei eingebetteten derivativen Finanzinstrumenten i. S. v. IAS 39.10 (*revised* 2003) der *fair value* nicht ermittelbar, hat dies zur Folge, dass der gesamte Vertrag, in den das derivative Finanzinstrument eingebettet ist, wie ein *financial asset* oder eine *financial liability* kategorisiert als „*held for trading*" zu behandeln ist. Siehe IAS 39.12 (*revised* 2003). Das heißt, der gesamte Vertrag ist erfolgswirksam zum *fair value* folgezubewerten. Diese Vorgehensweise erscheint bei in Leasingverträgen eingebetteten Realoptionen nicht sinnvoll, da hier der *fair value* recht häufig nicht ermittelbar sein dürfte und die Optionen im Verhältnis zu dem gesamten Vertrag eher unbedeutend sind.

sich aus der Differenz zwischen vereinbartem Ausübungspreis und erwartetem Wert des Basiswerts im Ausübungszeitpunkt.[1217] Der erwartete innere Wert ist auf den Zeitpunkt der Erstbilanzierung zu diskontieren, da er nur zum Ausübungszeitpunkt der Option realisiert werden kann.[1218] Zudem ist der Unsicherheit des inneren Werts durch Berücksichtigung eines Risikozuschlags im Diskontierungsfaktor Rechnung zu tragen. Der Zeitwert der Option wird bei dieser Bewertungsmethode vernachlässigt. Für Optionen, bei denen der erwartete innere Wert im Ausübungszeitpunkt null beträgt, kann daher kein positiver Wert ermittelt werden. Wenngleich diese Optionen aufgrund des Zeitwerts in der Regel einen positiven Gesamtwert aufweisen, kann der Nichtansatz in diesem Fall mit den Bewertungsschwierigkeiten begründet werden.

Zusammenfassend ist festzuhalten, dass der Leasingnehmer grundsätzlich die in einem Leasingvertrag ihm eingeräumten Kauf- oder Mietverlängerungsoptionen bei Erstbilanzierung zu ihrem *fair value* bewerten sollte, sofern dieser – beispielsweise anhand eines Vergleichsvertrags, der keine Option enthält – ermittelt werden kann. Anderenfalls sollte die Option zum Barwert ihres erwarteten inneren Werts im Ausübungszeitpunkt angesetzt werden. Ist der erwartete innere Wert im Ausübungszeitpunkt null, kann die Option nicht separat bilanziert werden.

Der Leasingnehmer erwirbt mit der Verpflichtung zur Zahlung der Leasingraten das Nutzungsrecht und die Option. Kann mittels eines Vergleichsvertrags oder der Diskontierung des erwarteten inneren Werts für die Option zu Beginn des Leasing ein den Anforderungen der IAS/IFRS an die Verlässlichkeit[1219] genügender Wert ermittelt werden, ist der Barwert der Leasingraten auf das Nutzungsrecht und die Option aufzuteilen. Kann aufgrund der Bewertungsschwierigkeiten für die Option zu Beginn des Leasingvertrags kein positiver Wert ermittelt werden, wird der gesamte Barwert der Leasingraten als Kaufpreis für das Nutzungsrecht behandelt.[1220] Das Nutzungsrecht wird in diesem Fall in der Bilanz des Leasingnehmers um den Optionswert zu hoch bewertet.[1221]

Für die Folgebewertung der beim Leasingnehmer separat bilanzierbaren Optionen wird im Positionspapier der *G4+1-Working Group* eine Fortführung der Anschaffungskosten mit Niederstwerttest vorgeschlagen.[1222] Grundsätzlich könnte die Auffassung vertreten werden, dass

---

1217 Ist diese Differenz negativ, ist der innere Wert null.

1218 Anders als eine Finanzoption kann die in einem Leasingvertrag enthaltene Realoption nicht vor ihrem Ausübungszeitpunkt problemlos an einen Dritten veräußert werden, um ihren Wert zu realisieren, da kein aktiver Markt für diese Realoptionen existiert. Eine Realoption kann daher aufgrund der Unsicherheit bis zum Ausübungszeitpunkt einen wesentlich niedrigeren Gesamtwert aufweisen als ihr erwarteter innerer Wert im Ausübungszeitpunkt.

1219 Siehe *IASB Framework* (1989): F. 31 sowie Gliederungspunkt I.D. in diesem Kapitel.

1220 Ebenso *ASB* (Implementation, 1999): S. 90, Recommendation 4C.

1221 Vgl. dazu Beispiel 4.3 in Gliederungspunkt III.C.4. in diesem Kapitel.

1222 Vgl. *ASB* (Implementation, 1999): Par. 4.11.

der korrespondierend zu Finanzoptionen vorgenommene separate Ansatz der Optionsrechte eine Folgebewertung – wie bei Finanzoptionen[1223] – zum *fair value* erfordert. Zu beachten ist jedoch, dass Realoptionen – anders als viele Finanzoptionen – nicht jederzeit glattgestellt werden können, da sie nicht auf liquiden Märkten gehandelt werden und in der Regel kein Marktpreis existiert. Die Möglichkeit zur Glattstellung stellt jedoch ein wesentliches Argument für die ergebniswirksame *fair value*-Bewertung von Finanzoptionen in IAS 39 dar. Der im Vergleich zum Buchwert bei Erstbilanzierung höhere *fair value* derivativer Finanzinstrumente könnte häufig jederzeit am Markt realisiert werden. Diese Realisierbarkeit reicht gemäß dem Realisationsprinzip der IAS/IFRS aus, um den Gewinn aus der *fair value*-Bewertung ergebniswirksam zu vereinnahmen.[1224]

Aufgrund der fehlenden Möglichkeit zur Glattstellung darf eine Erhöhung des Werts der Realoptionen beim Leasingnehmer nicht gezeigt werden. Auch eine ergebnisneutrale *fair value*-Bewertung, wie sie bei Finanzaktiva, die nach IAS 39 der Kategorie „*available-for-sale financial assets*" zugeordnet werden, zur Anwendung kommt,[1225] erscheint für Realoptionen ungeeignet. Bei *available-for-sale financial assets* besteht im Regelfall die Möglichkeit zur sofortigen Realisierung eines im Vergleich zu den Anschaffungskosten höheren *fair value*.[1226] Die Wertsteigerungen von im Rahmen von Leasingverträgen dem Leasingnehmer eingeräumten Realoptionen können jedoch erst zum Zeitpunkt ihrer Ausübung realisiert werden. Ein Verkauf der Optionen am Markt ist in der Regel nicht möglich. Die Begrenzung des Wertansatzes von Vermögenswerten durch die Anschaffungskosten im Rahmen des Anschaffungskostenprinzips ist grundsätzlich in der Unsicherheit und der dadurch fehlenden Realisierung eines höheren Werts begründet.[1227] Der Anschaffungswert der Realoptionen kann aus einer Aufteilung des Barwerts der Leasingraten auf das Nutzungsrecht und die Option proportional zu ihren *fair values* abgeleitet werden.[1228] Auch wenn der Anschaffungswert der Optionen aufgrund der Unsicherheit des *fair value* mit Risiko behaftet ist, wurde er vom Leasingnehmer als Teil seiner gesamten Anschaffungskosten am Markt bezahlt. Ein höherer Wert in der Folge hingegen wurde nicht am Markt realisiert und ist bis zum Zeitpunkt der Optionsausübung auch nicht realisierbar.

Zudem ist zu beachten, dass eine Folgebewertung der Realoptionen zum *fair value* einen erheblichen Bilanzierungsaufwand beim Leasingnehmer erfordern würde. Da der Wert der Re-

1223 Siehe IAS 39.46 (*revised* 2003).
1224 Vgl. dazu auch die Ausführungen in Gliederungspunkt II.B.5.c. in diesem Kapitel.
1225 Eine erfolgsneutrale *fair value*-Bewertung kommt auch bei der Neubewertungsmethode für die Folgebewertung von Sachanlagen oder immateriellen Vermögenswerten nach IAS 16 u. 38 zur Anwendung.
1226 Anders als bei Finanzaktiva kategorisiert als „*held for trading*" besteht jedoch grundsätzlich nicht die Absicht zur Realisierung kurzfristig erzielter Veräußerungsgewinne.
1227 Vgl. *Berger/Schramm/M. Ring* (BeckBilKomm, 2003): § 253, Anm 1.
1228 Kann der *fair value* der Option nicht ermittelt werden, ist auf den Barwert des erwarteten inneren Werts zurückzugreifen. Ist dieser null, kann die Option nicht bilanziert werden.

aloptionen in der Regel nicht sehr hoch sein wird, dürfte die Ermittlung des *fair value* häufig gegen den Wirtschaftlichkeitsgrundsatz im *Framework* des *IASB* verstoßen. Der generierbare Nutzen aus der Information über den *fair value* der Optionen dürfte häufig nicht über den Kosten für die Bereitstellung der Information liegen.[1229]

Um dem in den IAS/IFRS beachteten – jedoch im Vergleich zum deutschen Handelsrecht schwächer ausgeprägten – Imparitätsprinzip Rechnung zu tragen,[1230] ist der Anschaffungswert der Realoptionen allerdings an den Folgestichtagen auf einen Wertminderungsbedarf hin zu überprüfen und gegebenenfalls eine außerplanmäßige Abschreibung vorzunehmen. Kann der für die Prüfung auf Wertminderung eigentlich erforderliche *fair value* der Optionsrechte nicht ermittelt werden, dürfte es angemessen sein, die Notwendigkeit einer Wertminderung alleine anhand des inneren Werts der Optionen zu überprüfen.[1231] Dies kann dazu führen, dass eine Option beim Leasingnehmer an einem Folgestichtag vollständig abzuschreiben ist, da ihr innerer Wert null beträgt, obwohl sie wie bei Erstbilanzierung einen positiven Zeitwert aufweist.[1232]

Dem Vorschlag der *G4+1-Working Group* für die Folgebewertung von dem Leasingnehmer eingeräumten Optionen ist somit zuzustimmen. Die Optionsrechte sind, kann für sie bei Erstbilanzierung ein positiver Wert ermittelt werden, in der Folge nach dem Anschaffungskostenprinzip mit Niederstwerttest zu bewerten.

3. Bilanzierung beim Leasinggeber

Die *G4+1-Working Group* betont, dass sie eine symmetrische Bilanzierung bei Leasinggeber und Leasingnehmer anstrebt.[1233] Deshalb wird auch beim Leasinggeber nicht generell unterstellt, dass dem Leasingnehmer eingeräumte Optionen ausgeübt werden. Allerdings wird daraus im Positionspapier gefolgert, dass der Leasinggeber eine Kauf- oder Mietverlängerungsoption gar nicht zu bilanzieren hat.[1234] Eine symmetrische Bilanzierung würde jedoch erfordern, dass der Leasinggeber – korrespondierend zum Ausweis des Optionsrechts beim Leasingnehmer – seine Stillhalterverpflichtung als Schuld ausweist.[1235]

Räumt der Leasinggeber dem Leasingnehmer die Möglichkeit zum Kauf des Leasingobjekts am Ende der Grundmietzeit zu einem Wert unterhalb des erwarteten Restwerts ein, geht der

1229 Siehe *IASB Framework* (1989): F. 44 sowie Gliederungspunkt I.D. in diesem Kapitel.
1230 Das Imparitätsprinzip kommt in Form der Ungleichbehandlung von Gewinnen und Verlusten auch bei allen Fällen der ergebnisneutralen *fair value*-Bewertung in den IAS/IFRS zur Anwendung. Siehe IAS 39.67 (*revised* 2003); IAS 16.40 (*revised* 2003) sowie IAS 38.86 (*revised* 2004).
1231 Vgl. *IDW* (CL 9, 2000): Antwort zu Frage 5 (a).
1232 Vgl. dazu Beispiel 4.3 in Gliederungspunkt III.C.4. in diesem Kapitel.
1233 Vgl. *ASB* (Implementation, 1999): Par. 11.2.
1234 Vgl. *ASB* (Implementation, 1999): Par. 11.3-5 sowie Gliederungspunkt IV.A.2. in Kapitel 3.
1235 Vgl. *IDW* (CL 9, 2000): Antwort zu Frage 17.

Leasinggeber eine Verpflichtung ein, die zu künftigem Nutzenabfluss bei ihm führen wird, da er einen Teil des bei ihm weiterhin bilanzierten Restwertanspruchs aufgibt. Auch wenn die Kaufoption als Ausübungspreis den erwarteten Restwert vorsieht, entsteht in Höhe des Zeitwerts der Option eine Stillhalterverpflichtung beim Leasinggeber. Durch die Einräumung der Option gibt der Leasinggeber seine Restwertchance auf. Liegt der tatsächliche Restwert des Leasingobjekts am Ende der Leasingdauer über dem vereinbarten Ausübungspreis, wird der Leasingnehmer die Option ausüben und das Leasingobjekt kaufen. Auch durch Einräumung einer Mietverlängerungsoption verzichtet der Leasinggeber auf die Restwertchance zum Ende der Grundmietzeit.

Der Leasingnehmer vergütet mit den Leasingraten sowohl das Nutzungsrecht am Leasingobjekt als auch die ihm eingeräumte Option. Es erscheint daher grundsätzlich sachgerecht, dass der Leasinggeber in dem Umfang, in dem die Leasingraten auf die eingeräumte Option entfallen, eine Stillhalterverpflichtung bilanziert.

Würde man die Stillhalterverpflichtung des Leasinggebers separat ausweisen, wäre sie bei Erstbilanzierung wie beim Leasingnehmer zum *fair value* zu bewerten. Dieser könnte aus einem Vergleich mit einem Vertrag, der keine Optionen oder Garantien enthält, abgeleitet werden. Wäre der *fair value* nicht ermittelbar, müsste die Verpflichtung ersatzweise zum Barwert des erwarteten inneren Werts der Option im Ausübungszeitpunkt bewertet werden.

Während bei Erstbilanzierung eine sachgerechte Bewertung der Stillhalterverpflichtung des Leasinggebers grundsätzlich möglich wäre, gilt für die Folgebewertung eine Besonderheit: Eine Erhöhung des Werts der Stillhalterverpflichtung führt beim Leasinggeber in der Regel zu keiner zusätzlichen Belastung. Räumt der Leasinggeber dem Leasingnehmer eine Option zum Kauf des Leasingobjekts zum bei Vertragsbeginn erwarteten Restwert ein, erhöht sich der Wert der Stillhalterverpflichtung des Leasinggebers, wenn der erwartete Restwert in der Folge steigt. Dennoch erhält der Leasinggeber den zu Beginn des Leasing erwarteten Restwert, wenn der Leasingnehmer die Kaufoption ausübt. Dem Leasinggeber würde in diesem Fall lediglich der Gewinn aus der Wertsteigerung des Restwerts entgehen. Zu einem zukünftigen Nutzenabfluss, der für den Ansatz einer Schuld notwendig ist,[1236] würde es beim Leasinggeber jedoch nicht kommen. Der Ausweis eines Verlusts durch die Erhöhung des Werts der Stillhalterverpflichtung wäre in diesem Fall nicht sachgerecht. Daher könnte in Erwägung gezogen werden, den bilanzierten Restwertanspruch des Leasinggebers erfolgswirksam zuzuschreiben, da sich dessen Wert durch den gestiegenen erwarteten Restwert erhöht. Die Erträge und Aufwendungen aus der Zuschreibung sowohl der Stillhalterverpflichtung als auch des Restwertanspruchs würden sich in der Gewinn- und Verlustrechnung kompensieren, so dass

---

1236 Siehe *IASB Framework* (1989): F. 60-64 sowie IAS 37.14 (1998). Vgl. dazu auch Gliederungspunkt II.A.2. in diesem Kapitel.

es insgesamt zu keiner Erfolgswirkung käme. Diese Vorgehensweise würde derjenigen bei der Bilanzierung eines *fair-value-hedge* nach IAS 39 entsprechen.[1237]

Diese Lösung wäre jedoch nicht in jedem Fall sachgerecht, da zwischen der Stillhalterverpflichtung und dem Restwertanspruch nicht immer ein Sicherungszusammenhang besteht. Erhöht sich beispielsweise der Wert einer Stillhalterverpflichtung aus einer dem Leasingnehmer eingeräumten Mietverlängerungsoption, weil die marktübliche Miete steigt, muss sich nicht zwingend in gleichem Maße der Wert des Restwertanspruchs des Leasinggebers erhöhen. Auch in diesem Fall wäre es jedoch nicht sachgerecht, beim Leasinggeber eine höhere Verpflichtung aus der Option zu bilanzieren und einen Aufwand zu erfassen. Beim Leasinggeber entstünde keine zusätzliche Schuld gemäß den Kriterien des *Framework* und des IAS 37, da es zu keinem künftigen Abfluss von Ressourcen mit wirtschaftlichem Nutzen käme. Die erhöhte Stillhalterverpflichtung würde sich in diesem Fall ebenfalls auf einen entgangenen Gewinn des Leasinggebers beziehen, für den keine Schuld angesetzt werden darf.

Sinkt der erwartete Restwert an einem Folgestichtag, würde sich der Wert der Verpflichtung des Leasinggebers aus der Option nur dann um die gesamte Wertminderung des Restwertanspruchs vermindern, wenn die Option vor der Wertminderung des Restwerts einen inneren Wert aufweisen würde, der mindestens genauso groß ist wie die Wertminderung. Häufig dürfte die Option zu Beginn des Leasingvertrags jedoch keinen inneren Wert haben. Dann würde sich durch den niedrigeren erwarteten Restwert nur der Zeitwert der Stillhalterverpflichtung vermindern. Zu beachten ist dabei jedoch, dass der Zeitwert der Stillhalterverpflichtung im Zeitablauf grundsätzlich abnimmt, auch wenn der erwartete Wert des Basiswerts konstant bleibt. Um dem Sicherungszusammenhang zwischen dem Restwertanspruch und der Stillhalterverpflichtung des Leasinggebers Rechnung zu tragen, müsste ermittelbar sein, in welchem Umfang die Verminderung des Zeitwerts der Stillhalterverpflichtung am Folgestichtag auf der Verminderung des erwarteten Restwerts beruht und in welchem Umfang eine Zeitwertminderung aufgrund des Zeitablaufs vorliegt.

Für die Folgebewertung der Stillhalterverpflichtung und des Restwertanspruchs des Leasinggebers wäre es erforderlich, dass exakt bestimmt werden kann, inwieweit Wertänderungen beider Bilanzpositionen gesichert sind, bzw. inwieweit ein zu erfassender Verlust entsteht oder eine nicht zu zeigende Wertänderung vorliegt. Um eine solche Analyse der Wertänderungen der Stillhalterverpflichtung und des Restwertanspruchs vornehmen zu können, müsste zwingend der *fair value* der Stillhalterverpflichtung ermittelbar sein. Dies dürfte im Rahmen der Folgebewertung jedoch regelmäßig nicht der Fall sein. An einem Folgestichtag gelingt die Ermittlung des Werts der Stillhalterverpflichtung nicht durch Rückgriff auf einen Vergleichsvertrag, der keine Optionen oder Garantien enthält, da für diesen Vergleich der Wert vorlie-

1237 Siehe IAS 39.89 (a) (*revised* 2003).

gen muss, den der Leasinggeber dem mit der Stillhalterverpflichtung belasteten Restwertanspruchs beimisst.[1238] Der Wert des mit der Stillhalterverpflichtung belasteten Restwertanspruchs ist jedoch nur für den Zeitpunkt des Vertragsbeginns aus der Kalkulation des Leasinggebers ermittelbar. Wie hoch dieser Wert an einem Folgestichtag ist, kann nicht genau bestimmt werden. Eine Wertermittlung dürfte insbesondere dann erhebliche Probleme bereiten, wenn an einem Folgestichtag ein anderer Restwert erwartet wird als im Zeitpunkt der Kalkulation des Leasingvertrags.

Die Anwendung von Optionspreismodellen für die Bewertung von in Leasingverträgen enthaltenen Realoptionen ist ebenfalls nicht möglich. Daher kann der *fair value* der Stillhalterverpflichtung des Leasinggebers an einem Folgestichtag nicht ermittelt werden.

Folglich kann eine vom Restwertanspruch separate Bilanzierung der Stillhalterverpflichtung nicht sachgerecht sein. Vielmehr ist die Stillhalterverpflichtung mit dem Restwertanspruch des Leasinggebers gemeinsam zu bilanzieren. Bei der Folgebewertung dieser Bilanzposition kann eine Berücksichtigung des Sicherungszusammenhangs zwischen Restwertanspruch und Stillhalterverpflichtung praktikabel erfolgen.[1239] Der Buchwert des mit der Stillhalterverpflichtung belasteten Restwertanspruchs ist nur dann anzupassen, wenn eine nicht gesicherte Wertminderung vorliegt.

Es erscheint nicht sachgerecht, eine relativ unproblematisch bewertbare Bilanzposition – den mit der Stillhalterverpflichtung belasteten Restwertanspruch – in zwei separate Leasingvertragskomponenten zu zerlegen, die alleine nicht verlässlich bewertet werden können. Beim Leasinggeber ist daher die Stillhalterverpflichtung aus dem Leasingnehmer eingeräumten Kauf- oder Mietverlängerungsoptionen, entsprechend dem Vorschlag der *G4+1-Working Group*, nicht separat zu bilanzieren. Wenngleich es dadurch zu einer unsymmetrischen Bilanzierung bei Leasingnehmer und Leasinggeber kommt, ist diese Vorgehensweise mit den Bewertungsschwierigkeiten aufgrund des Sicherungszusammenhangs zwischen Restwertanspruch und Stillhalterverpflichtung beim Leasinggeber gerechtfertigt. Zu beachten ist allerdings, dass es bei der Aufzinsung des mit einer Stillhalterverpflichtung belasteten Restwertanspruchs des Leasinggebers im Rahmen der Folgebewertung zur Realisierung von Erträgen

1238 Der Wert der Stillhalterverpflichtung würde sich dann aus der Differenz zwischen dem vom Leasinggeber ermittelten Wert für den Restwertanspruch bei einem einfachen Leasingvertrag und dem Wert des mit der Stillhalterverpflichtung belasteten Restwertanspruchs ergeben. Vgl. dazu auch die Ausführungen zu Beispiel 4.3 im folgenden Gliederungspunkt.

1239 Auch hierbei ist es nicht möglich, den Zeitwert der Stillhalterverpflichtung exakt zu berücksichtigen. Es dürfte jedoch nur zu geringen Fehlbewertungen kommen. Vgl. hierzu Fn. 1247 in Beispiel 4.3 im folgenden Gliederungspunkt.

kommt, die sich auch auf den Abbau des Zeitwerts der Stillhalterverpflichtung beziehen.[1240] Diese Erträge sind noch mit Risiken belastet und grundsätzlich nicht vor Ablauf des Leasingvertrags realisierbar. Da es sich in der Regel jedoch um sehr geringe Beträge handeln dürfte, kann diese Vorgehensweise aus Praktikabilitätsgründen vertreten werden.

4. Beispiel

Die vorgeschlagenen Regelungen zur Erst- und Folgebilanzierung von Leasingverträgen mit dem Leasingnehmer eingeräumten Kauf- oder Mietverlängerungsoptionen sollen an folgendem Beispiel verdeutlicht werden:

Beispiel 4.3:
Ein Leasingobjekt, das einen fair value in Höhe von 10.000 aufweist, wird ab dem 01.01.01 für eine unkündbare Leasingdauer von vier Jahren zu nachschüssigen jährlichen Raten verleast. Der erwartete Restwert am 31.12.04 beträgt 3.000. Der Leasingvertrag räumt dem Leasingnehmer das Recht ein, am 31.12.04 das Leasingobjekt zu einem Preis in Höhe von 3.000 zu kaufen. Er kann es jedoch auch an den Leasinggeber zurückgeben.

Am 31.12.01 wird für den Restwert am Ende der Leasingdauer sowohl vom Leasinggeber als auch vom Leasingnehmer ein Wert von 2.500, anstatt 3.000, erwartet.

Der Wert des Restwertanspruchs des Leasinggebers ist, genauso wie in Beispiel 4.2,[1241] unsicher. Zusätzlich verzichtet der Leasinggeber auf die Chance eines zusätzlichen Gewinns, wenn der tatsächliche Restwert am Ende der Leasingdauer über dem erwarteten Restwert liegt. Deshalb verwendet er annahmegemäß im Rahmen seiner Kalkulation zur Diskontierung des erwarteten Restwerts einen Risikozuschlag in Höhe von 8% (auf den sicheren Fremdkapitalzins von 7%), statt 5%, wie im Fall ohne Kaufoption (vgl. Beispiel 4.2).[1242]

1240 Berücksichtigt der Leasinggeber die Stillhalterverpflichtung bei der Bewertung des Restwertanspruchs, setzt er den Restwertanspruch aufgrund des Verzichts auf die Restwertchancen zu Beginn des Leasing zu einem niedrigeren Wert an als in dem Fall, in dem der Leasinggeber dem Leasingnehmer keine Option einräumt. Das heißt, der Leasinggeber verwendet zur Diskontierung des Restwertanspruchs einen höheren Diskontierungsfaktor, da der Risikozuschlag höher ausfällt als in dem Fall, in dem er auch die Restwertchancen innehat. In der Folge zinst der Leasinggeber den Restwertanspruch über die Leasingdauer auf den erwarteten Restwert auf. Die dabei entstehenden Erträge resultieren auch aus dem Abbau des Risikos aus der Stillhalterverpflichtung.

1241 Vgl. Gliederungspunkt III.B.2.c. in diesem Kapitel.

1242 Diese Zinssätze muss der Leasinggeber im Rahmen seiner Kalkulation der Leasingraten ermitteln. Dies könnte er beispielsweise unter Beachtung seiner Erfahrungen aus der Vergangenheit und Anwendung der Sicherheitsäquivalenzmethode tun. Vgl. dazu auch Fn. 1187.

Der Leasinggeber kalkuliert somit die Leasingraten (x) wie folgt:

$$\frac{x}{1{,}09}+\frac{x}{1{,}09^2}+\frac{x}{1{,}09^3}+\frac{x}{1{,}09^4}+\frac{3.000}{1{,}15^4}=10.000\,.$$

Dadurch berechnet er eine jährliche Leasingrate in Höhe von x = 2.557.

Der fair value des Leasingobjekts in Höhe von 10.000 wird somit in der Bilanz des Leasinggebers auf den fair value der Leasingraten in Höhe von 8.285 und den fair value des Restwertanspruchs, bei dem der Leasinggeber keine Restwertchancen innehat, in Höhe von 1.715 aufgeteilt.

Der Leasingnehmer diskontiert die Leasingraten wiederum mit seinem Fremdkapitalzinssatz in Höhe von 9%.[1243] *Er berechnet somit ebenfalls als Barwert der Leasingraten einen Wert in Höhe von 8.285.*

Es wird angenommen, dass der Leasingnehmer sowohl den Vertrag mit Kaufoption als auch den ohne Kaufoption aus Beispiel 4.1 kennt.[1244] *Deshalb kann er mithilfe des Vergleichsvertrags den Wert der Kaufoption zu Vertragsbeginn aus der Differenz der Barwerte der Leasingraten berechnen. Der Wert der Kaufoption beträgt 8.285 – 8.093 = 191.*[1245] *Dieser Wert lässt sich auch anhand der Differenz zwischen dem Wert des Restwertanspruchs, bei dem der Leasinggeber über die Restwertrisiken und -chancen verfügt,*[1246] *und dem Wert des Restwertanspruchs, bei dem der Leasinggeber nur die Restwertrisiken trägt, berechnen:*

$$\frac{3.000}{1{,}12^4}-\frac{3.000}{1{,}15^4}=1.907-1.715=191\,.$$

Der Leasingnehmer teilt den Barwert der Leasingraten in Höhe von 8.285 auf das Nutzungsrecht und die Option auf.

1243 Vgl. dazu Beispiel 4.1 in Gliederungspunkt III.B.1.b. in diesem Kapitel.

1244 Wäre dies nicht der Fall, müsste der Leasingnehmer die Option ersatzweise zum Barwert ihres inneren Werts ansetzen, der jedoch null beträgt. Die Option wäre dann beim Leasingnehmer nicht separat bilanzierbar.

1245 8.093 ist der Barwert der Leasingraten bei einem einfachen Leasingvertrag ohne Optionen, vgl. Beispiel 4.1 in Gliederungspunkt III.B.1.b. in diesem Kapitel.

1246 Vgl. Beispiel 4.2 in Gliederungspunkt III.B.2.c. in diesem Kapitel.

Leasinggeber und -nehmer bilanzieren diesen Vertrag bei Erstbilanzierung wie folgt:

Leasinggeber			
Aktiva		*Passiva*	
Forderung	**8.285**		
Restwert-anspruch	**1.715**		

Leasingnehmer			
Aktiva		*Passiva*	
Nutzungs-recht	**8.093**		
Kaufoption	**191**	**Verbind-lichkeit**	**8.285**

Am 31.12.01 erfolgt die Zahlung der ersten Leasingrate in Höhe von 2.557. Der Zinsanteil der Leasingrate ergibt sich durch Multiplikation der Forderung des Leasinggebers bzw. der Verbindlichkeit des Leasingnehmers mit dem verwendeten Diskontierungszinssatz in Höhe von 9% und beträgt 746. Der Tilgungsanteil in Höhe von 1.812 vermindert den Buchwert der Forderung des Leasinggebers sowie der Verbindlichkeit des Leasingnehmers.

Das Nutzungsrecht des Leasingnehmers wird linear über die Leasingdauer von vier Jahren abgeschrieben. Die Abschreibung für das Jahr 01 beträgt folglich 2.023.

Der Restwertanspruch des Leasinggebers ist zunächst mit dem Diskontierungszinssatz in Höhe von 15% aufzuzinsen. Dadurch würde sich eine Bewertung des Restwertanspruchs mit einem Wert in Höhe von $1.715 \cdot 1{,}15 = 1.973$ *ergeben.*

Aufgrund der Abnahme des erwarteten Restwerts ist der Restwertanspruch jedoch im Wert gemindert und muss außerplanmäßig abgeschrieben werden. Der Restwertanspruch ist am 31.12.01 mit einem Wert anzusetzen in Höhe von:

$$\frac{2.500}{1{,}15^3} = 1.644\,.$$ [1247]

Für den Restwertanspruch ergibt sich somit ein Wertminderungsaufwand in Höhe von $1.973 - 1.644 = 329$.

1247 Dieser Wertansatz ist etwas zu gering. Er entspricht nämlich dem Wert, den der Leasinggeber bei einem erwarteten Restwert in Höhe von 2.500 zugrunde legen würde, wenn der Leasingnehmer eine Kaufoption zu einem Ausübungspreis von 2.500 hätte. Tatsächlich hat der Leasingnehmer jedoch bei einem erwarteten Restwert von 2.500 eine Kaufoption mit einem Ausübungspreis von 3.000. Der exakte Wert des mit der Stillhalterverpflichtung aus der Option belasteten Restwertanspruchs kann jedoch nicht praktikabel ermittelt werden.

Der Wert der Kaufoption des Leasingnehmers, der nur aus dem Zeitwert besteht, hat sich im Vergleich zum Wert bei Erstbilanzierung zum einen dadurch vermindert, dass der Ausübungszeitpunkt näher gerückt ist. Zum anderen dürfte der Zeitwert der Kaufoption durch die Abnahme des erwarteten Restwerts um 500 deutlich gesunken sein. Da der fair value der Kaufoption nicht praktikabel bestimmbar ist, erscheint es sachgerecht, diese auf null abzuschreiben und den noch verbleibenden geringen Zeitwert der Option zu vernachlässigen.

Leasinggeber und -nehmer bilanzieren diesen Vertrag am 31.12.01 wie folgt:[1248]

Leasinggeber			
Aktiva		*Passiva*	
Forderung	***6.473***	***Gewinn***	***674***
Restwert-anspruch	***1.644***		

Leasingnehmer			
Aktiva		*Passiva*	
Nutzungs-recht	***6.070***	***Verlust***	***2.960***
Kaufoption	***0***	***Verbind-lichkeit***	***6.473***

Das Beispiel zeigt, dass ein separater Ausweis der Kaufoption beim Leasingnehmer zwingend erforderlich ist. Anderenfalls würde der Leasingnehmer ein zu hoch bewertetes Nutzungsrecht bilanzieren. Der gemeinsame Ausweis von Nutzungsrecht und Kaufoption würde dazu führen, dass die Option am 31.12.01 nicht vollständig außerplanmäßig abgeschrieben würde, obwohl sie durch das Absinken des erwarteten Restwerts nahezu wertlos wird. Stattdessen würde die Kaufoption beim Leasingnehmer im Rahmen der planmäßigen Abschreibung des Nutzungsrechts nur zu einem Viertel im Wert gemindert werden. Das die Kaufoption beinhaltende Nutzungsrecht würde deshalb zum 31.12.01 mit einem Wert von 6.214 bilanziert werden.[1249] Bei separatem Ausweis von Nutzungsrecht und Kaufoption ergibt sich hingegen zum 31.12.01 nur ein Wert von 6.070.

Beim Leasinggeber würde es jedoch zu erheblichen Bewertungsproblemen kommen, wenn dieser die Stillhalterverpflichtung aus der Kaufoption auf der Passivseite separat ausweisen würde. Die Abnahme des erwarteten Restwerts führt zu einer Verminderung des Werts der Stillhalterverpflichtung, die jedoch bei separater Betrachtung grundsätzlich nicht gezeigt werden dürfte, da die Wertabnahme der Verpflichtung nicht realisierbar ist. Zugleich sinkt jedoch

1248 Der Saldo der sich aus dem Leasingvertrag ergebenden Erträge und Aufwendungen wird als Gewinn bzw. Verlust in der Bilanz der jeweiligen Vertragspartei dargestellt.

1249 Der Wert von 6.214 ergibt sich bei planmäßiger linearer Abschreibung des die Kaufoption beinhaltenden Nutzungsrechts mit einem Wert von 8.285.

der Wert des Restwertanspruchs. Es wäre jedoch nicht sachgerecht, die Wertminderung der Stillhalterverpflichtung auf der Passivseite nicht zu zeigen, den Wertansatz des Restwertanspruchs auf der Aktivseite jedoch um die gesamte Wertminderung zu korrigieren. Stattdessen müsste der Sicherungszusammenhang zwischen diesen beiden Leasingvertragskomponenten beachtet werden. Es könnte jedoch nicht praktikabel berechnet werden, in welcher Höhe ein Sicherungszusammenhang besteht und in welcher Höhe tatsächlich ein Verlust zu zeigen wäre. Zwar führt die Bewertung des Restwertanspruchs und der Stillhalterverpflichtung in einer Position aufgrund von Bewertungsschwierigkeiten ebenfalls nicht zu exakt richtigen Ergebnissen. Dennoch ist dadurch eine sachgerechtere und zudem praktikablere Folgebewertung möglich als bei dem getrennten Ausweis von Restwertanspruch und Stillhalterverpflichtung.

D. Bilanzierung von Leasingverträgen mit bedingten Leasingraten

1. Bei zusätzlicher Nutzung anfallende bedingte Leasingraten

Bedingte Leasingraten können im Rahmen der geltenden Vorschriften zur Leasingbilanzierung als Gestaltungsinstrument genutzt werden, um Leasingverträge bilanzneutral zu behandeln. Gemäß den Regelungen des IAS 17 sind bedingte Leasingraten nicht in die Mindestleasingzahlungen einzubeziehen.[1250] Deshalb kann durch die Verwendung bedingter Leasingraten das Ergebnis des Barwerttests nach IAS 17.10 (d) (*revised* 2003) zugunsten einer Klassifizierung des Leasingvertrags als *operating lease* beeinflusst werden.[1251]

Bedingte Leasingraten können auch bei als *finance leases* zu klassifizierenden Leasingverträgen zu einer partiellen Bilanzneutralität führen: Da bedingte Leasingraten nicht Bestandteil der Mindestleasingzahlungen sind, werden sie nicht bei der Bewertung des Leasingobjekts und der Verbindlichkeit in der Bilanz des Leasingnehmers berücksichtigt.[1252] Der gleiche Effekt könnte auch im Rahmen des Komponentenansatzes für die Leasingbilanzierung durch die Verwendung bedingter Leasingraten erreicht werden, wenn diese nicht bei der Bewertung des Nutzungsrechts und der korrespondierenden Verbindlichkeit des Leasingnehmers zu berücksichtigen wären. Die Frage, ob bedingte Leasingraten in die Bewertung der im Rahmen des Komponentenansatzes anzusetzenden Bilanzpositionen bei Leasingnehmer und -geber einzubeziehen sind, ist anhand der Bilanzierungskriterien der IAS/IFRS zu entscheiden.

Die *G4+1-Working Group* unterscheidet verschiedene Arten bedingter Leasingraten. Im ersten Fall hängen die bedingten Leasingraten von der durch den Leasingnehmer bestimmbaren zusätzlichen Nutzung des Leasingobjekts ab.[1253] Derartige bedingte Leasingraten können zum

---

1250 Siehe IAS 17.4 (*revised* 2003) zur Definition von „*minimum lease payments*" sowie Gliederungspunkt II.B.4. in Kapitel 2.

1251 Siehe dazu auch die Ausführungen in Fn. 454.

1252 Siehe IAS 17.20 i. V. m. IAS 17.4 (*revised* 2003) zur Definition von „*minimum lease payments*".

1253 Siehe *ASB* (Implementation, 1999): Par. 4.59-64 sowie Gliederungspunkt IV.B.1. in Kapitel 3.

Beispiel vorliegen, wenn in einem Leasingvertrag über ein Kraftfahrzeug eine fixe Leasingrate vereinbart ist, diese jedoch nur eine bestimmte Anzahl an Kilometern pro Jahr abdeckt und für jeden gefahrenen Mehrkilometer ein festgelegter Satz zusätzlich zu zahlen ist.[1254] Die von der *G4+1-Working Group* vorgeschlagene Behandlung derartiger bedingter Leasingraten ist grundsätzlich sachgerecht. Dem Leasingnehmer wird in diesem Fall eine Realoption zur zusätzlichen Nutzung des Leasingobjekts eingeräumt. Der Leasingnehmer ist somit ähnlich gestellt wie bei einer Mietverlängerungsoption. Eine korrespondierende bilanzielle Abbildung erscheint daher zwingend. Aus diesem Grund ist für die Bewertung der Bilanzpositionen des Leasingnehmers keine Annahme darüber zu treffen, ob der Leasingnehmer die optionale Nutzung in Anspruch nimmt. Die Option ist stattdessen separat zu bilanzieren, wenn sie einen verlässlich ermittelbaren und wesentlichen Wert aufweist. Ein solcher dürfte nur dann vorliegen, wenn die Option einen inneren Wert hat. Dazu muss dem Leasingnehmer die optionale Nutzung des Leasingobjekts zu einem günstigeren als dem marktüblichen Preis eingeräumt werden.[1255] Wird die zusätzliche Nutzung des Leasingobjekts zu einem marktüblichen Preis angeboten – was häufig der Fall sein dürfte – ist die optionale Nutzungsmöglichkeit grundsätzlich nicht separat bilanzierbar. In die Bewertung des Nutzungsrechts werden dann nur die fixen Leasingraten einbezogen.

Beim Leasinggeber sind bedingte Leasingraten, die nur anfallen, wenn das Leasingobjekt vom Leasingnehmer zusätzlich genutzt wird, korrespondierend zur Bilanzierung beim Leasingnehmer, ebenfalls wie Optionen zu behandeln. Übereinstimmend mit den Vorschlägen der *G4+1-Working Group*[1256] sollte der Leasinggeber die Stillhalterverpflichtung aus der eingeräumten Option aufgrund des Sicherungszusammenhangs mit dem Restwertanspruch jedoch nicht separat bilanzieren.[1257] Die bedingten Leasingraten sind stattdessen bei der Bewertung des Restwertanspruchs zu berücksichtigen. Macht der Leasingnehmer von seinem Recht zur zusätzlichen Nutzung des Leasingobjekts Gebrauch, werden die bedingten Leasingraten mit ihrem Anfall beim Leasinggeber vereinnahmt. Vermindert sich der Wert des Restwertanspruchs aufgrund der zusätzlichen Nutzung durch den Leasingnehmer, ist der Restwertanspruch außerplanmäßig abzuschreiben.

2. Proportional zur Nutzung anfallende bedingte Leasingraten

Komplexer gestaltet sich die Bilanzierung von Verträgen, bei denen sämtliche Leasingraten proportional zur Nutzung des Leasingobjekts anfallen und somit bedingte Leasingraten vom Leasingnehmer in jedem Fall – und nicht nur bei optionaler zusätzlicher Nutzung – zu zahlen

---

1254 Vgl. *ASB* (Implementation, 1999): Par. 4.60, *Example* 3.

1255 Für den als Beispiel angeführten Kraftfahrzeug-Leasingvertrag würde dies bedeuten, dass der Satz, der für jeden Mehrkilometer zu zahlen ist, niedriger ist als der marktübliche Preis.

1256 Vgl. *ASB* (Implementation, 1999): Par. 11.10.

1257 Vgl. dazu die Ausführungen zur Bilanzierung von Kauf- oder Mietverlängerungsoptionen beim Leasinggeber in Gliederungspunkt III.C.3. in diesem Kapitel.

sind. Die Höhe der Leasingraten ist dabei in der Regel an einen Parameter gekoppelt, der direkt mit der Nutzung des Leasingobjekts zusammenhängt, wie die Laufleistung einer Maschine. Ein in der Praxis häufig vorkommendes Beispiel für einen solchen Vertrag ist der Kilometervertrag beim Kraftfahrzeugleasing. Dabei wird zu Beginn des Leasingverhältnisses eine erwartete Kilometerlaufleistung für die Laufzeit des Leasingvertrages festgelegt. Nach Ablauf der Leasingdauer werden gefahrene Mehr- oder Minderkilometer zwischen Leasinggeber und -nehmer abgerechnet.[1258] Für die Mehr- oder Minderkilometer gelten ungünstigere Preise für den Leasingnehmer als für die erwarteten Kilometer, so dass die Amortisation der Investition des Leasinggebers unabhängig von der Anzahl der tatsächlich gefahrenen Kilometer sichergestellt ist.[1259]

Die proportional zur Nutzung anfallenden bedingten Leasingraten können auch an Erfolgsgrößen, wie den mit dem Leasingobjekt erzielten Umsatz oder Gewinn, gekoppelt sein. Solche Verträge dürften jedoch in der Praxis seltener vorkommen.

Im Positionspapier der *G4+1-Working Group* wird eine Einbeziehung derartiger bedingter Leasingraten in den Wert des Nutzungsrechts und der korrespondierenden Verbindlichkeit des Leasingnehmers vorgeschlagen. Zur Ermittlung des Werts des Nutzungsrechts soll ein Vergleich mit einem Leasingvertrag über ein identisches Objekt, welcher keine bedingten Leasingraten enthält, vorgenommen werden. Handelt es sich beim Leasingobjekt nicht um ein Standardprodukt, wie beispielsweise ein Kraftfahrzeug, dürfte es in der Praxis Probleme bereiten, einen vergleichbaren Leasingvertrag zu finden. Wenn kein vergleichbarer Leasingvertrag ohne bedingte Leasingraten vorhanden ist, müsste wohl hilfsweise eine bestimmte, auf einer Schätzung basierende Nutzung unterstellt werden. Dies würde dem Leasingnehmer Gestaltungsspielräume bieten.

Bei in der Praxis üblichen Kilometerverträgen über Kraftfahrzeuge ist durch die zu Beginn des Leasingvertrags festgelegte erwartete Kilometerlaufleistung bereits eine plausible Schätzung für die erwartete Nutzung und die voraussichtlich zu zahlenden Leasingraten gegeben. Der Leasingnehmer hat aufgrund der für ihn ungünstigeren Preise für nachträglich abgerechnete Mehr- oder Minderkilometer keinen Anreiz, eine unplausible erwartete Kilometerzahl zu vereinbaren.

1258 Der Unterschied zu dem im vorangehenden Gliederungspunkt beschriebenen Leasingvertrag mit einer Option zur zusätzlichen Nutzung des Kraftfahrzeugs besteht somit darin, dass auch Minderkilometer Einfluss auf die Höhe der Leasingraten haben.

1259 Vgl. *Berninghaus* (Fahrzeugleasing, 1998): Rdnr. 8. In der Regel besteht für die gefahrenen Kilometer ein Toleranzrahmen von 2.500 km, in dem von einer Zusatzzahlung oder einer Vergütung abgesehen wird. Der Leasinggeber trägt bei diesen Verträgen das Restwertrisiko. Solche Leasingverträge sind grundsätzlich nur für extrem fungible Leasingobjekte wie Kraftfahrzeuge möglich, da bei diesen ein Gebrauchtwagenmarkt existiert, der es dem Leasinggeber ermöglicht, aufgrund seiner Erfahrung zukünftige Marktpreise für Kraftfahrzeuge mit bestimmter Kilometerlaufleistung verlässlich zu schätzen.

Ob die bedingten Leasingraten in die Bewertung des Nutzungsrechts und der Verbindlichkeit beim Leasingnehmer einzubeziehen sind, ist unter Beachtung der Bilanzierungskriterien für *assets* und *liabilities* der IAS/IFRS zu entscheiden. Hängt die Höhe der zu zahlenden Leasingraten ausschließlich vom Gewinn des Leasingnehmers ab, stellt der Anspruch des Leasinggebers auf die bedingten Leasingraten beim Leasingnehmer keine *liability* dar. Der Anspruch des Leasinggebers gleicht dann vielmehr dem eines Eigenkapitalgebers, da die bedingten Leasingraten eine gewinnabhängige Vergütung darstellen.[1260] In diesem Fall trägt der Leasinggeber einen Teil des Geschäftsrisikos des Leasingnehmers.[1261] Auf eine echte gewinnabhängige Vergütung, die gegebenenfalls zu einem eigenkapitalähnlichen Anspruch führen könnte, wird sich der Leasinggeber in der Praxis jedoch kaum einlassen. Der Leasinggeber wird die bedingten Leasingraten stets an einen Parameter koppeln, dessen Wertentwicklung für ihn kalkulierbar ist, damit die Amortisation seiner Investition gesichert ist und er im Wesentlichen keine weiteren Risiken als das Bonitätsrisiko zu tragen hat.

Für nicht vom Gewinn abhängige bedingte Leasingraten ist zu prüfen, ob sie anhand der an den künftigen Nutzenabfluss anknüpfenden Bilanzierungskriterien des *Framework* und des IAS 37 beim Leasingnehmer als Schulden zu qualifizieren sind. Bei bedingten Leasingraten hängt die Zahlungsverpflichtung des Leasingnehmers von zukünftigen Werten des Parameters ab, an den die Leasingraten gekoppelt sind, also beispielsweise von der Laufleistung der geleasten Maschine. Aus diesem Grund könnte in Erwägung gezogen werden, dass keine gegenwärtige Verpflichtung besteht, die aus Ereignissen in der Vergangenheit resultiert. Die Definitionskriterien einer *liability* würden mithin nicht erfüllt.[1262] Dem ist jedoch entgegenzuhalten, dass – auch wenn sich die Höhe der Zahlungsverpflichtung auf zukünftige Ereignisse bezieht – die gegenwärtige Verpflichtung bereits durch die Ereignisse Vertragsabschluss und Erhalt des Leasingobjekts begründet wurde. Auch ist ein Nutzenabfluss hinreichend wahrscheinlich.[1263] Der Leasinggeber wird zur Sicherstellung der Amortisation seiner Investition die Höhe der Leasingraten regelmäßig an Parameter knüpfen, die mit sehr großer Wahrscheinlichkeit eine bestimmte Höhe erreichen werden,[1264] so dass es mit hoher Wahrscheinlichkeit zu einem Nutzenabfluss kommt.

Auch dürfte die Höhe der Verpflichtung des Leasingnehmers zuverlässig geschätzt werden können.[1265] Da der Leasinggeber nur Parameter auswählen wird, die er selbst einschätzen

1260 Vgl. jeweils Antwort zu Frage 6 in *IDW* (CL 9, 2000), *FEE* (CL 16, 2000) u. *Bradbury* (CL 13, 2000).
1261 Vgl. *Bradbury* (CL 13, 2000): Antwort zu Frage 6.
1262 Vgl. *IDW* (CL 9, 2000): Antwort zu Frage 6.
1263 Nach IAS 37.23 (1998) muss die Wahrscheinlichkeit des Nutzenabflusses größer als 50% sein.
1264 Sind die Leasingraten beispielsweise an die Laufleistung einer Maschine oder den damit erzielten Umsatz gekoppelt, ist die Wahrscheinlichkeit, dass es zu keiner Zahlung bedingter Leasingraten kommt, nur sehr gering.
1265 Dies stellt ein weiteres Kriterium für den Ansatz einer Schuld dar, siehe *IASB Framework* (1989): F. 83; IAS 37.14 (c) (1998).

kann oder bei denen zu Vertragsbeginn eine erwartete Größe festgelegt wird, sollte es dem Leasingnehmer ebenfalls möglich sein, diese und daraus folgend die Höhe der Leasingraten zu schätzen. Ein Rückgriff auf einen vergleichbaren Leasingvertrag, der keine bedingten Leasingraten enthält,[1266] ist dabei zulässig. Parameter wie Umsätze oder Jahreslaufleistungen von Maschinen können gegebenenfalls auch auf Grundlage von Erfahrungen aus Vorjahren geschätzt werden. Ein Ermessensspielraum des Leasingnehmers bei derartigen Schätzungen kann nicht vermieden werden.

Da die bedingten Leasingraten in die Bewertung der Verbindlichkeit des Leasingnehmers einzubeziehen sind, wird die Möglichkeit der Erzielung eines *off-balance-sheet*-Effekts durch die Verwendung bedingter Leasingraten, die proportional zur Nutzung des Leasingobjekts anfallen, eingeschränkt. Werden die bedingten Leasingraten in die Bewertung der Verbindlichkeit des Leasingnehmers einbezogen, sind sie auch bei der Bewertung des Nutzungsrechts zu berücksichtigen, da sich die Anschaffungskosten des Nutzungsrechts durch den Wert der hingegebenen Gegenleistung, die wiederum durch die Verbindlichkeit verkörpert wird, bestimmen. Es ist davon auszugehen, dass der *fair value* des Nutzungsrechts im Anschaffungszeitpunkt dem Barwert der geschätzten Leasingraten entspricht, da der Leasingnehmer den Vertrag anderenfalls nicht abschließen würde.

Weichen in einem Folgejahr die tatsächlich zu zahlenden Leasingraten von der für die Zugangsbewertung der Bilanzpositionen geschätzten Höhe ab, ist die Differenz erfolgswirksam zu behandeln. Wenn an einem Folgestichtag zu erwarten ist, dass die in den zukünftigen Perioden tatsächlich zu zahlenden Leasingraten von den bei Erstbilanzierung geschätzten Leasingraten abweichen werden, ist die Verbindlichkeit, entsprechend der Vorgehensweise bei der Rückstellungsbewertung, neu zu bewerten. Es erscheint dann sachgerecht, auch den Buchwert des Nutzungsrechts zu erhöhen oder zu vermindern, da sich die Schätzung der Anschaffungskosten des Nutzungsrechts ändert. Erhöht sich beispielsweise an einem Folgestichtag die Schätzung für die zukünftig zu zahlenden Leasingraten, weil das Leasingobjekt umfangreicher genutzt wird als bei Leasingbeginn geplant war, erhält der Leasingnehmer durch die umfangreichere Nutzung auch tatsächlich ein höherwertiges Nutzungsrecht.[1267] Es wäre nicht sachgerecht, wenn beim Leasingnehmer ein Verlust entstehen würde, weil er sich dazu entschließt, in der Zukunft das Leasingobjekt stärker zu nutzen als zu Beginn des Leasingvertrags geplant. Der Leasingnehmer wird das Leasingobjekt nur dann stärker als geplant nutzen, wenn dies für ihn lohnenswert ist. Durch die korrespondierende Anpassung von Verbindlichkeit und Nutzungsrecht bei Änderung der Schätzung der künftigen Nutzung des Leasingobjekts an einem Folgestichtag kommt es zu keiner Erfolgswirkung.

1266 Dies schlägt die *G4+1-Working Group* vor, vgl. *ASB* (Implementation, 1999): Par. 4.67.

1267 Nutzt der Leasingnehmer das Leasingobjekt weniger als zu Beginn des Leasing geplant, vermindert sich der Wert seines Nutzungsrechts. Es wäre dann nicht sachgerecht, einen Ertrag beim Leasingnehmer zu verbuchen.

Für die Bilanzierung beim Leasinggeber ist zu untersuchen, ob dieser bedingte Leasingraten, die proportional zur Nutzung des Leasingobjekts anfallen, in die Bewertung seiner Forderung einbeziehen darf.[1268] Darin könnte ein Verstoß gegen das Realisationsprinzip gesehen werden. Da die Höhe der Leasingraten unsicher ist und zudem von der Nutzung des Leasingnehmers abhängt, unterliegen die bedingten Leasingraten einem wesentlich höheren Risiko als dem Bonitätsrisiko. Allerdings erfordert der Komponentenansatz, dass der Leasinggeber das vor Leasingbeginn bei ihm bilanzierte Leasingobjekt in die Forderung und den Restwertanspruch aufspaltet. Die Forderung und der Restwertanspruch sollten beide zum *fair value* bewertet werden und in der Summe dem *fair value* des Leasingobjekts entsprechen. Die Bilanz des Leasinggebers würde nicht die tatsächlichen wirtschaftlichen Verhältnisse widerspiegeln, wenn der Leasinggeber beispielsweise bei einem Kilometervertrag über ein Kraftfahrzeug zu Leasingbeginn in Höhe des Buchwerts des zur Nutzung überlassenen Teils des Leasingobjekts einen Verlust ausweisen würde. Der Grundsatz der *fair presentation*[1269] erfordert, die bedingten Leasingraten in die Forderung des Leasinggebers einzubeziehen, damit die Forderung den Wert der tatsächlich auf den Leasingnehmer übertragenen Rechte widerspiegelt.[1270] Das unter den IAS/IFRS – im Vergleich zum deutschen Bilanzrecht ohnehin weiter gefasste – Realisationsprinzip[1271] wird dadurch zurückgedrängt.

Der Leasinggeber sollte daher die Höhe der voraussichtlich anfallenden bedingten Leasingraten möglichst anhand eines Vergleichsvertrags vorsichtig schätzen und in die Bewertung der Forderung einbeziehen. In den meisten Fällen dürfte – wie beim Kilometervertrag über Kraftfahrzeuge – zur Sicherstellung der Amortisation des Leasingobjekts der Leasingvertrag so ausgestaltet sein, dass der Leasingnehmer einem wirtschaftlichen Zwang zu einem bestimmten Umfang der Nutzung unterliegt.[1272] Dann ist eine Schätzung verlässlich möglich.

Muss der Leasingnehmer in einer Folgeperiode höhere Leasingraten zahlen als zu Leasingbeginn geschätzt wurde, hat der Leasinggeber diese mit ihrem Anfall als Ertrag zu vereinnahmen. Werden an einem Folgestichtag für die Zukunft höhere Leasingraten geschätzt, sollte eine Zuschreibung der Forderung zur Vermeidung von Manipulationsmöglichkeiten unter Beachtung des Anschaffungskostenprinzips nicht zulässig sein. Die höheren Leasingraten sind erst dann als Ertrag zu realisieren, wenn sie tatsächlich anfallen. Eine Wertberichtigung der Forderung ist jedoch vorzunehmen, wenn zu erwarten ist, dass der Leasingnehmer das Leasingobjekt in geringerem Umfang als zu Beginn des Leasing geschätzt nutzen wird.

1268 Vgl. *IDW* (CL 9, 2000): Antwort zu Frage 17 (a).

1269 Siehe *IASB Framework* (1989): F. 46.

1270 Vgl. *ASB* (Implementation, 1999): Par. 11.11 (b).

1271 Vgl. Gliederungspunkt II.B.5.c. in diesem Kapitel.

1272 Bei Kilometerverträgen über Kraftfahrzeuge besteht dieser wirtschaftliche Zwang für den Leasingnehmer, da gefahrene Mehr- oder Minderkilometer zu ungünstigeren Preisen als die geschätzten Kilometer abgerechnet werden.

3. *Nutzungsunabhängige bedingte Leasingraten*

Bedingte Leasingraten können auch an externe Parameter, wie zum Beispiel Preisindices, gekoppelt sein. Die Höhe der bedingten Leasingraten hängt dann nicht mit der Nutzung des Leasingobjekts zusammen. Bei einem Leasingvertrag, der solche Anpassungen der Leasingraten vorsieht, sind anfänglich niedrigere Leasingraten zu zahlen als bei einem Leasingvertrag, in dem diese Anpassungen nicht vereinbart sind.[1273] Dies ist darin begründet, dass der Leasinggeber bei einem Vertrag ohne Anpassung der Leasingraten Preisänderungsrisiken, wie zum Beispiel das Risiko einer Erhöhung des Marktzinses für Fremdkapital, trägt und entsprechend in die Leasingraten einkalkuliert.

Nach Ansicht der *G4+1-Working Group* sind das Nutzungsrecht und die Verbindlichkeit des Leasingnehmers unterbewertet, wenn die zukünftig gegebenenfalls vorzunehmenden Anpassungen der Leasingraten nicht bei der Bewertung berücksichtigt werden.[1274] Zu diesem Ergebnis dürfte es unstrittig kommen, wenn die Leasingraten mit einem die Inflationsrate beinhaltenden Nominalzinssatz diskontiert werden, zugleich die Preissteigerungen in den Leasingraten jedoch unberücksichtigt bleiben. Aus diesem Grund sind erwartete Preissteigerungen, soweit diese verlässlich ermittelt werden können, in den Leasingraten zu berücksichtigen.[1275] Ist eine Schätzung der zukünftigen Preissteigerungen nicht verlässlich möglich, dürfen sie nicht in den Ansatz von Nutzungsrecht und Verbindlichkeit des Leasingnehmers einbezogen werden, da es anderenfalls zu einem Verstoß gegen das Bilanzierungskriterium der verlässlichen Bewertbarkeit im *Framework* des *IASB* käme.[1276]

Kommt es in den Folgejahren zu einer von der Schätzung bei Erstbilanzierung abweichenden Erhöhung oder Verminderung des externen Parameters, an den die Leasingraten gekoppelt sind, ist die Verbindlichkeit entsprechend anzupassen.[1277] Der Anpassungsbetrag ist erfolgswirksam zu erfassen. Abzulehnen ist in diesem Fall der Vorschlag der *G4+1-Working Group*, die Anpassungen erfolgsneutral vorzunehmen, indem korrespondierend zur Verbindlichkeit der Buchwert des Nutzungsrechts verändert wird.[1278] Bei Erhöhung des externen Parameters und mithin der Verbindlichkeit ist davon auszugehen, dass dem Leasingnehmer ein Aufwand entsteht. Der Unterschied zu bedingten Leasingraten, die proportional zur Nutzung des Lea-

---

1273 Vgl. *ASB* (Implementation, 1999): Par. 4.82.

1274 Vgl. ebenda.

1275 Ebenfalls richtig wäre die Verwendung eines Realzinses zur Diskontierung und die Nichtberücksichtigung der Preissteigerungen, vgl. *ASB* (Implementation, 1999): Par. 4.82.

1276 Siehe *IASB Framework* (1989): F. 86. Stimmt der Leasingnehmer im Leasingvertrag einer zukünftigen Anpassung der Leasingraten an externe Preise zu, wird die Verpflichtung zur Zahlung der bedingten Leasingraten mit der Inbetriebnahme des Leasingobjekts begründet. Das Bilanzierungskriterium für Schulden, dass ein Ereignis in der Vergangenheit vorliegen muss, das eine gegenwärtige Verpflichtung begründet, siehe *IASB Framework* (1989): F. 61, wird somit durch diese Art bedingter Leasingraten erfüllt.

1277 Zu beachten ist, dass gegebenenfalls keine Anpassung der Schätzung zu erfolgen hat, wenn die Leasingraten an Inflationsraten angepasst werden, weil sich dann auch der zur Diskontierung verwendete Nominalzinssatz in gleichem Maße ändern kann.

1278 Vgl. *ASB* (Implementation, 1999): Par. 4.87.

singobjekts anfallen,[1279] besteht darin, dass der Leasingnehmer keinen Einfluss auf die Höhe des externen Parameters hat. Das Nutzungsrecht zu einem höheren Wert anzusetzen als der zum Zeitpunkt des Erwerbs geschätzte Wert der Gegenleistung, verstößt in diesem Fall gegen das Anschaffungskostenprinzip. Für die Verbindlichkeit gilt hingegen das Höchstwertprinzip. Eine Erhöhung der Verbindlichkeit aufgrund der Änderung eines externen Parameters ist als Aufwand zu zeigen.

Bedingte Leasingraten, die an externe Preise angepasst werden, sind auch beim Leasinggeber in Form von Erwartungswerten in die Forderung einzubeziehen, wenn ein Nominalzins zur Diskontierung verwendet wird und Erwartungswerte für die Preissteigerungen verlässlich ermittelt werden können. Anderenfalls würde die Forderung durch die Diskontierung mit dem Nominalzins zu niedrig bewertet werden und nicht die tatsächlichen Erwartungen der Vertragsparteien widerspiegeln. Ist die Höhe der Preissteigerungen sehr unsicher, kann eine Einbeziehung an dem *asset*-Definitionskriterium der verlässlichen Bewertbarkeit scheitern. Erhöhen sich an einem Folgestichtag die Schätzungen für die zukünftigen Preissteigerungen, ist der Wert der Forderung unter Beachtung des Anschaffungskostenprinzips nicht zuzuschreiben. Der Leasinggeber erfasst die höheren Leasingraten dann erst bei ihrem Anfall. War die Schätzung der künftigen Preissteigerungen zu Leasingbeginn zu hoch, ist allerdings zum Zwecke der Verlustantizipation eine Wertberichtigung der Forderung vorzunehmen.

E. Bilanzierung von Leasingverträgen mit Restwertvereinbarungen

1. Eigentumsübergang auf den Leasingnehmer

Ist im Leasingvertrag vereinbart, dass der Leasingnehmer am Ende der Leasingdauer rechtlicher Eigentümer des Leasingobjekts wird, erwirbt der Leasingnehmer durch den Vertrag nicht nur ein Nutzungsrecht am Leasingobjekt, sondern auch den nach Ablauf der Leasingdauer verbleibenden Restwert. Der Leasingnehmer hat dann zwingend mit Nutzungsbeginn das Objekt selbst und kein Nutzungsrecht in seiner Bilanz auszuweisen. Anders als der Erwerber eines bloßen Nutzungsrechts kontrolliert der Leasingnehmer in diesem Fall die gesamten künftigen Nutzenzuflüsse aus dem Objekt. Ein Vertrag, in dem der Übergang des rechtlichen Eigentums auf den Leasingnehmer vereinbart wird, erfüllt grundsätzlich nicht die Definition eines Leasingvertrags.[1280] Auch wenn ein solcher Vertrag als „Leasing" deklariert wird, handelt es sich wirtschaftlich betrachtet um einen Teilzahlungskauf,[1281] der als solcher zu bilanzieren ist.

1279 Vgl. Gliederungspunkt III.D.2. in diesem Kapitel.

1280 Vgl. dazu die Definition eines Leasingvertrags im angelsächsischen Verständnis in Gliederungspunkt I. in Kapitel 2 sowie Gliederungspunkt II.B. in Kapitel 3.

1281 Derartige Verträge werden üblicherweise als „Mietkaufverträge" bezeichnet. Vgl. *ASB* (Implementation, 1999): Par. 2.4; *Gelhausen/Weiblen* (Leasingverträge, 2003): Rn. 45.

Unzweifelhaft dürfte sein, dass der Leasinggeber das Objekt vollständig ausbucht, wenn von Beginn an vertraglich vereinbart ist, dass das rechtliche Eigentum am Objekt am Ende der Leasingdauer auf den Leasingnehmer übergeht. Auch beim Leasinggeber wird der Vertrag mithin als Verkauf des Objekts bilanziert.

Bei sämtlichen Leasingverträgen hingegen, die einen Übergang des rechtlichen Eigentums am Leasingobjekt auf den Leasingnehmer nicht vorsehen, bilanziert der Leasingnehmer nach dem hier vorgeschlagenen Komponentenansatz ein Nutzungsrecht. Wenngleich dem Leasingnehmer durch bestimmte Vereinbarungen über den Restwert bedeutende Risiken und Chancen am Leasingobjekt zufallen, aktiviert er nur dann das Leasingobjekt, wenn er die gesamten Nutzenzuflüsse des Objekts mittels rechtlichem Eigentum kontrolliert. Das Kriterium des wirtschaftlichen Eigentums am gesamten Leasingobjekt, wie es im geltenden IAS 17 – und auch im deutschen Bilanzrecht – zur Anwendung kommt, ist durch die Aufspaltung des Leasingobjekts in die von den Vertragsparteien rechtlich kontrollierten Komponenten obsolet. Darin ist kein Verstoß gegen den Grundsatz der wirtschaftlichen Betrachtungsweise (*substance over form*)[1282] zu sehen. Die Zerlegung des Leasingvertrags in die rechtlich von den Vertragsparteien kontrollierten Komponenten ermöglicht sogar eine exaktere bilanzielle Darstellung der sich aus dem Leasingvertrag ergebenden wirtschaftlichen Verhältnisse bezüglich des Leasingobjekts als es das Kriterium des wirtschaftlichen Eigentums vermag. Anhand der bilanzierten Komponenten kann der Bilanzleser erkennen, welche Risiken und Chancen der jeweiligen Vertragspartei zufallen.

2. *Restwertgarantie durch den Leasingnehmer*

a. Bilanzierung beim Leasingnehmer

Garantiert der Leasingnehmer dem Leasinggeber einen festen Restwert, gleicht seine Position der eines Stillhalters einer vom Leasinggeber gehaltenen Verkaufsoption auf das Leasingobjekt. Liegt der tatsächliche Verwertungserlös des Leasingobjekts am Ende der Leasingdauer unter dem garantierten Restwert, wird der Leasinggeber die Differenz zwischen Verwertungserlös und garantiertem Restwert vom Leasingnehmer einfordern. Eine solche Vertragsgestaltung ist in der Praxis üblich, um die volle Amortisation der Investition des Leasinggebers sicherzustellen. Durch die Garantie trägt der Leasingnehmer die Restwertrisiken.

Eine Restwertgarantie erfüllt grundsätzlich die Definitionskriterien eines derivativen Finanzinstruments gemäß IAS 39, da sich der Wert der Restwertgarantie abhängig von der Wertent-

---

1282 Siehe *IASB Framework* (1989): F. 51.

wicklung eines Basisobjekts – dem Leasingobjekt – ändert und die Garantie durch eine Ausgleichszahlung zum Ende der Leasingdauer beglichen wird.[1283]

Eine Restwertgarantie des Leasingnehmers kann jedoch auch in der Form ausgestaltet sein, dass der Leasinggeber nach Ablauf der Leasingdauer ein Andienungsrecht besitzt.[1284] Der Leasingnehmer ist in diesem Fall bei Inanspruchnahme der Garantie durch den Leasinggeber nicht zur Leistung einer Ausgleichszahlung verpflichtet, sondern muss das Leasingobjekt erwerben. Daher wird der Leasingnehmer auch durch diese Vereinbarung in die Position eines Stillhalters einer vom Leasinggeber gehaltenen Verkaufsoption versetzt. In Bezug auf die Definitionskriterien eines Finanzinstruments gemäß IAS 39 bestehen jedoch Unterschiede zwischen den beiden Arten der Restwertgarantie. Da das Andienungsrecht des Leasinggebers nicht durch eine Ausgleichszahlung des Leasingnehmers beglichen werden kann, sondern auf die Übertragung eines nichtfinanziellen Vermögenswertes abzielt, werden die Definitionskriterien eines Finanzinstruments im Sinne von IAS 39 durch diese Art der Restwertgarantie nicht erfüllt.[1285] Dennoch erscheint es angemessen, beide Arten der Restwertgarantie bilanziell identisch zu behandeln, da sie die beiden Vertragsparteien wirtschaftlich betrachtet in die gleiche Lage versetzen. Die Restwertgarantie stellt unabhängig von ihrer vertraglichen Ausgestaltung ein vom Leasinggeber kontrolliertes Recht dar; korrespondierend dazu führt sie beim Leasingnehmer zu einer Verpflichtung. Genauso wie im Leasingvertrag enthaltene Kauf- oder Mietverlängerungsoptionen sind beide Arten der Restwertgarantie wie in einen Vertrag eingebettete derivative Finanzinstrumente als separate Leasingvertragskomponenten beim Leasingnehmer zu bilanzieren.[1286]

Grundsätzlich sollte die Restwertgarantie beim Leasingnehmer – korrespondierend zur Bilanzierung von Finanzoptionen nach IAS 39 – bei Erstbilanzierung zum *fair value* angesetzt werden. Da es jedoch an einem Börsen- oder Marktpreis mangelt und Optionspreismodelle auf derartige Realoptionen nicht anwendbar sind,[1287] wird die Ermittlung des *fair value* regelmäßig Schwierigkeiten bereiten. Bei Leasingobjekten, für die ein umfangreicher Leasingmarkt besteht, zum Beispiel bei Kraftfahrzeugen, kann der *fair value* einer Restwertgarantie jedoch ermittelt werden, indem die vereinbarten Leasingraten mit den Raten eines Leasing-

---

1283 Ebenfalls dieser Ansicht vgl. jeweils Antwort zu Frage 15 in *IDW* (CL 9, 2000) u. *Bradbury* (CL 13, 2000). Zu den Definitionskriterien für derivative Finanzinstrumente siehe IAS 39.9 (*revised* 2003) sowie IAS 32 AG15-24 (*revised* 2003).

1284 Eine solche Vertragsgestaltung wird im Teilamortisationserlass für Mobilien der deutschen Finanzverwaltung genannt. Vgl. BMF-Schreiben vom 22.12.1975 – IV B 2 – S 2170 – 161/75, DB 1976, S. 172 (173) sowie Gliederungspunkt II.B.3.c. in Kapitel 1.

1285 Siehe IAS 39.5, AG10 u. BC24 (*revised* 2003) sowie IAS 32 AG20 (*revised* 2003).

1286 Zu den Vorschlägen zur Bilanzierung von in Leasingverträgen dem Leasingnehmer eingeräumten Kauf- oder Mietverlängerungsoptionen vgl. Gliederungspunkt III.C. in diesem Kapitel.

1287 Vgl. Gliederungspunkt III.C.1. in diesem Kapitel.

vertrags verglichen werden, der keine Restwertgarantie enthält.[1288] Sind keine Vergleichsverträge vorhanden, erscheint es sachgerecht, die Restwertgarantie mit der auf den Leasingbeginn diskontierten Differenz zwischen erwartetem Restwert und garantiertem Betrag, also mit dem Barwert des inneren Werts der Restwertgarantie im Ausübungszeitpunkt anzusetzen.[1289] Für die Barwertberechnung ist ein risikoadäquater Zinssatz zu verwenden, durch den die Unsicherheit der Höhe der Verpflichtung berücksichtigt wird.[1290] Diese Vorgehensweise bei der Bewertung entspricht derjenigen bei der Rückstellungsbewertung nach IAS 37.[1291] Ist der garantierte Restwert in diesem Fall mit dem zum Ende der Leasingdauer erwarteten Restwert identisch, beträgt der innere Wert der Restwertgarantie null, so dass die Garantie zunächst nicht separat bilanziert wird.

Hat die Restwertgarantie zu Leasingbeginn einen Wert, ist diese beim Leasingnehmer auszuweisen. Zusätzlich wird der Wert des Nutzungsrechts um die Restwertgarantie erhöht, da die Garantie einen Teil der hingegebenen Gegenleistung des Leasingnehmers darstellt, welche die Anschaffungskosten des Nutzungsrechts bestimmt.[1292]

Für die Folgebewertung ist der Rückstellungscharakter der Verpflichtung des Leasingnehmers aus der Restwertgarantie zu beachten. Der bei Erstbilanzierung passivierte Betrag stellt die bestmögliche Schätzung der Ausgabe dar, die zur Erfüllung der Verpflichtung in diesem Zeitpunkt erforderlich ist.[1293] Dies gilt auch für den Fall, dass der garantierte Restwert dem erwarteten Restwert entspricht und der *fair value* der Garantie nur aus ihrem Zeitwert besteht. Im Rahmen der geltenden Bilanzierungsregelungen wird für eine Restwertgarantie ohne inneren Wert keine Rückstellung angesetzt, da kein belastender Vertrag im Sinne von IAS 37.10 u. 66 (1998) vorliegt.[1294] Nach dem hier vorgeschlagenen Ansatz wird die Restwertgarantie jedoch wie eine Stillhalterverpflichtung aus einer dem Leasinggeber eingeräumten Option behandelt. Dies hat zur Folge, dass auch der Zeitwert bei der Bewertung berücksichtigt wird, soweit er ermittelt werden kann. Dadurch werden die aus Restwertgarantien resultierenden

---

1288 Eine Ermittlung des *fair value* der Garantie wäre auch dann möglich, wenn dem Leasingnehmer bekannt wäre, welche Risikozuschläge der Leasinggeber bei seiner Kalkulation zur Diskontierung von garantierten und nicht garantierten Restwerten verwendet. Vgl. dazu *ASB* (Implementation, 1999): Par. 10.7 sowie Beispiel 4.4 in Gliederungspunkt III.E.2.c. in diesem Kapitel.

1289 Die Bewertungsvorschriften für eingebettete derivative Finanzinstrumente in IAS 39.12 (*revised* 2003), für die kein *fair value* ermittelbar ist, sind auf Leasingverträge mit eingebetteten Restwertgarantien nicht anzuwenden. Vgl. dazu Fn. 1216.

1290 Der Diskontierungszinssatz wird im Vergleich zum sicheren Zins einen Risikozuschlag enthalten, da vorsichtig zu bewerten und damit Risikoaversion zu unterstellen ist, siehe IAS 37.43 (1998).

1291 Eine solche Bewertungsmethode wird, wenn kein *fair value* ermittelbar ist, auch für dem Leasingnehmer eingeräumte Kauf- oder Mietverlängerungsoptionen vorgeschlagen. Vgl. Gliederungspunkt III.C.2. in diesem Kapitel. Auch die *G4+1-Working Group* schlägt diese Methode als Alternative zur *fair value*-Bewertung vor, vgl. *ASB* (Implementation, 1999): Par. 5.28-31.

1292 Der Wert des Nutzungsrechts ist daher genauso hoch wie im Falle eines einfachen Leasingvertrags, bei dem der Leasinggeber die Restwertrisiken trägt. Dies ist darin begründet, dass die Restwertgarantie getrennt vom Nutzungsrecht abgebildet wird.

1293 Siehe dazu IAS 37.36 (1998).

1294 Vgl. Gliederungspunkt III.B.1. in Kapitel 2.

Risiken umfassender dargestellt, was zu einer Verbesserung der Informationsfunktion der Bilanz führt.

An jedem Folgestichtag ist die Höhe des passivierten Betrags zu überprüfen und gegebenenfalls anzupassen.[1295] Verändert sich der Wert der Verpflichtung aus der Restwertgarantie im Vergleich zum Wert bei Erstbilanzierung, führt dies zu einem sofortigen Ertrag oder Aufwand beim Leasingnehmer. Wird die Restwertgarantie bei Erstbilanzierung zum *fair value* bewertet, der durch Vergleich mit einem einfachen Leasingvertrag ermittelt wird, ist die Restwertgarantie am Folgestichtag grundsätzlich ebenfalls anhand des Vergleichsvertrags zum *fair value* zu bewerten. Dies ist jedoch nur dann praktikabel, wenn der innere Wert der Garantie sowohl bei Erstbilanzierung als auch bei Folgebilanzierung null beträgt, und somit nur der Zeitwert der Restwertgarantie fortgeschrieben werden muss. Vermindert sich hingegen an einem Folgestichtag der erwartete Restwert, muss bei der Bewertung der Garantie nicht nur der Barwert des erwarteten inneren Werts der Garantie, sondern auch die mit der Änderung des inneren Werts verbundene Auswirkung auf den Zeitwert der Garantie berücksichtigt werden. Dies dürfte jedoch in der Regel nicht praktikabel sein, so dass auf eine Näherungslösung zurückgegriffen werden muss, bei der die Auswirkung der Änderung des erwarteten Restwerts auf den Zeitwert der Restwertgarantie vernachlässigt wird.[1296] Wird die Restwertgarantie schon bei Erstbilanzierung wie eine Rückstellung zum Barwert des erwarteten inneren Werts bewertet, ist diese Bewertungsmethode auch am Folgestichtag anzuwenden.

Die *G4+1-Working Group* schlägt ebenfalls eine *fair value*-Bewertung der Restwertgarantie vor. Allerdings soll diese ergebnisneutral erfolgen, indem bei einer Wertänderung der Verpflichtung aus der Garantie korrespondierend der Buchwert des Nutzungsrechts angepasst wird.[1297] Dieser Vorgehensweise liegt der Gedanke zugrunde, dass sich die Anschaffungskosten für das Nutzungsrecht nachträglich erhöhen, wenn die Garantieverpflichtung aufgrund einer Minderung des erwarteten Restwerts steigt.[1298] Dies trifft jedoch nicht zu, wenn sich der erwartete Restwert beispielsweise aufgrund einer Marktpreissenkung des Leasingobjekts verringert. Dann erhöht sich grundsätzlich nicht der Wert des Nutzungsrechts des Leasingnehmers am Leasingobjekt. Stattdessen ist zu erwarten, dass die Vereinbarung über die Restwertgarantie zu einem Verlust beim Leasingnehmer führt, der sofort und nicht erst über höhere Abschreibungen des Nutzungsrechts gezeigt werden sollte. Das Nutzungsrecht wird zu Beginn des Leasingvertrags zu seinen Anschaffungskosten angesetzt, weil die Grundvermutung gilt, dass der Leasingnehmer für den Vermögenswert den Betrag aufgewendet hat, der den Wert des Vermögenswertes für sein Unternehmen widerspiegelt. Zu den Anschaffungskosten für das Nutzungsrecht gehört auch die eingegangene Verpflichtung aus der Restwertgarantie

1295 Siehe dazu IAS 37.59 (1998).
1296 Vgl. dazu Beispiel 4.4 in Gliederungspunkt III.E.2.c. in diesem Kapitel.
1297 Vgl. *ASB* (Implementation, 1999): Par. 5.37.
1298 Vgl. *ASB* (Implementation, 1999): Par. 5.38.

im Zeitpunkt der Anschaffung. Steigt in der Folge die Verpflichtung aus der Restwertgarantie aufgrund einer Marktpreissenkung des Leasingobjekts, kann nicht davon ausgegangen werden, dass der Leasingnehmer die Marktpreisänderung antizipiert hätte und bereits im Zeitpunkt der Anschaffung bereit gewesen wäre, die höhere Garantieverpflichtung als Gegenleistung für den Erwerb des Nutzungsrechts einzugehen. Deshalb dürfen die Anschaffungskosten des Nutzungsrechts nicht nachträglich erhöht werden, wie es der Vorschlag der *G4+1-Working Group* vorsieht.[1299] Erhöhungen des Werts der Garantieverpflichtung sind beim Leasingnehmer in diesem Fall erfolgswirksam zu erfassen.

Eine zur Erhöhung der Garantieverpflichtung korrespondierende Zuschreibung des Nutzungsrechts kann jedoch dann als sachgerecht erachtet werden, wenn sich der erwartete Restwert des Leasingobjekts aufgrund einer umfangreicheren Nutzung und einer damit verbundenen stärkeren Abnutzung des Leasingobjekts durch den Leasingnehmer vermindert. Dies kann bei einem Leasingvertrag über ein Kraftfahrzeug zum Beispiel der Fall sein, wenn vom Leasingnehmer die Fahrleistung überschritten wird, die für die Berechnung des erwarteten Restwerts zugrunde gelegt wurde. Dann liegt eine identische Situation wie in dem Fall vor, dass im Leasingvertrag proportional zur Nutzung anfallende bedingte Leasingraten vereinbart sind und aufgrund einer umfangreicheren Nutzung höhere Leasingraten anfallen als für die Bewertung des Nutzungsrechts geschätzt wurde.[1300] Nutzt der Leasingnehmer das Leasingobjekt umfangreicher als bei der Kalkulation der Leasingraten zugrunde gelegt wurde, verfügt er tatsächlich über ein höherwertiges Nutzungsrecht. Deshalb sollte in diesem Fall das Nutzungsrecht in dem Maße zugeschrieben werden, in dem sich die Verpflichtung aus der Restwertgarantie erhöht.[1301]

b. Bilanzierung beim Leasinggeber

Der Leasinggeber bilanziert im Rahmen des Komponentenansatzes neben der Forderung auf Erhalt der Leasingraten den Restwertanspruch als zurückbehaltenen Teil des Leasingobjekts. Leistet der Leasingnehmer eine Restwertgarantie, erscheint es im Rahmen des Komponenten-

---

1299 Vgl. *ASB* (Implementation, 1999): Par. 5.37. Zu beachten am Vorschlag der *G4+1-Working Group* ist zudem, dass sich der Wert der Restwertgarantie aufgrund des sinkenden Zeitwerts im Zeitablauf vermindert, wenn sie wie eine Stillhalterverpflichtung aus einer Option zum *fair value* bewertet wird. Diese Wertabnahme der Garantie kann ebenfalls nicht als Anschaffungspreisminderung des Nutzungsrechts interpretiert werden, wie es der Vorschlag der *G4+1-Working Group* vorsieht. Die Wertminderung der Verpflichtung ergibt sich dann vielmehr aus dem Stillhalten im Zeitablauf, was Teil der erbrachten Gegenleistung und damit der Anschaffungskosten des Nutzungsrechts ist, vgl. *IDW* (CL 9, 2000): Antwort zu Frage 9.

1300 Vgl. Gliederungspunkt III.D.2. in diesem Kapitel.

1301 Voraussetzung dafür ist ein Nachweis des Leasingnehmers darüber, dass er das Leasingobjekt umfangreicher genutzt hat, als für die Berechnung des erwarteten Restwerts im Leasingvertrag zugrunde gelegt wurde. Hat die Restwertgarantie bei Erstbilanzierung einen hohen Wert und verringert sich dieser in der Folge aufgrund einer geringeren Nutzung des Leasingobjekts sind, korrespondierend zur Vorgehensweise bei proportional zur Nutzung anfallenden bedingten Leasingraten (siehe Gliederungspunkt III.D.2. in diesem Kapitel), sowohl der Wert der Restwertgarantie als auch der Wert des Nutzungsrechts zu vermindern.

ansatzes, entgegen der teilweise vertretenen Auffassung,[1302] nicht angemessen, den garantierten Restwert als Teil der Mindestleasingzahlungen zu behandeln und in die Forderung des Leasinggebers einzubeziehen. Nach den geltenden Regelungen zur Leasingbilanzierung wird gleichwohl in der beschriebenen Weise vorgegangen. Gemäß IAS 17 werden garantierte Restwerte als Bestandteil der Mindestleasingzahlungen behandelt.[1303] Bei Klassifizierung des Leasingvertrags als *finance lease* wird der Restwert, unabhängig davon, ob dieser garantiert wird, in die Bewertung der Forderung des Leasinggebers einbezogen. Dafür bucht der Leasinggeber das gesamte Leasingobjekt aus. Da ein *finance lease* bilanziell wie der Verkauf des gesamten Leasingobjekts abgebildet wird, kann nicht berücksichtigt werden, dass der Leasinggeber gegebenenfalls einen Anspruch auf den Restwert zurückbehält.[1304] Der Komponentenansatz ermöglicht hingegen eine genauere Abbildung der im Leasingvertrag getroffenen Vereinbarungen. Behält der Leasinggeber einen Restwertanspruch zurück, wird dieser weiterhin beim Leasinggeber bilanziert. Da der Restwert nicht Bestandteil des Umsatzes des Leasinggebers ist, darf dieser nicht in die Forderung einbezogen und hieraus kein Gewinn realisiert werden.

Grundsätzlich könnte in Erwägung gezogen werden, die Restwertgarantie beim Leasinggeber als separates derivatives Finanzinstrument zu bilanzieren. Dann käme es zu einer symmetrischen Bilanzierung bei Leasingnehmer und -geber. Der Leasinggeber würde korrespondierend zu der beim Leasingnehmer passivierten *financial liability* ein *financial asset* ausweisen.

Zu beachten ist jedoch, dass zwischen dem Barwert des inneren Werts der Restwertgarantie – also der Differenz zwischen dem erwarteten Restwert und dem garantierten Betrag für den Restwert – und dem beim Leasinggeber bilanzierten Restwertanspruch ein Sicherungszusammenhang besteht. Sinkt der erwartete Restwert und damit verbunden der Wert des Restwertanspruchs des Leasinggebers, bedeutet dies zugleich, dass der innere Wert der Restwertgarantie steigt. Dieser Sicherungszusammenhang müsste bei einem getrennten bilanziellen Ausweis von Restwertanspruch und Restwertgarantie beim Leasinggeber berücksichtigt werden. Dies hätte zur Folge, dass Wertminderungen des Restwertanspruchs, die sich erfolgswirksam im Periodenergebnis niederschlügen, durch eine ebenfalls erfolgswirksame Erfassung der korrespondierenden Wertsteigerung der Restwertgarantie kompensiert werden müssten.[1305] Diese Vorgehensweise würde derjenigen bei der Bilanzierung eines *fair-value-hedge* nach IAS 39 entsprechen.[1306] Dazu wäre es jedoch erforderlich, stets den Teil der

---

1302 Vgl. jeweils Antwort zu Frage 15 von *FAR* (CL 2, 2000), *BBA* (CL 3, 2000) u. *CFLA* (CL 18, 2000).

1303 Siehe IAS 17.4 (*revised* 2003) zur Definition von *„minimum lease payments"* sowie Gliederungspunkt II.B.4. in Kapitel 3.

1304 Vgl. Gliederungspunkt IV.A.2. in Kapitel 2.

1305 Eine Nichterfassung der Wertänderung beider Bilanzpositionen, die ebenfalls dem Sicherungszusammenhang Rechnung tragen würde, erscheint wenig sinnvoll. Denn werden die beiden Positionen nicht einzeln folgebewertet, kann ihr separater bilanzieller Ausweis ohnehin nicht begründet werden.

1306 Siehe IAS 39.89 (*revised* 2003).

Wertänderungen von Restwertanspruch und Restwertgarantie bestimmen zu können, der gesichert ist. Dies dürfte jedoch in der Regel nicht möglich sein. Die Restwertgarantie erfährt durch die Verminderung des Zeitwerts im Zeitablauf in jedem Fall auch eine Wertänderung, die nicht durch eine korrespondierende Wertänderung des Restwertanspruchs gesichert ist.[1307] Während bei Erstbilanzierung der *fair value* der Restwertgarantie anhand eines Vergleichsvertrags, der keine Garantie enthält, ermittelt werden könnte, dürfte eine *fair value*-Bewertung an einem Folgestichtag nicht möglich sein. Dann müsste ersatzweise für die Folgebewertung auf den Barwert des inneren Werts der Garantie abgestellt werden, der Zeitwert also vernachlässigt werden. Dadurch würde die Restwertgarantie im Rahmen der Folgebewertung generell niedriger als bei Erstbilanzierung bewertet werden. Würde an einem Folgestichtag zusätzlich der erwartete Restwert sinken, wodurch sich der Wert des Restwertanspruchs vermindern und der innere Wert der Restwertgarantie erhöhen würde, wäre eine sachgerechte Bewertung der Restwertgarantie wohl kaum möglich.

Kommt es an einem Folgestichtag zur Erhöhung des erwarteten Restwerts, vermindert sich der Wert der Garantie nur dann um die gesamte Werterhöhung des Restwertanspruchs, wenn die Garantie vor der Erhöhung des Restwerts einen inneren Wert aufweist, der mindestens genauso groß ist wie die Werterhöhung. Dies dürfte häufig nicht der Fall sein, da die Garantie bei Erstbilanzierung üblicherweise keinen inneren Wert hat. An dem Folgestichtag wird sich somit nur der Zeitwert der Restwertgarantie vermindern. Diese Wertminderung beruht dann sowohl auf der Erhöhung des erwarteten Restwerts als auch auf der Abnahme des Zeitwerts im Zeitablauf. In welchem Umfang die Abnahme des Zeitwerts der Restwertgarantie auf der Erhöhung des Restwerts beruht und damit in Sicherungszusammenhang mit der korrespondierenden Werterhöhung des Restwertanspruchs steht, ist nicht ermittelbar.

Eine sachgerechte Folgebewertung des Restwertanspruchs und der Restwertgarantie bei einem separaten bilanziellen Ausweis wäre aufgrund der Bewertungsschwierigkeiten somit nicht möglich. Zudem würde eine solche Vorgehensweise einen erheblichen Bilanzierungsaufwand erfordern, der vermutlich gegen den im *Framework* kodifizierten Wirtschaftlichkeitsgrundsatz bei der Bereitstellung von Informationen[1308] verstoßen würde.

Die Restwertgarantie wird nach dem Vorschlag der *G4+1-Working Group* beim Leasinggeber nicht separat abgebildet.[1309] Der Leasinggeber soll neben der Forderung nur den Restwertanspruch ausweisen. Die Abbildung des Vertrags mit Restwertgarantie in der Bilanz des Leasinggebers unterscheidet sich dadurch nur durch die Höhe der einzelnen Bilanzpositionen von

1307 Vgl. *IDW* (CL 9, 2000): Antwort zu Frage 15.
1308 Siehe *IASB Framework* (1989): F. 44 sowie Gliederungspunkt I.D. in diesem Kapitel.
1309 Vgl. *ASB* (Implementation, 1999): Par. 9.15-18 sowie Gliederungspunkt IV.C.2. in Kapitel 3.

der Abbildung eines Vertrags, der keine Restwertgarantie beinhaltet.[1310] Über die Restwertgarantie soll im Anhang des Leasinggebers berichtet werden.[1311] Die Restwertgarantie hat bei dieser Vorgehensweise nur im Rahmen der Folgebewertung des Restwertanspruchs Einfluss auf die Bilanz des Leasinggebers. Der Sicherungszusammenhang zwischen dem Restwertanspruch und der Restwertgarantie kann dabei angemessen berücksichtigt werden. Der Restwertanspruch wird durch die Garantie bei einer Verminderung des erwarteten Restwerts nicht außerplanmäßig abgeschrieben. Erhöhungen des erwarteten Restwerts sind aufgrund mangelnder Realisierbarkeit nicht durch eine Zuschreibung des Restwertanspruchs des Leasinggebers zu zeigen. Die dadurch bedingte Wertminderung der Garantie wird nicht erfasst. Die im Rahmen der Folgebewertung vorzunehmende Aufzinsung des durch die Garantie gesicherten Restwertanspruchs erfolgt mit dem Zins, den der Leasinggeber in seiner Kalkulation zur Diskontierung des gesicherten Anspruchs benutzt. Dieser Zinssatz ist im Vergleich zum bei einem einfachen Leasingvertrag zu verwendenden Zinssatz niedriger, da der Leasinggeber aufgrund der Restwertgarantie einen Chancenabschlag vornimmt.[1312] Die im Vergleich zum nicht garantierten Restwertanspruch höhere Bewertung des garantierten Restwertanspruchs bei Erstbilanzierung gleicht sich somit durch die Aufzinsung mit einem niedrigeren Zins über die Vertragslaufzeit aus.

Der Vorschlag der *G4+1-Working Group* zum gemeinsamen Ausweis von Restwertanspruch und Restwertgarantie beim Leasinggeber erscheint folglich sachgerecht. Wenngleich es dadurch zu einer unsymmetrischen Bilanzierung bei Leasingnehmer und -geber kommt, verlangen die Schwierigkeiten bei der Bewertung der Garantie eine solche Vorgehensweise. Es kann nicht sachgerecht sein, eine verlässlich bewertbare Bilanzposition wie den durch die Garantie gesicherten Restwertanspruch des Leasinggebers in zwei Bilanzpositionen aufzuspalten, die beide nicht verlässlich bewertet werden können. Auch das Argument, dass es sich bei der Restwertgarantie um einen finanziellen Vermögenswert handelt, während der Restwertanspruch einen nichtfinanziellen Vermögenswert darstellt,[1313] rechtfertigt nicht den getrennten bilanziellen Ausweis dieser beiden Bilanzpositionen.

c. Beispiel

Die vorgeschlagenen Regelungen zur Erst- und Folgebilanzierung von Restwertgarantien bei Leasingnehmer und -geber sollen an folgendem Beispiel dargestellt werden:

1310 Die Höhe der einzelnen Bilanzpositionen, beispielsweise der Forderung des Leasinggebers, wird sich bei einem Vertrag mit Restwertgarantie von der bei einem Vertrag ohne Restwertgarantie unterscheiden, da der Leasinggber aufgrund der Garantie niedrigere Leasingraten verlangen wird. Vgl. dazu die Werte in Beispiel 4.2 in Gliederungspunkt III.B.2.c. und in Beispiel 4.4 im folgenden Gliederungspunkt.

1311 Vgl. *ASB* (Implementation, 1999): Par. 9.17.

1312 Vgl. dazu Beispiel 4.4 im folgenden Gliederungspunkt.

1313 Vgl. *IDW* (CL 9, 2000): Antwort zu Frage 15.

Beispiel 4.4:
Ein Leasingobjekt, das einen fair value in Höhe von 10.000 aufweist, wird ab dem 01.01.01 für eine unkündbare Leasingdauer von vier Jahren zu nachschüssigen jährlichen Raten verleast. Der erwartete Restwert am 31.12.04 beträgt 3.000. Weist das Leasingobjekt am 31.12.04 tatsächlich einen geringeren Wert als 3.000 auf, muss der Leasingnehmer dem Leasinggeber die Differenz erstatten. Der Leasingnehmer leistet somit eine Restwertgarantie.

Am 31.12.01 wird für den Restwert am Ende der Leasingdauer sowohl vom Leasinggeber als auch vom Leasingnehmer nur noch ein Wert von 2.500, anstatt 3.000, erwartet.

Der am 01.01.01 erwartete Restwert in Höhe von 3.000 ist aus Sicht des Leasinggebers sicher, zusätzlich verfügt der Leasinggeber über die Chance, dass der tatsächliche Restwert am Ende der Leasingdauer über dem erwarteten Restwert liegt. Deshalb wird angenommen, dass er zur Diskontierung des erwarteten Restwerts einen Chancenabschlag in Höhe von 2% auf den sicheren Fremdkapitalzins von 7% verwendet, so dass er den erwarteten Restwert insgesamt mit 5% diskontiert.[1314]

Der Leasinggeber kalkuliert somit die Leasingraten (x) wie folgt:

$$\frac{x}{1{,}09}+\frac{x}{1{,}09^2}+\frac{x}{1{,}09^3}+\frac{x}{1{,}09^4}+\frac{3.000}{1{,}05^4}=10.000\,.$$

Dadurch berechnet er eine jährliche Leasingrate in Höhe von x = 2.325.

Der fair value des Leasingobjekts in Höhe von 10.000 wird in der Bilanz des Leasinggebers auf den fair value der Leasingraten in Höhe von 7.532 und den mit 2.468 bewerteten, durch die Garantie gesicherten Restwertanspruch aufgeteilt.

Der Leasingnehmer diskontiert die Leasingraten annahmegemäß wiederum mit dem von ihm zu zahlenden Zinssatz für eine in Laufzeit und Sicherheit vergleichbare Fremdfinanzierung in Höhe von 9%.[1315] *Er berechnet somit als Barwert der Leasingraten ebenfalls einen Betrag in Höhe von 7.532.*

Es wird angenommen, dass der Leasingnehmer neben dem Vertrag mit Restwertgarantie den Leasingvertrag ohne Restwertgarantie aus Beispiel 4.1 kennt. Deshalb kann er den Wert der Restwertgarantie zu Vertragsbeginn aus der Differenz der Barwerte der Leasingraten berechnen: 8.093 – 7.532 = 562.[1316] *Dieser Wert lässt sich auch anhand der Differenz zwischen*

1314 Zu Möglichkeiten der Ermittlung dieser Zinssätze durch den Leasinggeber vgl. Fn. 1187.
1315 Vgl. Beispiel 4.1 in Gliederungspunkt III.B.1.b. in diesem Kapitel.
1316 8.093 ist der Barwert der Leasingraten bei einem einfachen Leasingvertrag ohne Restwertgarantie, vgl. Beispiel 4.1 in Gliederungspunkt III.B.1.b. in diesem Kapitel.

dem Wert des gesicherten Restwertanspruchs aus Sicht des Leasinggebers und dem Wert des Restwertanspruchs, bei dem der Leasinggeber über die Restwertrisiken und -chancen verfügt,[1317] *berechnen, da beide Vertragsparteien die Leasingraten mit einem gleich hohen Zinssatz diskontieren:*

$$\frac{3.000}{1,05^4} - \frac{3.000}{1,12^4} = 2.468 - 1.907 = 562.$$

Die vom Leasingnehmer zu erbringende Gegenleistung setzt sich somit aus dem Barwert der Leasingraten in Höhe von 7.532 und der Verpflichtung aus der Restwertgarantie in Höhe von 562 zusammen. Diese Gegenleitung bestimmt die Anschaffungskosten des Nutzungsrechts.

Der Leasingvertrag wird zu Vertragsbeginn daher bei Leasinggeber und -nehmer wie folgt bilanziert:

Leasinggeber			
Aktiva		*Passiva*	
Forderung	***7.532***		
Restwertanspruch	***2.468***		

Leasingnehmer			
Aktiva		*Passiva*	
Nutzungsrecht	***8.093***		
		Verbindlichkeit	***7.532***
		Restwertgarantie	***562***

Am 31.12.01 erfolgt die Zahlung der ersten Leasingrate in Höhe von 2.325. Der Zinsanteil der Leasingrate ergibt sich durch Multiplikation der Forderung des Leasinggebers bzw. der Verbindlichkeit des Leasingnehmers mit dem verwendeten Diskontierungszinssatz in Höhe von 9% und beträgt 678. Der Tilgungsanteil in Höhe von 1.647 vermindert den Buchwert der Forderung des Leasinggebers sowie der Verbindlichkeit des Leasingnehmers.

Das Nutzungsrecht des Leasingnehmers wird linear über die Leasingdauer von vier Jahren abgeschrieben. Die Abschreibung für das Jahr 01 beträgt folglich 2.023.

Die Verpflichtung aus der Restwertgarantie ist beim Leasingnehmer anzupassen. Durch Vergleich mit einem einfachen Leasingvertrag[1318] *kann der Zeitwert der Restwertgarantie ermittelt werden, der sich am 31.12.01 ergeben würde, wenn der erwartete Restwert weiterhin*

1317 Vgl. Beispiel 4.2 in Gliederungspunkt III.B.2.c. in diesem Kapitel.
1318 Vgl. Beispiel 4.1 in Gliederungspunkt III.B.1.b. in diesem Kapitel.

3.000 betragen würde. Dazu ist der Wert der Verbindlichkeiten, also der Barwert der zu zahlenden Leasingraten, bei beiden Leasingverträgen zum 31.12.01 zu vergleichen. Der Zeitwert der Restwertgarantie würde dann 6.324 – 5.885 = 439 betragen.[1319] *Durch die Verminderung des erwarteten Restwerts um 500 erhöht sich allerdings der Wert der Verpflichtung aus der Restwertgarantie. Der mit dem sicheren Zins berechnete Barwert des erwarteten inneren Werts der Garantieverpflichtung beträgt:*

$$\frac{500}{1{,}07^3} = 408.$$

Wird die Auswirkung der Änderung des erwarteten Restwerts auf den Zeitwert der Restwertgarantie vernachlässigt, ergibt sich für die Verpflichtung des Leasingnehmers aus der Restwertgarantie zum 31.12.01 ein Wert in Höhe von: 439 + 408 = 847.[1320] *Der Wert der Garantieverpflichtung ist damit beim Leasingnehmer um 285 zu erhöhen.*

Der Leasinggeber schreibt den Restwertanspruch aufgrund der Verminderung des erwarteten Restwerts nicht außerplanmäßig ab, da er durch die Restwertgarantie gesichert ist. Vielmehr wird der gesicherte Restwertanspruch mit dem Diskontierungszins in Höhe von 5% aufgezinst. Der daraus resultierende Zinsertrag beträgt 123.
Leasinggeber und -nehmer bilanzieren diesen Vertrag zum 31.12.01 wie folgt:[1321]

Leasinggeber			
Aktiva		*Passiva*	
Forderung	***5.885***	***Gewinn***	***801***
Restwertanspruch	***2.592***		

Leasingnehmer			
Aktiva		*Passiva*	
Nutzungsrecht	***6.070***	***Verlust***	***2.987***
		Verbindlichkeit	***5.885***
		Restwertgarantie	***847***

Das Beispiel verdeutlicht die Schwierigkeiten bei der Folgebewertung der Verpflichtung aus der Restwertgarantie. Beim Leasingnehmer ist dennoch ein gesonderter Ausweis der Garantieverpflichtung erforderlich. Würde der Leasingnehmer die Verpflichtung aus der Restwertgarantie mit dem Nutzungsrecht saldiert ausweisen, wäre der Vermögenswert „Nutzungs-

1319 6.324 ist der Wert der Verbindlichkeit bei einem einfachen Leasingvertrag. Der Wert von 5.885 für die Verbindlichkeit ist der nachfolgenden Bilanz des Leasingnehmers entnehmbar.

1320 Der Zeitwert der Garantie beträgt tatsächlich weniger als 439, da er sich durch die Erhöhung des erwarteten inneren Werts der Garantie zusätzlich vermindert. Diese Verminderung kann jedoch nicht praktikabel ermittelt werden und wird deshalb vernachlässigt.

1321 Der Saldo der sich aus dem Leasingvertrag ergebenden Erträge und Aufwendungen wird als Gewinn bzw. Verlust in der Bilanz der jeweiligen Vertragspartei dargestellt.

recht“ bei Erstbilanzierung unterbewertet. Durch die planmäßige Abschreibung des Nutzungsrechts entstünde ein zu geringer Aufwand. Aufgrund der Erhöhung des Werts der Garantieverpflichtung durch den am Folgestichtag gesunkenen erwarteten Restwert, müsste das Nutzungsrecht außerplanmäßig abgeschrieben werden.[1322] Bei der Ermittlung des erzielbaren Betrags des Nutzungsrechts im Sinne von IAS 36.18 (*revised* 2004), um den Wertminderungsaufwand zu bestimmen, würden die gleichen Bewertungsprobleme auftreten wie bei der separaten Bilanzierung der Verpflichtung aus der Restwertgarantie. Der saldierte Ausweis von Nutzungsrecht und Restwertgarantie beim Leasingnehmer würde zu keiner Verminderung der Bewertungsprobleme führen. Darüber hinaus könnte der Bilanzleser die Verpflichtung aus der Restwertgarantie nicht aus der Bilanz erkennen.

Beim Leasinggeber ist jedoch ein saldierter Ausweis von Restwertgarantie und Restwertanspruch geboten. Würden Restwertanspruch und Restwertgarantie beim Leasinggeber getrennt ausgewiesen werden, müssten beide Bilanzpositionen erfolgswirksam zum *fair value* bewertet werden, damit dem Sicherungszusammenhang der beiden Positionen Rechnung getragen wird. Wie am Beispiel gezeigt wurde, ist die Bewertung der Restwertgarantie zum *fair value* jedoch nur durch eine mit Unsicherheit behaftete Schätzung möglich. Eine Erfassung des Sicherungszusammenhangs kann somit, anders als beim saldierten Ausweis, nicht sachgerecht erfolgen.

3. *Beteiligung des Leasingnehmers am Verwertungserlös*

a. Bilanzierung beim Leasingnehmer

Im Leasingvertrag kann vereinbart sein, dass der Leasingnehmer am Verwertungserlös des Leasingobjekts beteiligt wird.[1323] Bei diesen Vereinbarungen erhält der Leasingnehmer in der Regel einen Teil oder die gesamte Differenz zwischen dem tatsächlichen Verwertungserlös des Objekts nach Ablauf der Leasingdauer und dem zu Vertragsbeginn erwarteten Restwert. Der Leasingnehmer verfügt damit über vergleichbare Chancen wie der Inhaber einer Kaufoption auf das Leasingobjekt,[1324] wobei die Option durch eine Ausgleichszahlung beglichen wird. Das Recht des Leasingnehmers auf die Beteiligung am Mehrerlös des Leasingobjekts, also auf den Erhalt flüssiger Mittel, stellt ein *financial asset* im Sinne von IAS 32 bzw. IAS 39 dar.[1325] Aufgrund der gleichen wirtschaftlichen Wirkungsweise wie eine Kaufoption

---

1322 Siehe IAS 37.66 u. 69 (1998) i. V. m. IAS 36 (*revised* 2004). Die Bildung einer Rückstellung für einen belastenden Vertrag kommt nicht in Frage, solange der Aufwand durch außerplanmäßige Abschreibung eines mit dem Vertrag verbundenen Aktivums erfasst werden kann.

1323 Eine solche Vereinbarung wird häufig in Kombination mit einer Restwertgarantie des Leasingnehmers getroffen. Vgl. dazu Gliederungspunkt III.E.4. in diesem Kapitel.

1324 Streng genommen stellt diese Vereinbarung für den Leasingnehmer keine Option dar, da er in jedem Fall eine Beteiligung am Mehrerlös erhält, wenn ein solcher vorhanden ist. Dennoch weist das Recht auf Erhalt eines Teils oder des gesamten Mehrerlöses die gleichen Chancen für den Leasingnehmer auf wie eine Kaufoption auf das Leasingobjekt.

1325 Siehe IAS 39.8 (*revised* 2003) i. V. m. IAS 32.11 (*revised* 2003).

sollte dieses Recht grundsätzlich bilanziell wie ein derivatives Finanzinstrument behandelt werden.

Da es sich bei dem Anspruch auf den Mehrerlös um ein *financial asset* handelt, ist der Anspruch beim Leasingnehmer separat vom Nutzungsrecht zu bilanzieren, welches einen immateriellen Vermögenswert darstellt. Als *financial asset* muss das Recht auf die Verwertungserlöse nicht die allgemeinen Bilanzierungskriterien des *Framework* erfüllen. Ein *financial asset* ist dann anzusetzen, wenn das Unternehmen Vertragspartei des Finanzinstrumentes wird.[1326] Ein getrennter Ausweis von Nutzungsrecht und Recht auf den Verwertungserlös ist auch deshalb erforderlich, weil beide Rechte einer unterschiedlichen Folgebewertung zu unterwerfen sind. Während das Nutzungsrecht gemäß seinem Wertverzehr über die Leasingdauer planmäßig abzuschreiben ist,[1327] unterliegt das Recht auf den Verwertungserlös bis zum Ende der Leasingdauer keiner Abnutzung.

Bei Erstbilanzierung ist der Barwert der Leasingraten proportional zu ihren *fair values* auf das Nutzungsrecht und die Verwertungserlösbeteiligung aufzuteilen. Wurden marktübliche Leasingraten vereinbart, ist das Recht auf den Verwertungserlös somit, genauso wie in Leasingverträgen vereinbarte Restwertgarantien und Kauf- oder Mietverlängerungsoptionen, bei Erstbilanzierung zum *fair value* anzusetzen. Der *fair value* des Rechts auf den Verwertungserlös ist anhand eines ansonsten identischen Vergleichsvertrags ohne Verwertungserlösbeteiligung des Leasingnehmers zu bestimmen. Ist kein Vergleichsvertrag vorhanden, sollte der Wert des Anspruchs durch Diskontierung der erwarteten Cashflows mit einem risikoadäquaten Zinssatz ermittelt werden. Die Verwertungserlösbeteiligung wird dann wie eine Option zum Barwert ihres erwarteten inneren Werts im Ausübungszeitpunkt bewertet.[1328] Bei dieser Bewertungsmethode wird die Verwertungserlösbeteiligung zu Beginn des Leasing allerdings mit einem Wert von null bewertet, wenn der tatsächlich erwartete Restwert der Vereinbarung zugrunde gelegt wird. Der Zeitwert des Rechts auf die Verwertungserlöse wird dabei vernachlässigt.

Korrespondierend zu dem Leasingnehmer eingeräumten Kauf- und Mietverlängerungsoptionen ist der Anspruch auf den Mehrerlös in der Folge zu Anschaffungskosten mit Niederstwerttest zu bewerten.[1329] Wenngleich Verwertungserlösbeteiligungen – anders als Kauf- und Mietverlängerungsoptionen – die Definitionskriterien für derivative Finanzinstrumente

1326 Siehe IAS 39.14 (*revised* 2003). Zum Zwecke einer zu den anderen auszuweisenden Komponenten korrespondierenden Bilanzierung des Leasingvertrags sollte als Ansatzzeitpunkt der Optionen jedoch nicht der Zeitpunkt des Vertragsabschlusses, sondern der Zeitpunkt der Lieferung des Leasingobjektes maßgeblich sein.

1327 Im Falle einer Wertminderung ist gegebenenfalls auch eine außerplanmäßige Abschreibung vorzunehmen.

1328 Diese Bewertungsmethode wird ebenfalls, alternativ zur *fair value*-Bewertung, für Kauf- oder Mietverlängerungsoptionen sowie Restwertgarantien vorgeschlagen, vgl. Gliederungspunkte III.C.2. u. III.E.2.a. in diesem Kapitel.

1329 Vgl. Gliederungspunkt III.C.2. in diesem Kapitel.

erfüllen, weil sie durch Differenzausgleich beglichen werden, kann ihr Wert grundsätzlich nicht vor Ablauf der Leasingdauer realisiert werden. Ein höherer Wert als die Anschaffungskosten darf daher beim Leasingnehmer nicht angesetzt werden. Sinkt jedoch der *fair value* bzw. der innere Wert der Verwertungserlösbeteiligung an einem Folgestichtag, ist zum Zwecke der Verlustantizipation eine außerplanmäßige Abschreibung vorzunehmen, wenn bei Erstbilanzierung ein positiver Buchwert angesetzt wurde.

b. Bilanzierung beim Leasinggeber

Beim Leasinggeber hat die Verpflichtung zur Beteiligung des Leasingnehmers am Verwertungserlös des Leasingobjekts die gleiche wirtschaftliche Wirkungsweise wie eine Stillhalterverpflichtung aus einer dem Leasingnehmer eingeräumten Kauf- oder Mietverlängerungsoption. Der Leasinggeber gibt durch die Verwertungserlösbeteiligung Restwertchancen auf.

Wie auch bei einer dem Leasingnehmer eingeräumten Kaufoption[1330] besteht ein Sicherungszusammenhang zwischen dem Restwertanspruch des Leasinggebers und der Verpflichtung aus der Beteiligung des Leasingnehmers am Mehrerlös. Erhöhungen des erwarteten Restwerts führen dazu, dass die Verpflichtung aus der Mehrerlösbeteiligung des Leasingnehmers steigt. Zugleich erhöht sich jedoch der Wert des beim Leasinggeber bilanzierten Restwertanspruchs. Um dem Sicherungszusammenhang Rechnung tragen zu können, ist beim Leasinggeber wiederum ein gemeinsamer Ausweis des Restwertanspruchs und der Verwertungserlösbeteiligung geboten, da die ansonsten erforderliche *fair value*-Bewertung der Verwertungserlösbeteiligung nicht praktikabel ist. Die Verwertungserlösbeteiligung fließt somit in die Bewertung des Restwertanspruchs ein. Eine korrespondierende Erhöhung des Werts des Restwertanspruchs und der Verpflichtung aus der Verwertungserlösbeteiligung hat dann keine bilanziellen Auswirkungen. Sinkt der erwartete Restwert, ist der Restwertanspruch insoweit außerplanmäßig abzuschreiben als keine korrespondierende Wertminderung der Verpflichtung aus der Verwertungserlösbeteiligung des Leasingnehmers eintritt. Zu Informationszwecken sollte über die Verwertungserlösbeteiligung im Anhang des Leasinggebers berichtet werden.

1330 Vgl. dazu die Ausführungen in Gliederungspunkt III.C.3. in diesem Kapitel.

4. *Kombination von Restwertgarantie und Verwertungserlösbeteiligung des Leasingnehmers*

a. Bilanzierung beim Leasingnehmer

Häufig sind Leasingverträge so ausgestaltet, dass der Leasingnehmer sowohl eine Restwertgarantie leistet als auch am Mehrerlös des Leasingobjekts beteiligt wird.[1331] Dadurch fallen dem Leasingnehmer sowohl Risiken als auch Chancen am Restwert des Leasingobjekts zu. Im Rahmen des Komponentenansatzes hat die Überwälzung der dem Restwert anhaftenden Risiken und Chancen auf den Leasingnehmer keinen Einfluss darauf, dass beim Leasingnehmer ein Nutzungsrecht bilanziert wird. Der Leasingnehmer bilanziert nur dann das Leasingobjekt, und kein Nutzungsrecht an diesem, wenn der Übergang des rechtlichen Eigentums am Leasingobjekt vereinbart wird.[1332]

Die *G4+1-Working Group* hat die von ihr vorgeschlagenen Regelungen zur Behandlung von Restwertgarantien in Verbindung mit Mehrerlösbeteiligungen des Leasingnehmers anhand von zwei Beispielgestaltungen entwickelt.[1333] Im ersten Fall verpflichtet sich der Leasingnehmer, am Ende der Leasingdauer eine Gebühr für den Restwert zu zahlen.[1334] Dafür erhält er die Verwertungserlöse aus dem Verkauf des Restwerts an einen Dritten.[1335] Im zweiten Beispielfall der *G4+1-Working Group* wird im Leasingvertrag vereinbart, das Leasingobjekt am Ende der Leasingdauer an einen Dritten zum Marktwert zu veräußern. Die Differenz zwischen Verkaufserlös und erwartetem Restwert fällt dem Leasingnehmer zu – unabhängig davon, ob diese positiv oder negativ ist.[1336]

Nach den Vorschlägen der *G4+1-Working Group* hat der Leasingnehmer im ersten Fall, bei dem er sich zur Zahlung einer Gebühr in Höhe des erwarteten Restwerts verpflichtet, den gesamten Restwert in die Bewertung des bei ihm auszuweisenden *asset* sowie in die Verbindlichkeit mit einzubeziehen. Dabei ist zu beachten, dass die *G4+1-Working Group* generell nicht spezifiziert, ob es sich bei dem *asset* des Leasingnehmers um ein Nutzungsrecht oder das Leasingobjekt handelt.[1337] Im zweiten Beispielfall soll der Leasingnehmer eine Verbind-

---

1331 Ein solches Vertragsmodell wird in den Leasingerlassen der deutschen Finanzverwaltung als erlasskonformer Teilamortisationsleasingvertrag aufgeführt. Vgl. BMF-Schreiben vom 22.12.1975 – IV B 2 – S 2170 – 161/75, DB 1976, S. 172 (173) sowie Gliederungspunkt II.B.3.c. in Kapitel 1. Da der Leasingnehmer im Rahmen des Komponentenansatzes ohnehin keinen *off-balance-sheet*-Effekt erreichen kann, dürfte bei Anwendung des Komponentenansatzes in Leasingverträgen häufiger vereinbart werden, dass der Leasingnehmer sowohl eine Restwertgarantie leistet als auch am Mehrerlös des Restwerts beteiligt wird. Dem Leasinggeber kommt dann fast ausschließlich eine Finanzierungsfunktion zu.

1332 Vgl. Gliederungspunkt III.E.1. in diesem Kapitel.

1333 Vgl. die Beispiele 3.4 u. 3.5 in Gliederungspunkt IV.C.3. in Kapitel 3.

1334 Im Beispiel der *G4+1-Working Group* wird nicht festgelegt, wann die Gebühr vom Leasingnehmer gezahlt wird, da aus Vereinfachungsgründen keine Diskontierung der Beträge erfolgt. Vgl. *ASB* (Implementation, 1999): Par. 5.40. Für die folgenden Ausführungen wird unterstellt, dass die Zahlung des Leasingnehmers für den Restwert am Ende der Leasingdauer erfolgt.

1335 Vgl. Beispiel 3.4 in Gliederungspunkt IV.C.3. in Kapitel 3.

1336 Vgl. Beispiel 3.5 in Gliederungspunkt IV.C.3. in Kapitel 3.

1337 Vgl. Gliederungspunkt II.A. in Kapitel 3.

lichkeit nur in Höhe des Barwerts der Leasingraten ausweisen und den *fair value* der Restwertvereinbarung, wenn dieser verlässlich ermittelt werden kann, separat bilanzieren und diesen Wert in die Bewertung des *asset* mit einbeziehen.[1338]

Die unterschiedlichen Bilanzierungsvorschläge der *G4+1-Working Group* für die beiden Beispielsituationen sind insofern kritisch zu sehen, als die beiden Vereinbarungen für beide Vertragsparteien wirtschaftlich betrachtet identisch sind.[1339] Auch ergeben sich keine rechtlichen Unterschiede bezüglich des Eigentums am Leasingobjekt. In beiden Fällen wird das Leasingobjekt am Ende der Leasingdauer an einen Dritten verkauft. Der Leasingnehmer wird daher nicht rechtlicher Eigentümer des Leasingobjekts.

Die von der *G4+1-Working Group* vorgeschlagene Bilanzierung für den zweiten Fall, bei dem bei Verkauf des Leasingobjekts am Ende der Leasingdauer die Gewinne und Verluste bezogen auf einen erwarteten Restwert dem Leasingnehmer zufallen, ist konsistent mit dem Komponentenansatz. Die Restwertvereinbarung stellt dabei eine Kombination aus einer Restwertgarantie und einer Verwertungserlösbeteiligung des Leasingnehmers dar. Der Leasingnehmer ist dabei so gestellt, als ob er zum einen eine Stillhalterverpflichtung aus einer Verkaufsoption hat und zum anderen Inhaber einer Kaufoption auf das Leasingobjekt ist. Der Leasingnehmer hat hierbei sowohl einen bedingten Anspruch als auch eine bedingte Verpflichtung. Es kommt nur dann zu einem Zahlungsfluss zwischen Leasinggeber und -nehmer, wenn der tatsächliche vom erwarteten Restwert abweicht. Deshalb hätte der Leasingnehmer grundsätzlich – wie oben vorgeschlagen[1340] – auf der Aktivseite einen Anspruch auf die Verwertungserlöse und auf der Passivseite eine Verpflichtung aus der Restwertgarantie auszuweisen, die beide korrespondierend zu derivativen Finanzinstrumenten zu behandeln wären. Es erscheint jedoch sinnvoll, dem Vorschlag der *G4+1-Working Group* folgend,[1341] die gesamte Restwertvereinbarung netto in einer Position auszuweisen, da sowohl der Anspruch auf die Verwertungserlöse als auch die Verpflichtung aus der Restwertgarantie gegenüber dem Leasinggeber besteht. Die Restwertvereinbarung sollte daher wie ein einziges derivatives Finanzinstrument behandelt werden.

Um den Nettowert der Restwertvereinbarung zu ermitteln, muss der Leasingnehmer den Leasingvertrag mit der Restwertvereinbarung mit einem einfachen Leasingvertrag vergleichen, wenn ein solcher vorhanden ist.[1342] Je nachdem, ob die Restwertvereinbarung einen positiven

---

1338 Vgl. Gliederungspunkt IV.C.3. in Kapitel 3.

1339 Darauf weist auch die *G4+1-Working Group* hin. Vgl. *ASB* (Implementation, 1999): Par. 5.53 sowie Gliederungspunkt IV.C.3. in Kapitel 3.

1340 Vgl. dazu die Bilanzierungsvorschläge in den Gliederungspunkten III.E.2.a. und III.E.3.a. in diesem Kapitel.

1341 Vgl. *ASB* (Implementation, 1999): Par. 5.50.

1342 Die Ermittlung der beiden einzelnen Werte des Anspruchs auf die Verwertungserlöse und der Restwertgarantie erscheint schwieriger.

oder einen negativen Wert hat, ist sie auf der Aktivseite respektive auf der Passivseite der Bilanz des Leasingnehmers auszuweisen. Kann der *fair value* der Restwertvereinbarung nicht ermittelt werden, ist die Vereinbarung vereinfachend zum Barwert ihres erwarteten inneren Werts im Ausübungszeitpunkt anzusetzen. Daraus folgt, dass die Restwertvereinbarung gegebenenfalls zu einem Wert von null bewertet wird, da sowohl das Recht auf den Mehrerlös als auch die Restwertgarantie keinen inneren Wert aufweist, solange der tatsächlich erwartete Restwert nicht von dem zu Vertragsbeginn erwarteten Restwert abweicht.

Im ersten Beispielfall der *G4+1-Working Group* erwirbt der Leasingnehmer einen Anspruch auf die Verwertungserlöse aus dem Restwert des Leasingobjekts. Dieser wäre, abweichend vom Vorschlag der *G4+1-Working Group*, als eigenständiges *asset* beim Leasingnehmer zu bilanzieren. Ein Einbezug in das Nutzungsrecht des Leasingnehmers erscheint nicht sachgerecht, da der Leasingnehmer den Restwert nicht erwirbt, um ihn zu nutzen. Der Anspruch auf die Verwertungserlöse stellt vielmehr einen Anspruch auf flüssige Mittel und damit ein *financial asset* dar. Als Ausgleich für den Anspruch auf die Verwertungserlöse verpflichtet sich der Leasingnehmer zu einer Zahlung in Höhe des zu Vertragsbeginn erwarteten Restwerts an den Leasinggeber. Sowohl der Anspruch auf die Verwertungserlöse als auch die Verpflichtung zur Zahlung der Gebühr besteht gegenüber derselben Vertragspartei, nämlich gegenüber dem Leasinggeber. Deshalb sollten Anspruch und Zahlungsverpflichtung gemeinsam betrachtet werden. Separat würden beide Positionen wahrscheinlich nicht bestehen. Der Anspruch auf den Verwertungserlös wird dem Leasingnehmer nur eingeräumt, weil er zugleich den Restwert garantiert. Deshalb erscheint es sachgerecht, die Vereinbarung ebenfalls wie ein einheitliches derivatives Finanzinstrument zu betrachten und zu ihrem Nettowert separat zu bilanzieren. Die Vereinbarung ist daher, genauso wie in dem zweiten Beispielfall der *G4+1-Working Group*, gegebenenfalls bei Erstbilanzierung mit einem Wert von null zu bewerten, wenn der Zeitwert nicht ermittelt werden kann.

Die beiden von der *G4+1-Working Group* genannten Beispielgestaltungen sind somit in gleicher Weise zu bilanzieren. Es macht bei wirtschaftlicher Betrachtung keinen Unterschied, ob der Leasingnehmer an den Leasinggeber den zu Beginn des Leasingvertrags erwarteten Restwert zahlt und von ihm den tatsächlichen Verwertungserlös erhält oder ob vereinbart wird, dass nur die Differenz zwischen Verwertungserlös und zu Vertragsbeginn erwartetem Restwert dem Leasingnehmer zufällt. In beiden Fällen liegt eine Vereinbarung vor, die einem derivativen Finanzinstrument entspricht. Der Unterschied besteht lediglich darin, dass im zweiten Fall explizit geregelt wird, dass die Vereinbarung durch eine Ausgleichszahlung beglichen wird. Eine Ausgleichszahlung könnte jedoch grundsätzlich auch im ersten Beispielfall zur Erfüllung der vertraglichen Vereinbarung erfolgen.

Die *G4+1-Working Group* bietet im *Tweedie*-Papier als alternative Lösung zur Bilanzierung der beiden Beispielfälle an, auch im zweiten Fall, in dem der Leasingnehmer die Mehr- oder Mindererlöse erhält, den gesamten Restwert mit in das Nutzungsrecht und in die Verbindlichkeit einzubeziehen. Begründet wird dies damit, dass dem Leasingnehmer genauso wie im ersten Fall die gesamten Risiken und Chancen am Restwert zufallen, und er wirtschaftlich so gestellt ist, als ob er den Restwert zunächst selbst kaufen und ihn dann an einen Dritten weiterverkaufen würde.[1343] Dieser Vorschlag ist jedoch ebenfalls abzulehnen, da innerhalb des Komponentenansatzes jede Partei nur die Komponenten ausweisen sollte, die sie tatsächlich kontrolliert. Der Leasingnehmer zieht keinen Nutzen im Rahmen einer produktiven Verwendung aus dem Restwert. Die Vereinbarung mit dem Leasinggeber zielt nur auf den Erhalt oder die Abgabe von flüssigen Mitteln ab und stellt mithin ein Finanzinstrument dar. Der Vorschlag der *G4+1-Working Group* wäre nur innerhalb des Konzepts des wirtschaftlichen Eigentums sinnvoll, das in IAS 17 und im deutschen Bilanzrecht für die Leasingbilanzierung angewendet wird und einen Risiken-Chancen-Ansatz zugrunde legt. Bei Anwendung des Komponentenansatzes können jedoch einzelne Vereinbarungen, die dazu führen, dass einer Vertragspartei bestimmte Risiken und Chancen zufallen, separat bilanziert werden. In beiden Beispielfällen erwirbt der Leasingnehmer nicht den Restwert, der folglich nicht bei ihm zu bilanzieren ist. Daher ist sowohl die bevorzugte Lösung der *G4+1-Working Group* für die Bilanzierung der beiden Beispielfälle als auch der aufgezeigte Alternativvorschlag abzulehnen.[1344]

Für die Folgebewertung der Restwertvereinbarung sind die oben vorgeschlagenen Regelungen zur Folgebewertung einer Restwertgarantie und einer Vereinbarung über die Beteiligung des Leasingnehmers am Verwertungserlös anzuwenden.[1345] Es gilt somit das Anschaffungskostenprinzip mit Niederstwerttest, wenn die Restwertvereinbarung bei Erstbilanzierung zu einem Aktivum beim Leasingnehmer führt, bzw. die an die Bewertung von Rückstellungen angelehnte Vorgehensweise, wenn die Restwertvereinbarung für den Leasingnehmer eine Schuld darstellt.

b. Bilanzierung beim Leasinggeber

Auch beim Leasinggeber sind die beiden Beispielfälle der *G4+1-Working Group* zur Kombination von Restwertgarantie und Verwertungserlösbeteiligung des Leasingnehmers in gleicher Weise zu bilanzieren. In beiden Fällen ist die Restwertvereinbarung bei der Bewertung des Restwertanspruchs zu berücksichtigen und zusätzlich im Anhang anzugeben. In besonderem Maße kritisch zu sehen ist der Vorschlag der *G4+1-Working Group* zur Bilanzierung beim Leasinggeber im ersten Beispielfall, in dem der Leasingnehmer eine Gebühr in Höhe des er-

---

1343 Vgl. *ASB* (Implementation, 1999): Par. 5.53.
1344 So auch *IDW* (CL 9, 2000): Antwort zu Frage 8.
1345 Vgl. Gliederungspunkte III.E.2.a. und III.E.3.a. in diesem Kapitel.

warteten Restwerts zahlt und dafür das Recht auf die Verwertungserlöse erhält. Der Leasinggeber sollte auch bei einem solchen Vertrag den Restwertanspruch separat als zurückbehaltenen Teil des Leasingobjekts bilanzieren. Die *G4+1-Working Group* schlägt hingegen vor, dass der Leasinggeber die garantierte Zahlung für den Restwert in die Forderung mit einbezieht. Dies erscheint nicht sachgerecht, da im Zusammenhang mit dem Restwert keine Gewinnrealisierung stattfinden sollte. Wenngleich sich der Leasingnehmer zur Zahlung einer Gebühr in Höhe des zu Vertragsbeginn erwarteten Restwerts verpflichtet hat, findet bezogen auf den Restwert kein Umsatz statt, solange nicht tatsächlich an einen Dritten verkauft wird. Eine abweichende Beurteilung vom Fall einer einfachen Restwertgarantie, bei dem auch nach dem Vorschlag der *G4+1-Working Group* der Leasinggeber weiterhin den Restwert ausweist und diesen nicht in die Forderung mit einbezieht,[1346] ist nicht begründbar. Die Vorschläge der *G4+1-Working Group* führen mithin dazu, dass lediglich geringe Unterschiede bei der Vertragsgestaltung erhebliche Auswirkungen auf die bilanzielle Abbildung des Leasingvertrags haben. Derartige Regelungen bieten den Bilanzierenden Anreize zum Gestaltungsmissbrauch und sind daher abzulehnen.

Für die zweite Beispielgestaltung, bei welcher dem Leasingnehmer die Differenz zwischen Veräußerungserlös und einem festgelegten Restwert zufällt, schlägt die *G4+1-Working Group* vor, dass der Leasinggeber die Vereinbarung über den Restwerterlös bei der Bewertung des Restwertanspruchs berücksichtigt.[1347] Dieser Vorschlag ist aufgrund der bei der Bilanzierung von Restwertgarantien und Verwertungserlösbeteiligungen bereits aufgezeigten Bewertungsschwierigkeiten[1348] sachgerecht. In gleicher Weise sollte der Leasinggeber die Restwertvereinbarung bei der ersten Beispielgestaltung behandeln. Der Sicherungszusammenhang zwischen dem Restwertanspruch und der Restwertvereinbarung kann damit in beiden Fällen im Rahmen der Folgebewertung angemessen berücksichtigt werden.

Durch die vorgeschlagenen Regelungen ist die bilanzielle Abbildung in beiden von der *G4+1-Working Group* genannten Beispielfällen zu Kombinationsmöglichkeiten von Restwertgarantie und Beteiligung des Leasingnehmers am Verwertungserlös einheitlich. Dies ist vor dem Hintergrund des gleichen wirtschaftlichen Gehalts beider Beispiele sachgerecht.[1349] Zudem verhalten sich die Bilanzierungsregelungen für sämtliche Vereinbarungen über den Restwert konsistent zueinander.

1346 Vgl. *ASB* (Implementation, 1999): Par. 9.9-18, *Example* 3 sowie Beispiel 3.3 in Gliederungspunkt IV.C.2. in Kapitel 3.

1347 Vgl. *ASB* (Implementation, 1999): Par. 9.26, 28 u. 31.

1348 Vgl. Gliederungspunkte III.E.2.b. und III.E.3.b. in diesem Kapitel.

1349 Für die in Gliederungspunkt IV.C.3. in Kapitel 3 dargestellten vereinfachten Beispiele 3.4 u. 3.5 der *G4+1-Working Group* bedeutet dies, dass die Bilanzierung in beiden Fällen wie in Beispiel 3.5 erfolgt. Der Leasinggeber bilanziert eine Forderung in Höhe von 15.000 und den Restwert in Höhe von 3.000. Der Leasingnehmer weist in beiden Fällen eine Verbindlichkeit in Höhe von 15.000, die Restwertvereinbarung zu ihrem *fair value* sowie das Nutzungsrecht in Höhe von 15.000 zu- oder abzüglich des *fair value* der Restwertvereinbarung aus.

c. Beispiel

Die vorgeschlagenen Regelungen zur Erst- und Folgebilanzierung von Leasingverträgen mit Kombinationen von Restwertgarantien und Verwertungserlösbeteiligungen des Leasingnehmers sollen anhand des folgenden Beispiels dargestellt werden.[1350]

Beispiel 4.5:

Ein Leasingobjekt, das einen fair value in Höhe von 10.000 aufweist, wird ab dem 01.01.01 für eine unkündbare Leasingdauer von vier Jahren zu nachschüssigen jährlichen Raten verleast. Der erwartete Restwert am 31.12.04 beträgt 3.000. Das Leasingobjekt wird am Ende der Leasingdauer an einen Dritten veräußert. Beträgt der dabei erzielte Erlös mehr als der erwartete Restwert in Höhe von 3.000, erhält der Leasingnehmer 75% des Mehrerlöses. Wird ein geringerer Erlös als 3.000 erzielt, muss der Leasingnehmer dem Leasinggeber die gesamte Differenz erstatten.

Am 31.12.01 wird für den Restwert am Ende der Leasingdauer sowohl vom Leasinggeber als auch vom Leasingnehmer nur noch ein Wert von 2.500, anstatt 3.000, erwartet.

Der am 01.01.01 erwartete Restwert in Höhe von 3.000 ist aus Sicht des Leasinggebers sicher. Zusätzlich verfügt der Leasinggeber über die Chance, dass der tatsächliche Restwert am Ende der Leasingdauer über dem erwarteten Restwert liegt und er 25% des Mehrerlöses erhält. Deshalb wird angenommen, dass er zur Diskontierung des Restwerts einen Chancenabschlag von 0,5% auf den sicheren Fremdkapitalzins von 7% verwendet,[1351] so dass er den erwarteten Restwert insgesamt mit einem Zinssatz in Höhe von 6,5% diskontiert.

Der Leasinggeber kalkuliert somit die Leasingraten (x) wie folgt:

$$\frac{x}{1{,}09}+\frac{x}{1{,}09^2}+\frac{x}{1{,}09^3}+\frac{x}{1{,}09^4}+\frac{3.000}{1{,}065^4}=10.000.$$

Dadurch berechnet er eine jährliche Leasingrate in Höhe von x = 2.367.

Der fair value des Leasingobjekts in Höhe von 10.000 wird in der Bilanz des Leasinggebers auf den fair value der Leasingraten in Höhe von 7.668 und den Wert des Restwertanspruchs einschließlich Restwertvereinbarung in Höhe von 2.332 aufgeteilt.

1350 Das hier gewählte Beispiel ist eine in Deutschland häufig vorkommende Vertragsgestaltung, die in den Leasingerlassen der Finanzverwaltung als Gestaltung für eine Zurechnung des Leasingobjekts zum Leasinggeber genannt wird (erlasskonformer Leasingvertrag). Dabei handelt es sich um das sog. Vertragsmodell mit Aufteilung des Mehrerlöses. Vgl. BMF-Schreiben vom 22.12.1975 – IV B 2 – S 2170 – 161/75, DB 1976, S. 172 (173) sowie Gliederungspunkt II.B.3.c. in Kapitel 1.

1351 Hinsichtlich der Möglichkeiten zur Ermittlung dieser Zinssätze durch den Leasinggeber vgl. Fn. 1187.

Der Leasingnehmer diskontiert die Leasingraten annahmegemäß wiederum mit seinem Fremdkapitalzinssatz in Höhe von 9%.[1352] *Er berechnet somit als Barwert der Leasingraten ebenfalls einen Wert in Höhe von 7.668.*

Es wird angenommen, dass der Leasingnehmer neben dem Vertrag mit Restwertvereinbarung den einfachen Leasingvertrag aus Beispiel 4.1 kennt. Deshalb kann er den Wert der Restwertvereinbarung anhand der Differenz zwischen den Barwerten der Leasingraten berechnen: 8.093 – 7.668 = 425.[1353] *Dieser Wert lässt sich auch anhand der Differenz zwischen dem Wert des Restwertanspruchs bei Vorliegen der Restwertvereinbarung und dem Wert des Restwertanspruchs bei einem einfachen Leasingvertrag*[1354] *berechnen:*

$$\frac{3.000}{1{,}065^4} - \frac{3.000}{1{,}12^4} = 2.332 - 1.907 = 425.$$ [1355]

Die vom Leasingnehmer zu erbringende Gegenleistung setzt sich somit aus dem Barwert der Leasingraten in Höhe von 7.668 und dem fair value der Restwertvereinbarung in Höhe von 425, die für den Leasingnehmer eine Verpflichtung darstellt, zusammen. Diese Gegenleistung bestimmt die Anschaffungskosten des Nutzungsrechts.

Der Leasingvertrag wird zu Vertragsbeginn bei Leasinggeber und -nehmer wie folgt bilanziert:

Leasinggeber			
Aktiva		*Passiva*	
Forderung	***7.668***		
Restwertanspruch	***2.332***		

Leasingnehmer			
Aktiva		*Passiva*	
Nutzungsrecht	***8.093***		
		Verbindlichkeit	***7.668***
		Restwertvereinbarung	***425***

1352 Vgl. Beispiel 4.1 in Gliederungspunkt III.B.1.b. in diesem Kapitel.

1353 8.093 ist der Barwert der Leasingraten bei einem einfachen Leasingvertrag ohne Restwertgarantie, vgl. Beispiel 4.1 in Gliederungspunkt III.B.1.b. in diesem Kapitel.

1354 Dieser wurde in Beispiel 4.2 in Gliederungspunkt III.B.2.c. in diesem Kapitel ermittelt.

1355 Der Wert einer Restwertgarantie für den hier zugrunde gelegten Beispielfall beträgt 562, vgl. Beispiel 4.4 in Gliederungspunkt III.E.2.c. in diesem Kapitel. Daraus lässt sich berechnen, dass der Wert des Anspruchs auf 75% des Mehrerlöses, den der Leasingnehmer erhält, 562 – 425 = 136 beträgt. Der Leasinggeber sollte dokumentieren, wie er die Diskontierungsfaktoren ermittelt hat, um Manipulationsspielräume zu begrenzen, vgl. Fn. 1187.

Am 31.12.01 erfolgt die Zahlung der ersten Leasingrate in Höhe von 2.367. Der Zinsanteil der Leasingrate ergibt sich durch Multiplikation der Forderung des Leasinggebers bzw. der Verbindlichkeit des Leasingnehmers mit dem verwendeten Diskontierungszinssatz in Höhe von 9% und beträgt 690. Der Tilgungsanteil in Höhe von 1.677 vermindert den Buchwert der Forderung des Leasinggebers sowie der Verbindlichkeit des Leasingnehmers.

Das Nutzungsrecht des Leasingnehmers wird linear über die Leasingdauer von vier Jahren abgeschrieben. Die Abschreibung für das Jahr 01 beträgt folglich 2.023.

Die Verpflichtung aus der Restwertvereinbarung ist beim Leasingnehmer anzupassen. Würde der erwartete Restwert am 31.12.01 weiterhin 3.000 betragen, könnte der Zeitwert der Restwertvereinbarung durch Vergleich mit einem einfachen Leasingvertrag[1356] ermittelt werden. Dazu ist der Wert der Verbindlichkeiten, also der Barwert der zu zahlenden Leasingraten, bei beiden Leasingverträgen zum 31.12.01 zu vergleichen. Der Zeitwert der Restwertgarantie würde dann 6.324 – 5.991 = 332 betragen.[1357] Durch die Verminderung des erwarteten Restwerts um 500 erhöht sich allerdings der Wert der Verpflichtung aus der Restwertvereinbarung. Der mit dem sicheren Zins berechnete Barwert des erwarteten inneren Werts der Garantieverpflichtung beträgt:

$$\frac{500}{1{,}07^3} = 408\,.$$

Unter Vernachlässigung der Auswirkung der Änderung des erwarteten Restwerts auf den Zeitwert der Restwertvereinbarung hat der Leasingnehmer die Verpflichtung aus der Restwertvereinbarung zum 31.12.01 mit einem Wert von 332 + 408 = 741 zu bewerten. Der Wert der Verpflichtung aus der Restwertvereinbarung ist damit beim Leasingnehmer um 315 zu erhöhen.

Der Leasinggeber schreibt den Restwertanspruch aufgrund der Verminderung des erwarteten Restwerts nicht außerplanmäßig ab, da er durch die Restwertvereinbarung gesichert ist. Vielmehr wird der Wert für den Restwertanspruch und die Restwertvereinbarung mit dem Diskontierungszins in Höhe von 6,5% aufgezinst. Der daraus resultierende Zinsertrag beträgt 152.

1356 Vgl. Beispiel 4.1 in Gliederungspunkt III.B.1.b. in diesem Kapitel.

1357 6.324 ist der Wert der Verbindlichkeit bei einem einfachen Leasingvertrag. Der Wert von 5.991 für die Verbindlichkeit ist der nachfolgenden Bilanz des Leasingnehmers entnehmbar.

Leasinggeber und -nehmer bilanzieren diesen Vertrag am 31.12.01 wie folgt:[1358]

Leasinggeber			
Aktiva		*Passiva*	
Forderung	***5.991***	***Gewinn***	***842***
Restwert-anspruch	***2.484***		

Leasingnehmer			
Aktiva		*Passiva*	
Nutzungs-recht	***6.070***	***Verlust***	***3.029***
		Verbind-lichkeit	***5.991***
		Restwertver-einbarung	***741***

1358 Der Saldo der sich aus dem Leasingvertrag ergebenden Erträge und Aufwendungen wird als Gewinn bzw. Verlust in der Bilanz der jeweiligen Vertragspartei dargestellt.

Thesenförmige Zusammenfassung

(1) Die Bilanzierung von Leasingverträgen ist ein sehr komplexes Rechnungslegungsproblem. Dies ist zum einen darin begründet, dass Leasing eine Mischform aus Miete und Ratenkauf darstellt. Zum anderen leistet die Leasingpraxis erheblichen Widerstand gegen Bilanzierungsregelungen, die den *off-balance-sheet*-Effekt des Leasing konterkarieren könnten, dessen Vorteile vornehmlich auf Informationsasymmetrien beruhen dürften. In der Literatur werden die geltenden Regelungen zur Leasingbilanzierung der kapitalmarktorientierten IAS/IFRS mehrheitlich als unbefriedigend beurteilt, da sie eine nicht dem wirtschaftlichen Gehalt entsprechende Abbildung der Transaktion erlauben.

(2) Der im BGB nicht definierte Leasingvertrag ist gemäß herrschender Meinung und Rechtsprechung des BGH rechtlich als (atypischer) Mietvertrag einzuordnen. Dennoch wird der Leasingvertrag aufgrund seiner kaufrechtlichen Züge in vielen rechtlichen Fragen, beispielsweise bei der Inhaltskontrolle von Leasing-AGB, nicht wie ein Mietvertrag behandelt. Daher erscheint die Einordnung des Finanzierungsleasingvertrags als Mietvertrag, die auch Einfluss auf dessen bilanzielle Behandlung hat, nicht sachgerecht. Angemessener wäre eine Einordnung als Vertrag sui generis. Dies gilt nicht für den Operating-Leasingvertrag; dieser gehört eindeutig dem Vertragstypus der Miete an. Die jeweilige rechtliche Behandlung des Finanzierungsleasing entspricht zumeist dem Gewollten der Vertragsparteien und ist daher leasingfördernd.

(3) Die handelsrechtliche Leasingbilanzierung folgt bei der Zurechnung des Leasingobjekts den Regelungen des Steuerrechts. So wird der wirtschaftliche Eigentümer des Leasingobjekts anhand der durch die Finanzverwaltung in den sog. Leasingerlassen vorgegebenen quantitativen Kriterien bestimmt. Darauf aufbauend erfolgt eine bilanzielle Darstellung des Leasingvertrags entweder als Miete oder Ratenkauf. Bei der Bilanzierung als Mietvertrag kommt der Grundsatz der Nichtbilanzierung schwebender Geschäfte zur Anwendung. Die Einordnung typischer Finanzierungsleasingverträge als schwebende Geschäfte kann kritisch gesehen werden, ist jedoch in einer Ausschüttungsbemessungsbilanz vertretbar. Bei bilanzieller Abbildung als Ratenkauf wird der Gewinn des Leasinggebers im Zeitablauf realisiert, weil die Abwälzung der Preisgefahr auf den Leasingnehmer regelmäßig nicht den Gewinnaufschlag umfasst.

(4) International ist die Leasingbilanzierung in IAS 17 geregelt, wonach – korrespondierend zum deutschen Bilanzrecht – das Leasingobjekt dem wirtschaftlichen Eigentümer im Rahmen eines Risiken-Chancen-Ansatzes zugerechnet wird. Die Kriterien für die Klassifizierung des Leasingvertrags als *finance* oder *operating lease*, die mit der Zurechnung des Leasingobjekts einhergeht, sind an die Kriterien des SFAS 13, dem Leasing-

standard der US-GAAP, angelehnt. Abweichend von SFAS 13 sind die Kriterien des IAS 17 qualitativ formuliert und die Vertragsqualifikation ist im Rahmen einer Gesamtbetrachtung des Leasingvertrags vorzunehmen. Dies eröffnet einen erheblichen Interpretationsspielraum, der eine Anwendung des IAS 17 erschwert und keine Rechtssicherheit bietet. Zudem weisen die Zurechnungskriterien des IAS 17, insbesondere der Barwerttest, inhaltliche Schwächen auf. Eine objektivierte Zurechnung des Leasingobjekts kann nur durch quantitative Kriterien sichergestellt werden, die in einer Weise ausgestaltet werden könnten, dass sämtliche kaufähnliche Leasingverträge als *finance leases* klassifiziert werden.

(5) *Finance leases* werden nach IAS 17 wie Ratenkaufverträge über das Leasingobjekt bilanziert. Dabei schreibt IAS 17 für die Folgebewertung des Leasingobjekts beim Leasingnehmer Regelungen vor, die zu einem Verstoß gegen den Grundsatz der Periodenabgrenzung führen können. Darüber hinaus kann die Einbeziehung des Restwerts in die Bewertung der Forderung des Leasinggebers als Verstoß gegen Ertragsrealisierungsgrundsätze der IAS/IFRS gesehen werden. Bei Erfüllung bestimmter Kriterien realisiert der Leasinggeber einen Veräußerungsgewinn zu Beginn des Leasing; der Finanzertrag aus der Nutzungsüberlassung wird durch Aufzinsung der Forderung über die Leasingdauer realisiert. *Operating leases* werden als schwebende Geschäfte eingeordnet und damit nicht bilanziert. Dies ist für eine kapitalmarktorientierte Rechnungslegung kritisch zu hinterfragen. Zudem erscheint es unbefriedigend, dass in Leasingverträgen vorhandene Optionen oder Garantien durch die pauschale bilanzielle Abbildung von Leasingverträgen als Miet- oder Kaufgeschäfte nicht adäquat abgebildet werden können.

(6) Die *G4+1-Working Group* hat Ende der neunziger Jahre einen alternativen Ansatz zur Bilanzierung von Leasingverträgen vorgeschlagen (*McGregor*- und *Tweedie*-Papier). Danach soll jedes Leasingverhältnis zum Ausweis eines *asset* beim Leasingnehmer führen. Der Schwebezustand des Leasingvertrags werde mit Lieferung des Leasingobjekts durch den Leasinggeber beendet. Im Leasingvertrag vereinbarte Garantien oder Optionen sollen beim Leasingnehmer grundsätzlich separat als eigenständige *assets* oder *liabilities* bilanziert werden. Für die Folgebewertung dieser Bilanzpositionen wird grundsätzlich das Anschaffungskostenprinzip zugrunde gelegt. Beim Leasinggeber ist keine separate Bilanzierung der Garantie- oder Optionsrechte vorgesehen. Der Vorschlag der Arbeitsgruppe enthält für einige Bilanzierungsprobleme, insbesondere für die Folgebewertung sowie Gewinnrealisierung beim Leasinggeber, keine konsistenten Lösungen. Der Ansatz wurde von der Öffentlichkeit stark kritisiert und bisher nicht umgesetzt. Es wird jedoch erwartet, dass das seit mehreren Jahren vom *IASB* verfolgte Projekt zur Neuregelung der Leasingbilanzierung zu einem ähnlichen Grundkonzept führen wird.

(7) Bei der Entwicklung eines neuen Leasingstandards für die IAS/IFRS sind die Grundsätze und Ziele dieser Rechnungslegungsvorschriften zu beachten, damit ein konsistentes Regelungssystem entsteht, wie es das ausdrückliche Ziel des *IASB* ist. Wesentliche qualitative Anforderung der IAS/IFRS an Jahresabschlussinformationen ist der Grundsatz der *fair presentation*. Für ein in sich geschlossenes Rechnungslegungssystem ist zudem die einheitliche Anwendung der Bilanzierungskriterien des *Framework* für *assets* und *liabilities* in den verschiedenen Rechnungslegungsstandards entscheidend. Die Bilanzierungskriterien des *Framework* stellen auf einen Zu- oder Abfluss an künftigem wirtschaftlichen Nutzen ab. Für immaterielle Vermögenswerte gelten konkretisierte Aktivierungskriterien. Die Bilanzierungskriterien für Finanzinstrumente sind in eigenen Standards festgelegt und weichen von denen des *Framework* ab; sie stellen auf das Vorliegen eines Vertrags ab, der auf den Erhalt oder die Abgabe flüssiger Mittel oder anderer Finanzinstrumente gerichtet ist.

(8) Die Anwendung der Bilanzierungskriterien des *Framework* zeigt, dass sowohl beim Leasingnehmer als auch beim Leasinggeber bilanzierungsfähige *assets* aus sämtlichen Leasingverträgen entstehen. Das Nutzungsrecht des Leasingnehmers am Leasingobjekt erfüllt zudem die Bilanzierungskriterien eines immateriellen Vermögenswertes nach IAS 38. Die Verpflichtung des Leasingnehmers zur Zahlung der Leasingraten stellt eine finanzielle Verbindlichkeit gemäß IAS 39 dar. Der Anspruch des Leasinggebers auf Erhalt der Leasingraten ist eine Forderung. Als Gegenbuchung zur Forderung hat der Leasinggeber den Wert des Leasingobjekts um das auf den Leasingnehmer übertragene Nutzenpotenzial zu vermindern. In der Bilanz des Leasinggebers verbleibt somit ein Restwertanspruch.

(9) Leasingverträge stellen grundsätzlich schwebende Geschäfte dar. Nach herrschender Meinung verlangt der Grundsatz der Nichtbilanzierung schwebender Geschäfte, dass die ansonsten bilanzierungsfähigen Ansprüche und Verpflichtungen aus *operating leases* nicht bilanziert werden. Allerdings hat der nicht eindeutig kodifizierte Grundsatz der Nichtbilanzierung schwebender Geschäfte unter den IAS/IFRS keine Existenzberechtigung. Sowohl die im deutschen Bilanzrecht für diesen Grundsatz vorherrschenden Begründungen als auch die qualitativen Anforderungen des *Framework* an Jahresabschlussinformationen rechtfertigen den generellen Nichtausweis schwebender Geschäfte in der IAS/IFRS-Bilanz nicht. Der Grundsatz der Nichtbilanzierung schwebender Geschäfte ist mithin unter den IAS/IFRS aufzugeben; schwebende Geschäfte, die zu bilanzierungsfähigen Bilanzpositionen führen, sind auszuweisen. Daher ist die Entwicklung eines neuen Leasingstandards erforderlich, der zu den Bilanzierungskriterien des *Framework* und den anderen IAS/IFRS konsistent ist und anknüpfend an die von den Vertragsparteien kontrollierten Nutzenpotenziale einem Komponentenansatz folgt.

(10) Für die Ausgestaltung der neu zu entwickelnden Leasingbilanzierung erscheint es sinnvoll, eine Vereinfachungsregel im Hinblick auf die qualitativen Anforderungen des *Framework* an Jahresabschlussinformationen in Form der Wesentlichkeit und der Wirtschaftlichkeit festzulegen: Vermögenswerte und Schulden aus Leasingverträgen sollten nur bilanziert werden, wenn die unkündbare Restlaufzeit des Leasingvertrags am ersten Bilanzstichtag nach dessen Abschluss mindestens ein Jahr beträgt. Neben der Nutzungsüberlassung vom Leasinggeber angebotene Serviceleistungen, die separat betrachtet zu keinen bilanzierungsfähigen *assets* oder *liabilities* führen, brauchen nicht von der reinen Nutzungsüberlassung getrennt werden. Stattdessen sollte der Leasingnehmer bei solchen Leasingverträgen höherwertige Nutzungsrechte und korrespondierende Verpflichtungen ausweisen.

(11) Das Nutzungsrecht des Leasingnehmers ist konsistent mit den Vorschriften des IAS 38 für immaterielle Vermögenswerte zu bilanzieren. Die Bilanzierung der Verbindlichkeit des Leasingnehmers sowie der Forderung des Leasinggebers erfolgt grundsätzlich korrespondierend mit den Regelungen des IAS 39. Der Leasinggeber darf einen Veräußerungsgewinn realisieren, wenn der Buchwert des Leasingobjekts zu Leasingbeginn nachweisbar unter dessen *fair value* liegt. Der Finanzertrag des Leasinggebers ist im Zeitablauf zu realisieren. Der Restwertanspruch des Leasinggebers ist bei Erstbilanzierung zum *fair value* zu bewerten und – obwohl es sich um kein Finanzinstrument handelt – wie eine Forderung über die Leasingdauer aufzuzinsen. Der Komponentenansatz ermöglicht eine genauere Darstellung der wirtschaftlichen Verhältnisse der Leasingvertragsparteien als das Kriterium der Zuordnung des Leasingobjekts entsprechend dem wirtschaftlichen Eigentum.

(12) Dem Leasingnehmer eingeräumte Kauf- oder Mietverlängerungsoptionen stellen Realoptionen dar, die im Rahmen des Komponentenansatzes – wie in Verträgen eingebettete derivative Finanzinstrumente – als eigenständige Rechte und Verpflichtungen beim Leasingnehmer zu bilanzieren sind. Dadurch wird der Bilanzleser umfassend über die sich aus dem Leasingvertrag ergebenden wirtschaftlichen Verhältnisse informiert. Die Optionen sollten bei Erstbilanzierung zum *fair value* oder zum Barwert des erwarteten inneren Werts der Option im Ausübungszeitpunkt angesetzt werden. Aufgrund fehlender Realisierbarkeit höherer Werte am Markt sind die Optionen in der Folge nach dem Anschaffungskostenprinzip mit Niederstwerttest zu bewerten. Beim Leasinggeber würde der Sicherungszusammenhang zwischen der Stillhalterverpflichtung aus den Optionen und dem Restwertanspruch eine *fair-value*-Bewertung erfordern. Da diese nicht praktikabel ist, ist die Stillhalterverpflichtung beim Leasinggeber nicht separat zu bilanzieren, sondern bei der Bewertung des Restwertanspruchs zu berücksichtigen.

(13) Bedingte Leasingraten sind in den Ansatz der auszuweisenden Bilanzpositionen bei Leasinggeber und -nehmer einzubeziehen, wenn dies mit den Bilanzierungskriterien der IAS/IFRS vereinbar ist. Bedingte Leasingraten, die bei zusätzlicher Nutzung des Leasingobjekts anfallen, sind wie Mietverlängerungsoptionen zu bilanzieren. Proportional zur Nutzung des Leasingobjekts anfallende oder an nutzungsunabhängige Parameter gekoppelte bedingte Leasingraten sollten mittels Schätzung in die Bilanzpositionen der Vertragsparteien einbezogen werden, wenn die Schätzung verlässlich erfolgen kann. Änderungen der Schätzungen in der Folge führen bei proportional zur Nutzung anfallenden Leasingraten zu nachträglichen Anpassungen der Anschaffungskosten des Nutzungsrechts.

(14) Bei vereinbartem Übergang des rechtlichen Eigentums am Objekt auf den Leasingnehmer am Ende der Leasingdauer ist die Transaktion als Ratenkauf des Anlageguts zu bilanzieren. Bei allen anderen Leasingverträgen bilanziert der Leasingnehmer hingegen ein Nutzungsrecht. Restwertgarantien sind beim Leasingnehmer wie Stillhalterverpflichtungen aus Optionen separat zu bilanzieren. An Folgestichtagen wird korrespondierend zur Bewertung von Rückstellungen der Wert der Verpflichtung überprüft und gegebenenfalls angepasst. Beim Leasinggeber besteht ein Sicherungszusammenhang zwischen der Restwertgarantie und dem Restwertanspruch. Da eine *fair-value*-Bewertung der Restwertgarantie nicht praktikabel ist, wird die Restwertgarantie beim Leasinggeber nicht separat bilanziert, sondern im Rahmen der Bewertung des Restwertanspruchs berücksichtigt.

(15) Mehrerlösbeteiligungen des Leasingnehmers am Restwert des Leasingobjekts sind ebenfalls wie Finanzoptionen separat zu bilanzieren. Aufgrund fehlender Realisierbarkeit höherer Werte sollte für die Folgebewertung beim Leasingnehmer das Anschaffungskostenprinzip mit Niederstwerttest gelten. Beim Leasinggeber ist wegen des Sicherungszusammenhangs mit dem Restwertanspruch kein separater Ausweis geboten. Vereinbarungen über Kombinationen von Restwertgarantien und Mehrerlösbeteiligungen des Leasingnehmers sind wie ein einheitliches derivatives Finanzinstrument zu ihrem Nettowert beim Leasingnehmer separat zu bilanzieren und beim Leasinggeber in die Bewertung des Restwertanspruchs einzubeziehen. Insbesondere zu solchen Gestaltungen sind die Vorschläge der *G4+1-Working Group* zu einer unterschiedlichen Bilanzierung wirtschaftlich identischer Sachverhalte entschieden abzulehnen.

Quellenverzeichnis

I. Literaturverzeichnis

AAA Financial Accounting Standards Committee (Evaluation, 2001): Evaluation of the Lease Accounting Proposed in G4+1 Special Report, in: Accounting Horizons, Vol. 15, No. 3, September 2001, S. 289-298.

ABN AMRO (CL 21, 2000): ABN AMRO Leaseholding N.V.: Comment Letter Nr. 21 zum G4+1 Position Paper: Leases: Implementation of a New Approach, Juni 2000, online im Internet unter http://www.iasb.org/docs/g4leas00/cl21.pdf (Abrufdatum: 9. März 2005).

Achleitner, Ann-Kristin / Behr, Giorgio (IAS, 2003): International Accounting Standards: Ein Lehrbuch zur internationalen Rechnungslegung, 3., überarb. Aufl., München: Vahlen, 2003.

Achleitner, Ann-Kristin u. a. (Grundlagen, 2005): Kapitel III: Grundlagen der Bilanzierung, der Bewertung und des Ausweises, in: Baetge, Jörg / Dörner, Dietrich u. a. (Hrsg.): Rechnungslegung nach International Accounting Standards (IAS): Kommentar auf der Grundlage des deutschen Bilanzrechts, Losebl.-Ausg., 2. Aufl., Stuttgart: Schäffer-Poeschel, 2002, Stand: 1. Erg.-Lfg., Juni 2005.

Adler, Hans / Düring, Walther / Schmaltz, Kurt (International, 2005): Rechnungslegung nach internationalen Standards: Kommentar, bearb. v. Hans-Friedrich Gelhausen u. a., Stuttgart: Schäffer-Poeschel, 2002, Stand: 3. Teillieferung, April 2005.

Adler, Hans / Düring, Walther / Schmaltz, Kurt (Rechnungslegung, 1998): Rechnungslegung und Prüfung der Unternehmen: Kommentar zum HGB, AktG, GmbHG, PublG nach den Vorschriften des Bilanzrichtlinien-Gesetzes, bearb. v. Karl-Heinz Forster u. a., 6. Aufl., Teilbd. 6, Stuttgart: Schäffer-Poeschel, 1998.

Adler, Hans / Düring, Walther / Schmaltz, Kurt (Rechnungslegung, 1995): Rechnungslegung und Prüfung der Unternehmen: Kommentar zum HGB, AktG, GmbHG, PublG nach den Vorschriften des Bilanzrichtlinien-Gesetzes, bearb. v. Karl-Heinz Forster u. a., 6. Aufl., Teilbd. 1, Stuttgart: Schäffer-Poeschel, 1995.

Alexander, David / Archer, Simon (Miller IAS/IFRS, 2004): Miller International Accounting / Financial Reporting Standards Guide, New York: Aspen, 2004

Alvarez, Manuel / Wotschofsky, Stefan / Miethig, Michaela (Leasingverhältnisse nach IAS 17, 2001): Leasingverhältnisse nach IAS 17: Zurechnung, Bilanzierung, Konsolidierung, in: WPg, 54. Jg. (2001), Heft 18, S. 933-947.

Ammann, Helmut / Hucke, Anja (Rechtliche Grundlagen, 2000): Rechtliche Grundlagen des Leasing und dessen Bilanzierung nach HGB, US-GAAP sowie IAS, in: IStR, 9. Jg. (2000), Heft 3, S. 87-94.

Andersons, Arvid (Neue Entwicklungen, 1998): Neue Entwicklungen in der Bilanzierung von Leasinggeschäften, zugl.: St. Gallen, Univ., Diss., 1997, Graz: Reiber & Reimer, 1998.

Arthur Andersen (CL 5, 2000): Arthur Andersen (International): Comment Letter Nr. 5 zum G4+1 Position Paper: Leases: Implementation of a New Approach, Juli 2000, online im Internet unter http://www.iasb.org/docs/g4leas00/cl05.pdf (Abrufdatum: 9. März 2005).

ASB (Hrsg.) (Implementation, 1999): Leases: Implementation of a New Approach, Discussionpaper, G4+1 Position Paper, Central Milton Keynes: ASB Publications, December 1999.

ASF (CL 27, 2000): Association Française des Sociétés Financiéres: Comment Letter Nr. 27 zum G4+1 Position Paper: Leases: Implementation of a New Approach, Oktober 2000, online im Internet unter http://www.iasb.org/docs/g4leas00/cl27.pdf (Abrufdatum: 9. März 2005).

Assies, Paul H. (Schuldrechtsreform, 2002): Schuldrechtsreform – Das Aus für Leasinggeschäfte?, in: BKR, 2. Jg. (2002), Heft 7, S. 317-319.

Australia and New Zealand Banking Group (CL 26, 2000): Comment Letter Nr. 26 zum G4+1 Position Paper: Leases: Implementation of a New Approach, September 2000, online im Internet unter http://www.iasb.org/docs/g4leas00/cl26.pdf (Abrufdatum: 9. März 2005).

Babel, Mathias (Saldierungsbereich, 1998): Zum Saldierungsbereich bei Rückstellungen für drohende Verluste aus schwebenden Geschäften, in: ZfB, 68. Jg. (1998), Heft 8, S. 825-849.

Babel, Mathias (Aktivierungsfähigkeit, 1997): Zur Aktivierungsfähigkeit von Nutzungsrechten, in: BB, 52. Jg. (1997), Heft 44, S. 2261-2268.

Babel, Mathias (Ansatz und Bewertung, 1997): Ansatz und Bewertung von Nutzungsrechten, Betriebswirtschaftliche Studien Rechnungs- und Finanzwesen, Organisation und Institution, Bd. 39, zugl.: Frankfurt/Main, Univ., Diss., 1997, Frankfurt/Main u. a.: Lang, 1997.

Bähr, Gottfried / Weigell, Lutz K.-E. (Auswirkungen, 1989): Auswirkungen der vorzeitigen Kündigung eines Leasingvertrags im Jahresabschluß, in: DB, 42. Jg. (1989), Heft 33, S. 1633-1638.

Baetge, Jörg / Dörner, Dietrich u. a. (Hrsg.) (IAS-Kommentar, 2005): Rechnungslegung nach International Accounting Standards (IAS): Kommentar auf der Grundlage des deutschen Bilanzrechts, Losebl.-Ausg., 2. Aufl., Stuttgart: Schäffer-Poeschel, 2002, Stand: 1. Erg.-Lfg., Juni 2005.

Baetge, Jörg / Keitz, Isabel von (IAS 38, 2005): IAS 38: Immaterielle Vermögenswerte (Intangible Assets), in: Baetge, Jörg / Dörner, Dietrich u. a. (Hrsg.): Rechnungslegung nach International Accounting Standards (IAS): Kommentar auf der Grundlage des deutschen Bilanzrechts, Losebl.-Ausg., 2. Aufl., Stuttgart: Schäffer-Poeschel, 2002, Stand: 1. Erg.-Lfg., Juni 2005.

Baetge, Jörg / Kirsch, Hans-Jürgen / Thiele, Stefan (Bilanzen, 2003): Bilanzen, 7. überarb. Aufl., Düsseldorf: IDW, 2003.

Baetge, Jörg / Kirsch, Hans-Jürgen / Thiele, Stefan (Hrsg.) (Bilanzrecht, 2002): Bilanzrecht: Handelsrecht mit Steuerrecht und den Regelungen des IASB, Kommentar, Losebl.-Ausg., Bonn/Berlin: Stollfuß, Stand: 6. Aktualisierung, November 2004.

Ballwieser, Wolfgang (Rahmenkonzepte, 2003): Rahmenkonzepte der Rechnungslegung: Funktionen, Vergleich, Bedeutung, in: Der Konzern, 1. Jg. (2003), Heft 5, S. 337-348.

Ballwieser, Wolfgang (Grundsätze, 2002): Grundsätze der Aktivierung und Passivierung, in: Castan, Edgar u. a.: Beck`sches Handbuch der Rechnungslegung, Losebl.-Ausg., Band I, B 131, 16. Erg.-Lfg., Februar 2002.

Ballwieser, Wolfgang / Coenenberg, Adolf G. / Wysocki, Klaus v. (Hrsg.) (Handwörterbuch, 2002): Handwörterbuch der Rechnungslegung und Prüfung, 3., überarb. u. erw. Aufl., Enzyklopädie der Betriebswirtschaftslehre; Bd. 8, Stuttgart: Schäffer-Poeschel, 2002.

Ballwieser, Wolfgang (Hrsg.) (US-amerikanische Rechnungslegung, 2000): US-amerikanische Rechnungslegung: Grundlagen und Vergleiche mit dem deutschen Recht, 4. überarb. u. erw. Aufl., Stuttgart: Schäffer-Poeschel, 2000.

Ballwieser, Wolfgang / Moxter, Adolf / Nonnenmacher, Rolf (Hrsg.) (Festschrift Clemm, 1996): Rechnungslegung – warum und wie, Festschrift für Hermann Clemm zum 70. Geburtstag, München: Beck, 1996.

Ballwieser, Wolfgang u. a. (Hrsg.) (Bilanzrecht, 1994): Bilanzrecht und Kapitalmarkt, Festschrift zum 65. Geburtstag von Prof. Dr. Dr. h.c. Dr. h.c. Adolf Moxter, Düsseldorf: IDW, 1994.

Barth, Christopher (Zurechnung von Leasingobjekten, 1999): Die Zurechnung von Leasingobjekten im Jahresabschluß nach Handelsrecht, Steuerrecht und den International Accounting Standards, unter besonderer Berücksichtigung der Aktivierbarkeit eines Nutzungsrechts als immateriellen Vermögensgegenstand, Bamberg, Univ., Diss., 1999.

Bassenge, Peter (BGB, 2004): Einf. v § 854, in: Palandt, Otto (Begr.): Bürgerliches Gesetzbuch, bearb. v. Peter Bassenge, u. a., 63., neubearb. Aufl., Beck`sche Kurz-Kommentare, Bd. 7, München: Beck, 2004, S. 1328-1330.

Batzer, Daniela / Lickteig, Thomas (Steuerliche Behandlung, 2000): Steuerliche Behandlung des Factoring, in: StBp, 40. Jg. (2000), Heft 5, S. 137-146.

Bauer, Heinrich (Schwebende Geschäfte, 1981): Schwebende Geschäfte im Steuerrecht, Erlangen/Nürnberg, Univ., Jur. Fak., Diss., 1981.

BBA (CL 3, 2000): British Bankers' Association: Comment Letter Nr. 3 zum G4+1 Position Paper: Leases: Implementation of a New Approach, Juni 2000, online im Internet unter http://www.iasb.org/docs/g4leas00/cl03.pdf (Abrufdatum: 9. März 2005).

Beckmann, Heiner (Auswirkungen, 2002): Auswirkungen des Schuldrechtmodernisierungsgesetzes auf die Leasing-Branche, in: FLF, 49. Jg. (2002), Heft 2, S. 46-53.

Beisse, Heinrich (Verhältnis, 1984): Zum Verhältnis von Bilanzrecht und Betriebswirtschaftslehre, in: StuW, 61. Jg. (1984), Heft 1, S. 1-14.

Bellavite-Hövermann, Yvette / Barckow, Andreas (IAS 39, 2005): IAS 39: Finanzinstrumente: Ansatz und Bewertung (Financial Instruments: Recognition and Measurement), in: Baetge, Jörg / Dörner, Dietrich u. a. (Hrsg.): Rechnungslegung nach International Accounting Standards (IAS): Kommentar auf der Grundlage des deutschen Bilanzrechts, Losebl.-Ausg., 2. Aufl., Stuttgart: Schäffer-Poeschel, 2002, Stand: 1. Erg.-Lfg., Juni 2005.

Benke, Ralph L. / Baril, Charles P. (Decision, 1990): The Lease vs. Purchase Decision, in: Management Accounting, Vol. 71, March 1990, S. 42-46.

Berger, Axel u. a. (Hrsg.) (BeckBilKomm, 2003): Beck`scher Bilanz-Kommentar: Handels- und Steuerrecht – §§ 238 bis 339 HGB –, 5., völlig neubearb. Aufl., München: Beck, 2003.

Berger, Axel / Ring, Maximilian (BeckBilKomm, 2003): Kommentierung zu § 249 HGB, Anm 24-100, in: Berger, Axel u. a. (Hrsg.): Beck`scher Bilanz-Kommentar: Handels- und Steuerrecht – §§ 238 bis 339 HGB –, 5., völlig neubearb. Aufl., München: Beck, 2003.

Berger, Axel / Schramm, Marianne / Ring, Maximilian (BeckBilKomm, 2003): Kommentierung zu § 253 HGB, Anm 1-30, in: Berger, Axel u. a. (Hrsg.): Beck`scher Bilanz-Kommentar: Handels- und Steuerrecht – §§ 238 bis 339 HGB –, 5., völlig neubearb. Aufl., München: Beck, 2003.

Berninghaus, Jochen (Fahrzeugleasing, 1998): § 15. Fahrzeugleasing, in: Büschgen, Hans E. (Hrsg.):Praxishandbuch Leasing, bearb. v. Jürgen Apel u. a., München: Beck, 1998, S. 393-407.

Bieg, Hartmut (Schwebende Geschäfte, 1977): Schwebende Geschäfte in Handels- und Steuerbilanz: Die derzeitige und mögliche bilanzielle Behandlung beiderseits noch nicht erfüllter synallagmatischer Verträge unter besonderer Berücksichtigung der Interessen der Bilanzadressaten, zugl.: Saarbrücken, Univ., Diss., 1976, Europäische Hochschulschriften, Reihe V, Bd. 151, Frankfurt/M.: Lang, 1977.

Böcking, Hans-Joachim / Lopatta, Kerstin / Rausch, Bejamin (Wertkategorien, 2005): Wertkategorien der IAS/IFRS, in: Castan, Edgar u. a. (Hrsg.): Beck`sches Handbuch der Rechnungslegung, Losebl.-Ausg., Band I, B 165, 23. Erg.-Lfg., Mai 2005.

Böcking, Hans-Joachim (IAS, 2001): IAS für Konzern- und Einzelabschluss?, in: WPg, 54. Jg. (2001), Heft 24, S. 1433-1440.

Böcking, Hans-Joachim (Umsatzbezogene Gewinnrealisierung, 1989): Der Grundsatz umsatzbezogener Gewinnrealisierung beim Finanzierungsleasing: Zugleich eine kritische Würdigung der BFH-Entscheidung IV R 18/86 vom 8.10.1987, in: ZfbF, 41. Jg. (1989), Heft 6, S. 491-515.

Böcking, Hans-Joachim (Bilanzrechtstheorie, 1988): Bilanzrechtstheorie und Verzinslichkeit, Neue betriebswirtschaftliche Forschung, Bd. 46, zugl.: Frankfurt (Main), Univ., Diss., 1987, Wiesbaden: Gabler, 1988.

Bodarwé, Ernst (Erfüllen, 1966): Erfüllen die Grundsätze ordnungsmäßiger Buchführung und Bilanzierung noch ihre Aufgaben?, in: WPg, 19. Jg. (1966), Heft 24, S. 668-672.

Bohl, Werner / Riese, Joachim / Schlüter, Jörg (Hrsg.) (IFRS-Handbuch, 2004): Beck`sches IFRS-Handbuch: Kommentierung der IAS/IFRS, München: Beck, 2004.

Bohl, Werner (IFRS-Handbuch, 2004): § 1. Grundlagen der IFRS-Rechnungslegung, in: Bohl, Werner / Riese, Joachim / Schlüter, Jörg (Hrsg.): Beck`sches IFRS-Handbuch: Kommentierung der IAS/IFRS, München: Beck, 2004.

Bohl, Werner / Scheinpflug, Patrick (IFRS-Handbuch, 2004): § 3. Finanzinstrumente, in: Bohl, Werner / Riese, Joachim / Schlüter, Jörg (Hrsg.): Beck`sches IFRS-Handbuch: Kommentierung der IAS/IFRS, München: Beck, 2004.

Bordewin, Arno / Tonner, Norbert (Leasing im Steuerrecht, 2003): Leasing im Steuerrecht, 4., völlig neu bearb. Aufl., Heidelberg: C.F. Müller, 2003.

Born, Karl (Rechnungslegung international, 2002): Rechnungslegung international: Einzel- und Konzernabschlüsse nach IAS, US-GAAP, HGB und EG-Richtlinien, 3., akt. u. erg. Aufl., Handelsblatt-Reihe, Stuttgart: Schäffer-Poeschel, 2002.

Born, Karl (Rechnungslegung, 2001): Rechnungslegung nach IAS, US-GAAP und HGB im Vergleich, 2., überarb, u. akt. Aufl., Stuttgart: Schäffer-Poeschel, 2001.

Bradbury, Michael E. (CL 13, 2000): Comment Letter Nr. 13 zum G4+1 Position Paper: Leases: Implementation of a New Approach, Juli 2000, online im Internet unter http://www.iasb.org/docs/g4leas00/cl13.pdf (Abrufdatum: 9. März 2005).

Brakensiek, Sonja (Finanzierungsinstrumente, 2001): Bilanzneutrale Finanzierungsinstrumente in der internationalen und nationalen Rechnungslegung, zugl. Saarbrücken, Univ., Diss., Reihe: Küting/Weber (Hrsg.), Rechnungs- und Prüfungswesen, Herne/Berlin: NWB, 2001.

Brealy, Richard A. / Myers, Stewart C. (Corporate Finance, 2003): Principles of Corporate Finance, 7th ed., New York: McGraw-Hill/Irwin, 2003.

Breitfeld, Lothar (Aufsicht, 2001): Leasing und Aufsicht, in: ZfgK, 54. Jg. (2001), Heft 6, S. 292-302.

Brunotte, Wolfgang (Finanzierungsleasingvertrag, 1990): Der Finanzierungsleasingvertrag – ein Beispiel richterlicher Rechtsfortbildung im Schuldrecht, in: DRiZ, 58. Jg. (1990), Heft 10, S. 396-400.

Brzuska, Wolfgang (Gewährleistung, 1989): Gewährleistung beim Finanzierungsleasing von Mobilien, in: BB, 44. Jg. (1989), Beilage 10 zu Heft 14, S. 23-27.

Büschgen, Hans E. (Hrsg.) (Praxishandbuch, 1998): Praxishandbuch Leasing, bearb. v. Jürgen Apel u. a., München: Beck, 1998

Canaris, Claus-Wilhelm (Grundprobleme, 1993): Grundprobleme des Finanzierungsleasing im Lichte des Verbraucherkreditgesetzes, in: ZIP, 14. Jg. (1993), Heft 6, S. 401-412.

Canaris, Claus-Wilhelm (Interessenlage, 1990): Interessenlage, Grundprinzipien und Rechtsnatur des Finanzierungsleasing, in: AcP, 190. Band (1990), S. 410-469.

Canaris, Claus-Wilhelm (Finanzierungsleasing, 1982): Finanzierungsleasing und Wandelung, in: NJW, 35. Jg. (1982), Heft 7, S. 305-312.

Castan, Edgar u. a. (Hrsg.) (Beck`sches Handbuch, 2004): Beck`sches Handbuch der Rechnungslegung, Losebl.-Ausg., 3 Bände, München: Beck, Stand: 21. Erg.-Lfg., Juli 2004.

CFLA (CL 18, 2000): Canadian Finance & Leasing Association: Comment Letter Nr. 18 zum G4+1 Position Paper: Leases: Implementation of a New Approach, August 2000, online im Internet unter http://www.iasb.org/docs/g4leas00/cl18.pdf (Abrufdatum: 9. März 2005).

CGA-Canada (CL 11, 2000): Certified General Accountants Association of Canada: Comment Letter Nr. 11 zum G4+1 Position Paper: Leases: Implementation of a New Approach, Juli 2000, online im Internet unter http://www.iasb.org/docs/g4leas00/cl11.pdf (Abrufdatum: 9. März 2005).

Chmielewicz, Klaus / Schweitzer, Marcell (Hrsg.) (Handwörterbuch, 1993): Handwörterbuch des Rechnungswesens, 3., völlig neu gestaltete u. erg. Aufl., Enzyklopädie der Betriebswirtschaftslehre; Bd. 3, Stuttgart: Schäffer-Poeschel, 1993.

Clemm, Hermann (Nichtpassivierung entstandener Verbindlichkeiten, 1994): Zur Nichtpassivierung entstandener Verbindlichkeiten wegen nachträglicher wirtschaftlicher Verursachung (Realisation) oder: Wie dynamisch ist die Bilanz im Rechtssinne?, in: Ballwieser, Wolfgang u. a. (Hrsg.): Bilanzrecht und Kapitalmarkt: Festschrift zum 65. Geburtstag von Professor Dr. Dr. h.c. Dr. h.c. Adolf Moxter, Düsseldorf: IDW, 1994, S. 167-193.

Coenenberg, Adolf G. (Jahresabschluss, 2003): Jahresabschluss und Jahresabschlussanalyse: Betriebswirtschaftliche, handelsrechtliche, steuerrechtliche und internationale Grundlagen - HGB, IAS/IFRS, US-GAAP, DRS -, 19., völlig überarb. u. erw. Aufl., unter Mitarbeit von Manuel Alvarez u. a., Stuttgart: Schäffer-Poeschel, 2003.

Conklin, Robert W. (Comparison Project, 1999): Comparative Analysis of IAS 17 (1997), Leases, and U.S. GAAP including FASB Statement No. 13, Accounting for Leases, updated by John D. Hertz, in: The IASC-U.S. Comparison Project: A Report on the Similarities and Differences between IASC Standards and U.S. GAAP, Second Edition, Based on a Study Undertaken by the FASB staff, Edited by Carrie Bloomer, Norwalk: FASB, 1999, S. 189-205.

Crezelius, Georg (Schwebendes Geschäft, 1988): Das sogenannte schwebende Geschäft in Handels-, Gesellschafts- und Steuerrecht, in: Knobbe-Keuk, Brigitte / Klein, Franz / Moxter, Adolf (Hrsg.): Handelsrecht und Steuerrecht, Festschrift für Dr. Dr. h.c. Georg Döllerer, Düsseldorf: IDW, 1988, S. 81-95.

Damodaran, Aswath (Investment valuation, 2002): Investment valuation: Tools and Techniques for Determining the Value of Any Asset, second edition, New York: Wiley, 2002.

Deloitte (IASB Research Project Leases, 2005): IAS Plus: IASB Research Agenda Project Leases, online im Internet unter http://www.iasplus.com/agenda/leases.htm (Abrufdatum: 10. Juni 2005).

Deloitte Touche Tohmatsu (IAS Plus January, 2001): IAS Plus: Published for our clients and staff in the Asia-Pacific region, January 2001, Issue No. 2.

Deloitte Touche Tohmatsu (IAS Plus May, 2001): IAS Plus: Published for our clients and staff in the Asia-Pacific region, May 2001, Issue No. 1.

Deloitte Touche Tohmatsu (CL 29, 2000): Comment Letter Nr. 29 zum G4+1 Position Paper: Leases: Implementation of a New Approach, Dezember 2000, online im Internet unter http://www.iasb.org/docs/g4leas00/cl29.pdf (Abrufdatum: 9. März 2005).

Dieter, Richard (Lessee Accounting, 1979): Is Lessee Accounting Working?, in: The CPA Journal, August 1979, S. 13-15, 17-19.

DIL (CL 1, 2000): DIL - Deutsche Immobilien Leasing GmbH: Comment Letter Nr. 1 zum G4+1 Position Paper: Leases: Implementation of a New Approach, April 2000, online im Internet unter http://www.iasb.org/docs/4leas00/cl01.pdf (Abrufdatum: 9. März 2005).

Döllerer, Georg (Wirtschaftliches Eigentum, 1971): Leasing – wirtschaftliches Eigentum oder Nutzungsrecht, in: BB, 26. Jg. (1971), Heft 13, S. 535-540.

Doll, Reiner-Peter (IFRS-Handbuch, 2004): § 17. Leasing, in: Bohl, Werner / Riese, Joachim / Schlüter, Jörg (Hrsg.): Beck`sches IFRS-Handbuch: Kommentierung der IAS/IFRS, München: Beck, 2004.

DRSC (CL 24, 2000): Deutsches Rechnungslegungs Standards Committee e. V.: Comment Letter Nr. 24 zum G4+1 Position Paper: Leases: Implementation of a New Approach, September 2000, online im Internet unter http://www.iasb.org/docs/g4leas00/cl24.pdf (Abrufdatum: 9. März 2005).

Ebenroth, Carsten Thomas (Inhaltliche Schranken, 1978): Inhaltliche Schranken in Leasing-Formularverträgen auf Grund des AGB-Gesetzes, in: DB, 31. Jg. (1978), Heft 44, S. 2109-2115.

Ebenroth, Carsten Thomas (Rechtsgeschäft, 1978): Der Finanzierungs-Leasing-Vertrag als Rechtsgeschäft zwischen Miete und Kauf – BGH, Betr 1977, 395, in: JuS, 18. Jg. (1978), Heft 9, S. 588-594.

Eckstein, Wolfram / Feinen, Klaus (Hrsg.) (Leasinghandbuch, 2000): Leasinghandbuch für die betriebliche Praxis, 7. Aufl., Frankfurt am Main 2000.

Eisele, Wolfgang / Knobloch, Alois (Finanzinnovationen, 1993): Offene Probleme bei der Bilanzierung von Finanzinnovationen, in: DStR, 31. Jg. (1993), Heft 15/16, S. 577-586 u. Heft 17, S. 617-623.

Elliot, Barry / Elliot, Jamie (Financial Accounting, 2004): Financial Accounting and Reporting, 9th Edition, Harlow, England u. a.: FT Prentice Hall, 2004.

Ellrott, Helmut (BeckBilKomm, 2003): Kommentierung zu § 285, Anm 21-68, in: Berger, Axel u. a. (Hrsg.): Beck`scher Bilanz-Kommentar: Handels- und Steuerrecht – §§ 238 bis 339 HGB –, 5., völlig neubearb. Aufl., München: Beck, 2003.

Ellrott, Helmut / Schmidt-Wendt, Dietrich (BeckBilKomm, 2003): Kommentierung zu § 247, Anm 350-600, in: Berger, Axel u. a. (Hrsg.): Beck`scher Bilanz-Kommentar: Handels- und Steuerrecht – §§ 238 bis 339 HGB –, 5., völlig neubearb. Aufl., München: Beck, 2003.

Engel-Ciric, Dejan (Haufe IFRS-Kommentar, 2005): § 15 Leasing, in: Lüdenbach, Norbert / Hoffmann, Wolf-Dieter (Hrsg.): Haufe IFRS-Kommentar, 3. Aufl., Freiburg u. a.: Haufe, 2005, S. 600-663.

Epstein, Barry J. / Mirza, Abbas Ali (IAS, 2004): IAS: Interpretation and Application of International Accounting and Financial Reporting Standards, Wiley: New York u. a., 2004.

Ernst & Young (Hrsg.) (IAS 39, 2004): Rechnungslegung von Financial Instruments nach IAS 39: Eine Darstellung der Bilanzierung auf der Basis von IAS 32 und IAS 39 (revised 2003), 3. überarb. Aufl., Stand: Februar 2004.

Esser, Maik (Leasingverhältnisse, 2005): Leasingverhältnisse in der IFRS-Rechnungslegung: Darstellung der Leasingbilanzierung gem. IAS 17 und IFRIC 4, in: StuB, 7. Jg. (2005), Heft 10, S. 429-436.

Esser, Maik / Hackenberger, Jens (Immaterielle Vermögenswerte, 2005): Immaterielle Vermögenswerte des Anlagevermögens und Goodwill in der IFRS-Rechnungslegung: Ein Überblick über die Auswirkungen des Business Combinations-Projekts, in: DStR, 43. Jg. (2005), Heft 16, S. 708-713.

Esser, Maik / Hackenberger, Jens (Bilanzierung, 2004): Bilanzierung immaterieller Vermögenswerte des Anlagevermögens nach IFRS und US-GAAP, in: KoR, 4. Jg. (2004), Heft 10, S. 402-414.

European Commission (CL 15, 2000): European Commission: Comment Letter Nr. 15 zum G4+1 Position Paper: Leases: Implementation of a New Approach, Juli 2000, online im Internet unter http://www.iasb.org/docs/g4leas00/cl15.pdf (Abrufdatum: 9. März 2005).

Fabri, Stephan (Nutzungsverhältnisse, 1986): Grundsätze ordnungsmäßiger Bilanzierung entgeltlicher Nutzungsverhältnisse, Reihe Steuer, Wirtschaft und Recht; Bd. 16, Bergisch Gladbach u. a.: Eul, 1986.

Faculty and Institute of Actuaries (CL 8, 2000): Faculty and Institute of Actuaries: Comment Letter Nr. 8 zum G4+1 Position Paper: Leases: Implementation of a New Approach, Juli 2000, online im Internet unter http://www.iasb.org/docs/g4leas00/cl08.pdf (Abrufdatum: 9. März 2005).

Fahrholz, Bernd (Bilanzielle Zurechnung, 1979): Leasing in der Bilanz: Die bilanzielle Zurechnung von Leasing-Gütern und die Frage der Aktivierbarkeit des Nutzungsrechtes des Leasing-Nehmers, Schriften zum Wirtschafts-, Handels- und Industrierecht, Bd. 23, Köln u. a.: Heymann, 1979.

FAR (CL 2, 2000): Föreningen Auktoriserade Revisorer FAR: Comment Letter Nr. 2 zum G4+1 Position Paper: Leases: Implementation of a New Approach, Juni 2000, online im Internet unter http://www.iasb.org/docs/g4leas00/cl02.pdf (Abrufdatum: 9. März 2005).

FEE (CL 16, 2000): Fédération des Experts Comptables Européens (FEE): Comment Letter Nr. 16 zum G4+1 Position Paper: Leases: Implementation of a New Approach, August 2000, online im Internet unter http://www.iasb.org/docs/g4leas00/cl16.pdf (Abrufdatum: 9. März 2005).

Feinen, Klaus (Leasinggeschäft, 2002): Das Leasinggeschäft, 4., neubearb. Aufl., Frankfurt: Knapp, 2002.

Feinen, Klaus (Mehr Mut, 1999): Mehr Mut zur europäischen Identität: "off-balance-financing" ist eine tragende Säule des Leasinggeschäfts, in: BB, 54. Jg. (1999), Beilage 6, S. 1-4.

Figge, Horst (Internationale Diskussion, 2000): Die internationale Diskussion zur Bilanzierung von Leasinggeschäften – nur ein Anwendungsfall unterschiedlicher Bilanzierungskonzepte?, in: Karlheinz Küting / Claus-Peter Weber (Hrsg.): Wertorientierte Konzernführung: Kapitalmarktorientierte Rechnungslegung und integrierte Unternehmenssteuerung, Beiträge anlässlich der 5. Fachtagung "Das Rechnungswesen im Konzern – Wertorientierte Konzernführung" am 25./26. November 1999 in Frankfurt a. M. Stuttgart: Schäffer-Poeschel, 2000, S. 157-181.

Fikentscher, Wolfgang (Schuldrecht, 1997): Schuldrecht, 9., durchgesehene u. erg. Aufl., Berlin; New York: de Gruyter, 1997.

Findeisen, Klaus-Dieter (Leasing-Geschäft, 2002): Internationale Rechnungslegung im Leasing-Geschäft, in: FLF, 49. Jg. (2002), Heft 2, S. 62-67.

Findeisen, Klaus-Dieter (Bilanzierung, 1998): Bilanzierung bei wirtschaftlichem Eigentum des Leasinggebers, § 19, in: Büschgen, Hans E. (Hrsg.): Praxishandbuch Leasing, bearb. v. Jürgen Apel u. a., München: Beck, 1998, S. 482-508.

Findeisen, Klaus-Dieter (Bilanzierung bei Eigentum des Leasingnehmers, 1998): Bilanzierung bei wirtschaftlichem Eigentum des Leasingnehmers, § 20, in: Büschgen, Hans E. (Hrsg.): Praxishandbuch Leasing, bearb. v. Jürgen Apel u. a., München: Beck, 1998, S. 508-513.

Findeisen, Klaus-Dieter (Nach IASC, 1997): Die Bilanzierung von Leasingverträgen nach den Vorschriften des International Accounting Standards Committee, in: RIW, 43. Jg. (1997), Heft 10, S. 838-847.

Fischer, Peter (Hübschmann/Hepp/Spitaler, 2002): Kommentierung zu § 39, in: Hübschmann, Walter / Hepp, Ernst / Spitaler, Armin: Abgabenordnung – Finanzgerichtsordnung: Kommentar, bearb. von Hartmut Söhn u. a., Losebl.-Ausg., Köln: O. Schmidt, Lfg. 173, Juni 2002.

Flume, Werner (Das Rechtsverhältnis, 1972): Das Rechtsverhältnis des Leasing in zivilrechtlicher und steuerrechtlicher Sicht – Teil I-IV, in: DB, 25. Jg. (1972), Heft 1, S. 1-6, Heft 2, S. 53-61, Heft 3, S. 105-109, Heft 4, S. 152-155.

Förschle, Gerhart (BeckBilKomm, 2003): Kommentierung zu § 243 HGB, in: Berger, Axel u. a. (Hrsg.): Beck`scher Bilanz-Kommentar: Handels- und Steuerrecht – §§ 238 bis 339 HGB –, 5., völlig neubearb. Aufl., München: Beck, 2003.

Förschle, Gerhart / Kroner, Matthias (BeckBilKomm, 2003): Kommentierung zu § 246 HGB, Anm 1-87, in: Berger, Axel u. a. (Hrsg.): Beck`scher Bilanz-Kommentar: Handels- und Steuerrecht – §§ 238 bis 339 HGB –, 5., völlig neubearb. Aufl., München: Beck, 2003.

Forster, Karl-Heinz (Abgrenzung Leasingraten, 1988): Grundsätze für die Abgrenzung von Leasingraten, in: Knobbe-Keuk, Brigitte / Klein, Franz / Moxter, Adolf (Hrsg.): Handelsrecht und Steuerrecht, Festschrift für Dr. Dr. h.c. Georg Döllerer, Düsseldorf: IDW, 1988, S. 147-155.

Freisleben, Norbert / Leibfried, Peter (IAS/IFRS-Abschlüsse, 2004): Warum IAS/IFRS-Abschlüsse nicht (miteinander) vergleichbar sind: Fehlende Detailregelungen, Auswirkungen von US-GAAP und Mangel an Kontrolle, in: KoR, 4. Jg. (2004), Heft 3, S. 101-109.

Friederich, Hartmut (Schwebende Geschäfte, 1975): Grundsätze ordnungsmäßiger Bilanzierung für schwebende Geschäfte, Beiträge zu den Grundsätzen ordnungsmäßiger Bilanzierung, Schriften der Schmalenbach-Gesellschaft, Bd. 4, Düsseldorf: IDW, 1975.

Fuchs, Markus (Leasingverhältnisse nach den IAS, 1996): Leasingverhältnisse nach den International Accounting Standards, in: DB, 49. Jg. (1996), Heft 37, S. 1833-1836.

Fülbier, Rolf Uwe / Pferdehirt, Henrik (Überlegungen, 2005): Überlegungen des IASB zur künftigen Leasingbilanzierung: Abschied vom off balance sheet approach, in: KoR, 5. Jg. (2005), Heft 7-8, S. 275-285.

Gao, Simon S. (International Leasing, 1994): International Leasing: Its Financial an Accounting Application, zugl.: Rotterdam, Univ., Diss., 1995, Preston: UCL Publications, 1994.

Gabele, Eduard / Kroll, Michael (Leasingverträge, 2001): Leasingverträge optimal gestalten: Vertragsformen, Vor- und Nachteile, steuerliche Analyse, 3., akt. Aufl., Wiesbaden: Gabler, 2001.

Gebhardt, Günther (Abbildung von Finanzinstrumenten, 1996): Probleme der bilanziellen Abbildung von Finanzinstrumenten, in: BFuP, 48. Jg. (1996), Heft 5, S. 557-584.

Gebhardt, Günther / Naumann, Thomas K. (Financial Instruments, 1999): Grundzüge der Bilanzierung von Financial Instruments und von Absicherungszusammenhängen nach IAS 39, in: DB, 52. Jg. (1999); Heft 29, S. 1461-1469.

Gelhausen, Hans Friedrich (Realisationsprinzip, 1985): Das Realisationsprinzip im Handels- und im Steuerbilanzrecht, zugl.: Bielefeld, Univ., Diss., 1983, Europäische Hochschulschriften: Reihe 2, Rechtswissenschaft, Bd. 480, Frankfurt am Main, Bern New York: Lang, 1985.

Gelhausen, Hans Friedrich / Weiblen, Stefan (Leasingverträge, 2003): Die Bilanzierung von Leasingverträgen, in: Wysocki, Klaus v. / Schulze-Osterloh, Joachim / Hennrichs, Joachim (Hrsg.): HdJ: Handbuch des Jahresabschlusses in Einzeldarstellungen, Losebl.-Ausg., Köln: O. Schmidt, Abt. I/5, Mai 2003.

Glasel, Ludwig (Leasing, 2004): Leasing, in: Castan, Edgar u. a. (Hrsg.): Beck'sches Handbuch der Rechnungslegung, Losebl.-Ausg., Band II, B 710, 21. Erg.-Lfg., Juli 2004.

Goebel, Andrea / Fuchs, Markus (Anwendung, 1995): Die Anwendung der International Accounting Standards in den Konzernabschlüssen deutscher Kapitalgesellschaften – Ergebnisse einer empirischen Untersuchung –, in: DB, 48. Jg. (1995), Heft 30, S. 1521-1527.

Goebel, Andrea / Fuchs, Markus (Rechnungslegung, 1994): Rechnungslegung nach den International Accounting Standards vor dem Hintergrund des deutschen Rechnungslegungsrechts für Kapitalgesellschaften, in: DStR, 32. Jg. (1994), Heft 24, S. 874-880.

Goodacre, Alan / Beattie, Vivien (CL 4, 2000): Comment Letter Nr. 4 zum G4+1 Position Paper: Leases: Implementation of a New Approach, Juni 2000, online im Internet unter http://www.iasb.org/docs/g4leas00/cl04.pdf (Abrufdatum: 9. März 2005).

Grau, Andreas (Gewinnrealisierung, 2002): Gewinnrealisierung nach International Accounting Standards, zugl. Mainz, Univ., Diss., 2002, Gabler Edition Wissenschaft, Wiesbaden: DUV, 2002.

Grinblatt, Mark / Titman, Sheridan (Financial Markets, 2002): Financial Markets and Corporate Strategy, 2nd ed., Boston u. a.: McGraw-Hill/Irwin, 2002.

Habersack, Mathias (Verbraucherleasing, 2003): Verbraucherleasing nach der Schuldrechtsreform, in: BB, 58. Jg. (2003) Beilage 6 zu Heft 35, S. 2-7.

Haller, Axel (Ziele und Merkmale, 2000): Wesentliche Ziele und Merkmale US-amerikanischer Rechnungslegung, in: Ballwieser (Hrsg.): US-amerikanische Rechnungslegung: Grundlagen und Vergleiche mit dem deutschen Recht, 4., überarb. u. erw. Aufl., Stuttgart: Schäffer-Poeschel, 2000, S. 1-27.

Hastedt, Uwe-Peter / Mellwig, Winfried (Leasing, 1998): Leasing: Rechtliche und ökonomische Grundlagen, Schriften des Betriebs-Beraters, Bd. 99, Heidelberg: Recht und Wirtschaft, 1998.

Hastedt, Uwe-Peter (Gewinnrealistaion, 1992): Gewinnrealisation beim Finanzierungs-Leasing, Neue betriebswirtschaftliche Forschung; Bd. 103, zugl.: Frankfurt/Main, Univ., Diss., 1992, Wiesbaden: Gabler, 1992.

Havermann, Hans (Internationale Entwicklungen, 1994): Internationale Entwicklungen in der Rechnungslegung, in: Ballwieser, Wolfgang u. a. (Hrsg.): Bilanzrecht und Kapitalmarkt: Festschrift zum 65. Geburtstag von Professor Dr. Dr. h.c. Dr. h.c. Adolf Moxter, Düsseldorf: IDW, 1994, S. 657-677.

Hayn, Sven (Internationale Rechnungslegung, 1997): Internationale Rechnungslegung: Ursachen, Wirkungen und Lösungsansätze zur Überwindung internationaler Rechnungslegungsdivergenzen, hrsg. v. Karlheinz Küting und Günter Wöhe, Stuttgart: Schäffer-Poeschel, 1997.

Hellen, Heinz-Herrmann / Brakensiek, Sonja (G4+1-Positionspapier, 2000): Die Bilanzierung von Leasing-Geschäften nach dem G4+1-Positionspapier – eine Darstellung, in: FLF, 47. Jg. (2000), Heft 4, S. 141-144.

Helmschrott, Harald (Einfluss, 2000): Zum Einfluss von SIC 12 und IAS 39 auf die Bestimmung des wirtschaftlichen Eigentums bei Leasingvermögen nach IAS 17, in: WPg, 53. Jg. (2000), Heft 9, S. 426-429.

Helmschrott, Harald (Umbruch, 2000): Leasingbilanzierung im Umbruch: Betrachtung unterschiedlicher Konzepte der Bilanzierung von Leasinggeschäften unter besonderer Berücksichtigung neuerer Vorschläge von McGregor, Tweedie und Mellwig, Berichte aus der Betriebswirtschaft, Aachen: Shaker, 2000.

Hess, Harald (Insolvenzrecht, 1999): Insolvenzrecht, 5., neubearb. Aufl., RWS-Grundkurs 1, Köln: RWS Kommunikationsforum, 1999.

Heuser, Paul, J. / Theile, Carsten (IAS/IFRS Handbuch, 2005): IAS/IFRS Handbuch: Einzel- und Konzernabschluss, 2., neu bearb. Aufl., Köln: O. Schmidt, 2005.

Hommel, Michael (Baetge/Kirsch/Thiele, 2002): Kommentierung zu § 249 HGB, in: Baetge, Jörg / Kirsch, Hans-Jürgen / Thiele, Stefan (Hrsg.): Bilanzrecht: Handelsrecht mit Steuerrecht und den Regelungen des IASB, Kommentar, Losebl.-Ausg., Bonn/Berlin: Stollfuß, September 2002.

Hommel, Michael (Immaterielle Anlagewerte, 1998): Bilanzierung immaterieller Anlagewerte, zugl. Frankfurt am Main, Univ., Habil.-Schr., 1996, Betriebswirtschaftliche Abhandlungen, Bd. 105, Stuttgart: Schäffer-Poeschel, 1998.

Hommel, Michael (Bilanzrechtskonzeptionen, 1997): Internationale Bilanzrechtskonzeptionen und immaterielle Vermögensgegenstände, in: ZfbF, 49. Jg. (1997), Heft 4, S. 345-369.

Hommel, Michael (Dauerschuldverhältnisse, 1992): Grundsätze ordnungsmäßiger Bilanzierung für Dauerschuldverhältnisse, Neue betriebswirtschaftliche Forschung; 96, zugl.: Frankfurt (Main), Univ., Diss., 1991, Wiesbaden: Gabler, 1992.

Hübschmann, Walter / Hepp, Ernst / Spitaler, Armin (AO-Kommentar, 2005): Abgabenordnung – Finanzgerichtsordnung: Kommentar, bearb. von Hartmut Söhn u. a., Losebl.-Ausg., Köln: O. Schmidt, 1995. Stand: 184. Lfg., April 2005.

IASB (Leasing, 2005): Leasing: Project Summary, Status: Research Project, online im Internet unter http://www.iasb.org/uploaded_files/documents/16_34_LeasesAug.pdf (Abrufdatum: 30. November 2005), letzte Änderung: Oktober 2005.

IASB (Hrsg.) (IFRS deutsch, 2005): International Financial Reporting Standards einschließlich International Accounting Standards und Interpretationen zum 31. März 2004, autorisierte deutsche Fassung der englischen Originalausgabe, Losebl.-Ausg., Stuttgart: Schäffer-Poeschel, Stand: 2. Erg.-Lfg., März 2005.

IASB (Insight July, 2005): Insight: The Newsletter of the International Accounting Standards Board, July 2005.

IASB (Update November, 2004): Update: Board Decisions on International Accounting Standards, November 2004.

IASB (Update June, 2004): Update: Board Decisions on International Accounting Standards, June 2004.

IASB (Update April, 2004): Update: Board Decisions on International Accounting Standards, April 2004.

IASB (Update January, 2004): Update: Board Decisions on International Accounting Standards, January 2004.

IASB (Information November, 2003): Information for Observers, Board Meeting 18. November 2003.

IASB (Update November, 2003): Update: Board Decisions on International Accounting Standards, November 2003.

IASB (Update May, 2003): Update: Board Decisions on International Accounting Standards, May 2003.

IASB (Insight July, 2002): Insight: The Newsletter of the International Accounting Standards Board, July 2002.

IASB (Hrsg.) (IAS: Deutsche Ausgabe, 2002): International Accounting Standards 2002: Deutsche Ausgabe, Stuttgart: Schäffer-Poeschel, 2002.

ICAA (CL 23, 2000): Institute of Chartered Accountants in Australia (ICAA): Comment Letter Nr. 23 zum G4+1 Position Paper: Leases: Implementation of a New Approach, August 2000, online im Internet unter http://www.iasb.org/docs/g4leas00/cl23.pdf (Abrufdatum: 9. März 2005).

IDW (ERS HFA 9 n.F., 2005): Entwurf einer Fortsetzung der IDW Stellungnahme zur Rechnungslegung: Einzelfragen zur Bilanzierung von Finanzinstrumenten nach IFRS (IDW ERS HFA 9 n.F.) – Abgrenzung von Eigenkapital und Fremdkapital nach IAS 32, Stand: 12.05.2005, in: WPg, 58. Jg. (2005), Heft 12, S. 670-676.

IDW (ERS HFA 13, 2004): Entwurf IDW Stellungnahme zur Rechnungslegung: Einzelfragen zum Übergang des wirtschaftlichen Eigentums und zur Gewinnrealisierung nach HGB (IDW ERS HFA 13), Stand: 01.07.2004, in: WPg, 57. Jg. (2004), Heft 14, S. 952-956.

IDW (IASC Foundation, 2004): Stellungnahme des IDW vom 13.2.2004 gegenüber der IASC Foundation im Rahmen des IASC Foundation Constitution Review, in: FN-IDW, Nr. 3/2004, S. 157-165.

IDW (Hrsg.) (WP-Handbuch Bd. I, 2000): Wirtschaftsprüfer-Handbuch 2000, Handbuch für Rechnungslegung, Prüfung und Beratung, Bd. I, 12. Aufl., bearb. v. Gerd Geib u. a., hrsg. v. Institut der Wirtschaftsprüfer in Deutschland e. V., Düsseldorf: IDW, 2000.

IDW (CL 9, 2000): Institut der Wirtschaftsprüfer in Deutschland e. V.: Comment Letter Nr. 9 zum G4+1 Position Paper: Leases: Implementation of a New Approach, Juli 2000, online im Internet unter http://www.iasb.org/docs/g4leas00/cl09.pdf (Abrufdatum: 9. März 2005).

IDW (RS HFA 4, 2000): IDW Stellungnahme zur Rechnungslegung: Zweifelsfragen zum Ansatz und zur Bewertung von Drohverlustrückstellungen (IDW RS HFA 4), Stand: 28.6.2000, in: WPg, 53. Jg. (2000), Heft 15, S. 716-721.

IDW (RS HFA 2, 1999): IDW Stellungnahme zur Rechnungslegung: Einzelfragen zur Anwendung von IAS (IDW RS HFA 2), Stand: 24.6.1999, in: WPg, 52. Jg. (1999), Heft 15, S. 591-601.

IDW (Überarbeitung, 1990): Überarbeitung der Fachgutachten und Stellungnahmen, in: FN-IDW, Nr. 3/1990, S. 66-67.

IDW (Stellungnahme HFA 1/1989, 1989): Stellungnahme HFA 1/1989: Zur Bilanzierung beim Leasinggeber, in: WPg, 42. Jg. (1989), Heft 21, S. 625-626.

IDW (Sitzung des HFA, 1981): Über die 110. Sitzung des HFA, in: Fachnachrichten, Institut der Wirtschaftsprüfer in Deutschland e. V., Nr. 9/1981, S. 225.

IDW (Stellungnahme HFA 1/1973, 1973): Stellungnahme HFA 1/73: Zur Berücksichtigung von Finanzierungs-Leasing-Verträgen im Jahresabschluß des Leasing-Nehmers, in: WPg, 23. Jg. (1973), Heft 4, S. 101-102.

Imhoff Jr., Eugene, A. / Lipe, Robert, C. / Wright, David, W. (Operating Leases, 1991): Operating Leases: Impact of Constructive Capitalization, in: Accounting Horizons, March 1991, S. 51-63.

Isele, Horst (Leasingverhältnisse, 1995): Miet-, Pacht- und Leasingverhältnisse, in: Handbuch der Rechnungslegung: Kommentar zur Bilanzierung und Prüfung, Band Ia, 4., grundlegend überarb. u. erw. Aufl., Stuttgart: Schaeffer-Poeschel; Verlag für Wirtschaft und Steuern, 1995, I. Kapitel, Artikel 6, Zweiter Abschnitt, Rn. 423-539.

Jacobi, Arne (Analyse, 2003): Analyse bilanztheoretischer Grundlagen der International Accounting Standards als Basis für deren Interpretation und Weiterentwicklung, zugl.: Göttingen, Univ., Diss., 2003, Berichte aus der Betriebswirtschaft, Aachen: Shaker, 2003

Janke, Günter / Mietke, Romy (IFRS/IAS statt GoB, 2003): IFRS/IAS statt GoB – Zukunft des handelsrechtlichen Einzelabschlusses, in: Betrieb und Wirtschaft, 57. Jg. (2003), Heft 18, S. 749-756.

Janke, Madeleine (Dauerschuldverträge, 1996): Dauerschuldverträge und Grundsätze ordnungsmäßiger Bilanzierung, Neue betriebswirtschaftliche Forschung; Bd. 222, zugl.: Berlin, Freie Univ., Diss., 1996, Wiesbaden: Gabler, 1997.

Jauernig, Othmar (Hrsg.) (BGB, 2004): Bürgerliches Gesetzbuch, erläutert v. Christian Berger u. a., 11., neubearb. Aufl., München: Beck, 2004.

JICPA (CL 6, 2000): The Japanese Institut of Certified Public Accountants: Comment Letter Nr. 6 zum G4+1 Position Paper: Leases: Implementation of a New Approach, Juli 2000, online im Internet unter http://www.iasb.org/docs/g4leas00/cl06.pdf (Abrufdatum: 9. März 2005).

Joint Working Group (, 2000): Draft Standard and Basis for Conclusions: „Financial Instruments and Similar Items“, London: 2000.

Jones, Stewart / Wolnizer, Peter W. (Harmonization, 2003): Harmonization and the Conceptual Framework: An International Perspective, in: Abacus: A Journal of Accounting, Finance and Business Studies, Vol. 39, No. 3, 2003, S. 375-387.

Keitz, Isabel von u. a. (IAS 37, 2005): IAS 37: Rückstellungen, Eventualschulden und Eventualforderungen (Provisions, Contingent Liabilities and Contingent Assets), in: Baetge, Jörg / Dörner, Dietrich u. a. (Hrsg.): Rechnungslegung nach International Accounting Standards (IAS): Kommentar auf der Grundlage des deutschen Bilanzrechts, Losebl.-Ausg., 2. Aufl., Stuttgart: Schäffer-Poeschel, 2002, Stand: 1. Erg.-Lfg., Juni 2005.

Kessler, Harald (Rückstellungen, 1992): Rückstellungen und Dauerschuldverhältnisse: Neue Ansätze zur Lösung aktueller Passivierungsfragen der Handels- und Steuerbilanz, Schriften zur Bilanz- und Steuerlehre, Bd. 13, hrsg. v. Karlheinz Küting u. Günter Wöhe, Stuttgart: Schäffer-Poeschel, 1992.

Kieso, Donald E. / Weygandt, Jerry J. / Warfield, Terry D. (Intermediate Accounting, 2004): Intermediate Accounting, Volume II, 11. ed., New York u. a.: Wiley, 2004.

Kirsch, Hans-Jürgen (IAS 17, 2005): IAS 17: Leasingverhältnisse (Leases), in: Baetge, Jörg / Dörner, Dietrich u. a. (Hrsg.): Rechnungslegung nach International Accounting Standards (IAS): Kommentar auf der Grundlage des deutschen Bilanzrechts, Losebl.-Ausg., 2. Aufl., Stuttgart: Schäffer-Poeschel, 2002, Stand: 1. Erg.-Lfg., Juni 2005.

Klamroth, Sabine (Inhaltskontrolle, 1982): Inhaltskontrolle von Finanzierungs-Leasing-Verträgen über bewegliche Gegenstände nach dem "Leitbild des Leasing-Vertrages", in: BB, 37. Jg. (1982), Heft 32, S. 1949-1957.

Kleekämper, Heinz u. a. (IAS 1, 2005): IAS 1: Darstellung des Abschlusses (Presentation of Financial Statements), in: Baetge, Jörg / Dörner, Dietrich u. a. (Hrsg.): Rechnungslegung nach International Accounting Standards (IAS): Kommentar auf der Grundlage des deutschen Bilanzrechts, Losebl.-Ausg., 2. Aufl., Stuttgart: Schäffer-Poeschel, 2002, Stand: 1. Erg.-Lfg., Juni 2005.

Kleekämper, Heinz / Kuhlewind, Andreas-Markus / Alvarez, Manuel (Ziele, 2005): Kapitel I: Ziele, Organisation, Entwicklung und Bedeutung des IASB, in: Baetge, Jörg / Dörner, Dietrich u. a. (Hrsg.): Rechnungslegung nach International Accounting Standards (IAS): Kommentar auf der Grundlage des deutschen Bilanzrechts, Losebl.-Ausg., 2. Aufl., Stuttgart: Schäffer-Poeschel, 2002, Stand: 1. Erg.-Lfg., Juni 2005.

Klein, Hans-Dieter / Krämling, Markus / Andreas, Claudia (Finanzanalysten, 2005): Kapitel VII: IAS aus Sicht eines Finanzanalysten, in: Baetge, Jörg / Dörner, Dietrich u. a. (Hrsg.): Rechnungslegung nach International Accounting Standards (IAS): Kommentar auf der Grundlage des deutschen Bilanzrechts, Losebl.-Ausg., 2. Aufl., Stuttgart: Schäffer-Poeschel, 2002, Stand: 1. Erg.-Lfg., Juni 2005.

Knapp, Lotte (Leasing, 1972): Leasing in der Handelsbilanz, in: DB, 25. Jg. (1972), Heft 12, S. 541-549.

Knebel, Andreas (Typologische Einordnung, 1993): Zur typologischen Einordnung des Leasingvertrags, in: WM, 43. Jg. (1993), Teil IV, Heft 23, S. 1026-1030.

Knobbe-Keuk, Brigitte / Klein, Franz / Moxter, Adolf (Hrsg.) (Festschrift Döllerer, 1988): Handelsrecht und Steuerrecht, Festschrift für Dr. Dr. h.c. Georg Döllerer, Düsseldorf: IDW, 1988.

Koch, Ernst-Gerald (Finanzierungs-Leasing, 1981): Störungen beim Finanzierungs-Leasing, Untersuchungen über das Spar-, Giro- und Kreditwesen: Abteilung B, Rechtswissenschaft, 29, zugl.: Marburg, Univ., Diss., 1980, Berlin: Dunker & Humblot, 1981.

Köhlertz, Klaus (Bilanzierung von Leasing, 1989): Die Bilanzierung von Leasing: Die deutschen Bilanzierungskonventionen für Leasing im Vergleich zu den US-amerikanischen Vorschriften, Hochschulschriften zur Betriebswirtschaftslehre, Bd. 69, zugl.: Augsburg, Univ. Diss., 1988, München: VVF, 1989.

KPMG Deutsche Treuhand-Gesellschaft (Hrsg.) (IFRS, 2004): International Financial Reporting Standards: Einführung in die Rechnungslegung nach den Grundsätzen des IASB, 3., überarb. Aufl., Stuttgart: Schäffer-Poeschel, 2004.

Krawitz, Norbert (Bilanzielle Behandlung, 1997): Die bilanzielle Behandlung der langfristigen Auftragsfertigung und Reformüberlegungen unter Berücksichtigung internationaler Entwicklungen, in: DStR, 35. Jg. (1997), Heft 22-23, S. 886-894.

Kügel, Wilfried (Rechtsnatur, 1998): Rechtsnatur des typischen Finanzierungsleasingvertrages und von Sonderformen des Leasing, § 5, in: Büschgen, Hans E. (Hrsg.): Praxishandbuch Leasing, bearb. v. Jürgen Apel u. a., München: Beck, 1998, S. 65-83.

Küting, Karlheinz / Hellen, Heinz-Herrmann / Brakensiek, Sonja (Neuausrichtung, 2000): Leasingbilanzierung: Vorschlag zur Neuausrichtung nach dem Positionspapier der G4+1 Working Group, in: BB, 55. Jg. (2000), Heft 34, S. 1720-1721.

Küting, Karlheinz / Hellen, Heinz-Herrmann / Brakensiek, Sonja (Nationale und internationale Bilanzierung, 1998): Leasing in der nationalen und internationalen Bilanzierung: Eine vergleichende Darstellung unter Berücksichtigung neuer Ansätze, in: BB, 53. Jg. (1998), Heft 28/29, S. 1465-1473.

Küting, Karlheinz / Hellen, Heinz-Herrmann / Brakensiek, Sonja (Nach IAS und US-GAAP, 1999): Die Bilanzierung von Leasinggeschäften nach IAS und US-GAAP, in: DStR, 37. Jg. (1999), Heft 1, S. 39-44.

Küting, Karlheinz / Kessler, Harald (Verlustrückstellungsbildung, 1993): Grundsätze ordnungswidriger Verlustrückstellungsbildung – exemplifiziert an den Ausbildungskostenurteilen des BFH vom 25.1.1984 und vom 3.2.1993, in: DStR, 31. Jg. (1993), Heft 29, S. 1045-1053.

Kuhner, Christoph (Prinzipienbasierung, 2004): Auf dem Weg zur Prinzipienbasierung der kapitalmarktorientierten Rechnungslegung? – Einige Anmerkungen zum aktuellen Diskussionsstand –, in: WPg, 57. Jg. (2004), Heft 6, S. 261-271.

Kußmaul, Heinz (Nutzungsrechte, 1987): Nutzungsrechte an Grundstücken in Handels- und Steuerbilanz, zugl.: Saarbrücken, Univ., Habil.-Schr., 1987, Schriften zum Steuer-, Rechnungs-, und Prüfungswesen, Bd. 4, Hamburg: S + W, 1987.

Larenz, Karl (Schuldrecht, 1987): Lehrbuch des Schuldrechts, Bd. 1, Allgemeiner Teil, 14., neubearb. Aufl., Müchen: Beck, 1987.

Leaseurope (CL 22, 2000): Leaseurope: Comment Letter Nr. 22 zum G4+1 Position Paper: Leases: Implementation of a New Approach, August 2000, online im Internet unter http://www.leaseurope.org/pages/Matters_of_concern/Details.asp?ITEM_id=395&subject_name=accountancy (Abrufdatum: 9. März 2005).

Leffson, Ulrich (GoB, 1987): Die Grundsätze ordnungsmäßiger Buchführung, 7., revidierte u. erw. Aufl., Düsseldorf: IDW, 1987.

Leffson, Ulrich (Darstellung im Jahresabschluß, 1976): Die Darstellung von Leasingverträgen im Jahresabschluß, in: DB, 29. Jg. (1976), Heft 14, S. 637-641 u. Heft 15, S. 685-690.

Leippe, Britta (Bilanzierung von Leasinggeschäften, 2001): Die Bilanzierung von Leasinggeschäften nach deutschem Handelsrecht und US-GAAP: Darstellung und Zweckmäßigkeitsanalyse, Betriebswirtschaftliche Studien Rechnungs- und Finanzwesen, Organisation und Institution, hrsg. v. Wolfgang Ballwieser, Christoph Kuhner u. Dieter Ordelheide, Band 60, zugl.: Bochum, Univ., Diss., 2001, Frankfurt am Main u. a.: Lang, 2002.

Lenz, Peter (Mobilien-Leasingverträge, 1997): Die Bilanzierung von Mobilien-Leasingverträgen gemäß deutschem Handelsrecht und U.S.-Generally Accepted Accounting Principles: Ein kritischer Vergleich, Saarbrücken, Univ. Diss., 1997.

Lewicki, Bernhard (G4+1, 2001): G4+1 – Vorstufe eines globalen Standardsetters: Internationale Kooperationen von FASB und IASC, in: Der Betriebswirt, 42. Jg. (2001), Heft 1, S. 8-14.

Lieb, Manfred (Gewährleistung, 1988): Gewährleistung beim reinen Finanzierungsleasing, in: DB, 41. Jg. (1988), Heft 49, S. 2495-2503.

Lieb, Manfred (Leitbild, 1988): Das Leitbild des Finanzierungs-Leasing im Spannungsfeld von Vertragsfreiheit und Inhaltskontrolle, in: DB, 41. Jg. (1988), Heft 18, S. 946-954.

Lipe, Robert C. (Lease Accounting Research, 2001): Lease Accounting Research and the G4+1 Proposal, in: Accounting Horizons, Vol. 15, No. 3, September 2001, S. 299-310.

Lißmann, Uwe (Passive Rechnungsabgrenzung, 1991): Passive Rechnungsabgrenzung durch Leasinggesellschaften, in: DB, 44. Jg. (1991), Heft 29, S. 1479-1481.

Löbbe, Marc (Finanzierungsleasingvertrag, 2003): Der Finanzierungsleasingvertrag nach der Schuldrechtsreform, in: BB, 58. Jg. (2003), Beilage 6 zu Heft 35, S. 7-14.

Löhr, Dirk (Stillhalterrisiko, 2000): Die handelsrechtliche Bilanzierung und Bewertung des Stillhalterriskos aus Realoptionen, in: WPg, 50. Jg. (2000), Heft 13, S. 597-605.

Lüdenbach, Norbert / Hoffmann, Wolf-Dieter (Hrsg.): Haufe IFRS-Kommentar, 3. Aufl., Freiburg u. a.: Haufe, 2005

Mackenzie, Bruce / Simmonds, Andy (IAS, 2001): International Accounting Standards: A Guide to Preparing Accounts, Third Edition, Deloitte & Touche (Hrsg.), London: ABG, 2001.

Martin , Walter (Falsche Bilanzierung, 182): Falsche Bilanzierung durch die herrschende Auffassung über Anschaffungskosten und schwebende Verträge?, in: DStR, 20. Jg. (1982), Heft 9, S. 243-246.

Martinek, Michael (Leasing und Factoring, 1991): Leasing und Factoring, Moderne Vertragstypen, Bd. I, Schriftenreihe der juristischen Schulung, H. 109, München: Beck, 1991.

Matz, Yvonne (Leasingtransaktionen, 2002): Regulierung typischer Leasingtransaktionen im "neuen" Schuldrecht – unter besonderer Berücksichtigung der Gewährleistungsproblematik – Karlsruhe, Univ., Diss., 2002.

McGregor, Warren (Principal Author) (Accounting for Leases, 1996): Accounting for Leases: A New Approach: Recognition by Lessees of Assets and Liabilities Arising under Lease Contracts, Special Report, copyright by FASB, 1996.

Medicus, Dieter (Bürgerliches Recht, 2002): Bürgerliches Recht: Eine nach Anspruchsgrundlagen geordnete Darstellung zur Examensvorbereitung, 19., neubearb. Aufl., Academia Iuris – Lehrbücher der Rechtswissenschaft, Köln u. a.: Heymanns, 2002.

Meilicke, Heinz (Leasing, 1964): Leasing: Zivilrecht – Bilanzrecht – Steuerrecht, in: BB, 19. Jg. (1964), Heft 17, S. 691-694.

Mellwig, Winfried / Sabel, Elmar (Nichtbilanzierung schwebender Geschäfte, 2005): Der Grundsatz der Nichtbilanzierung schwebender Geschäfte unter den IAS/IFRS, in: Der Konzern, 3. Jg. (2005), Heft 6, S. 357-370.

Mellwig, Winfried (Leasing, 2002): Leasing, in: Handwörterbuch der Rechnungslegung und Prüfung, hrsg. v. Wolfgang Ballwieser, Adolf G. Coenenberg, Klaus v. Wysocki, 3., überarb. u. erw. Aufl., Enzyklopädie der Betriebswirtschaftslehre; Bd. 8, Stuttgart: Schäffer-Poeschel, 2002, Sp. 1478-1495.

Mellwig, Winfried (Leasing im Jahresabschluss, 2001): Leasing im handelsrechtlichen Jahresabschluss, in: ZfgK, 54. Jg. (2001), Heft 6, S. 303-309.

Mellwig, Winfried (Leasing im Handelsrecht, 2000): Leasing im nationalen und internationalen Handelsrecht, in: Eckstein, Wolfram / Feinen, Klaus (Hrsg.): Leasinghandbuch für die betriebliche Praxis, 7. Aufl., Frankfurt am Main 2000, S. 67-97.

Mellwig, Winfried (Bilanzielle Darstellung, 1998): Die bilanzielle Darstellung von Leasingverträgen nach den Grundsätzen des IASC: Derzeitige Regelung und Reformvorschläge, in: DB, 51. Jg. (1998), Beilage Nr. 12/98 zu Heft 35, S. 1-16.

Mellwig, Winfried / Weinstock, Marc (Zurechnung, 1996): Die Zurechnung von mobilen Leasingobjekten nach deutschem Handelsrecht und den Vorschriften des IASC, in: DB, 49. Jg. (1996), Heft 47, S. 2345-2352.

Mellwig, Winfried (Leasing, 1993): Leasing, in: Chmielewicz, Klaus / Schweitzer, Marcell (Hrsg.): Handwörterbuch des Rechnungswesens, 3., völlig neu gestaltete u. erg. Aufl., Enzyklopädie der Betriebswirtschaftslehre; Bd. 3, Stuttgart: Schäffer-Poeschel, 1993, Sp. 1347-1353.

Mellwig, Winfried / Moxter, Adolf / Ordelheide, Dieter (Hrsg.) (Handelsbilanz, 1989): Handelsbilanz und Steuerbilanz: Beiträge zum neuen Bilanzrecht, Frankfurter betriebswirtschaftliches Forum an der Johann-Wolfgang-Goethe-Universität, Bd. 2., Wiesbaden: Gabler, 1989.

Mellwig, Winfried (Vorteilhafte Leasingverträge, 1983): Vorteilhafte Leasingverträge – ein Rechenfehler?, in: DB, 36. Jg. (1983), Heft 43, S. 2261-2266.

Monson, Dennis W. (Conceptual Framework, 2001): The Conceptual Framework and Accounting for Leases, in: Accounting Horizons, Vol. 15, No. 3, September 2001, S. 275-287.

Moxter, Adolf (Gewinnrealisierung nach IAS/IFRS, 2004): Gewinnrealisierung nach den IAS/IFRS: Erosion des HGB-Realisationsprinzips, in: ZVglRWiss, 103. Bd. (2004), Heft 3, S. 268-280.

Moxter, Adolf (Ansatzkriterien, 2004): Neue Ansatzkriterien für Verbindlichkeitsrückstellungen? (Teil I+II), in: DStR, 42. Jg. (2004), Heft 25, S. 1057-1060 u. Heft 26, S. 1098-1102.

Moxter, Adolf (GoR, 2003): Grundsätze ordnungsgemäßer Rechnungslegung, Düsseldorf: IDW, 2003.

Moxter, Adolf (Bilanzrechtsprechung, 1999): Bilanzrechtsprechung, 5., erg. Aufl., Tübingen: Mohr Siebeck, 1999.

Moxter, Adolf (Entziehbarer Gewinn, 1996): Entziehbarer Gewinn?, in: Rechnungslegung – warum und wie, Festschrift für Hermann Clemm zum 70. Geburtstag, hrsg. v. Wolfgang Ballwieser, Adolf Moxter u. Rolf Nonnenmacher, München: Beck, 1996, S. 231-241.

Moxter, Adolf (Wirtschaftliche Betrachtungsweise, 1989): Zur wirtschaftlichen Betrachtungsweise im Bilanzrecht, in: StuW, 19. Jg. (1989), Heft 3, S. 232-241.

Moxter, Adolf (Bilanzlehre, 1986): Bilanzlehre – Band II: Einführung in das neue Bilanzrecht, 3. vollständig umgearbeitete Aufl., Wiesbaden: Gabler, 1986.

Myers, John H. (Reporting of leases, 1962): Reporting of Leases in Financial Statements, Accounting Research Study No. 4, New York: American Institute of Chartered Public Accountants, 1962.

Naumann, Klaus-Peter / Breker, Norbert (Bewertungsprinzipien, 2003): Bewertungsprinzipien für die Rechnungslegung nach HGB, Bilanzsteuerrecht und IAS/IFRS, in: Wysocki, Klaus v. / Schulze-Osterloh, Joachim / Hennrichs, Joachim (Hrsg.): HdJ: Handbuch des Jahresabschlusses in Einzeldarstellungen, Losebl.-Ausg., Köln: O. Schmidt, Abt. I/7, Mai 2003.

Neuß, Andreas (Finanzinstrumente, 1998): Finanzinstrumente in IAS-Konzernabschlüssen – Analyse der Offenlegungsvorschriften und der Bewertungskonzeption unter Berücksichtigung alternativer Vorschläge sowie des aktuellen Publizitätsniveaus deutscher Unternehmen, Reihe: Finanzierung, Steuern, Wirtschaftsprüfung, Bd. 30, zugl.: Augsburg, Univ., Diss., 1998, Köln: Botermann & Botermann, 1998.

Niehus, Rudof J. (Vorsichtsprinzip, 1997): "Vorsichtsprinzip" und "Accrual Basis" – Disparitäten bei den Determinanten der "Fair Presentation" in der sog. internationalen Rechnungslegung, in: DB, 50. Jg. (1997), Heft 29, S. 1421-1427.

Niemeyer, Kai (Finanzinstrumente, 2003): Bilanzierung von Finanzinstrumenten nach International Accounting Standards (IAS): Eine kritische Analyse aus kapitalmarktorientierter Sicht, zugl.: Münster, Univ., Diss., 2002, Schriften des Instituts für Revisionswesen der Westfälischen Wilhelms-Universität Münster, Düsseldorf: IDW, 2003.

Nieskens, Hans (Schwebende Geschäfte, 1989): Schwebende Geschäfte und das Postulat des wirtschaftlichen Eigentums, in: FR, 71. Jg. (1989), Heft 18, S. 537-542.

Nobes, Christopher W. (Rules-Based Standards, 2005): Rules-Based Standards and the Lack of Principles in Accounting, in: Accounting Horizons, Vol. 19, No. 1, March 2005, S. 25-34.

Obermüller, Manfred / Livonius, Barbara (Insolvenzrechtsreform, 1995): Auswirkungen der Insolvenzrechtsreform auf das Leasinggeschäft, in: DB, 48. Jg. (1995), Heft 1, S. 27-32.

Ordelheide, Dieter / Böckem, Hanne (IAS 18, 2005): IAS 18 Erträge (Revenue), in: Baetge, Jörg / Dörner, Dietrich u. a. (Hrsg.): Rechnungslegung nach International Accounting Standards (IAS): Kommentar auf der Grundlage des deutschen Bilanzrechts, Losebl.-Ausg., 2. Aufl., Stuttgart: Schäffer-Poeschel, 2002, Stand: 1. Erg.-Lfg., Juni 2005.

Ordelheide, Dieter (Marktbewertung, 1998): Zur Marktbewertung von Finanzinstrumenten in Deutschland, nach US-GAAP und nach IAS, in: BFuP, 50. Jg. (1998), Heft 5, S. 604-612.

Papapostolou, Nikolaos (Risikoverteilung, 1987): Die Risikoverteilung beim Finanzierungsleasingvertrag über bewegliche Sachen, Münchener Universitätsschriften: Reihe der Juristischen Fakultät, Bd. 69, München: Beck, 1987.

Pabst, Heribert / Schmidt, Andreas / Bacher, Albrecht (Bilanzierung von Mobilien-Leasingverträgen, 1990): Die Bilanzierung von Mobilien-Leasingverträgen nach internationalen und US-amerikanischen Grundsätzen, in: DB, 43. Jg. (1990), Heft 24, S. 1197-1202.

Palandt, Otto (Begr.) (BGB, 2004): Bürgerliches Gesetzbuch, bearb. v. Peter Bassenge, u. a., 63., neubearb. Aufl., Beck`sche Kurz-Kommentare, Bd. 7, München: Beck, 2004.

Petersen, Karl / Bansbach, Florian / Dornbach, Eike (IFRS, 2005): IFRS Praxishandbuch: Ein Leitfaden für die Rechnungslegung mit Fallbeispielen, München: Vahlen, 2005.

Plathe, Peter (Rechtliche Beurteilung, 1970): Zur rechtlichen Beurteilung des Leasing-Geschäfts, in BB, 25. Jg. (1970), Heft 14, S. 601-605.

PwC Deutsche Revision (Hrsg.) (IAS für Banken, 2002): IAS für Banken, 2. überarb. u. erw. Aufl., Schriftleitung: Katja Barz, Burkhard Eckes u. Wolfgang Weigel, Frankfurt am Main: Moderne Wirtschaft, 2002.

Raack, Rainer (Bilanzierung von Leasing-Geschäften, 1974): Bilanzierung von Leasinggeschäften, Diss., Technische Univ., Berlin, 1974.

Reichertz, Ruth / Frey, Dieter (Bilanzierung, 1997): Bilanzierung von Leasingverträgen nach US-GAAP, in: WPg, 47. Jg. (1997), Heft 19, S. 662-675.

Reiner, Günter / Kaune, Clemens R. (Gestaltung, 2002): Die Gestaltung von Finanzierungsleasingverträgen nach der Schuldrechtsreform, in: WM, 52. Jg. (2002), Teil IV, Heft 47, S. 2314-2324.

Reithmeier, Hans (Nach Aktienrecht, 1979): Die Bilanzierung von Leasing-Verträgen über bewegliche Gegenstände nach Aktienrecht, zugl.: Frankfurt am Main, Univ., Diss., 1978, Frankfurt am Main u. a.: Lang, 1979.

Rütte, Marc von / Hoenes, Raimund C. (Immaterielle Werte, 1995): Rechnungslegung immaterieller Werte, Gemeinschaftsdissertation der Hochschule St. Gallen, Dissertation Nr. 1643, Bamberg: Difo, 1995.

SAICA (CL 12, 2000): South African Institute of Chartered Accountants: Comment Letter Nr. 12 zum G4+1 Position Paper: Leases: Implementation of a New Approach, Juli 2000, online im Internet unter http://www.iasb.org/docs/g4leas00/cl12.pdf (Abrufdatum: 9. März 2005).

Schäfer, Friedel (Wirtschaftlichkeitsanalyse, 1981): Leasing – eine Wirtschaftlichkeitsanalyse aus der Sicht des Leasing-Nehmers: Modellansätze zur Entscheidungsfindung und Gedanken zur Erklärung der Leasing-Expansion in der Bundesrepublik Deutschland, zugl.: Frankfurt/Main, Univ., Diss., 1980, Frankfurt am Main: Fischer, 1981.

Scheinpflug, Patrick (IFRS-Handbuch, 2004): § 4. Bilanz Aktiva, in: Bohl, Werner / Riese, Joachim / Schlüter, Jörg (Hrsg.): Beck`sches IFRS-Handbuch: Kommentierung der IAS/IFRS, München: Beck, 2004.

Schildbach, Thomas (Prinzipienorientierung, 2003): Prinzipienorientierung – wirksamer Schutz gegen Enronitis?, in: BFuP, 55. Jg. (2003), Heft 3, S. 247-266.

Schimmelschmidt, Uwe / Happe, Peter (Off-Balance-Sheet-Finanzierungen, 2004): Off-Balance-Sheet-Finanzierungen am Beispiel der Bilanzierung von Leasingverträgen im Einzelabschluss und im Konzernabschluss nach HGB, IFRS und US-GAAP, in: DB, 57. Jg. (2004), Beilage Nr. 9/2004 zu Heft 48, S. 1-12.

Schirduan, Heinz Jürgen (Finanzierungs-Leasing, 1993): Finanzierungs-Leasings in der Bilanz des Leasinggebers: Ertragsteuerliche und handelsrechtliche Fragen, mit einem Geleitwort von Hans E. Büschgen u. Klaus Feinen, Gabler Edition Wissenschaft: Leasing-Studien, zugl.: Frankfurt/Main, Univ., Diss., 1993, Wiesbaden: Deutscher Univ.-Verlag; Wiesbaden: Gabler, 1994.

Schmidt, Reinhard H. / Terberger, Eva (Finanzierungstheorie, 1997): Grundzüge der Investitions- und Finanzierungstheorie, 4., akt. Aufl., Wiesbaden: Gabler, 1997.

Schröer, Thomas (Bilanzierungsvorschriften, 2003): Leasing und international anerkannte Bilanzierungsvorschriften: Schwierigkeiten bei der Anwendung und Interpretation von Zurechnungs- und Konsolidierungsvorschriften beim Leasing, in: FLF, 50. Jg. (2003), Heft 1, S. 2-8.

Seeger, Siegbert (Konkursrechtliche Behandlung, 1974): Die konkursrechtliche Behandlung von Finanz-Leasing-Verträgen über bewegliche Sachen, in: Konkurs-, Treuhand- und Schiedsgerichtswesen, 35. Jg. (1974), Heft 1, S. 6-14.

Seeliger, Gerhard (Wirtschaftliches Eigentum, 1962): Der Begriff des wirtschaftlichen Eigentums im Steuerrecht, Spezialfragen im Steuerrecht, hrsg. v. Wilhelm Hartz, Stuttgart: Schäffer & Co., 1962.

Siegel, Theodor (Zeitwertbilanzierung, 1998): Zeitwertbilanzierung für das deutsche Bilanzrecht?, in: BFuP, 50. Jg. (1998), Heft 5, S. 593-603.

Städtler, Arno (Leasingwachstum, 2005): Besseres Investitionsklima stärkt Leasingwachstum: Mehr als 50 Mrd. € Neugeschäft, in: ifo Schnelldienst, 58. Jg. (2005), Heft 23, S. 42-52.

Steiner, Manfred / Bruns, Christoph (Wertpapiermanagement, 2002): Wertpapiermanagement: Professionelle Wertpapieranalyse und Portfoliostrukturierung, 8., überarb. u. erw. Aufl., Stuttgart: Schäffer-Poeschel, 2002.

Steiner, Eberhard / Gross, Beatrix (Auswirkungen, 2004): Auswirkungen des Bilanzrechtsreformgesetzes auf die Rechnungslegung, in: StuB, 6. Jg. (2004), Heft 12, S. 551-558.

Stone, Kenneth E. / Elfrink, John A. (Substance of Leases, 2001): Accounting for the Substance of Leases, in: The National Accounting Journal, Vol. 3, No. 1, Winter 2001, S. 41-47.

Tacke, Helmut R. (Leasing, 1999): Leasing, 3., vollst. überarb., akt. u. erw. Aufl., Kompaktes Wissen für Führungskräfte, Stuttgart: Schäffer-Poeschel, 1999.

Tanski, Joachim S. (Spielräume, 2004): Bilanzpolitische Spielräume in den IFRS, in: DStR, 42. Jg. (2004), Heft 43, S. 1843-1847.

Teichmann, Arndt (BGB, 2004): Vor § 535, in: Jauernig, Othmar (Hrsg.): Bürgerliches Gesetzbuch, erläutert v. Christian Berger u. a., 11., neubearb. Aufl., München: Beck, 2004, S. 644-647.

Tiedtke, Klaus / Möllmann, Peter (Auswirkungen, 2004): Auswirkungen der Schuldrechtsreform im Leasingrecht, in: DB, 57. Jg. (2004); Heft 11, S. 583-589.

Turwitt, Mathias (Asset-backed Finanzierungen, 1999): Asset-backed Finanzierungen und handelsbilanzielle Zuordnung, Gabler Edition Wissenschaft, mit einem Geleitwort von Georg Crezelius, zugl.: Bamberg, Univ., Diss., 1998, Wiesbaden: Deutscher Univ.-Verlag; Gabler, 1999.

Tweedie, Sir David (Statement, 2002): Statement of Sir David Tweedie, Chairman International Accounting Standards Board, before the Committee on Banking, Housing and Urban Affairs of the United States Senate, Washington, D.C., February 14, 2002, online im Internet unter: http://www.iasb.org/uploaded_files/documents/8_129_020214-dpt.pdf, Abrufdatum: 6. Juli 2005.

Ullrich, Erhard (Bankenaufsichtsrechtliche Einordnung, 1998): Grundsätzliche bankenaufsichtsrechtliche Einordnung des Leasing, § 32, in: Büschgen, Hans E. (Hrsg.): Praxishandbuch Leasing, bearb. v. Jürgen Apel u. a., München: Beck, 1998, S. 627-642.

Ullrich, Erhard (Bankenaufsichtsrecht, 1998): Bankenaufsichtsrecht für Kreditinstitute als Leasinggeber und für die mit Kreditinstituten besonders verbundenen Leasingunternehmen, § 33, in: Praxishandbuch Leasing, hrsg. v. Hans E. Büschgen, bearb. v. Jürgen Apel u. a., München: Beck, 1998, S. 642-652.

Vater, Hendrik (Eldorado, 2002): Bilanzierung von Leasingverhältnissen nach IAS 17: Eldorado bilanzpolitischer Möglichkeiten?, in: DStR, 40. Jg. (2002), Heft 48, S. 2094-2100.

Veigel, Günter / Lentschig, Peter (Leasing, 1994): Leasing im Steuerrecht, in: StBp, 34. Jg. (1994), Heft 5, S. 106-117.

Wagenhofer, Alfred (IAS/IFRS, 2005): Internationale Rechnungslegungsstandards – IAS/IFRS: Grundkonzepte / Bilanzierung, Bewertung, Angaben / Umstellung und Analyse, 5., überarb. u. erw. Aufl., Frankfurt: Redline Wirtschaft, 2005.

Wagenhofer, Alfred / Ewert, Ralf (Externe Unternehmensrechnung, 2003): Externe Unternehmensrechnung, Berlin u. a.: Springer, 2003.

Wagner, Peter (Geschäftsbesorgung, 1969): Leasing als Geschäftsbesorgung?, in: BB, 24. Jg. (1969). Heft 3, S. 109-110.

Waßmer, Stephan / Helmschrott, Harald (Positionspapier, 2000): Leasingbilanzierung nach dem G4+1 Positionspapier: Fortschritt oder Rückschritt?, in: DB, 53. Jg. (2000), Heft 41, S. 2025-2026.

Weidenkaff, Walter (BGB, 2004): Einf. v. § 535, in: Bürgerliches Gesetzbuch, Otto Palandt (Begr.), bearb. v. Peter Bassenge, u. a., 63., neubearb. Aufl., Beck`sche Kurz-Kommentare, Bd. 7, München: Beck, 2004, S. 715-727.

Weinstock, Marc (Leasingverträge, 2000): Die Bilanzierung von Leasingverträgen nach IASC: Darstellung mit ausführlichen Beispielen, Europäische Hochschulschriften: Reihe 5, Volks- und Betriebswirtschaft, Bd. 2571, zugl.: Frankfurt (Main), Univ., Diss., 1999, Frankfurt am Main u. a.: Lang, 2000.

Weinstock, Marc (Vorschlag des IASC, 1996): Accounting for Leases: Neuer Vorschlag des IASC zur Bilanzierung von Leasingverträgen, in: WPg, 46. Jg. (1996), Heft 22, S. 794-800.

Werndl, Josef (Wirtschaftliches Eigentum, 1983): Wirtschaftliches Eigentum: Grundsätzliche Betrachtungen über die Zurechnung von Wirtschaftsgütern im Steuerrecht, Steuerwissenschaft, Band 16, hrsg. v. Wolfgang Freericks u. a., Köln: Deubner, 1983.

Westermann, Harm Peter (Kaufrecht, 2002): Das neue Kaufrecht, in: NJW, 55. Jg. (2002), Heft 4, S. 241-253.

Westphalen, Friedrich Graf von (Schuldrechtsreform, 2001): Die Auswirkungen der Schuldrechtsreform auf die "Abtretungskonstruktion" beim Leasing, in: ZIP, 22. Jg. (2001), Heft 51-52, S. 2258-2263.

Westphalen, Friedrich Graf von (Leasingvertrag, 1998): Der Leasingvertrag, 5., völlig neu bearb. u. erw. Aufl., Köln: O. Schmidt, 1998.

Westphalen, Friedrich Graf von (Rechtliche Qualifizierung, 1988): Rechtliche Qualifizierung des Leasing: Steuer- und kreditrechtliche Fußnoten, in: BB, 43. Jg. (1988), Heft 27, S. 1829-1832.

Woerner, Lothar (Der schwebende Vertrag, 1989): Der schwebende Vertrag im Gefüge der Grundsätze ordnungsmäßiger Bilanzierung – Vollständigkeitsgebot, Vorsichtsprinzip, Realisationsprinzip, in: Mellwig, Winfried / Moxter, Adolf / Ordelheide, Dieter (Hrsg.): Handelsbilanz und Steuerbilanz: Beiträge zum neuen Bilanzrecht, Frankfurter betriebswirtschaftliches Forum an der Johann-Wolfgang-Goethe-Universität, Bd. 2., Wiesbaden: Gabler, 1989, S. 33-55.

Woerner, Lothar (Gewinnrealisierung, 1988): Die Gewinnrealisierung bei schwebenden Geschäften – Vollständigkeitsgebot, Vorsichts- und Realisationsprinzip –, in: BB, 43. Jg. (1988), Heft 12, S. 769-777.

Woerner, Lothar (Passivierung, 1984): Passivierung schwebender Dauerschuldverhältnisse in der Bilanz des Unternehmers: Bestandsaufnahme – Probleme – Tendenzen, in: StbJb 1984/85, zugleich Bericht über den 36. Fachkongress der Steuerberater, Köln, 5. bis 7. November 1984, hrsg. im Auftrag des Fachinstituts der Steuerberater, Köln: O. Schmidt, 1985, S. 177-200.

Woerner, Lothar (Grundsatzfragen, 1984): Grundsatzfragen zur Bilanzierung schwebender Geschäfte, in: FR, 66. Jg. (1984), Heft 19, S. 489-496.

Wolf, Jens (Rechtsnatur, 2002): Die Rechtsnatur des Finanzierungsleasing, in: JuS, 42. Jg. (2002), Heft 4, S. 335-336.

Wolf, Eckhard / Eckert, Hans-Georg (Handbuch Leasingrecht, 1995): Handbuch des gewerblichen Miet-, Pacht- und Leasingrechts, 7., wesentlich erw. Aufl., Köln: RWS Kommunikationsforum, 1995.

Wollmert, Peter / Achleitner, Ann-Kristin (Konzeption, 2005): Kapitel II: Konzeption der IAS-Rechnungslegung, in: Baetge, Jörg / Dörner, Dietrich u. a. (Hrsg.): Rechnungslegung nach International Accounting Standards (IAS): Kommentar auf der Grundlage des deutschen Bilanzrechts, Losebl.-Ausg., 2. Aufl., Stuttgart: Schäffer-Poeschel, 2002, Stand: 1. Erg.-Lfg., Juni 2005.

Wysocki, Klaus v. / Schulze-Osterloh, Joachim / Hennrichs, Joachim (Hrsg.) (HdJ, 2005): HdJ: Handbuch des Jahresabschlusses in Einzeldarstellungen, Losebl.-Ausg., Köln: O. Schmidt, Stand: 35. Lfg., April 2005.

Zahn, Herbert (Stellung, 1994): Die Stellung des Finanzierungsleasing im Verbraucherkreditgesetz – ein Verstoß gegen EG-Recht? –, in: DB, 47. Jg (1994), Heft 12, S. 617-623.

Zülch, Henning (Rechnungslegungsnormen, 2005): Die Rechnungslegungsnormen des IASB: Hierarchie, Lücken und Inkonsistenzen, in: PiR, 1. Jg. (2005), Heft 1, S. 1-7.

II. Rechtsquellenverzeichnis

Gesetze

Abgabenordnung (AO 1977) in der Fassung der Bekanntmachung vom 01.10.2002, BGBl. I 2002, S. 3866, zuletzt geändert durch das Gesetz zur Neuorganisation der Bundesfinanzverwaltung und zur Schaffung eines Refinanzierungsregisters vom 22.09.2005, BGBl. I 2005, S. 2809.

Gesetz zur Regelung des Rechts der Allgemeinen Geschäftsbedingungen (AGBG) in der Fassung der Bekanntmachung vom 29.06.2000, BGBl. I 2000, S. 946, aufgehoben durch das Gesetz zur Modernisierung des Schuldrechts (Schuldrechtsmodernisierungsgesetz) vom 26.11.2001, BGBl. I 2001, S. 3138, mit Wirkung vom 01.01.2002.

Bewertungsgesetz (BewG) in der Fassung der Bekanntmachung vom 01.02.1991, BGBl. I 1991, S. 230, zuletzt geändert durch das Steueränderungsgesetz 2001 vom 20.12.2001, BGBl. I 2001, S. 3794.

Bürgerliches Gesetzbuch (BGB) in der Fassung der Bekanntmachung vom 02.01.2002, BGBl. I 2002, S. 42, zuletzt geändert durch das Zweite Gesetz zur Neuregelung des Energiewirtschaftsrechts vom 07.07.2005, BGBl. I 2005, S. 1970.

Gesetz zur Einführung internationaler Rechnungslegungsstandards und zur Sicherung der Qualität der Abschlussprüfung (Bilanzrechtsreformgesetz – BilReG) vom 4. Dezember 2004, BGBl. I 2004, S. 3166.

Einführungsgesetz zum Handelsgesetzbuch (EGHGB) vom 10.05.1897, RGBl. 1897, S. 437, zuletzt geändert durch das Gesetz über die Offenlegung von Vorstandsvergütungen (Vorstandsvergütungs-Offenlegungsgesetz – VorstOG) vom 03.08.2005, BGBl. I 2005, S. 2267.

Handelsgesetzbuch (HGB) vom 10.05.1897, RGBl. 1897, S. 219, zuletzt geändert durch das Gesetz über die Offenlegung von Vorstandsvergütungen (Vorstandsvergütungs-Offenlegungsgesetz – VorstOG) vom 03.08.2005, BGBl. I 2005, S. 2267.

Insolvenzordnung (InsO) vom 5.10.1994, BGBl. I 1994, S. 2866, zuletzt geändert durch das Gesetz über die Verwendung elektronischer Kommunikationsformen in der Justiz (Justizkommunikationsgesetz – JKomG) vom 22.03.2005, BGBl. I 2005, S. 837.

Gesetz über das Kreditwesen (Kreditwesengesetz – KWG) in der Neufassung der Bekanntmachung vom 09.09.1998, BGBl. I 1998, S. 2776, zuletzt geändert durch das Gesetz zur Neuorganisation der Bundesfinanzverwaltung und zur Schaffung eines Refinanzierungsregisters vom 22.09.2005, BGBl. I 2005, S. 2809.

Gesetz zur Modernisierung des Schuldrechts (Schuldrechtsmodernisierungsgesetz) vom 26.11.2001, BGBl. I 2001, S. 3138.

Verbraucherkreditgesetz (VerbrKrG) in der Fassung der Bekanntmachung vom 29.06.2000, BGBl. I 2000, S. 940, aufgehoben durch das Gesetz zur Modernisierung des Schuldrechts (Schuldrechtsmodernisierungsgesetz) vom 26.11.2001, BGBl. I 2001, S. 3138, mit Wirkung vom 01.01.2002.

Gesetz über die Zwangsversteigerung und Zwangsverwaltung (Zwangsversteigerungsgesetz – ZVG) in der Fassung der Bekanntmachung vom 20.05.1898, RGBl. 1898, S. 713, zuletzt geändert durch das Gesetz über die Verwendung elektronischer Kommunikationsformen in der Justiz (Justizkommunikationsgesetz – JKomG) vom 22.03.2005, BGBl. I 2005, S. 837.

Verordnungen und Richtlinien der Europäischen Union

Verordnung (EG) Nr. 1606/2002 des Europäischen Parlaments und des Rates vom 19.07.2002 betreffend die Anwendung internationaler Rechnungslegungsstandards, ABl. EG Nr. L 243 vom 11.9.2002, S. 1-4.

Verordnung (EG) Nr. 1725/2003 der Kommission vom 29.09.2003 betreffend die Übernahme bestimmter internationaler Rechnungslegungsstandards in Übereinstimmung mit der Verordnung (EG) Nr. 1606/2002 des Europäischen Parlaments und des Rates, ABl. EU Nr. L 261 vom 13.10.2003, S. 1 u. 2.

Verordnung (EG) Nr. 2238/2004 der Kommission vom 29. Dezember 2004 zur Änderung der Verordnung (EG) Nr. 1725/2003 betreffend die Übernahme bestimmter internationaler Rechnungslegungsstandards in Übereinstimmung mit der Verordnung (EG) Nr. 1606/2002 des Europäischen Parlaments und des Rates betreffend IFRS 1 und IAS Nrn. 1 bis 10, 12 bis 17, 19 bis 24, 27 bis 38, 40 und 41 und SIC Nrn. 1 bis 7, 11 bis 14, 18 bis 27 und 30 bis 33, ABl. EU Nr. L 394 vom 31.12.2004, S. 1-3.

Richtlinie 87/102/EWG des Rates vom 22.12.1986 zur Angleichung der Rechts- und Verwaltungsvorschriften der Mitgliedstaaten über den Verbraucherkredit (VerbrKr-RL), ABl. EG Nr. L 42 vom 12.2.1987, S. 48-53.

Gesetzesmaterialien

Entwurf eines Dritten Gesetzes zur Änderung des Gesetzes über das Kreditwesen vom 14.05.1984, Gesetzentwurf der Bundesregierung, BT-Drucks. 10/1441.

Entwurf eines Gesetzes über Verbraucherkredite, zur Änderung der Zivilprozeßordnung und anderer Gesetze vom 25.10.1989, Gesetzentwurf der Bundesregierung, BT-Drucks. 11/5462.

Entwurf eines Gesetzes über Verbraucherkredite, zur Änderung der Zivilprozeßordnung und anderer Gesetze vom 25.10.1990, Beschlußempfehlung und Bericht des Rechtsausschusses zu dem Gesetzentwurf der Bundesregierung – Drucksache 11/5462 –, BT-Drucks. 11/8274.

Entwurf eines Gesetzes zur Modernisierung des Schuldrechts vom 14.05.2001, Gesetzentwurf der Abgeordneten Alfred Hartenbach u. a. sowie der Fraktion Bündnis 90/DIE GRÜNEN, BT-Drucks. 14/6040.

Verlautbarungen des IASB

IASB Framework for the Preparation and Presentation of Financial Statements, 1989, in: IASB (Hrsg.): International Financial Reporting Standards (IFRSs) (Bound Volume), London: IASB, 2005.

Preface to International Financial Reporting Standards, approved 2002, in: IASB (Hrsg.): International Financial Reporting Standards (IFRSs) (Bound Volume), London: IASB, 2005.

IAS 1: Presentation of Financial Statements (Darstellung des Jahresabschlusses), revised 2003, in: IASB (Hrsg.): International Financial Reporting Standards (IFRSs) (Bound Volume), London: IASB, 2005.

IAS 8: Accounting Policies, Changes in Accounting Estimates and Errors (Bilanzierungs- und Bewertungsmethoden, Änderungen von Schätzungen und Fehlern), revised 2003, in: IASB (Hrsg.): International Financial Reporting Standards (IFRSs) (Bound Volume), London: IASB, 2005.

IAS 11: Construction Contracts (Fertigungsaufträge), revised 1993, in: IASB (Hrsg.): International Financial Reporting Standards (IFRSs) (Bound Volume), London: IASB, 2005.

IAS 16: Property, Plant and Equipment (Sachanlagen), revised 2003, in: IASB (Hrsg.): International Financial Reporting Standards (IFRSs) (Bound Volume), London: IASB, 2005.

IAS 17: Leases (Leasingverhältnisse), revised 2003, in: IASB (Hrsg.): International Financial Reporting Standards (IFRSs) (Bound Volume), London: IASB, 2005.

IAS 17: Leases (Leasingverhältnisse), reformatted 1994, in: IASC (Hrsg.): International Accounting Standards (Bound Volume), IASC: London, 1995.

IAS 18: Revenue (Erträge), revised 1993, in: IASB (Hrsg.): International Financial Reporting Standards (IFRSs) (Bound Volume), London: IASB, 2005.

IAS 24: Related Party Disclosures (Angaben über Beziehungen zu nahe stehenden Personen), revised 2003, in: IASB (Hrsg.): International Financial Reporting Standards (IFRSs) (Bound Volume), London: IASB, 2005.

IAS 32: Financial Instruments: Disclosure and Presentation (Finanzinstrumente: Angaben und Darstellung), revised 2003, in: IASB (Hrsg.): International Financial Reporting Standards (IFRSs) (Bound Volume), London: IASB, 2005.

IAS 36: Impairment of Assets (Wertminderung von Vermögenswerten), revised 2004, in: IASB (Hrsg.): International Financial Reporting Standards (IFRSs) (Bound Volume), London: IASB, 2005.

IAS 37: Provisions, Contingent Liabilities and Contingent Assets (Rückstellungen, Eventualschulden und Eventualforderungen), 1998, in: IASB (Hrsg.): International Financial Reporting Standards (IFRSs) (Bound Volume), London: IASB, 2005.

IAS 38: Intangible Assets (Immaterielle Vermögenswerte), revised 2004, in: IASB (Hrsg.): International Financial Reporting Standards (IFRSs) (Bound Volume), London: IASB, 2005.

IAS 39: Financial Instruments: Recognition and Measurement (Finanzinstrumente: Ansatz und Bewertung), revised 2003, in: IASB (Hrsg.): International Financial Reporting Standards (IFRSs) (Bound Volume), London: IASB, 2005.

IAS 40: Investment Property (Als Finanzinvestition gehaltene Immobilien), revised 2003, in: IASB (Hrsg.): International Financial Reporting Standards (IFRSs) (Bound Volume), London: IASB, 2005.

IAS 41: Agriculture (Landwirtschaft), 2001, in: IASB (Hrsg.): International Financial Reporting Standards (IFRSs) (Bound Volume), London: IASB, 2005.

IFRS 2: Share-based Payment (Anteilsbasierte Vergütung), 2004, in: IASB (Hrsg.): International Financial Reporting Standards (IFRSs) (Bound Volume), London: IASB, 2005.

IFRS 3: Business Combinations (Unternehmenszusammenschlüsse), 2004, in: IASB (Hrsg.): International Financial Reporting Standards (IFRSs) (Bound Volume), London: IASB, 2005.

Preface to International Financial Reporting Interpretations Committee, 2004, in: IASB (Hrsg.): International Financial Reporting Standards (IFRSs) (Bound Volume), London: IASB, 2005.

SIC-12: Consolidation – Special Purpose Entities (Konsolidierung – Zweckgesellschaften), 1998, in: IASB (Hrsg.): International Financial Reporting Standards (IFRSs) (Bound Volume), London: IASB, 2005.

SIC-15: Operating Leases – Incentives (Operating Leasingverhältnisse – Anreizvereinbarungen), 1998, in: IASB (Hrsg.): International Financial Reporting Standards (IFRSs) (Bound Volume), London: IASB, 2005.

IFRIC 4: Determining whether an Arrangement contains a Lease (Feststellung, ob eine Vereinbarung ein Leasingverhältnis enthält), 2004, in: IASB (Hrsg.): International Financial Reporting Standards (IFRSs) (Bound Volume), London: IASB, 2005.

Rechnungslegungsstandards des FASB

SFAS 13: Accounting for Leases, November 1976, in: FASB (Hrsg.): Original Pronouncements as amended 2004/2005 Edition, Accounting Standards as of June 1, 2004, Volume I, FASB Statements of Standards 1-125, New York u. a.: Wiley, 2005.

SFAS 23: Inception of the Lease (an amendment of FASB Statement No. 13), August 1978, in: FASB (Hrsg.): Original Pronouncements as amended 2004/2005 Edition, Accounting Standards as of June 1, 2004, Volume I, FASB Statements of Standards 1-125, New York u. a.: Wiley, 2005.

SFAS 98: Accounting for Leases: Sale-Leaseback Transactions Involving Real Estate; Sales-Type Leases of Real Estate; Definition of the Lease Term; Initial Direct Costs of Direct Financiang Leases (an amendment of FASB Statements No. 13, 66 and 91 and a recission of FASB Statement No. 26 and Technical Bulletin No. 79-11, May 1988, in: FASB (Hrsg.): Original Pronouncements as amended 2004/2005 Edition, Accounting Standards as of June 1, 2004, Volume I, FASB Statements of Standards 1-125, New York u. a.: Wiley, 2005.

III. Rechtsprechungsverzeichnis

Bundesfinanzhof (BFH)

Datum	Form	Aktenzeichen	Fundstelle
26.01.1970	Urteil	IV R 144/66	BStBl. II 1970, S. 264
17.07.1974	Urteil	I R 195/72	BStBl. II 1974, S. 684
18.06.1975	Urteil	I R 24/73	BStBl. II 1975, S. 809
20.01.1983	Urteil	IV R 158/80	BStBl. II 1983, S. 413
30.05.1984	Urteil	I R 146/81	BStBl. II 1984, S. 825
22.08.1984	Urteil	I R 198/80	BStBl. II 1985, S. 126
11.12.1985	Beschluss	I B 49/85	BFH/NV 1986, S. 595
09.07.1986	Urteil	I R 218/82	BStBl. II 1987, S. 14
27.07.1988	Urteil	I R 133/84	BStBl. II 1988, S. 999
03.08.1988	Urteil	I R 157/84	BStBl. II 1989, S. 21
08.08.1990	Urteil	X R 149/88	BStBl. II 1991, S. 70
07.11.1991	Urteil	III R 43/90	BStBl. II 1992, S. 398.
23.06.1997	Beschluss	GrS 2/93	BStBl. II 1997, S. 735

Finanzgerichte

Gericht	Datum	Aktenzeichen	Fundstelle
Niedersächsisches FG	19.06.2002	2 K 457/99	EFG 2003, S. 146

Bundesgerichtshof (BGH)

Datum	Form	Aktenzeichen	Fundstelle
08.10.1975	Urteil	VIII ZR 81/74	BB 1976, S. 157
23.02.1977	Urteil	VIII ZR 124/75	BGHZ 68, 118
05.04.1978	Urteil	VIII ZR 42/77	BGHZ 71, 189

Datum	Form	Aktenzeichen	Fundstelle
16.09.1981	Urteil	VIII ZR 265/80	BGHZ 81, 298
27.02.1985	Urteil	VIII ZR 328/83	BGHZ 94, 44
24.04.1985	Urteil	VIII ZR 65/84	BGHZ 94, 180
12.06.1985	Urteil	VIII ZR 148/84	BGHZ 95, 39
09.10.1985	Urteil	VIII ZR 217/84	BGHZ 96, 103
19.02.1986	Urteil	VIII ZR 91/85	BGHZ 97, 135
19.03.1986	Urteil	VIII ZR 81/85	BB 1986, S. 1112
15.10.1986	Urteil	VIII ZR 319/85	BB 1987, S. 150
30.09.1987	Urteil	VIII ZR 226/86	NJW 1988, S. 198
04.07.1990	Urteil	VIII ZR 288/89	BGHZ 112, 65
11.01.1995	Urteil	VIII ZR 82/94	BGHZ 128, 255
15.07.1998	Urteil	VIII ZR 348/97	NJW 1998, S. 3270

Oberlandesgerichte

Gericht	Datum	Aktenzeichen	Fundstelle
OLG Düsseldorf	22.06.1983	15 U 168/82	ZIP 1983, S. 1092
OLG Düsseldorf	05.05.1988	10 U 186/87	DB 1988, S. 1695

IV. Verzeichnis der Verwaltungsanweisungen

Behörde	Datum	Aktenzeichen	Fundstelle
BMF	05.05.1970	IV B/2 – S 2170 – 4/70	BB 1970, S. 652
BdF	19.04.1971	IV B/2 – S 2170 – 31/71	BStBl. I 1971, S. 264
BMWF	21.03.1972	F/IV B 2 – S 2170 – 11/72	BStBl. I 1972, S. 188
BMF	22.12.1975	IV B 2 – S 2170 – 161/75	DB 1976, S. 172
BMF	23.12.1991	IV B 2 – S 2170 – 115/91	BStBl. I 1992, S. 13
BMF	07.06.2005	IV C 6 – O 1000 – 86/05	BStBl. I 2005, S. 717

Kolibri 360 GmbH
Ferdinand-Jühlke-Straße 7
99095 Erfurt, Deutschland
produktsicherheit@kolibri360.de